Ilhas, veredas e buritis

Eliane Lage

Ilhas, veredas e buritis
A autobiografia de **Eliane Lage**
e a história do cinema
da Vera Cruz.

Rio de Janeiro

© by Eliane Lage

Revisão
Gian Fabra

Diagramação
Rejane Megale

Capa
Carmen Torras para www.gabinetedeartes.com.br

Foto de capa
Adolfo Celi, Eliane Lage e Alberto Cavalcanti – Arquivos Vera Cruz

Foto de 4ª capa
Eliane Lage em Sinhá Moça – Arquivos Vera Cruz

Adequado ao novo acordo ortográfico da língua portuguesa
Direito autoral da imagem de capa reservado e garantido

CIP-BRASIL. CATALOGAÇÃO-NA-FONTE
SINDICATO NACIONAL DOS EDITORES DE LIVROS, RJ
....
L17i
2. ed.

    Lage, Eliane, 1928-
       Ilhas, veredas e buritis : autobiografia de Eliane Lage e a história do cinema da Vera Cruz / Eliane Lage. - 2. ed. - Rio de Janeiro : Gryphus, 2023.
       354 p. ; 23 cm.

    ISBN 978-65-86061-49-9

       1. Lage, Eliane, 1928-. 2. Atores e atrizes de cinema - Biografia - Brasil. 3. Autobiografia. I. Título.

23-82398   CDD: 927.9143
                                                                                    CDU: 929:7.071.2(81)
....

GRYPHUS EDITORA
Rua Major Rubens Vaz 456 — Gávea — 22470-070
Rio de Janeiro — RJ — Tel.: +5521 2533-2508
www.gryphus.com.br — e-mail: gryphus@gryphus.com.br

O bisavô, Tonico Lage, poeta das ilhas e dos pássaros. 1900.

*Para
Ana e André,
Tiago e Naruh,
Thomas e Júlia,
Vivien, Vanessa e Tommy
e Tonico Lage.*

"Ce livre n'est que passé. Son arrière plan:
le pays et l'enfance, tous deux lointains depuis longtemps...
Car, de notre passé, nous ne possédons que ce que nous aimons."
Rainer Maria Rilke

"Este livro é só passado. Seu pano de fundo:
o lugar e a infância, ambos perdidos num passado longínquo...
Pois, do nosso passado, nós só possuímos o que amamos."
Rainer Maria Rilke

SUMÁRIO

Agradecimentos 11
Prólogo 13
Prefácio 15
Minha vida começa hoje 17
O mundo mágico, a ilha 25
A sua ilha, fale mais 35
E ainda sonhando com as mãos, continuei 47
E eu segui contando 55
Fale-me da tia que não é tia 65
A menina voltou para a ilha? Não, para o Sion 81
A chácara do Retiro 93
Jorge e o mar 105
Mas a ilha era tão linda, tão sua 117
Tios, tias e avó 123
O choque cultural seria violento 137
Tunbridge Wells – Atenas – Rio 157
Caiçara 175
Angela 199
Festival de Punta del Este 217
Sinhá-Moça 227
Um carnaval memorável 249
Nasce Vivien – Nasce Vanessa 257
Ravina 267
A praia deserta – Nasce Tommy 273
Voo livre – primeiros passos 281
Olinda 287
Guia de Turismo 295
A terra prometida – "Devaneio" 305
Fazenda Raizama 325
Adeus, Raizama – Idas e vindas 339
De volta a Pirenópolis 345
Genealogia 350
Posfácio – André Lage 353

AGRADECIMENTOS

Em primeiro lugar quero agradecer a Marcelo W. Vieira, meu genro, que me cedeu uma casinha rosa na beira do lago, e soube transformá-la no lugar ideal para que uma escritora iniciante se lançasse nesta aventura.

Um enorme obrigada a meu neto Tiago, que me acudiu na hora do pânico, me trazendo o seu computador quando o meu entregou os pontos.

Agradecimentos muito especiais para o escritor Antonio Bivar, que sem mesmo me conhecer, tem me dado o maior apoio através de uma correspondência divertida e cheia de estímulo. Só espero estar à altura das expectativas.

À Maria Amália G. Martins devo a paciência de, com uma memória invejável, acudir aos meus inúmeros lapsos.

À Mariza Varandas de Figueiredo devo a frase lapidar de incentivo: "Anda, escreve logo! Assim, não vai dar tempo!".

Agradeço às pessoas que ainda lembram do meu trabalho em cinema, e até hoje me surpreendem com gestos infinitamente gentis, como o senhor Marcelo Del Cima, que me mandou as fotos de cinema que estão neste livro.

E agradeço ao povo de Pirenópolis, que sem ter conhecido a minha fase de cinema, me aceitou e me adotou.

E finalmente meus agradecimentos a Marly Varandas de Figueiredo, que, incansável me ajudou, corrigindo, imprimindo, escolhendo fotos e me incentivando.

Muito obrigada mesmo!

PRÓLOGO

Ela foi das mais belas atrizes de sua época. Continua linda, alta, elegante, cheia de charme e *glamour*. Um *glamour* que, às vezes, Eliane Lage procurava (e procura) inutilmente esconder. Teria sido, nos anos 1950, uma *top model*, se quisesse e se a moda existisse com a força de hoje. Acabou sendo estrela de cinema por amor, ainda que o cinema não a entusiasmasse, ela não queria fazer carreira. Tudo o que desejava era viver ao lado do amado, o diretor Tom Payne, uma das figuras de relevo na cinematográfica Vera Cruz, o breve sonho de criar uma Hollywood no Brasil. Eliane Lage tinha toda a mídia de sua época, em um tempo em que a imprensa não era avassaladora como hoje, invasiva e espaçosa. Atriz de *Caiçara, Angela, Terra é Sempre Terra, Sinhá-Moça*, quatro dos maiores sucessos do cinema brasileiro entre 1950 e 1954, ela abandonou tudo, ainda que tenha retornado em *Ravina*, uma tentativa de se fazer uma versão cabocla de *Rebeca* ou *O Morro dos Ventos Uivantes*. De qualquer modo, Eliane, ex-milionária (o magnífico Parque Lage, no Rio de Janeiro era de sua família, um *palazzo* de fantasia construído por amor a uma mulher! Se querem saber mais, leiam o livro), ex-*socialite*, mulher tímida e culta, falando várias línguas, com infância e juventude passadas parte numa ilha, a de Santa Cruz, onde seu avô construíra um império a base de minas de carvão, salinas, estaleiros, navegação de cabotagem, parte em São Paulo ou na célebre fazenda Empyreo, de Yolanda Penteado que a protegia e a chamava de filha, é uma pessoa diferenciada e rara. Fui um daqueles jovens que nos anos 1950 se apaixonaram por ela, "uma beleza meio selvagem, de maçãs de rosto salientes e olhos orientais. Diziam brincando que, quando era criança, tinha sido achada na rua em Vladivostok".

Sou mais ainda hoje, quando, passados os seus 90 anos, ela escreve este livro admirável e pungente. Estrela de cinema, mãe, dona de antiquário, professora, fazendeira. Quantos caminhos ela percorreu. Quando se termina a leitura deste livro, que tem atmosfera de romance, nos vemos diante de uma mulher que foi avançada e moderna em sua época, uma época que não a compreendia, não a podia alcançar. Esta é uma autobiografia que se insere dentro daquele gênero particular de *life in progress*. História de uma mulher que soube se renovar a cada ciclo, Eliane sempre olhou para seu tempo com uma visão crítica, aguda, muitas vezes distanciada, percebendo valores que não eram reais, entendendo a mistificação, a representação, o supérfluo, a vaidade. Há uma expressão popular que a define: "pessoa que sempre esteve na dela", em busca do seu próprio eu, de uma viagem interior. Este é um livro que todas as mulheres – e homens, também, é claro, e principalmente – deveriam ler, porque é uma trajetória de sinceridade, lutas e como enfrentar percalços com serenidade. Atrás da mulher tímida e (aparentemente) insegura, havia na verdade, uma pessoa que sabia o que queria, ou melhor, o que não queria e trilhou caminhos próprios. Nada místico, nada espiritual. Mas a leitura deste livro me fez bem, me fez ver de que maneira nos apegamos a coisas que não têm sentido, não fazem parte de nós, nos dilaceram e, mesmo assim, nos curvamos a elas. Eliane Lage reconstitui a atmosfera peculiar de duas sociedades, a paulista e a carioca, seus valores nos anos 1950, as mudanças do país, das pessoas, a mentalidade de uma elite, os sonhos e fantasias de quem pensou em teatro e cinema e procurou modificar (TBC e Vera Cruz), cancelar o ranço de uma São Paulo gigante, porém provinciana. Ela percorre a trajetória de um estúdio mitificado, desde que aqueles terrenos ainda eram galinheiros, mostra como eram produzidos os filmes, como as pessoas agiam, os temperamentos, estrelismos. O encontro dela com John Wayne diverte, os dois astros, passaram a falar de... vacas, de como criar gado. Este é um relato para a história do cinema brasileiro, evidente. Mas, acima de tudo, é uma narrativa que se lê com prazer e emoção, porque mostra a construção interna de uma mulher em um mundo em transformação veloz. Vai da agitação das metrópoles e da vida em sociedade ao bucolismo e paz campestre. Eliane deve figurar na galeria de grandes mulheres brasileiras, porque sua vida vai ajudar muita gente a se entender, se modificar. Quer emoção? Aqui está. Determinação? Também encontrará. Humor? Permeia o livro. O passado? Está presente. O futuro? É hoje. Os caminhos? O da verdade e sinceridade, do desprendimento e da entrega. Em um breve depoimento, Anselmo Duarte, que contracenou com Eliane em *Sinhá-Moça*, e foi em sua época um ídolo que chegava ao estúdio em um Jaguar prateado, escreveu uma palavra que a define com perfeição: "Verdadeira". É o que se depreende deste livro.

Ignácio de Loyola Brandão
É escritor, dramaturgo, jornalista e membro da Academia Brasileira de Letras. Possui uma vasta produção literária, inclusive traduzida para diversas línguas. Recebeu, entre vários prêmios, o Jabuti em 2008.

PREFÁCIO

Eliane Lage
Uma Estrela por Acaso...

A primeira vez que a vi foi em Goiás, durante a projeção de um filme meu em um festival de cinema, em 2005, e me lembro do espanto que me causou. A presença física de Eliane Lage era muito forte. Teria por volta de uns 80 anos, alta, queimada do sol, uma mistura de camponesa e aristocrata. Tudo o que ela não queria ser! Intrigante e misteriosa! Uma personagem!
Anos depois, em uma retrospectiva de meus filmes em Pirenópolis, reencontrei-a e caminhamos juntas pela cidade numa tarde ensolarada e uma conversa infindável e agradável.
Eliane ocupa um lugar único na história do cinema brasileiro. Tornou-se um ícone nas telas grandes na época de ouro da Vera Cruz e foi destaque de quatro dos primeiros filmes produzidos pelo estúdio. Caiçara foi um sucesso de bilheteria e a lançou como estrela. Em seguida, fez *Ângela*, *Sinhá Moça* – Leão de Bronze no Festival de Veneza – e *Ravina*. A câmera adorou sua beleza e seu carisma. Durante a década de 50, apareceu em várias capas de revistas, festas, festivais, enfim, uma estrela de primeira grandeza e reconhecida em todo o Brasil.
Eliane nasceu em Paris, em 1928, filha de pai brasileiro e mãe francesa. Hoje, com mais de 90 anos e muito bem, mora na pacata cidade colonial de Pirenópolis, em Goiás. Sua história é a história dos primórdios do cinema brasileiro. É também a história de uma das famílias mais emblemáticas do início do século XX no Brasil – os Lage. Eliane é sobrinha neta de Henrique Lage, o grande empresário brasileiro que cuidava dos negócios milionários da família (carvão, aço, navios etc.) e, por amor à cantora lírica italiana Gabriella Besanzoni, criou o Parque Lage no Rio de Janeiro. Após a morte de Henrique, em 1941, por não ter tido filhos e por Gabriella ser italiana e, portanto, cidadã de

um dos países do Eixo durante a Segunda Guerra Mundial, o governo Vargas nacionalizou todo o patrimônio da família, atingindo dramaticamente as gerações subsequentes.

A vida de Eliane tomou outros rumos em 1950. Com o sucesso do cinema italiano do pós-guerra e a possibilidade de transformar São Paulo em um polo cinematográfico, Eliane conheceu o diretor anglo-argentino Tom Payne, que a convidou a atuar em um filme para a recém-criada Companhia Cinematográfica Vera Cruz. Apaixonada, aceitou, principalmente para ficar perto de Tom. Depois do sucesso de *Caiçara*, ele a convenceu a filmar *Ângela*, em Pelotas, no Rio Grande do Sul. Era o início de sua breve, porém importantíssima carreira cinematográfica. Logo veio o reconhecimento, em *Sinhá Moça* (1953), que rendeu o prêmio da crítica a Tom Payne no Festival de Berlim e a consagração internacional.

Mas Eliane insiste em dizer que não queria ser atriz, que não tinha vocação para atuar e que tudo aconteceu por acaso. Casou-se com Tom e tiveram três filhos. Embora muita cotada para continuar a carreira no cinema, desistiu. Logo resolveu mudar radicalmente de estilo de vida e mudou-se para o campo. Durante anos teve uma fazenda onde criava cabras. Hoje em dia mora numa pequena casa no centro histórico dessa linda cidade de Pirenópolis.

Apesar da idade avançada, Eliane tem uma saúde impressionante! Passa um mês na Europa todo ano. Participa de várias atividades, inclusive dos festivais de cinema da região.

Eliane tem uma história de vida ímpar, aliando uma personalidade forte a uma beleza inabalável, continua linda como sempre foi, uma força da natureza. Um ícone do feminismo, uma mulher formidável, que teve uma vida formidável.

É uma honra para mim participar desta 2ª edição de sua autobiografia, viva Eliane!

Helena Solberg
Documentarista e cineasta brasileira, ganhadora do prêmio Emmy.
É reconhecida como a única mulher a participar
do movimento "Cinema Novo" no Brasil.

Minha vida começa hoje

A Fazenda Empyreo era, e sempre tinha sido, o lugar para onde me deixava levar nos devaneios. O bosque de casuarinas atrás da casa. Era só fechar os olhos e sentiria, debaixo dos pés, o tapete macio deixado ano após ano pelo vento. Ouviria o sussurrar delicado que só as casuarinas sabem, contando umas às outras segredos. 1934 a 1950.

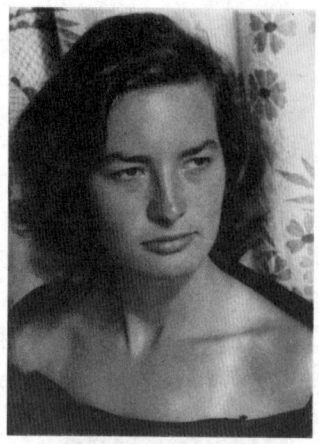

Alta, magra, uma beleza meio selvagem, de maçãs do rosto salientes e olhos orientais. Diziam brincando, quando era criança, que tinha sido achada na rua em Vladivostok. 1950.

As férias terminavam e tínhamos voltado da fazenda. Como sempre, fosse de trem ou de carro, à medida que me afastava do Empyreo,[1] sentia-me envolvida, asfixiada por uma nuvem negra. E, desta vez, ela era mais densa. Depois de dois anos de Europa e de saudades armazenadas, precisaria de muito mais tempo no campo, e a volta para a casa de minha tia em São Paulo parecia, mais do que nunca, sem sentido. Mesmo naqueles primeiros dias de 1950, a cidade grande era terrivelmente estressante comparada com a paz da Fazenda Empyreo. A maioria das pessoas não se sentiria assim naquele casarão ensolarado voltado para um gramado bem cuidado e uma rua das mais arborizadas dos Jardins, em São Paulo. Mas a fazenda era, e sempre fora, o lugar para onde me deixara levar nos devaneios. O bosque de casuarinas atrás da casa... Era só fechar os olhos que sentiria, debaixo dos pés, o tapete macio deixado ano após ano pelo vento. Ouviria o sussurrar delicado que só as casuarinas fazem, ao contar umas às outras segredos antigos. A terra era roxa, bem roxa, da melhor. Roxos também eram os seixos roliços e mornos do pátio, e mais roxos ficavam nossos pés descalços com o passar dos dias.

Desde bem criança no final das férias, eu não saberia exatamente definir desde quando, havia a brincadeira – não, era coisa séria –, um ritual: guardar o maior tempo possível a terra roxa que se entranhara nos pés, até que, já em casa, um adulto horrorizado mandasse desencardir o sonho.

E era esse sonho que terminara na véspera. Final de férias. E apesar de estar na casa da tia em São Paulo e já ter 21 anos, voltara da Fazenda Empyreo não mais com os pés, mas com a alma ainda bem encardida.

---

1 – *A fazenda Empyreo (que significa império) sempre foi tratada, por quem a frequentava, de "o Empyreo" e por esse motivo, preservamos o mesmo tratamento no decorrer do texto. (N.E.)*

Tia Yolanda, que não era tia, mas que se dizia e queria ser minha mãe, era, além de dona da fazenda, a pessoa que na época mais se preocupava com o meu futuro. Se dependesse dela seria brilhante! E certamente dependia, pois, segundo ela, a família era um bando de irresponsáveis. Porém havia um empecilho: minha teimosia. Eu era turrona mesmo.

Alta, magra, uma beleza meio selvagem a minha, com as maçãs do rosto salientes e olhos orientais. Diziam brincando, quando era criança, que tinha sido achada na rua em Vladivostok. E eu, séria, corria para o espelho.

O certo é que me casaria com um quatrocentão paulista. Tinha todos os requisitos: nome, educação europeia, falava línguas, mas... era teimosa, esse era o problema.

O pior da cidade grande era o lado social, totalmente inútil no meu entender. Mas Tia Yolanda já estava alvoroçada querendo a todo custo arrastar-me para um jantar, logo mais à noite. Exasperava-se porque nenhum de seus vestidos longos e muito menos sapatos me serviam. O jantar seria em honra de Alberto Cavalcanti, que chegara naquela tarde da Inglaterra. Ciccillo, marido de Yolanda, passava pelo corredor, e, vendo-a tão irritada, dizia, calmo, com o sotaque italiano carregado: "Mas deixa a menina, Yolanda, se ela quer ficar em casa lendo".

E porque tinha pés grandes pude ficar em casa lendo, não fui ao jantar, e deixei de conhecer o homem da minha vida, que desembarcara horas antes com Cavalcanti.

No dia seguinte, na hora do café, tive direito a todos os detalhes da recepção: Cavalcanti, o renomado cineasta que chegara, era uma simpatia, mais charmoso impossível e, com ele viera um inglês, o primeiro dos técnicos da nova companhia cinematográfica. Simpático também, mas muito magro, tanto que a prima Clô logo apelidou de "poeta malnutrido"! A minha vida começaria hoje. Sem que eu me desse conta, naturalmente. Um dia como qualquer outro. Mas não, havia algo no ar desde a véspera.

A principal novidade, que sem eu saber mudaria para sempre o meu rumo, era que tinha sido escalada para o almoço. E desta vez, enfatizava a tia, sem poder escapar. Viriam Cavalcanti e o "poeta malnutrido". Tom Payne.

Naquele janeiro de 1950, o telefone não parava de tocar na casa de Yolanda e Ciccillo Matarazzo. Só se falava de cinema. Aliás, não era só lá. A efervescência tinha tomado conta da cidade. Almoços, jantares e reuniões em que eram discutidos o sucesso do cinema italiano do pós-guerra e a possibilidade de, seguindo a mesma linha, transformar São Paulo num polo cinematográfico, o maior da América Latina.

Ciccillo Matarazzo e Franco Zampari tiveram o sonho, e em torno deles formou-se um grupo de empresários que se encarregaria da viabilidade financeira do projeto. A Alberto Cavalcanti, o cineasta, coube a responsabilidade de selecionar a equipe técnica.

A expectativa era grande; pois, nesse almoço, Cavalcanti apresentaria o resultado de sua missão na Europa. Trazia a lista dos técnicos mais conceituados da época que teriam aceitado a aventura de assinar um contrato para filmar no Brasil, em São Paulo, na cidade de São Bernardo do Campo, onde nem estúdio havia. O que havia era uma granja de galinhas. A Companhia Cinematográfica Vera Cruz.

Esse almoço seria uma reunião importante, onde discutiriam roteiro, locais de filmagem, escolha de atores e os últimos detalhes a serem decididos antes de começarem a rodar, dali a um mês, o primeiro filme: *Caiçara*.

Os convidados começaram a chegar. Só se falava de cinema e, como um peixe fora d'água, eu me perguntava o que fazia ali.

Houve um silêncio com a entrada de Cavalcanti, centro das atenções e expectativas. Seguiram-se os abraços efusivos de boas-vindas. Foi quando vi, do outro lado da sala, o inglês alto e magro parado na porta e, esquecendo a timidez, fui ao seu encontro. Numa fração de segundo, gravei para mim a textura do cabelo claro e fino, meio revolto, o rosto sensível, a boca sensual, e estendi a mão:

– Você é inglês?

O sorriso era cativante:

– Não, sou argentino.

– Que pena! – sussurrei sem saber por quê.

– Como?

Encabulei:

– Não, nada. – E busquei-lhe um drinque.

Conversamos fascinados e, passando para a sala de jantar, achei muito natural que estivéssemos sentados um à frente do outro e que todas as outras pessoas tivessem desaparecido como que por encanto. Conversamos muito, isto é, devemos ter conversado, pois na realidade não me lembrava de nada a não ser que repentinamente fomos sacudidos por uma voz ríspida:

– E você, Tom, o que acha?

Quebrou-se o momento em mil pedaços, e estávamos de repente sentados a uma enorme mesa e todos em silêncio, talheres no ar, olhando para ele aguardando uma resposta:

– O quê? Como? Sobre o quê? – Tom chegava de longe.

— Afinal, Tom, qual é a sua opinião: num país onde não há escolas de dramaturgia, e que quase não produz filmes, como achar a atriz para *Caiçara*? Procura-se nas praias, faz-se um concurso pelos jornais, procura-se?...

— Mas eu não vejo qual é o problema. Ela está sentada à minha frente.

Com o rosto pegando fogo, vi todos aqueles pontos de interrogação, fixos em mim.

— Não, não, não, estou de partida para o Rio. O meu trabalho...

Yolanda ria feliz:

— Que ótima ideia! Eliane atriz de cinema, perfeito! — e dava risada. Ciccillo sorria e olhava em dúvida.

Esse problema resolvido, o teste marcado para dali a alguns dias, passaram a falar de outros.

Felizmente o almoço estava terminando, mas já na sala, enquanto o café era servido, Yolanda levou-me pelo braço até onde estava o Tom e disse-lhe com um ar cúmplice:

— Você não concorda que alguém tem que convencê-la? Esse alguém é você, Tom. Convide-a para jantar. Hoje, amanhã, todas as noites, até ela aceitar fazer o teste e não voltar para o Rio.

Nisso a campainha soou, e um envelope grande foi entregue a Yolanda. Depois de examinar as fotos riu e passou-as para o Tom:

— O que você acha? Foram tiradas por um amigo arquiteto, um grande artista, Warchawchik.

— Dona Yolanda, eu estava certo, ela é a pessoa mais fotogênica que já conheci.

E virando-se entusiasmado:

— Aceita jantar comigo esta noite?

Apesar de ter sido ele o responsável por todo aquele constrangimento, vendo-o plantado ali na minha frente, sorrindo, com as minhas fotos na mão, dei-me conta de que a volta ao Rio ia perdendo importância, razão de ser. Iria, sim, jantar com ele hoje, amanhã, todas as noites.

Fomos, por recomendação de Ciccillo, a uma pequena cantina italiana do Brás.

Voltamos todas as noites ao mesmo lugar. O garçom trazia logo a garrafinha de Chianti envolta em palha e, em italiano, sugeria a melhor escolha.

Eu observava atentamente o homem sentado à minha frente, certa de que o conhecia desde sempre. Tudo nele era fascinante. As mãos, a boca, o jogo das sobrancelhas cerradas e, através da fumaça, o olhar intenso. Ele falava de sua infância. Eram originários do País de Gales, o pai tinha feito carreira no Bank of London & South America, na Argentina, o que os obrigava a mudar com frequência de cidade. Em seguida, estudara em colégio interno, na Inglaterra. Na realidade, não se sentia nem inglês nem argentino. Era celta! Galês.

Então ele era celta... Lembrei-me dos druidas de poderes mágicos. E enquanto tentava explicar-lhe por que não queria fazer cinema, decidi lutar contra o feitiço.

Cinema era faz de conta, eu tinha um trabalho a fazer que era real, para o qual havia me preparado durante três anos. Trabalhar com crianças.

Antes de ir para a Europa, com 19 anos, tinha ajudado algumas voluntárias a cuidar de crianças no Morro da Dona Marta, no Rio de Janeiro, e chegara à conclusão de que não bastava boa vontade, era preciso preparo, e decidira me especializar.

Fizera um curso de um ano em Tumbridge Wells, no sul da Inglaterra, onde aprendera a cuidar de crianças, de recém-nascidos até a idade escolar. E, no ano seguinte, em Atenas, ajudara na adaptação de sessenta crianças macedônias, vítimas da guerra civil. Mas isso eu contaria depois. O que ele precisava entender era que eu acabara de chegar da Europa ansiosa por começar a trabalhar – mas não em cinema!

Ele não insistia. Era inteligente. Falava de cinema como a sua paixão, o seu mundo desde os 20 anos. O inglês culto, a voz de ator shakespeariano soava na pequena cantina, colocando para mim, que nunca tinha pensado na importância dos filmes na formação de opiniões, que cinema não era só Hollywood, *starlets* querendo aparecer a todo custo, escândalos em Cannes. Ideias eram transmitidas através do cinema, e tinham o poder de influenciar o mundo todo.

E finalmente, intenso:

– Não é sangue que corre em minhas veias, é celuloide!

Era óbvio que a opção dele estava tão enraizada quanto a minha, que a comunicação através de imagens era uma missão para ele.

Comunicação, ideias, imagens que quebravam tabus... nunca tinha tido contato com esse mundo, mas começava a me deixar contagiar por seu fascínio.

Mas queria conhecê-lo melhor, aliás, queria saber tudo sobre ele, que falasse sobre sua infância na Argentina.

Tinha sido uma criança triste, difícil, não enxergava bem de um olho, coisa que só descobriram ao vê-lo assistir ao espetáculo do circo com um olho fechado. Talvez por isso mesmo, anos mais tarde, a imagem se tornasse tão importante em sua vida. Enquanto isso, na sala de aula, diante de um quadro-negro embaçado, o menino sonhava em voar pela janela.

O irmão mais velho, Charles, era bom menino, bom aluno, bom no críquete. O bom. Não se deixava abalar com as brigas cada vez mais frequentes entre o pai e a mãe. Já Tom, mais sensível, era o mediador. Quantas vezes faltara às aulas para ir, em pânico, ao Banco de Londres pedir que o pai reconsiderasse, fizesse as pazes, voltasse para casa... Isso tinha afetado os seus estudos. Até que um dia resolveu ir para bem longe, estudar na Inglaterra. Também lá não se adaptou. Com a crueldade que só meninos conhecem, logo o isolaram por ser estrangeiro e o perseguiram porque achavam críquete um esporte idiota. Ele descobriu cedo na vida que seria um *lone wolf*, o lobo que anda sozinho, e então preparou-se para isso.

Eu escutava fascinada. *The lone wolf*. Achava intrigante a ideia de um lobo solitário. Os lobos, como os homens, eram animais de bando, de tribo, com hierarquias, inseridos numa sociedade. O que teria acontecido na vida desse homem para torná-lo tão arredio?

Eu, sim, tinha razões de sobra.

Diante da expressão perplexa de Tom, achei que tinha me exposto demais. Mas as lembranças chegavam aos borbotões. Olhei para o homem sentado à minha frente, e me pareceu vê-lo por inteiro. Sensível, desarmado, não oferecia perigo. Tomei mais um gole de Chianti, e resolvi contar a estranha história de uma menina solitária.

O mundo mágico, a ilha

O mar impregnara tudo na realidade havia muitas gerações. Era um mar manso, de baía, aparentemente inocente, mas sorrateiro. Tão sorrateiro que já penetrara a ilha e seus habitantes sem que estes se dessem conta. 1933.

A menina crescia na Ilha sem saber que, como a maioria das crianças, era um mero peão no tabuleiro. E, aos poucos, foi perdendo as feições da mãe, só se lembrava das suas mãos. 1932.

Seus pais haviam-se casado ainda adolescentes e se separado pouco depois. Até os 7 anos, a única companhia que tivera fora uma governanta inglesa, seca, de princípios e horários rígidos. Miss Harris, a *nanny*, era presença constante, exigente e impessoal, de todas as horas do dia e da noite. Certamente transmitira-lhe segurança e todas as regras do convívio social. Aprendeu a andar (equilibrando um livro na cabeça). A sentar com as costas retas e as mãos no colo. A fazer o *knicks* ao cumprimentar os adultos, dobrando levemente um joelho. A comer de boca fechada, cotovelos colados ao corpo, escolhendo os talheres certos e usando sempre o guardanapo. A nadar, engolindo água sem reclamar e contando um, dois, três, quatro, até afundar de exaustão. E ainda contando um, dois, três, os passos, um, dois, três, enquanto dava voltas à mesa tentando, desajeitada, acompanhar o ritmo da valsa ou foxtrote. A governanta, séria, rodava a manivela da vitrola. Antes dos 5, também aprendera a andar a cavalo, e tinha aulas de piano com uma professora russa. Diziam que, graças a uma boa dose de palmadas diárias, já deixara de molhar as fraldas aos 6 meses. A governanta era uma máquina extremamente eficiente de amestrar criança, para que esta fosse em qualquer circunstância "vista, mas não ouvida"!

Vivia só com a governanta no grande casarão de quartos vazios. A casa vitoriana era cercada de um imenso parque, e o parque era uma ilha na Baía de Guanabara. A Ilha de Santa Cruz.

Nem pequena nem grande a ilha. Para uma criança, perfeita – era fruto de um sonho do bisavô poeta, que era louco por pássaros e ilhas. E o que ela mais gostava eram as histórias que lhe contava o velho jardineiro português sobre o bisavô que morara nessa casa.

Tonico Lage era conhecido como um homem de palavra. Diriam, em meados do século XIX, no Rio de Janeiro, que um fio de bigode do Tonico era garantia maior do que qualquer contrato. Jovem empreendedor, herdou uma falência e criou um império, apesar de, na realidade, não passar de um poeta que colecionava ilhas e pássaros.

Do império, constavam minas de carvão no sul do país, salinas no norte, estaleiros, cinco ilhas na Baía de Guanabara e, principalmente, navios. Principalmente navios porque eles, os ITA, é que traziam os pássaros de todos os cantos do Brasil para a ilha. ITA, significa pedra em guarani, e ele era a pedra que sustentaria a família Lage.

Ilhas e pássaros. Um poeta, o bisavô Tonico.

Numa das ilhas escolheu viver – ele e seus pássaros. Além de poeta, era solitário. A mulher lindíssima com quem casara vivia em Paris, e os cinco filhos homens, depois de uma infância solta na ilha, foram estudar no exterior.

Pensando pois nos pássaros, transformou a ilha escolhida num pomar, num paraíso. Os anos passaram; e, ao longo das estações, as árvores cresceram e se encheram de frutas de todas as regiões do Brasil. Passou quase um século. As gerações se sucedendo encheram a ilha de meninos e pássaros, outros meninos e mais pássaros, até que chegou a sua vez. Só que em vez dos bandos irrequietos de irmãos e primos que a antecederam, chegou só.

Só e desvinculada, como a própria ilha – ilha sobre ilha se fundiram num só universo. Naquela época, ela teve a noção exata de pertencer, de fazer parte de um todo. Nunca mais sentira isso.

A terra do canteiro que, quando criança, esfarelava entre os dedos, enquanto ouvia o velho jardineiro português reconstruir, aos seus olhos, a ilha dos seus bisavós e avós, de seu pai – essa terra era ela.

Essa terra era até agora o seu lastro. Vivia a insegurança do dia a dia. Navegar era preciso, mas haveria sempre uma ilha no horizonte, a ilha de sua infância.

A ilha, além de ilha, era silêncio. Tonico criara um santuário para ouvir seus pássaros. Três gerações depois, ela ainda viveu esse privilégio: intacta a ilha do silêncio, a ilha do Tonico e dos seus pássaros.

Não havia máquinas que fizessem barulho, nem carros, nem gente quase – só pássaros, de todas as cores, de todas as regiões, soltos cantando. Mal amanhecia, caíam do céu como uma enorme nuvem de papel picado, colorida, barulhenta, à espera da ração diária que lhes era servida no parapeito da varanda. Não tinham medo, estavam protegidos, nem gatos eram permitidos ali, nem gaiolas, nem alçapões. Voavam livres, e os que não voavam, como os jacus, seguiam as pessoas pelos caminhos, passadas largas, atentos e curiosos.

Os caminhos não eram feitos para levar a algum lugar, foram feitos para o puro prazer de serem caminhados. Os que subiam cheios de curvas, da praia, eram calçados com enormes pedras roliças. As formas generosas e mornas sob o sol pareciam ter sido feitas para a volúpia de pés descalços. Os caminhos de terra da parte alta, plana, seguiam calmos, sem esforço. Enroscavam-se aqui numa mangueira especialmente frondosa, ali numa casa 1900 cercada de terraços e de flores. Mais adiante desembocavam como por encanto num enorme banco de pedra talhada, com musgo a subir pelo encosto. Havia bancos nos quatro pontos cardeais da ilha. Lugares mágicos, de onde se avistavam o mar, outras ilhas, o continente com os picos da Serra do Mar e, certamente, firmando a vista, o resto do mundo. Soube que era nesses bancos que Tonico costumava sentar para ouvir os pássaros e sonhar. Esses bancos fascinavam-na quando era criança. Principalmente, o que ficava no lugar mais alto da ilha.

Havia poucas casas na ilha, no máximo quinze. Eram chalés de madeira para o uso dos capitães dos navios, e grandes sobrados sofisticados que Tonico construíra para ele próprio e para cada um dos filhos. O que as casas todas, grandes e pequenas, tinham em comum era o cheiro de verniz.

Tudo cheirava a verniz. Os grandes navios, os ITA, que ela via de longe atracados nos estaleiros, eternamente sendo pintados, lavados, preparados para as grandes viagens em alto-mar, os rebocadores, e as lanchas rápidas com nomes de passarinhos: Bem-Te-Vi, Saracura, Trinta-Réis.

O dia em que lhe perguntaram o que iria ser quando crescesse, a resposta foi instantânea: marinheiro. O herói natural da criança que vive numa ilha.

Tudo era envernizado nesse mundo ilhéu de maresia e sal. Todo o madeirame da sua casa, de pé-direito alto, vitoriana e rebuscada. As janelas tinham pequenos vidros vermelhos, verdes, ou alaranjados incrustados nos cantos. Na ponta dos pés, podia espreitar, através deles, um mundo encantado e colorido. "Oh menina! Seu avô gostava de ficar a olhar por este cantinho vermelho!" Ela ficava imaginando o menino que não conhecera vivendo num mundo em que a casa, árvores, e céu eram vermelhos.

As portas duplas de caixilho, que se abriam para sacadas de madeira trabalhada, também eram impregnadas de verniz e de mar. Como grandes molduras com gosto de sal, cada uma exibia a sua quota de tons, de verde árvore, verde-mar, de azul-serras-ao-longe e azul-céu. Cores que escorriam grossas de sal nos dias de chuva.

O mar impregnava tudo havia muitas gerações. Era um mar manso, de baía, aparentemente inocente, mas sorrateiro. Tão sorrateiro que já penetrara a ilha e seus habitantes sem que estes se dessem conta. E como o mar, ela era uma criança mansa, aparentemente inocente e sorrateira. Líquida e adaptável, até hoje.

O mar era manso, mas determinava tudo.

O mar ordenava a sua vida de criança: se passaria a manhã nadando e pescando siri, ou lendo no quarto. Anos depois, se iria ao colégio de lancha ou estudaria em casa por causa da ressaca. E, bem mais tarde, já adolescente, se haveria pescaria à noite, ela remando a canoa em silêncio, e o pai em pé, imóvel, com o arpão na mão. Atento, músculos tesos, escolhia e fisgava certeiro, entre os peixes que nadavam em círculos lentos atraídos pela luz do lampião. Seu pai observava a lua e, através dela, interpretava o mar e os peixes. As noites de pescaria eram sempre calmas e escuras. Mas, como em sonho as coisas às vezes se invertem, a lua cheia parecia nascer ali mesmo das profundezas do mar, e subia arrastando um redemoinho de peixes até o grande círculo iluminado cujo centro era o arpão.

O mágico fora sem dúvida a tônica desse tempo, tão impreciso quanto as datas, mas as lembranças eram nítidas, palpáveis. O seu mundo de criança solitária era o mundo dos livros ingleses de contos de fadas. Suas ilustrações se adaptavam ao cenário tropical de mangueiras colossais, sol e coqueiros.

Afinal falava inglês, como as fadas e elfos, e os coelhos de Beatrice Potter; e a casa era uma típica casa inglesa onde até o telhado, bem inclinado para suportar o peso da neve, era de ardósia, como nos livros. Aos sapos, dedicava um respeito especial, pois iriam transformar-se em príncipes, aos coelhos selvagens que atravessavam o seu caminho murmurava recados para Alice, e eles partiam lépidos. E quando a noite caía, ficava à janela olhando as estrelas certa de que, antes dos 7 anos, Peter Pan e Wendy viriam buscá-la.

Pensava em inglês, era a língua das ideias; em português, o necessário; e o francês, que falava com a avó paterna, tornar-se-ia mais tarde a língua dos sentimentos, da poesia. Bem pequena, aprendera a adaptar a língua à pessoa com quem estava, nunca se enganava. Uma vez deu um nó: Ramon, um espanhol enorme, gordo e careca, havia anos na família, dizia na hora do almoço: "Hoje tem chuchu!".

A avó francesa pegava-a no colo: *"Mon petit chouchou!"*.

E a governanta inglesa: *"Come put on your shoe-shoes."*

Afinal, o que é chuchu?

As cozinheiras e arrumadeiras iam e vinham, mas Ramon permanecia. Oficialmente, era o copeiro, mas na realidade era o grande amigo, o confidente, quando a governanta não estava por perto. Tudo era protocolar e empolado no dia a dia da menina. E Ramon, de uniforme, servia a mesa, a longa mesa de doze lugares, da qual a governanta e ela ocupavam apenas uma ponta. Impessoal e sério, passava os pratos como se servisse um banquete.

No seu dia de folga, trazia sempre do Rio um pacotinho de balas de coco queimado, e ela corria, pendurava-se no seu pescoço e beijava-lhe as bochechas. Às vezes, o rosto de lua cheia e olhos marotos aparecia na porta, e, se estivesse sozinha, fazia sinal para que o seguisse em silêncio, na ponta dos pés. Chegando ao jardim, ele ficava imóvel com o braço esticado, assobiando como que um código secreto e repetido. De repente, num voo rápido e certeiro, um corrupião amarelo e preto pousava no seu dedo. Ela olhava abismada, enquanto ele conversava com o pássaro, pedindo com sua voz grave, misto de espanhol e português, que lhe tirasse dos dentes os fiapos de manga. E o corrupião, sem o menor medo, ia delicadamente com o bico limpar os dentes do homenzarrão!

Sob aquela massa impressionante de papadas e banhas, escondia-se uma alma sensível. Ele parecia adivinhar o que estava faltando na vida da menina que vivia mais tempo empoleirada nas árvores do que em terra firme. Ela conhecia as mangueiras a palmo, uma por uma. Passava horas e horas encaixada num vão de galho, sempre no mesmo, o escolhido, balançando absorta, escutando o vento. Sonhava com mastros de escunas e cavalos galopando. A governanta nunca entendeu como da noite para o dia apareceu um balanço pendurado do galho mais alto de uma mangueira. A alegria foi indescritível, e a sensação de poder também. Não era mais balançar, era voar! Bem acima da mangueira, da ilha, do mar, até o ponto em que, totalmente entregue ao vento, viu pela primeira vez a caverna. Era uma enorme pedra lisa atrás da casa, no ponto mais alto da ilha, que escondia da vista de todos uma caverna aberta para o mar. Como tudo o que é proibido, chegar até a caverna misteriosa tornou-se uma ideia fixa. Foram dias tentando esconder da governanta os joelhos esfolados no esforço de escalar a pedra escorregadia. Até que conseguiu. A entrada era pequena e totalmente encoberta de vegetação. Imbuída da emoção de um Colombo ao pisar em terra virgem, tomou posse da sua caverna. Uma saliência plana apareceu debaixo das folhagens, como um pequeno terraço na frente de seu novo esconderijo, e sentada, as pernas balançando sobre o abismo, ela se sentia a pessoa mais livre do mundo.

A governanta também se surpreendeu ao ver Ramon fazer degraus de cimento sem a menor serventia que escalavam uma pedra íngreme atrás da casa. Pareceu a ela um tanto ridículo um homem tão gordo se meter a alpinista, mas para a inglesa enredada como uma crisálida nas suas regras vitorianas, nos trópicos tudo era possível, até viver isolada numa ilha cuidando de uma menina.

As cinco ilhas não eram só um sonho de poeta, faziam parte de uma empresa muito bem organizada. A maior delas, a Ilha do Engenho, certamente tivera um engenho e plantação de cana, mas isso ela não conhecera. A Ilha dos Porcos era toda dedicada à criação de porcos, que forneciam carne e gordura para a cozinha dos navios. A Ilha do Caximbau era minúscula e sem a menor serventia. Um chapéu de coco surrealista recoberto de densa vegetação boiando na Baía de Guanabara. Ela tinha um sonho secreto: quando crescesse iria viver na Ilha do Caximbau, com todos os cachorros e crianças que achasse abandonados. Já fizera até a planta da casa!

A Ilha do Viana era um imenso estaleiro equipado com a infraestrutura necessária para não só consertar e reformar o que fosse preciso mas também abastecer os navios, os ITA. Era um centro industrial movimentado, todo nivelado, asfaltado, barulhento. Caminhões descarregando nos armazéns, guindastes carregando navios. Sons ensurdecedores de ferro no ferro, clarões de solda, cheiros de tinta, de graxa, de verniz, e até de pão fresco. Apesar de ligadas por uma ponte de ferro nem tão grande, a Ilha de Santa Cruz era o oposto.

O sonho do Tonico Lage que se tornara o mundo da bisneta era a Ilha de Santa Cruz. Parecia um enorme navio atracado pela proa a uma ponte de ferro ligada aos estaleiros da Ilha do Viana. A bombordo, um longo cais com escadas de pedra que desciam até o mar, e a estrada que subia ziguezagueando por entre capim e mangueiras até o alto do morro. Do outro lado, o mais bonito, se avistavam as casas com seus jardins, e lá embaixo as praias, o costão de pedras e, ao longe, o fundo da baía e o azul da Serra do Mar. Uma enorme horta, estábulos e currais, e uma granja de galinhas formavam a popa desse navio-ilha.

As casas eram típicas do século XIX. Tudo era grande e rebuscado, vitoriano. Os artesãos haviam-se esmerado no acabamento, torneando e esculpindo a madeira das sacadas, corrimãos e móveis. Os telhados eram altos e exibiam torrinhas aqui e ali, e havia largos terraços de colunas trabalhadas, sempre virados para o mar. De nenhuma casa eram vistos os estaleiros de Niterói ou da Ilha do Viana, nem se podia ouvir a cacofonia de máquinas e homens trabalhando. Só harmonia e beleza.

Havia os chalés dos capitães dos navios, estes, invariavelmente celtas do País de Gales. Segundo a tradição, possuíam um sexto sentido que, na falta de radar, guiava-os em alto-mar. Esses chalés de madeira, pré-fabricados na Europa, tinham um charme todo especial, com seus terraços e janelinhas de sótão que lhes brotavam do telhado. Eram meia dúzia ao todo e ficavam na Praia dos Ingleses, perto da quadra de tênis. Num deles, morava um engenheiro brasileiro e sua mulher, pais de Rogério e de Germano. Visitá-los era uma festa!

Os dois meninos eram mais velhos, mas ainda usavam calças curtas e tinham bicicletas de duas rodas, vistas com admiração por quem ainda andava de velocípede. Um dia, enquanto a governanta tomava café com a mãe dos garotos, Germano convidou-a para ir ao sótão. A beleza do que viu deixou-a sem fala. Pendurados do teto e encostando quase no chão, havia dezenas de imensos balões de São João, de mil cores, que dançavam na brisa que entrava pela janela. Iluminados pelos últimos raios de sol, como imensos palhaços vestidos de losangos multicoloridos, bailavam e sussurravam no farfalhar de papel de seda. Imaginou-os murmurando medos e angústias, roçando-se, abraçando-se, no agasalho do sótão, prevendo a grande arrancada para o vazio da noite.

A festa de São João nunca mais foi a mesma: os balões que via à noite cruzando o céu vinham certamente do sótão do Germano, o menino fazedor de balões. Nesse mesmo ano...

Interrompida, senti duas mãos firmes segurarem as minhas, esvoaçantes, que ainda soltavam balões pelo céu:

– Vamos embora já, senão amanhã não poderei ouvir você continuar a me contar sobre a sua ilha. Querem fechar o restaurante...

Encabulada, levantei-me. Nunca havia falado tanto de coisas que eram só minhas. E para um estranho. Um estranho?

Na noite seguinte, sentados à mesma mesa com a garrafa de Chianti, o sorriso cúmplice me encorajava:

– A sua ilha, fale mais.

Continuei...

A sua ilha, fale mais...

Apesar de loura, longilínea e geneticamente ligada às margens do Reno, Elisabeth odiava, por força das circunstâncias, tudo o que lembrasse a Alemanha. Era francesa. 1919.

Elisabeth Claire Perrin, nascida em Chalons sur Saône, apaixonou-se por um brasileiro e veio ter o seu primeiro filho (meu pai) numa ilha na Baía de Guanabara. 1907.

A ilha era um misto estranho de tecnologia moderna e hábitos tradicionais. O progresso não poderia, em nenhuma hipótese, destruir o clima que reinava.

Não havia água ali, não havia nascentes, o que desencorajaria qualquer pessoa, por mais empreendedora que fosse, no século XIX. Mas não Tonico, um apaixonado por ilhas e por conforto. Como conseguira, ninguém sabia dizer, mas o certo é que na ilha, ligada ao continente por cabos e canos submarinos, havia aquecedores e fogões a gás, luz elétrica, e telefones em todas as casas, no estaleiro e escritórios. E a água jorrava solta em grande fartura.

Por outro lado, não havia refrigeradores elétricos porque eram barulhentos, e carros nem pensar. Havia uma central telefônica encarregada de anotar todos os pedidos, desde compras de mantimentos, carne, leite, pão, até os horários em que as pessoas precisariam de um carro e de uma lancha para ir ao Rio, ou voltar.

As idas e vindas até o cais aconteciam pontualmente a bordo de um Ford 1928, o único carro existente na ilha. A capota de lona já estava bem puída e não tinha, por alguma razão, as duas portas da frente, mas a farda do motorista era impecável. A geringonça barulhenta era imediatamente recolhida a uma garagem na Ilha do Viana, ao lado de um caminhão da mesma geração.

Todas as manhãs, a grande alegria era descer voando pelo corrimão da escada ao ouvir as grandes rodas maciças rangendo morro acima. Era o carro de boi que chegava com as encomendas, as toras de gelo, e a lenha para o fogão caipira. Depois seguir com eles, por um pouco, sentada sacolejando, pernas balançando no ritmo lento, choroso, de bois em estrada de terra.

Nos primeiros anos da década de 1930, quando ainda era bem pequena, o passeio preferido era descer até a ponta da ilha e visitar a granja de galinhas.

Eram extraordinárias para a época as técnicas então usadas.

Havia muitos galpões. Num deles, uma enorme chocadeira com gavetas despejava centenas de pintinhos por dia que passavam direto para uma área coberta e aquecida onde descobriam a arte de comer e correr. Depois iam para outro galpão onde machos e fêmeas eram separados e recebiam tratamento diferenciado: as fêmeas para postura e os machos para o corte. Era o abastecimento da ilha e dos navios.

As fêmeas adultas tinham nas canelas anéis de identificação numerados e iam para gaiolas individuais de onde os ovos botados rolavam por uma rampa, de modo que o encarregado, ao recolhê-los, carimbava-os, tendo a noção exata de quais eram as boas poedeiras. Dali, os ovos já saíam selecionados para a reprodução ou para o consumo.

Essa técnica toda passava despercebida, o que ela gostava mesmo era sentir a penugem amarela contra o rosto, o calor do bichinho na palma da mão.

Tudo na Ilha de Santa Cruz tinha a sua tradição. Os capitães dos ITA vinham do País de Gales, e os empregados, dos Açores. Apesar de todos da família terem os seus carros no Rio, na ilha só circulava o velho Ford. Os telefones eram grandes caixas de madeira envernizada pregadas na parede e funcionavam bem com uma manivela. Na Ilha do Viana havia caminhões e tudo do mais moderno. Do outro lado da ponte, os carros de boi é que faziam as entregas. Cedo: o pão feito lá mesmo, o leite do estábulo, as verduras colhidas de madrugada na horta; e, mais tarde, as entregas encomendadas na véspera. Invariavelmente.

Ela se lembrava de uma só mudança na rotina dos carros de boi. Foi numa noite de São João.

A festa ia ser dada pelo Sr. Werneck, engenheiro que trabalhava na Costeira. Moravam, ele e a família, no casarão que tinha sido construído para o tio-avô Renaud. Diante da casa, havia uma longa pérgula de colunas, coberta de trepadeiras floridas; de lá via-se a Baía de Guanabara e, ao longe, a cidade do Rio de Janeiro. Espalharam-se barraquinhas pelo jardim com todas as comidas e bebidas típicas, e iluminaram tudo, inclusive a pérgula, com luzes coloridas. Ela e a governanta foram convidadas, porque era amiga e tinha os mesmos 6 anos que Lúcia, filha dos Werneck.

Nunca estivera numa festa à noite e sentia-se por uma vez totalmente livre. A governanta sentara-se a um canto com um copo de refresco. Pela mão da amiga, corria de barraca em barraca, olhando maravilhada os preparativos. Travessas e mais travessas passavam fumegando, morteiros cheios de pólvora eram enterrados na areia, e busca-pés faiscantes pregados às árvores. Sentiu o frenesi da antecipação, quando uma salva de fogos anunciou, lá embaixo no cais, a chegada do barco que trazia os convidados. De lá, viriam de carro de boi.

O ritmo dos últimos retoques aumentou. A noite foi caindo e o pôr do sol se fundiu com as luzes que apareciam no fundo da baía, no Rio, e, finalmente, no Cristo Redentor. Começava-se a ouvir, ao longe, a toada arrastada das rodas de carros de boi, mais sanfonas, e vozes cantando. O pipocar de fogos, as vozes e sanfonas foram-se aproximando, até que, saindo do breu da noite, apareceu o primeiro carro de boi. Todo enfeitado com grandes arcos de flores e de lanternas japonesas, rangia balançando na cadência lenta dos animais. O primeiro carro entrou pela pérgula iluminada, os convidados cantando alegres acenando com os chapéus de palha, seguido de outro, e mais outros. Era tão feérico o efeito que todos batiam palmas. Os homens ajudavam as mulheres a descer, segurando pela cintura, num rodopiar de saias floridas, babados, e risadas, até pisarem as botinhas no chão.

Acendeu-se uma fogueira enorme, e os fogos de artifício iluminaram a noite. Enquanto isso, debaixo da pérgula, as sanfonas animavam a quadrilha, umas barraquinhas distribuíam batidas e quentão, e outras, uma infinidade de doces e salgados.

No grande salão, um conjunto tocava músicas românticas. Sentadas debaixo do piano de cauda, com uma travessa cheia de guloseimas, as duas meninas passaram a noite rindo e cochichando, vendo, de um ponto de vista que nunca mais se repetiria, a ciranda dos pés e da vida. Não viram sair os convidados, estavam dormindo debaixo do piano.

Todas as tardes, ela estudava piano na biblioteca. As paredes cobertas de livros a fascinavam. Mas trancados a chave em armários envidraçados, estavam a salvo da umidade, das traças e dos seus dedos curiosos. Uma mesa, no centro, cercada de cadeiras de alto espaldar, e o piano eram os únicos móveis. Nas paredes, as fotos de família. Logo acima da partitura, o olhar sonhador de Tonico Lage era um convite irresistível ao devaneio. Sentado num banco debaixo de uma mangueira, olhava o fotógrafo de frente. O chapéu *canotier*, bem ao gosto do princípio do século, sombreava os olhos claros e puxados. Tonico era um homem bonito e de bem com a vida. Estava sentado à vontade à sombra de sua árvore, e certamente não imaginava que anos mais tarde sua bisneta lhe examinaria a expressão do olhar, as maçãs do rosto salientes, e o vasto bigode branco. Espalhados pelas outras paredes, cinco quadros com fotos dos seus filhos. Retratos feitos sem imaginação, de homens de meia idade e expressão severa.

Cecília Braconnot casara-se com Tonico aos 16 anos e aos 20 já tinha quatro filhos. Logo em seguida, cinco. Não era de admirar que, assustada com a perspectiva que tinha pela frente, tivesse bem cedo decidido morar sozinha em

Paris. Numa foto tirada em 1896, aos 35 anos, extremamente bem vestida, corpo de menina, escondia o rosto nas mãos. Só apareciam os olhos e a expressão de criança perplexa. Tinha uma fobia: envelhecer. Já viúva, Cecília passou os últimos dez anos de vida trancada no seu quarto, na ilha, para que ninguém lhe visse as rugas.

Vasculhando a memória, verificava que pouco sabia do avô paterno, Jorge. Ao velho Tonico cabiam todas as lendas. Jorge era o quarto filho homem, crescera na ilha com os irmãos e, mais tarde, como eles, estudou no exterior. Enquanto se formava engenheiro no Massachusetts Institute of Technology, passava, todos os anos, as férias na França. Percorria o país de bicicleta com os irmãos.

Elisabeth Claire Perrin era loura, alta, elegante e tinha os olhos mais azuis que já vira. O pai era diretor da Association des Sucreries de Chalons-sur-Saône, na França, e já havia decidido que sua única filha se casaria com o filho do vizinho. Mas ela era turrona. Para quebrar o gelo, o rapaz passava todos os dias na frente da sua janela com o seu tílburi atrelado a quatro magníficos puros-sangues. Um dia, olhava entediada o rapaz se pavoneando com os pomposos cavalos e foi sacudida por uma emoção real. Viu cinco moços loucos, alegres e extrovertidos passarem nas suas bicicletas. Tocavam doidamente as campainhas e acenavam para ela! E, contrariando todas as regras de boa conduta, ela pendurou-se na janela rindo e acenou. A paixão por um deles foi instantânea, mas teve que esperar quatro longos anos até que o seu brasileiro terminasse o curso nos Estados Unidos e viesse buscá-la.

Na foto tirada no princípio do século em Chalons-sur-Saône, o casal de noivos posaram ao lado da senhora gordinha envolta num vestido florido de laçarotes e babados. Tudo ali é florido: o papel de parede, o quadro em cima da lareira, e o guarda-fogo onde uma cegonha aparece cercada de flores. O jovem brasileiro parece querer desfazer a má impressão que dera anos antes, ao irromper de forma tão espalhafatosa na cidadezinha de interior. Mas os cinco irmãos nas suas bicicletas já eram coisa do passado. Agora tentava manter, ao lado da sogra, a postura de noivo sério, impecável na calça cinza de listras pretas, colarinho duro, gravata e colete brancos e casaca preta. Mas havia um brilho nos olhos, um leve sorriso maroto, o mesmo que a moça da janela deve ter visto num relance e guardado durante os quatro anos de espera. Elisabeth está bonita na foto. Alta, esguia, num vestido branco sóbrio e recatado, tem a expressão determinada de uma vencedora. A filha única vencera a dura resistência dos pais à ideia de vê-la partir para a América do Sul. Afinal, não a queriam mais longe do que casada com o vizinho!

O velho Tonico construíra uma casa para os dois no lugar mais romântico da ilha, em cima das pedras do costão, bem junto ao mar. O sobrado, em estilo normando para agradar a nora, tinha o madeirame aparente e telhas de ardósia. O sogro pensara em tudo: no campo de tênis, nas cocheiras e pista de salto, e no piano. Naquela época, embora não fosse bem visto, a francesa praticava esportes, e isso ele aprovava; ela lhe daria netos fortes.

Recém-chegados ao Brasil, Jorge descobriu o que era de esperar; a total incapacidade da mulher em se comunicar com os empregados. Tomou então uma decisão de capitão: de manhã cedo, enfileirava os empregados como num convés de navio e distribuía as tarefas. Elisabeth descia do quarto sem tomar conhecimento de nada. O que iriam comer, quando, onde, e todas as outras questões domésticas já haviam sido resolvidas. Mas quando o primeiro filho nasceu tratou de mandar vir da França uma ama de leite, para pelo menos com ela poder tomar as decisões. Apesar de falar fluentemente o inglês, o português seria sempre para ela um tormento; para quem a ouvia, também.

Esse neto era a grande felicidade de Tonico, porque nascera na ilha. O velho admirava a coragem da nora francesa que arriscara a vida num parto difícil, para dar-lhe essa alegria. Ele reconhecia que era um lugar totalmente sem recursos. Jorge, como o pai, o menino cresceu enraizado na ilha e, por isso mesmo, era o neto preferido de Tonico. Tonico costumava caminhar com o pequeno nos ombros e com gestos largos dizia: "Tudo isso vai ser seu; tudo isso!". E o menino acreditava. Era dono do avô e do mundo.

Elisabeth teve três filhos, que cresceram saudáveis na ilha, como desejava o avô: nadavam, pescavam, velejavam, jogavam tênis, e andavam a cavalo com o pai. Tinham professores particulares para não terem que ir até a cidade, além de aulas de inglês, violino e esgrima. Mas para grande tristeza da mãe, pianista, tinham horror à música.

Na parte mais alta da ilha, havia um grande círculo plano rodeado de enormes mangueiras que tinha ao centro um esboço de construção. Era um alicerce de pedra bruta com mais de um metro de altura e em forma de mandala. Haviam feito o aterro no centro e o tempo tinha-se encarregado de cobri-lo de grama. Quando a bisneta passava curiosa os dedos pelo contorno áspero, contavam-lhe que aquela mandala de pedra e grama teria sido construída por Tonico como base para uma capela onde queria ser enterrado. Não iria sair da ilha nunca mais. Mas a lei negou-lhe esse último sonho. Os filhos foram obrigados a enterrá-lo no cemitério João Batista, no Rio. Mas tiveram a sensibilidade e o bom gosto de envolvê-lo na terra trazida da ilha e colocaram como único monumento, numa época em que estes eram de praxe, uma enorme pedra roliça arrancada do seu costão. Na base da pedra, um pequeno pássaro morto, de bronze.

Antonio Martins Lage. 14-3-1847 – 8-8-1913.

Dos filhos do Tonico, só dois viviam no Brasil. Antonio, o mais velho, e Jorge, que lhe era mais próximo. Eles deram continuidade à obra do pai, até que a gripe os matou num mesmo dia de outubro de 1918. O final desse ano seria caótico para a cidade do Rio de Janeiro. A gripe espanhola, que já devastara a Europa, matando mais que a Segunda Guerra Mundial, chegou inexorável. Poucos escapavam. No caso da família Lage, sobraram viúvas, filhos pequenos e um império acéfalo.

Um dos irmãos que havia decidido dedicar a sua vida ao *bel canto*, e vivia na época na Itália, voltou ao Brasil para assumir o comando das empresas. Henrique Lage, que sonhara ser cantor de ópera, surpreendeu: comprou os direitos das viúvas e dos dois irmãos que viviam no exterior e dedicou-se ao trabalho, tornando-se um poderoso armador e empresário de visão.

Henrique viria salvar os negócios, mas Elisabeth estava mais preocupada em salvar a vida do filho caçula que também estava à morte. Desesperada com a ineficiência dos médicos da família, aceitou a oferta de um amigo que levou o menino embrulhado num cobertor para um médico alemão.

O amigo, Louis Johan Charles von Zeppelin, era um homem forte fisicamente, mas sobretudo de coragem. Quando todos que podiam se afastavam do Rio e da terrível epidemia que se abatera sobre a cidade, ele se arriscava, acompanhando de perto a luta de Elisabeth para salvar a vida do marido e do filho. Holandês de ascendência alemã, convenceu a amiga de que só métodos mais drásticos surtiriam efeito. Levou o menino para a sua casa e dedicou-se por inteiro à sua recuperação. O tratamento revolucionário salvou-lhe a vida.

O conde Louis von Zeppelin, na época embaixador holandês no Brasil e viúvo, viu-se envolvido como amigo e protetor, e quando se deu conta, estava apaixonado.

Viúva, fragilizada, e sobretudo grata, Elisabeth aceitou a ajuda desse homem, tão grande fisicamente quanto bom, e embarcou para a França com os três filhos, disposta a dar-lhes a melhor educação possível. Lulu, como passou a ser chamado, acompanhou-a nessa e em tantas outras viagens.

Aos 36 anos, Elisabeth deixava para trás a juventude despreocupada, em que tudo era providenciado pelo marido, até mesmo o que comeriam para o almoço. A epidemia transformara a sua vida num caos. A sensação de impotência diante da morte do marido, e a decisão angustiante de separar-se do filho para tentar salvá-lo, fizeram vir à tona a fibra de lutadora que seria a sua característica dali para a frente. Nunca mais deixaria que alguém decidisse por ela o rumo de sua vida. De criatura submissa tornou-se líder e regeu o seu pequeno matriarcado particular com mão de ferro. Descobriu que tinha um faro especial para os negócios e, confiante, tomava decisões rápidas e um tanto desconcertantes, mas que davam sempre certo.

A primeira delas foi mudar o nome do futuro marido. Francesa, cuja ascendência viera da região fronteiriça com a Alemanha, crescera ouvindo relatos de como a avó defendera Estrasburgo de arma na mão. A cidade fora palco de constantes batalhas, sendo invariavelmente anexada ora pela Alemanha, ora pela França. Apesar de loura, longilínea e geneticamente ligada às margens do Reno, Elisabeth nascera no centro da França, para onde os seus pais haviam-se mudado em busca de paz. Odiava, por força das circunstâncias, tudo o que pudesse lembrar a Alemanha. Era francesa por convicção, e jamais aceitaria o "Von" alemão, mesmo acompanhado de um título de nobreza, brasão etc.

Louis Johan Charles von Zeppelin, sobrinho do inventor do dirigível, foi obrigado não só a abandonar a sua carreira diplomática para casar-se com uma estrangeira, como a adotar para o resto dos seus dias o nome afrancesado Louis de Zeppelin. Já o título de condessa, Elisabeth achava simpático.

A parte que coube a Elisabeth do espólio dos irmãos Lage foi-se transformando em casas no melhor bairro de Paris, o Seizième Arrondissement. Mais tarde, ela se estenderia até uma casa em Cannes, um chalé na Suíça, e vários prédios de apartamentos na Avenida Atlântica, no Rio de Janeiro. Eram os primeiros a serem construídos numa Copacabana ainda tida como fim de mundo. Os três pequenos selvagens da Ilha de Santa Cruz se civilizavam num colégio interno na Suíça, e Elisabeth, na companhia de Lulu, um homem culto e sensível, desabrochou para uma vida de concertos, teatros e viagens. Vivia em Paris, o centro cultural da Europa, e era feliz.

A casa, 66 rue de l'Assomption, quase esquina com a Avenue Mozart, era um sobrado de três andares, e tinha, como todas as casas de Paris, um porão e um sótão habitáveis. A primeira casa de uma vila, uma rua estreita que unia duas ruas mais importantes, era cercada por um jardim e uma grade de ferro coberta de trepadeiras. Grandes arcos em estilo rebuscado com portões de ferro que eram trancados à noite garantiam a segurança na entrada e saída do beco. E, junto ao portão, a pequena casa da *concierge*. Seguindo a calçada, a dois passos dali, o Bois de Boulogne.

Alguns degraus e uma sacada elegante levavam à porta de entrada e às salas de estar e de jantar. Lulu havia-se esmerado na decoração. Tapetes orientais, pesadas cortinas, muitos quadros, tapeçarias francesas e chinesas nas paredes, cadeiras Louis XV, sofás confortáveis e o eterno piano de calda de Elisabeth. Mas, principalmente, muita coisa chinesa. Ele havia passado anos na China, na embaixada holandesa, e além de aprender a falar mandarim, colecionara, no princípio do século, um acervo precioso em objetos de arte chinesa.

Uma escada atapetada subia aos quartos de Lulu e Elisabeth, no primeiro andar; ao estúdio e biblioteca de Lulu, no segundo; e, no terceiro, aos quartos dos meninos. O sótão era um lugar fascinante, cheio de malas e baús misteriosos. De suas pequenas janelas, viam-se os telhados, uma infinidade de chaminés e o céu de Paris.

No porão, a enorme cozinha era ligada à sala de jantar por um pequeno elevador de pratos movido manualmente, com roldanas. Na hora das refeições, Jean, o copeiro, servia na sala de jantar as travessas fumegantes que Marthe, a cozinheira, acabara de preparar e acomodar no elevador.

Lulu e Elisabeth viajavam muito. Passavam a primavera e o outono em Paris, o verão na Suíça e o inverno em Cannes. Na verdade, andavam atrás do sol, do calor. Sempre de carro, seguidos de Jean e Marthe, e do cão pastor Milord.

Comprado no melhor canil e dono de um pedigree que desafiava qualquer dúvida, Milord cresceu fisicamente perfeito, mas com uma característica no mínimo inesperada num cão de guarda: era tímido, nunca abriu a boca, nunca latiu. Cansados de esperar que um dia revelasse uma personalidade forte, Milord passou a ser chamado Mimile. Um apelido doce que lhe convinha. A única vez em que mereceu o pedigree que mofava numa gaveta, os donos haviam viajado, deixando-o a cargo de uma empregada. Um dia após terem chegado à Exposição Internacional de Bruxelas, Elisabeth e Lulu receberam um telegrama anunciando: "*Mimile pas pipi*". E foram obrigados a voltar. Mimile, irredutível debaixo da cama de Elisabeth, rosnava e latia feroz cada vez que a pobre empregada se aproximava. Mas, com a chegada dos donos, ele voltou a ser o cão feliz, tímido e calado de sempre.

Em Cannes, Elisabeth escolhera um lugar fora do centro, na estrada cheia de curvas que sobe a montanha em direção a Le Cannet. *La Mirandeau* era uma casa despretensiosa e cheia de sol pendurada na encosta. A sala emendava com um terraço que se debruçava sobre um gramado em declive com mimosas floridas e perfumadas. A vista era privilegiada, praticamente a de um pássaro voando. Embaixo, esparramavam-se Cannes, a praia e o azul inconfundível do Mediterrâneo. O inverno atraía pessoas interessantes. Jogava-se tênis e bridge com pintores, escritores e vizinhos, entre eles H.G. Wells, que enchia as estantes de Elisabeth de livros com autógrafos simpáticos.

Já o chalé na Suíça fora comprado como medida de economia. O Palace Hotel de Villars-sur-Ollon era o único prédio imponente num vilarejo de pequenos chalés de madeira encaixados nos contrafortes dos Alpes. E seus preços de estada também eram desproporcionais. O que distinguia Villars era a qualidade de seus internatos, e o Beau Soleil tinha a fama de ser o melhor colégio de língua francesa para meninos na Suíça. Elisabeth queria o melhor para os filhos; mas, a hospedar-se num hotel caro cada vez que fosse visitá-los, preferiu comprar um chalé. E não se arrependeu. O clima era excelente e, em qualquer época do ano, o cenário dos Alpes deslumbrante.

Com o tempo, os três rapazes cresceram se distinguindo nos esportes de inverno e no tênis. Mas, como boa francesa, a mãe achou que já estava na hora de lhes dar um padrão mais sério de estudos e transferiu-os para Paris: o célebre colégio Louis le Grand. No entanto, para Jorge, o mais velho, já era tarde. A vida livre na ilha e a ligação com o mar durante os primeiros doze anos eram marcas profundas demais. Ele odiava a Europa onde tudo era frio, distante e intelectual.

***

– Eu também! Eu também! – a voz grave do homem sentado à minha frente me arrancou do devaneio. A cantina era sempre a mesma. Já se tornara um ritual e, enquanto analisava seus gestos, longos dedos tentando inutilmente acalmar o cabelo revolto, comecei a pensar. As mãos tinham suma importância para mim. Sempre fora assim. Das pessoas mais queridas conseguia esquecer o rosto, os olhos, mas nunca as mãos. Um pouco assustada, eu me dei conta do prazer que sentia ao me apossar, nos mínimos detalhes, das mãos estendidas sobre a mesa. Pior, reconhecia-as. Como se sempre as tivesse conhecido. Tive certeza disso no momento em que ele segurou minha mão e com ênfase repetiu:

– Conte mais!

E ainda sonhando com as mãos, continuei...

E ainda sonhando com as mãos, continuei...

Margie, em 1931. Ela nem notou que apesar da elegância e das maneiras de aristocrata, ele não passava de um doce selvagem que nunca havia lido um livro na vida. Em tudo, menos nos sonhos, eles se encontravam. Ela sonhava com Paris; ele, com a ilha.

No fim da Primeira Guerra Mundial, o armador inglês foi nomeado Baronet pelos relevantes serviços prestados à pátria. Sir Rowland aparece pronto para a cerimônia, de farda, chapéu bicorne na mesa e a espada de praxe. 1918.

Chegaram à conclusão de que a maneira mais rápida de concretizarem os sonhos seria casar, e logo. Seriam livres e muito ricos! 1927.

Sir Rowland já era um homem bem sucedido quando casou-se com Mabel Hodge, uma mulher bonita, de expressão triste, olhos claros e submissos. Margie, a filha mais velha, aos 3 anos. 1911.

Anticlímax total: nasce uma menina, e pior, oriental. Quando a trouxeram, a mãe, horrorizada, mandou-a de volta...

As mãos mais lindas de que a menina se lembrava eram as de sua mãe. Longas e finas, feitas só para serem admiradas. A sua mãe era inglesa e nunca era mencionada. Uma figura mítica envolta em mistério. A menina nada sabia da família além de alguns recortes de jornal amarelados que lhe caíram nas mãos muitos anos mais tarde. Um artigo publicado, em 1913, num jornal da cidade de Newcastle-on-Tyne, ao norte da Inglaterra, descrevia seu avô materno aos 50 anos.

"O Sr. Rowland Frederic William Hodge pertence a uma antiga família de Northumberland que há gerações tem papel relevante na vida industrial e social do condado. Filho do Sr. John Rowland Hodge, proprietário de navios em Newcastle, foram-lhe dadas todas as oportunidades para ter uma carreira útil. Aos 20 anos, já era engenheiro, aprendendo em seguida, na prática, a construção e *design* de navios nos estaleiros de Wallsend e mais tarde no estaleiro de Fairfield, em Glasgow.

Antes dos 30, foi nomeado gerente geral da grande empresa Swan Hunter e Wigham Richardson, posição de responsabilidade que ocupou com destaque durante nove anos. Foi então que, com dois sócios, *Lord* Furness e *Sir* John Barwick, fundou a Companhia de Construção Naval de Northumberland que, apesar de ter começado modestamente, tornou-se uma das maiores empresas do ramo.

O Sr. Hodge se especializou na construção de navios cargueiros de grande porte, de até 7.500 toneladas, e quase setenta desses vapores já produzem altos lucros em todas as partes do mundo.

O Sr. Hodge é uma figura importante no mundo social. Está sempre na moda – uma espécie de Beau Brummel da construção naval –, mas isso se deve mais ao seu bom gosto pessoal do que à influência da moda. Esse homem de negócios, enérgico e empreendedor, tem na realidade muitos outros interesses além do seu estaleiro. Ele conseguiu tornar-se um sucesso no mundo social, assim como uma autoridade no mundo do automobilismo – os seus carros são a última palavra em potência e eficiência –, colecionou uma verdadeira galeria de arte em quadros e antiguidades na sua residência, Coxlodge Hall, comprovando ser um *connaisseur*, e também se interessou pela política. Em resumo, é um homem bom, generoso e muito acessível."

O jornal não noticia, mas havia um elo comercial importante entre Rowland Hodge e o Brasil. Os navios ITA encomendados por Tonico Lage vinham diretamente dos estaleiros de Newcastle-on-Tyne devidamente equipados com comandantes Celtas.

No fim da Primeira Guerra Mundial, o armador inglês foi nomeado *Baronet* pelos relevantes serviços prestados à pátria. *Sir* Rowland aparece na foto pronto para a cerimônia, de farda, chapéu bicorne na mesa e a espada de praxe. Uma figura digna, um belo homem de 60 anos.

Sir Rowland Hodge já era bem-sucedido quando se casou com Mabel Hodge, uma mulher bonita, mas de expressão triste, olhos claros e submissos. Tiveram quatro filhos. A mais velha, Margie, depois Vivien, e dois meninos, John Rowland e Peter.

Moravam no condado de Kent, mais perto de Londres. Chipstead Place era uma imensa construção de 1693, rodeada por um parque de cem acres, com um grande lago e gramados a perder de vista. Cada filho tinha a sua babá, e os mais velhos, preceptores para as aulas particulares. Havia uma legião de empregados. Margie teve até os 12 anos, quando sua mãe morreu, a vida disciplinada e confortável típica das famílias abastadas inglesas do princípio do século XX. Com a morte da mulher, *Sir* Rowland decidiu mandar as meninas para o colégio interno: separadas, estudariam em colégios diferentes para que a mais velha não influenciasse e despersonalizasse a menor.

Essa mudança radical foi na realidade positiva, apesar de traumática, e fez com que as duas irmãs se tornassem maduras e independentes antes do tempo.

Nessa época, *Sir* Rowland vendeu Chipstead Place e comprou uma propriedade menor em Surrey. Tinha também uma casa em Londres. Era um milionário extravagante, inteligente e com senso de humor.

Tinha a mania dos carros possantes e virou lenda no dia em que, tendo batido em outro carro, tirou o talão de cheques e deu à vítima o dinheiro de um carro novo.

Homem insinuante, aos 71 anos, casou-se com uma condessa de 35, união que, apesar de noticiada em todas as colunas sociais, não durou. Diziam que era por causa do sucesso que ele continuava a ter com as mulheres à sua volta.

Margie herdara os traços finos e olhos castanhos amendoados, orientais mesmo, do pai. Era alta, elegante e tinha pernas estonteantes. *Sir* Rowland, notando a sua precocidade e o sucesso que fazia como *hostess* nas suas recepções, achou ser mais seguro mandá-la para Paris, interna numa *finishing school*.

Margaret, que falava tão bem francês quanto inglês, estudou literatura e ganhou vários prêmios de composição e crítica literária. Mas ela não estudava apenas; sonhava com o dia em que sairia do colégio para viver a sua vida. Era extremamente sofisticada, gostava de se vestir bem, de ir ao teatro e à reuniões sociais. Era uma *lady* em todos os sentidos e não aguentava mais o internato.

Jorge Lage tinha 20 anos. Um a mais que Margie. Era fisicamente um deus, mas totalmente imaturo. A racionalidade cartesiana, a frieza do clima e da gente, a disciplina, não combinavam com a sua espontaneidade e calor humano. Tinha horror a teorias abstratas e uma ideia fixa: voltar ao Brasil.

Estavam pois estudando em Paris, na mesma época, duas pessoas que não tinham nada em comum e que, segundo as leis da probabilidade, não deveriam nunca ter se encontrado. Jorge, filho mais velho de Elisabeth, neto preferido do Tonico, que lhe tinha herdado o amor à vida livre de ilhéu, e Margaret, a filha mais velha de *Sir* Rowland Hodge, a expressão mesma do que representava o Império Britânico: nobreza de atitudes, responsabilidade e *savoir faire*.

Mas se encontraram. Provavelmente numa festinha promovida na *finishing school*. E de tão opostos se atraíram. O certo é que logo Jorge estava pulando o muro do colégio de Margie, à noite, e ela, encantada com a sua coragem e total falta de interesse por regras e regulamentos, apaixonou-se.

Foi tudo muito rápido. Ela nem notou que, apesar da elegância e das maneiras de aristocrata, ele não passava de um doce selvagem que nunca havia lido um livro na vida. E ele não teve tempo, não se deu conta de que, para ela, horários e palavra dada eram sagrados. Era a moça mais bonita e sofisticada que já vira, e bastava. Em tudo, menos nos sonhos, eles se encontravam. E esses eram secretos. Ela sonhava com Paris; ele, com a ilha.

Chegaram à conclusão de que a maneira mais rápida de concretizar os sonhos seria casar. Seriam livres e muito ricos, pois cada um receberia a sua parte da herança, ele do pai e ela da mãe.

Com uma autoconfiança inabalável, Jorge apresentou-se, diante de um *Sir* Rowland enfurecido, como neto e herdeiro do brasileiro que lhe comprara tantos navios e futuro genro. O inglês, que era um bom homem de negócios, reconheceu o elo entre as duas famílias e o casamento. A batalha estava ganha! O casamento, para a época, foi pouco convencional. Não houve noiva de véu e grinalda, nem marcha nupcial, nem igreja. Os dois estavam muito elegantes na foto. Ela toda de branco, chapéu, vestido curto e um buquê de flores brancas. Ele, de fraque, cartola e luvas na mão.

O ano era 1927; e eles, o casal perfeito. Ricos, jovens, bonitos e a vida pela frente. Ela, os cabelos à *la garçonne*, a moldura perfeita para os traços finos, e as saias curtas a lhe realçar as pernas. Ele, bronzeado, escultural, sempre de branco. Irradiavam felicidade e chamavam a atenção, até mesmo em Paris, capital da sofisticação, quando desciam a passos largos a Champs Elisées.

O sonho começava em Paris, mas logo viriam para o Brasil, para a ilha.

O casal foi muito bem recebido no Rio de Janeiro. O tio Henrique Lage lhes deu um chalé na ilha e o tio Renaud Lage, um apartamento em Copacabana, num dos primeiros prédios construídos por ele na praia. Margie tinha 19 anos e Jorge, 20. A vida era uma sucessão de festas, de viagens. Compravam carros. Compravam barcos. Participavam de corridas de carros e de barcos. As emoções se sucediam, e os dois viviam a vida a plenos pulmões. Até o primeiro verão...

No calor sufocante, Margie adoeceu. Jorge, preocupado, disse-lhe que iria a Petrópolis alugar uma casa. Voltou triunfante. Havia achado a casa ideal! Subir a serra no verão de 1927 era uma aventura. O motor do carro fervia, jorrava um gêiser, parava. Era preciso esperar para que esfriasse, galões de água eram despejados no radiador, o suspense. Enfim, depois de horas chegaram. Ela achou o clima fresco, o jardim simpático, mas ao entrar deparou-se com uma casa vazia. Não havia um único móvel! Exausta, deixou-se cair e, encolhida no chão da sala, chorou. Diante de tamanho desespero, Jorge saiu correndo. Quando voltou, trazia os braços cheios de rosas que depositou no chão à sua frente. Problema resolvido! – dizia o sorriso irresistível.

Trinta anos depois, ela contava a história com detalhes.

Passado algum tempo, Margie descobriu-se grávida. Não estava nos seus planos; mas, diante da fatalidade, organizou-se. Encomendou, na Inglaterra, para um mês antes do nascimento, uma *nurse* inglesa que se propusesse a viajar. E, certa de que só poderia ser um menino, desde então garantiu a matrícula do filho no tradicional colégio de Eton, na Inglaterra. Jorge, feliz, fazia planos bem diferentes. Já se via ganhando todas as corridas de barco a vela com o garoto. Na Baía de Guanabara, naturalmente. Quando chegou a hora, tomados de pânico, mudaram-se para a casa de Elisabeth, em Paris. A governanta chegou. Miss Harris era enfermeira diplomada e vestia-se a caráter: véu azul marinho e uniforme branco. Eficiente e autoritária, dava ordens em francês, que dominava com a mesma facilidade com que encampou o terceiro andar. Passava o tempo arrumando armários e fazendo listas.

Naquele ano, o mês de julho estava terrivelmente quente, e Paris, vazia. Até o médico já mandara a família para o litoral. Mal-humorado, esperava que a criança nascesse. O anticlímax foi total: nasceu uma menina e, pior, oriental.

O cabelo era preto e eriçado, os olhos puxados. Quando a trouxeram, a mãe olhou e, horrorizada, mandou-a de volta. Na certa, tinham-se enganado. Para se consolar, Jorge e Margie tomaram um *magnum* de *champagne* que o tio Renaud Lage havia trazido e, bêbados, o convidaram para padrinho. O nome? Outro problema. Não haviam pensado... Pois não seria Jorge? Tinha que ser um nome que pudesse ser dito em inglês, francês e português. Todos os olhos apontaram para uma grande caixa de papelão num canto do quarto. O rótulo dizia CHAPEAUX ELIANE. Por que não? Afinal...

Depois acrescentaram Margaret Elisabeth, para agradar mãe e avó.

Não notaram nada de anormal na enfermeira, nem quando, ao trocar as fraldas molhadas, aplicou boas palmadas no bebê recém-nascido. Acharam que era um método moderno de educação. De fato surtiu efeito: graças a muitas outras palmadas, tornou-se um bebê modelo. Aprovada, Miss Harris se encarregaria de tudo dali para frente.

Depois de alguns meses, voltaram para o Rio e retomaram a vida despreocupada e alegre do ano anterior. Afinal, com a governanta no comando, o bebê não atrapalhava. Anos mais tarde, Margie lembrava-se das folgas semanais de Miss Harris como dias de puro pesadelo. Certamente com a intenção de se vingar de uma mãe tão desajeitada, o bebê não parava de urrar.

A educação era inglesa e baseava-se na teoria que quanto menor o contato da criança com pais, avós, ou qualquer pessoa que pudesse mimá-la, melhor. A disciplina e os horários eram rígidos. As refeições fazia sentada na cadeira alta no quarto, e havia o suplício do tic-tac de um despertador na mesa à sua frente. Gostasse ou não, não podia deixar nada no prato, e o tempo era cronometrado. Os minutos perdidos em devaneios eram motivo de palmadas e castigos. Dormia no berço de costas, soluçando, com os polegares amarrados às barras, para perder o hábito de chupar o dedo. Havia as histórias antes de dormir. Sentada na cadeira baixa ao lado da Nanny, ficava com os olhos fixos nas imagens assustadoras do velho testamento. Abraão erguendo o punhal para matar o filho Isaac. O carneiro pronto para ser sacrificado. Um Deus mais irascível que Miss Harris. Ela lia as histórias confirmando que toda desobediência merecia castigo. "Mas e o carneiro, coitado?"

A presença de Miss Harris havia por um momento nos envolvido, os dois, e a cantina toda, num clima denso, irrespirável. Mas saí com um susto do transe ao sentir a pressão de duas mãos nas minhas. Uma imediata sensação de ternura e de segurança fluiu, e ficamos um tempo em silêncio, simplesmente presentes um para o outro. Ri, meio encabulada, empurrando o pesadelo para longe. "Mas a minha vida não foi um drama!" E levantando-me da mesa: "Amanhã prometo lhe contar uma história engraçada!"

Na noite seguinte, Tom cobrou a promessa, e eu segui contando.

E eu segui contando

Henrique, preocupado com Gabriela, resolveu construir para ela uma casa a seu gosto no Parque Lage. Para que não se sentisse totalmente desambientada nesse país tropical, criou uma réplica perfeita de um palazzo romano. 1933.

Gabriela Besanzoni casara-se com o tio-avô, Henrique Lage, em 1927, e foram morar na Ilha.

Promenade des Anglais, Nice. Eliane Lage, a governanta e a avó, Elisabeth, no Sul da França, em 1932.

Foto do passaporte de Eliane Lage. 1936.

O almoço ia bem, delicioso, Jorge sempre tão atencioso, até que alguém perguntou por Margie... 1931.

Num dia de sol, passando de lancha por uma enorme boia no meio da Baía de Guanabara, Jorge cometeu uma gafe imperdoável. Estava indo com Margie do Iate Clube, no Rio, para almoçar na ilha. Como sempre, não estava preocupado nem com o dia da semana, nem com a hora. De repente, ele se lembrou. E afobado foi contando para Margie, que o olhava atônita: naquele exato momento, ele deveria estar na Praça Mauá para pegar um grupo de pessoas importantes, amigos de seus pais, para levá-los para a ilha. Tinha combinado um almoço. Não tinha como avisá-los. Não cabiam todos na lancha. Caberiam se ela não estivesse. A lancha parada no meio da Baía. A enorme boia balançando suavemente ao lado com algumas gaivotas distraídas empoleiradas. E de repente... a solução: ela ficaria só um pouquinho sentada na boia. Ele iria pegar o grupo que devia estar esperando no cais e os deixaria na ilha. Voltaria num instante para buscá-la, prometeu. Questão de minutos. Convenceu-a; porque, para uma inglesa, o inimaginável seria faltar à palavra com aqueles convidados que nem conhecia. A lancha se afastou, e viu-se sozinha, agarrada a uma boia, balançando no meio da Baía de Guanabara. Ela e um bando de gaivotas...

O almoço ia bem, delicioso, Jorge sempre tão atencioso, até que alguém perguntou por Margie. Ninguém entendeu por que ele saiu correndo como um louco. Três horas depois...

Apesar das contínuas viagens: Paris, sul da França, Suíça, Estados Unidos. Apesar de formarem um dos casais mais bonitos e requisitados da sociedade carioca da época. Apesar de tudo... O lado imprevisível e imaturo, a irresponsabilidade de Jorge, arrasaram irremediavelmente com força de ressaca as expectativas da jovem inglesa. Depois de cinco anos de casamento, ela fez as malas e, prometendo voltar, embarcou para a Inglaterra com a filha e a governanta.

Jorge foi atrás delas. Encontrou Margie internada num hospital em Londres com úlcera no estômago. Mastigava um tubo de borracha, enquanto sonhava com bifes suculentos. Jorge instalou-se num hotel do outro lado da rua e bombardeava Margie com flores e pedidos para que voltasse. Mas ela, pensando na úlcera, e na loucura que seria, ficou irredutível. Foi então que ele maquinou uma estratégia irresistível. Pegou a filha de 4 anos e a governanta e voltou para o Rio, certo de que a saudade traria Margie de volta. Passou anos mandando cartas com fotos da filha. Margie nunca as viu porque rasgava automaticamente tudo o que vinha do Brasil.

A menina crescia na ilha sem saber que, como a maioria das crianças, era um mero peão no tabuleiro. E aos poucos foi perdendo as feições da mãe, só se lembrando de suas mãos.

A cena se repetia uma vez por ano, quando a avó francesa chegava da Europa. Segurando na mão do pai, esticava o pescoço para ver melhor o carro que, pendurado num guindaste, rodopiava sobre sua cabeça. O cais do porto do Rio de Janeiro era fascinante. Os rebocadores apitavam as suas mensagens cifradas, e como formigas aflitas com uma carga desmesurada, cercavam, puxavam, empurravam, e davam voltas em torno do enorme transatlântico. De repente, o monstro soltava grossas correntes pelas narinas e a âncora despencava no mar numa imensa explosão de espuma. Aí entravam em ação guindastes, estivadores cheirando a suor e graxa, e toda a parafernália barulhenta do lugar. Mas o que mais a fascinava era quando desembarcavam o automóvel da avó. Ele vinha rodando como uma folha de outono caindo do céu e aterrissava bem na sua frente. Nesse momento, e nunca antes, Elisabeth punha o pé na escada e começava solene a descida até o cais. Atrás vinham o segundo marido, *oncle* Lulu (pois insistia em ser tio, e não avô); Marthe, a cozinheira; e o motorista Jean. A avó descia devagar. Uma mão segurava o chapéu com um véu diáfano a proteger-lhe o rosto e os cabelos louros. A outra no corrimão compensava o desequilíbrio causado pelos saltos altos. Orgulhava-se das pernas, e, até o fim da vida, a vaidade lhe imporia sapatos bonitos de salto, luvas e, invariavelmente, o chapéu de véu. Lembrava-se da vez em que, atônita, vira a avó, distraída, tomar um suco de laranja através do véu!

A menina fazia o *knicks*, beijava o rosto da avó, com véu e tudo, o mesmo com o avô que insistia em ser tio, e jogava-se no pescoço de Jean. Ele ria expansivo, com seu jeitão de marselhês, e anunciava ter-lhe trazido mais um dos brinquedos de madeira que fazia com perfeição. Marthe, mais velha, mais contida, trazia, nos cabelos brancos e no azul de aço dos olhos, a tristeza das planícies do norte da França. Precisava do sol do Mediterrâneo para viver.

Precisava de Jean. Quinze anos antes, em Nice, ainda viúva recente, Marthe costumava sentar-se num banco, olhando o mar. Dava-se conta de que era verdade o que diziam, que olhar o mar tornava as pessoas felizes mais felizes, eufóricas mesmo, mas as infelizes, mais ainda. O rapaz já falava havia alguns segundos quando ela conseguiu escapar dos seus pensamentos. Sentado ao seu lado, ele ria um riso maior que o rosto e gesticulava com a mão enfaixada afastando as nuvens. Por que não se conhecerem melhor, propunha, se tinham o hábito de ficar sentados olhando o mar sempre à mesma hora? Ele estava desempregado porque sofrera um acidente de trabalho que lhe amputara três dedos da mão. Estava magro? Pudera, sem a mão não podia trabalhar e, sem trabalho, comer... E ela, maternal diante daquela força da natureza, daquela exuberância de cachorro novo, propôs-lhe um sanduíche.

Os dias e os sanduíches se sucederam, e Marthe, cuja especialidade era cozinhar – e bem – não resistiu ao charme do rapaz alegre e faminto. Contrariando todos os preconceitos, levou-o para a casa e organizou a sua vida. Os cabelos brancos e o olhar triste se enterneciam diante do entusiasmo e da capacidade de trabalho do homem que ajudara a forjar. O seu homem, Jean.

O casal já trabalhava para Elisabeth havia muitos anos e acompanhava todas as suas inúmeras viagens. Faziam parte da família.

Jorge retomara a sua vida de solteiro no Rio, visitando a filha sempre com amigas muito bonitas, ou grupos. Passavam o dia na ilha, entre a praia, a lancha e o almoço, quando a grande mesa de toalha branca os esperava à sombra das mangueiras. Ele gostava de receber bem e suas peixadas eram famosas. Eram programas de adulto dos quais a menina não podia participar. No máximo, era chamada para, com a governanta, vir cumprimentar as visitas.

Foi quando duas pessoas quiseram adotá-la: a tia-avó, Gabriela Besanzoni, e Yolanda Penteado, que anos mais tarde se casaria com Ciccillo Matarazzo.

Gabriela Besanzoni casara-se com o tio-avô, Henrique Lage, em 1927, e foram morar na ilha. Ela era dona da voz de contralto mais extraordinária da época, e ele – cuja paixão era a ópera – havia seguido a cantora pela Europa durante anos, por onde cantasse, cobrindo-a de joias e de pedidos de casamento. Finalmente conseguiu levá-la ao altar e, de lá, para a ilha, encerrando assim a sua carreira.

Quando Jorge voltou de Londres, sozinho, estava certo de que separação seria temporária e confiou a menina e a governanta aos tios. Gabriela, que sempre se dedicara de corpo e alma à carreira, descobriu que a sua carência era tão grande quanto a da criança. E se entenderam muito bem.

A menina levava palmadas cada vez que fugia para o quarto da tia. Mas continuava fugindo. E fugiria sempre da relação seca da governanta inglesa para o colo maternal da tia italiana. Tinha uma grande sensação de prazer ao ser abraçada, quase sufocada, enquanto a voz de veludo repetia: *"Bambina, bambina mia"*. Um dia, fora levada até o quarto de Henrique adoentado. Ele perguntou o que queria que lhe desse, e ela rápido: "Uma ilha". O tio lhe deu um pequeno broche com a cruz de malta, símbolo que aparecia em tudo que tinha pertencido ao velho Tonico. Nas chaminés dos navios e rebocadores, nas bandeiras que hasteavam e até no frontispício do prédio da companhia. Ela sentiu que o momento era solene: fora aceita e reconhecida como parte do clã dos ilhéus. Os tios queriam adotá-la, mas o pai não quis. Ela só soube depois.

Essa recusa foi uma decepção muito grande para Gabriela e, solidário, o tio rompeu com o sobrinho. Ficaram anos sem se falar. Afinal, o que custava deixar que cuidassem de uma menina abandonada numa ilha com uma inglesa louca? A briga teve repercussões sérias na vida de Jorge, que tinha esperanças de trabalhar com o tio na companhia. Excluído, não perdeu tempo preocupando-se com trabalho. Voltou às pescarias, às corridas de barco e ao sucesso que fazia nas festas.

Henrique, preocupado com Gabriela, resolveu construir-lhe uma casa a seu gosto, para que não se sentisse totalmente desambientada nesse país tropical. Era uma réplica perfeita de um *palazzo* romano. Uma construção quadrada que tinha ao centro uma grande piscina de pedra. O reflexo das colunas do pátio na água davam uma certa leveza ao todo, humanizando um pouco a casa que não tinha nada de aconchegante. Muito mármore, muito eco, muito ouro, era o cenário perfeito para uma grande atriz trágica. Esta tornou-se a casa de Henrique e Gabriela, que nunca mais voltariam para a ilha. Muitos anos depois, quando os atores principais já haviam saído de cena, a propriedade ficou conhecida como o Parque Lage. Nome apropriado, pois que o parque em volta da casa, este sim, era mágico. Duas alamedas ladeadas de imensas palmeiras imperiais subiam em curva até a *porte cochère* e, atrás da casa, quase engolindo-a, a floresta virgem impenetrável. No alto, o Cristo Redentor, praticamente ao alcance da mão.

Foi nessa época em que a menina começou a notar que as pessoas mais importantes para ela tinham o hábito de sumir. E, quando perguntava, as respostas de Miss Harris não eram muito convincentes. A sua mãe, cujo nome nunca era mencionado, estava tratando da saúde, na Inglaterra; a sua avó Elisabeth estava na Europa, a sua nova família; o tio Henrique e a tia Gabriela, de quem tanto gostava, tinham-se mudado para o Rio. As perguntas "por que" e "até quando" nunca tinham resposta.

Miss Harris, vitoriosa e livre dos desmandos da tia italiana, se apossou do comando na ilha. Agora era a dona da casa.

Uma casa vazia na realidade. Grandes salas que juntavam poeira. Na de jantar, um enorme aparador entalhado com mulheres nuas nos cantos. Sem nenhum esforço aparente, elas sustentavam o peso do tampo de mármore. O móvel era tão grande e tão misterioso com seus animais míticos escondidos nos vãos das volutas, que fora motivo de sonhos e pesadelos de todas as crianças, desde o tempo do Tonico.

Jorge, apesar de ausente, fazia questão de impor o seu cunho pessoal à educação da filha. Havia que se disciplinar o lado excessivamente sonhador da menina, dar maior ênfase aos esportes, menos tempo com os livros. Ele queria uma criança forte fisicamente e que não tivesse medo de nada.

Ela se esforçava para superar os seus medos. Saía sozinha à noite, tateando na escuridão do jardim, para abraçar os troncos rugosos das mangueiras.

Não, não eram bruxas gemendo no vento, eram mangueiras mesmo...

Um dia, o pai achou que, já que sabia ler e escrever em inglês, estava na hora de ir para um colégio aprender o mesmo em português. Depois do café, vestiu o uniforme e, apreensiva, segurando a mão da governanta, embarcou na lancha rápida Trinta-Réis. Desembarcaram na Praça Mauá e foram de ônibus até o Colégio Notre Dame de Sion, no Cosme Velho. Ela havia viajado, havia lido, mas nunca havia visto uma freira de perto, nem tanta criança junta. Nada a preparara para essa experiência.

No mar de carteiras do primeiro ano primário, o arrastar de cadeiras. As meninas se levantavam, uma a uma, e davam o seu nome e endereço, a freira anotava em silêncio. Quando chegou a sua vez, levantou-se e, num fiapo de voz, conseguiu dizer: "Eliane Lage, Ilha de Santa Cruz". A freira olhou por cima dos óculos, com certeza pensando: com esta vou ter problemas... "Não, minha filha, você não entendeu. Quero o seu endereço: o nome da rua, o número e o bairro." A resposta veio quase inaudível: "Eliane Lage, Ilha de Santa Cruz". É, vai ser difícil, pensou a freira novamente e, com paciência, repetiu a pergunta. De novo "... Ilha de Santa Cruz".

Pela quinta vez, a classe inteira às gargalhadas, a freira achou que era demais e, do alto do seu estrado, encarou a menina de franja e bochechas em fogo e gritou impaciente: "Você está querendo me dizer que chegou aqui de BARCO?". Em prantos, ela respondeu: – "Vim, sim senhora, na Trinta-Réis!"

O final daquele ano traria um desfecho inesperado para um drama passional que se arrastava havia mais de três anos nos meandros inconscientes do universo adulto à sua volta. A sua *nanny*, Miss Harris, se apaixonara loucamente por seu pai. Sonhava, imaginava, no seu mundo limitado de governanta solteirona de 40 e tantos anos, que ela seria sem dúvida a escolha certa, pois fora ela que tomara o lugar da mãe desde sempre. E a mãe não os havia abandonado? Mas o pai era pouco mais do que um menino de 20 e alguns anos, encantado com o fato de todas as mulheres se apaixonarem por ele, e não lhe deu a menor atenção. Miss Harris foi encontrada desmaiada na banheira, com o gás ligado. Trouxeram-na de volta à vida, mas, um ano mais tarde, tentou se jogar do carro em alta velocidade, depois de mais uma investida sem sucesso. Então, muito a contragosto, pois a mulher apesar de louca era eficiente, Jorge comprou uma passagem e embarcou-a no primeiro navio de volta para a Inglaterra.

Terminou aí, de forma tão abrupta, a primeira fase da sua vida. Tinha 7 anos e nunca lhe explicaram por que a sua *nanny* havia sumido. Simplesmente foi embora, como antes a mãe.

Adulta é que veio a entender o sumiço e muito mais. O porquê de certos repentes, sempre os mesmos, que faziam a inglesa arrancar de cima do armário uma temível mala preta, dizendo com raiva que não ficaria mais cuidando de uma criança teimosa, e que voltaria já para a Inglaterra. Em pânico, a "criança teimosa" se agarrava à governanta implorando que não fosse, prometendo se corrigir. A fatídica mala preta rondou por muitos anos os seus pesadelos, e essa rejeição, somada à da mãe, iria deixar marcas profundas.

Por outro lado, entendia, agora adulta, o drama dessa mulher frustrada. Ela havia dedicado à educação de uma criança sete longos anos, dia e noite, sem uma folga, isolada numa ilha, num país estranho. E, sem direito a uma vida pessoal, agarrara-se a um sonho impossível.

Mas, para a menina, o desfecho foi realmente inesperado. Não houve melodrama, nem cena nenhuma com a mala; ela estava no colégio. Na saída, o pai veio buscá-la sozinho. Ela relutou, disse que não podia ir com ninguém sem ordem da governanta. Mas o pai convenceu-a, dizendo que Miss Harris estava doente e não viria. Foram para o apartamento de tia Yolanda em Copacabana. Sentaram-na diante de uma taça de sorvete e lhe anunciaram que a *nanny* voltara para a Inglaterra e que ela iria passar uma temporada na Fazenda Empyreo. Acenaram-lhe com cavalos e cachorros e muita liberdade para afastar o clima de drama. E ela, porque achava que era o que os adultos queriam dela, surpreendeu-os pondo-se a saltar de alegria sobre os sofás. Diante do inevitável, ela não saberia nunca contestar, tentaria amoldar-se. E escapava para o mundo de Monteiro Lobato. Ler seria sempre a salvação.

Depois das férias na fazenda, começou uma sucessão de governantas: a alemã ensinara ginástica e as vantagens das duchas frias; a francesa, a cantar e a evitar o perigo das duchas frias e do vento encanado, os famosos *courants d'air*; e a suíça sumira, levando até os talheres. Depois da fase em que tudo era previsível, começava a grande aventura do tudo é possível.

Tudo é realmente possível... Tudo... Pensei, notando a cantina vazia à minha volta. Até estar sentada a uma mesa, noite após noite, diante de um homem maravilhoso, fingindo estar sendo convencida a fazer cinema. Cinema? Ri.
– Por que ri?
– Porque já é tarde, e eu não paro de falar. Olhe a cara dos garçons!...
Todas as noites, Yolanda perguntava esperançosa:
– E então, já convenceu essa teimosa? – Tom, rápido, pedia mais tempo. E pensava: muito mais tempo...
Cúmplices, combinavam rindo o jantar seguinte. Na hora de se despedir, pediu:
– Amanhã, fale-me da tia que não é tia! – e riu.

Fale-me da tia que não é tia

Yolanda Penteado era uma grande amiga de Jorge. Bonita e inteligente, a sua vivacidade e charme atraíam irresistivelmente. A sua vida foi marcada por decisões arrojadas que tomava sozinha, contrariando a opinião de todos. Resoluções drásticas e acertos. 1935.

O tio Henrique, adoentado, mandou chamá-la e perguntou o que queria que lhe desse. Ela rápido: "Uma ilha!" O tio lhe deu um pequeno broche com a Cruz de Malta, símbolo de tudo que fora do velho Tonico. Ela sentiu a solenidade do gesto: fora aceita como parte do clã dos ilhéus. 1933.

Yolanda reunia, no Empyreo, os amigos mais queridos, e Jorge era meio paixão, meio filho. Uma das muitas pessoas de quem Yolanda gostava e queria organizar a vida. 1935.

Aos sete anos, aprendia, ou melhor, deixava que se entranhassem os valores de Tia Yolanda. Cedo saíam a cavalo para percorrer as roças de algodão. 1935.

Yolanda Penteado era uma grande amiga de Jorge. Bonita, inteligente, a sua vivacidade e charme atraíam irresistivelmente. Casada na época com Jayme da Silva Telles, não tinha filhos. Ela era uma pessoa determinada e sabia exatamente o que era bom para ela e para as pessoas de quem gostava. Jorge era uma delas. Convenceu-o de que Miss Harris era uma neurótica e que ela, Yolanda, se encarregaria da educação da menina. Feliz por ter achado alguém que lhe resolvesse os problemas de maneira tão alegre e descontraída, Jorge despachou a governanta para a Inglaterra, a filha para o Empyreo, e viajou para a Europa com Yolanda e Jayme.

Começou para a menina a série de longas temporadas na fazenda de Yolanda, que iriam mudar a sua vida e seus sonhos.

O Empyreo constava, na época, de um enorme casarão colonial em tons de amarelo e azul. A sala, com grandes quadros de avós e bisavós, tinha cadeiras medalhão e chão de tábuas largas muito enceradas. No meio, um tapete de couro curtido do cavalo preferido de Yolanda. Na sala de jantar, uma mesa comprida, cadeiras de braço e, atrás da cabeceira, uma enorme lareira que era acesa nas noites de frio. O correr de janelas dava para o pátio calçado com grandes pedras roliças. E, além do pátio, o bosque de casuarinas. O quarto de Yolanda, claro, de canto, tinha muitas janelas de onde se viam a piscina, o açude e, ao longe, o algodoal e pastos.

Pouco antes da crise do café, em 1930, ela tinha escandalizado os fazendeiros vizinhos, arrancando todo o cafezal plantado por seu avô, 2 mil pés, para formar um algodoal. Enquanto as sacas de café eram queimadas no porto de Santos, muitos cafeicultores da região foram à falência, mas ela não. A sua vida foi marcada por decisões arrojadas, que tomava sozinha, contrariando a opinião de todos. Resoluções drásticas e acertos.

Além do quarto do tio Jayme, havia três de hóspedes e, depois de um longo corredor, a enorme cozinha comandada por Izulina. Azulejos antigos, panelas de cobre reluzente e o enorme fogão a lenha com caldeirões borbulhando. Izulina sabia, como ninguém, preparar os pratos e doces tradicionais da fazenda. Leitões assados, enormes dourados pescados na redondeza, abóboras recheadas e, nas noites de inverno, sopa de milho verde enfeitada com salsinha picada. Entre inúmeros doces, o de batatinha das almas, com gosto de *marrons glacés*!

Camilo morava na colônia com sua família e fora um simples trabalhador braçal. Yolanda treinou-o e transformou-o no mais perfeito mordomo. Tinha a pose e o *savoir faire* dos antigos mestres do ofício europeus. Com o tempo, aperfeiçoou o seu personagem, pois na realidade era um grande ator, e tornou-se um *snob* insuportável. Emburrava quando não havia algum príncipe russo, conde francês ou embaixador na longa lista de convidados que Yolanda lhe dava antes dos fins de semana. Ele se considerava bem acima dos simples mortais. E todos concordavam. Yolanda o chamava de "o divino" e ria!

Ela ria muito e estava sempre cercada de pessoas divertidas. Pessoas sérias, ou que não tivessem senso de humor, eram rapidamente transformadas em vítimas de brincadeiras e caçoadas. Nem Ciccillo escapou na sua primeira visita.

Jorge havia caçado um pequeno jacaré no açude da fazenda, que era na realidade um lago de bom tamanho. Mandara empalhá-lo com a boca bem aberta, com todos os dentes à mostra. Yolanda adorou o presente e usou-o inúmeras vezes para assustar os hóspedes, especialmente os estrangeiros. Escondido à noite entre os lençóis da vítima escolhida, o susto era garantido. Yolanda e os amigos cúmplices ficavam à espreita atrás da porta, esperando os gritos do pobre coitado que, deitando-se distraído, enfiara o pé na bocarra cheia de dentes!

Havia invariavelmente o "assustado". Uma grande abóbora redonda, com olhos e boca bem recortados, e uma vela acesa dentro, dando-lhe um ar fantasmagórico. Tudo preparado durante o dia em meio a muitos cochichos e mistérios, seguidos, depois do jantar, das histórias mais horripilantes de fantasmas. Pronto o clima apropriado, ia cada um para o seu quarto naquele casarão centenário onde as madeiras rangiam e suspiravam a noite toda. À meia-noite, o janelão de madeira do quarto da vítima era aberto. No meio de gemidos do outro mundo e um arrastar de correntes, aparecia a enorme cabeça, com olhos e boca de fogo, que dançava no meio do quarto com um lençol esvoaçante. Não raro os coitados tinham que ser socorridos com muita água com açúcar. Na realidade, o açude tinha produzido aquele único espécime e nunca mais se ouvira falar de jacarés. Mas Yolanda não perdia a oportunidade de se gabar da quantidade e da valentia dos bichos para os estrangeiros de passagem.

Depois era só escolher a vítima que soubesse nadar e que fosse de preferência loura. Era convidada a passear no caiaque que seria devidamente tombado no meio da água barrenta. Nesse momento, apareciam os outros convidados rindo muito. Com toalhas, acolhiam a vítima furiosa, coberta de lama roxa, dos pés à cabeça. Yolanda era uma pessoa fascinante, envolvente, que além desse lado moleque, era extremamente generosa. Logo depois da Segunda Guerra Mundial, chegaram ao Brasil muitos refugiados. Nobres russos, poloneses, húngaros, traumatizados por experiências terríveis. O conde que tinha sido da cavalaria do czar; o príncipe de família milenar na Polônia, que chegara só com a mulher e a roupa do corpo; a princesa húngara com as filhinhas, uma mulher bonita e jovem, olhos tristes e dentes em petição de miséria. Foram acolhidos, festejados, consertados os dentes. Passavam longas temporadas no Empyreo. E o mordomo Camilo, feliz, aprendia a dizer nomes como Valluyeff, Czartorysky, Tarnowsky, Radziwill, sem nunca se enganar com os títulos de nobreza! Os primos da casa imperial brasileira também apareciam, mas a esses, como eram prata da casa, Camilo dava menos valor.

Jorge era amigo, meio paixão, meio filho. Uma das muitas pessoas de quem Yolanda gostava e cuja vida queria organizar. Em carta de maio de 1936, papel timbrado da Fazenda Empyreo, ela lhe dizia: "Acabo de receber sua carta, gostei muito da energia com o tio Henrique, precisa não fraquejar (sublinhado). Quanto a morar na ilha, se o tio não concordar com você, acho que deve tomar um apartamento do novo prédio de sua mãe. É ótimo para você e me ocuparei, então, de Eliane assim como combinado".

Yolanda, que não tinha filhos, tinha conseguido o que mais queria.

A seguir na mesma carta: "O algodão continua se colhendo. Eliane trouxe bom tempo, dias lindíssimos e frescos. Ela está adorando e, de medo de não sair a cavalo, faz tudo que se quer. Já dá passeios de uma hora, monta e desce sozinha, tem muito jeito, boa posição e não tem medo algum. Tal pai, tal filha... Ela é um amor de criança, muito fácil de educar, mas precisa de muita energia, nunca teve método, gosta de fazer tudo como quer". E mais adiante: "Estou encantada com ela!".

O encantamento era mútuo. Aos 7 anos aprendia, ou melhor, deixava que se lhe entranhassem os valores de tia Yolanda. Cedo saíam a cavalo para percorrer as roças de algodão, depois, faziam ginástica e nadavam na piscina. A tia era perfeccionista. Em tudo importava a posição, a respiração, o ritmo certos. Insistia em que fizesse trote elevado sem estribos. Em pouco tempo, andava como se tivesse nascido em cima de um cavalo e, ao chegar, cuidava de lhe dar o banho e de escová-lo.

As diferentes etapas se sucediam na fazenda e, à medida que crescia, ela se amoldava às atividades com a mesma facilidade com que seus pés se encardiam e sua pele se tostava ao sol.

Era bem pequena e dava gritos de alegria diante da maior tempestade que já presenciara. Lembrava-se da euforia ao pegar as pedras de gelo que cobriam a grama e correr para mostrá-las à tia. Encontrou Yolanda em pé junto à janela do quarto chorando. As pedrinhas de granizo derreteram esquecidas, enquanto abraçadas ficaram vendo o algodoal ser destruído. Tentava entender como pedras tão perfeitas podiam destruir e causar tamanho desespero.

O algodão foi substituído por mandioca e a antiga tulha de café transformada numa fecularia. Dentro, homens e máquinas incansáveis transformavam as raízes encardidas em farinha limpa e solta. Uma enorme fornalha despejava cinzas e brasas ardendo que formavam uma montanha do lado de fora.

Livre da vigilância de uma governanta, era finalmente dona de seu nariz. Juntava-se aos dois filhos do administrador que, por sua vez, tinham amigos na colônia, e corriam, todos, ao encontro dos carros de boi. Era um comboio sem fim, passando lento pelas paineiras que beiravam o açude. Um carro atrás do outro, gemendo, carregado de mandioca e de meninos. O boiadeiro fingia reclamar, mas achava graça.

Os meninos escolhiam cada um a sua raiz e punham para assar no meio das brasas, com casca e tudo. Aí, era sentar à volta do braseiro e jogar conversa fora. Aquele bando de meninos encardidos se aquecendo e esperando a hora de saborear mandioca assada. Isso era ao entardecer. Hora de planejar o dia seguinte. Pescarias de lambari? Caçadas de estilingue aos pombos gordos do cafezal do vizinho? Ir a cavalo com os peões tocando um lote de gado pela estrada poeirenta? Aprendera a estalar no ar o longo chicote de couro cru, o reio, sem ferir nem o cavalo nem o gado. Tudo a cavalo era melhor. Sem dúvida!

Dona Guiomar, mãe de Yolanda, era uma senhora de porte vitoriano, gola alta, e cabelos prateados em coque. Quando estava na fazenda, cuidava de tudo. Ficava horrorizada com a sujeira da menina, que chegava à tardezinha coberta de terra roxa dos pés à cabeça. Yolanda achava graça, ela não. Mandava que a governanta da casa, Angelina, a esfregasse com uma bucha até desencardir. A rotina era diária. Um dia Angelina teve um ataque. Tentando esvaziar o bolso do *short* da menina, enfiara a mão num bolo de minhocas vivas e soltara gritos! Fora dia de pescaria...

A etapa seguinte no Empyreo foi a do bicho-da-seda. A fecularia, que já armazenara café e algodão, transformou-se numa fiação. Os colonos trabalhavam na roça de amoreiras, enquanto as mulheres faziam o trabalho mais leve. Na fiação, lavavam os casulos e os transformavam em grandes novelos de seda. Um tempo de muita fartura na colônia. Longos galpões com prateleiras ladeando um corredor central, onde eram criados os bichos-da-seda. Ao abrir a porta, o que espantava era o barulho que os milhares de bichinhos faziam mastigando! As prateleiras cheias de folhas de amora e de bichos-da-seda comendo sem parar. Na entrada, os bichos eram mínimos; adiante, maiores e, no fim do corredor, já havia galhos de amoreira com os casulos pendurados. A metamorfose era fascinante!

O tempo da amora tinha sabor de glória! A meninada correndo pelas roças, a boca e as mãos escorrendo suco doce e pegajoso, a roupa cheia de nódoas pretas e os pés de terra roxa. Dona Guiomar brigava: "Nunca vi, parece um moleque!". E Yolanda ria, revendo o seu tempo de menina no Empyreo.

Entre as amigas do pai, certamente a grande paixão da menina era Maria Cecília. Talvez porque esta nunca tivesse tido a menor intenção de adotá-la ou, de alguma forma, possuí-la. Fazia parte do grupo alegre e jovem que Jorge trazia para passar o dia na ilha, no tempo de Miss Harris. A menina descia do quarto para cumprimentar as visitas e para lá voltava. Maria Cecília também tinha tido uma governanta escocesa, muito severa, e com quem também só falava inglês. Sentia uma grande afinidade com a menina de 4 anos que, séria, trocava a roupa da boneca, enquanto a governanta costurava a um canto do quarto. Sentada no chão, Maria Cecília passava horas conversando e enrolando o cabelo da boneca para cacheá-lo. Encantada, a menina retribuía, escovando e penteando o cabelo sedoso e bem cuidado da amiga. Maria Cecília, loura de olhos azuis, alta e elegante, era uma pessoa muito especial; tinha uma paciência inesgotável. Apesar do senso de humor e do riso fácil que cativava a todos, tinha uma noção muito apurada de valores e uma seriedade, que não era comum no *jet set* carioca dos anos 1930. O sucesso não lhe subira à cabeça. Tinha uma beleza etérea, de um elfo; e a saúde frágil. Yolanda, certa de que uma temporada no Empyreo, com ginástica, natação e um regime adequado lhe fariam bem, incorporou-a à sua já extensa família. Os longos períodos na fazenda, ano após ano, criaram um vínculo entre a menina, sua tia Yolanda, e Maria Cecília, desses que duram uma vida. Havia sempre muitos hóspedes no Empyreo. Mas eles vinham, voltavam, iam e, um belo dia, sumiam. Já o pai e a menina e Maria Cecília e sua irmã eram presenças constantes. Eram uma família.

Um dia, depois de mais uma das muitas brigas com Yolanda, Jorge pegou a filha e deixou o Empyreo e um rastro de poeira vermelha para trás.

Chegando ao Rio, entregou a menina à sua mãe. Elisabeth já tinha 50 e poucos anos e tornara-se uma empresária bem-sucedida na área imobiliária.

Não lembrava em nada a francesinha ingênua e dependente que desembarcara no Brasil havia trinta anos. O olhar, sim, continuava muito azul e sonhador. Sentada na sua poltrona de couro, as pernas cruzadas, o pé batendo no ar ao ritmo dos seus pensamentos, sonhava. Só que, agora, os seus sonhos eram muito práticos. Fazia negócios, arriscava, e acertava. Tornara-se a matriarca, a provedora da família.

A sua primeira providência foi trocar a governanta alemã por uma francesa. Afinal, não era à toa que lembrava que sua avó havia deixado a sua Estrasburgo natal para nunca mais voltar. Determinada, mudara-se para bem longe da fronteira. Não faria parte, dizia, dos milhares de *revenants*: esses conterrâneos sofridos que teimavam em fugir da cidade quando sob dominação alemã, mas que estavam sempre prontos a voltar logo que Estrasburgo era liberada. Elisabeth nascera no coração da Bourgogne, amante dos bons vinhos, da cozinha farta, e com horror a tudo que fosse germânico.

Ela tinha uma razão especial para gostar da neta, afinal só tivera filhos homens. Mas não brincava, nem tinha paciência com crianças. Para Elisabeth, a neta era uma adulta, com quem falava de negócios, visitava construções e participava de leilões imobiliários. A avó tinha o hábito de pensar em voz alta quando saíam de carro. Passava atenta pelas casas e apontava as balaustradas antigas de ferro trabalhado, os detalhes arquitetônicos que realçavam uma construção e os defeitos. Tinha o espírito crítico. Não raro pedia a opinião da menina para testá-la, e a neta tentava se portar à altura.

Jorge finalmente cansou-se de esperar por Margie e, apaixonado, resolveu se casar com Carmen, uma moça linda, de origem italiana. Embarcaram os dois para a Europa, onde se realizariam o divórcio e o casamento.

Como o nome de sua mãe nunca era mencionado na sua frente, a menina não se deu conta de que grandes mudanças estavam por acontecer. A avó simplesmente disse que havia decidido viajar para a Europa e que ela também iria, se prometesse se comportar no navio como uma adulta: teria a sua própria cabine e se apresentaria às refeições de banho tomado, vestido passado e sapatos engraxados. A proposta lhe pareceu ótima, prometeu não dar trabalho, e saiu com sua avó para fazer o passaporte. Era um prédio lúgubre no centro da cidade, sob um calor de 40 graus. Perambularam de seção em seção, de negativa em negativa, até chegarem, exaustas, à sala do chefe. O homem calvo e mal-encarado foi logo dizendo, seco: "Uma criança de 8 anos só viaja com o consentimento, por escrito, do pai ou da mãe". E seguiu-se um diálogo no mínimo estranho: "Mas o pai e a mãe já estão na Europa. Eu vou justamente levá-la para eles". "Então, volte aqui com o consentimento por escrito e a menina viaja." "Não dá tempo. Já comprei as passagens e o navio sai daqui a dois dias. Não tenho com quem deixá-la." "Não posso fazer nada." "Pode, sim." Elisabeth levantou e debruçou-se sobre a mesa repetindo enfática: "Pode, sim. O senhor fica com a menina. E eu viajo depois de amanhã."

Virou as costas decidida e saiu porta afora.

Na cabeça do homem as ideias se atropelavam. Ficar com a menina? Essa estrangeira, que nem falar sabe, é capaz de sumir no mundo. Essas coisas acontecem. Com louco não se brinca. E de um pulo, já no corredor, gritou: "Ei, dona madame! Espera aí! Eu dou um jeito... " E deu.

Elisabeth saiu triunfante, com o passaporte na bolsa e a neta pela mão.

"A vida é como um jogo de pôquer", monologava, o olhar de aço vagando janela do táxi afora. "Há ganhadores e perdedores. Ganha o que souber encarar o adversário, descobrir o seu ponto fraco e, na hora certa, blefar."

A menina escutava em silêncio. Encolhida num canto do carro, ainda sentia as pernas bambas. Revia o pavor que sentira encarando sozinha aquele homem implacável. Ensurdecedor, o coração batera cada vez mais forte, à medida que os saltos da avó, secos e compassados, sumiam pelo corredor.

Ninguém ficara sabendo; mas, por muitos anos, o pesadelo voltaria. Totalmente indefesa e paralisada, ela encarava aquele homem ameaçador, enquanto os passos, sua única salvação, ecoavam e sumiam.

Embarcaram, ela, a avó e *oncle* Lulu, no Andaluzia da Blue Star Line. Jean e Marthe, na 2ª classe, e o carro, no convés, garantiam o conforto de Elisabeth quando chegasse a Paris.

O Andaluzia não era muito grande, mas Elisabeth gostava de viajar nos navios da Blue Star Line, porque eram muito confortáveis. Jorge e Carmen tinham preferido viajar no Caparcona, bem maior e mais luxuoso, mas nesse ela não punha os pés: era alemão...

Nesses seus 8 anos de idade, já havia feito muitas travessias, mas não se lembrava de nada. Miss Harris contava que, certa vez, no Golfo de Gascogne, a tempestade chegara tão repentina e violenta, que ela e todos que assistiam a um filme no salão se viram presos às cadeiras, que, acompanhando os mergulhos e corcoveios do navio, deslizavam frenéticas para frente e para trás sem parar. Era como se num pesadelo, as cadeiras, cansadas de serem sempre empurradas, passivas, tivessem decidido inverter as posições. Alegres, caóticas, bailavam ao som fanhoso da trilha sonora e dos gritos, acompanhando o ritmo alucinante do vento e do mar. Quando pôde finalmente se desvencilhar, a governanta correu preocupada para a cabine, mas a menina dormia sem se dar conta de nada. Mas dessa viagem com a avó nunca mais se esqueceu. A liberdade era total. Havia muitas crianças a bordo, de língua espanhola, argentinos na maioria. Mas isso não era barreira. Passavam o dia nadando e pulando na piscina. O fato de a piscina, apesar de grande e funda, ser feita de lona, não atrapalhava em nada. No convés, muitos jogos e mesas de pingue-pongue e cinema nos dias de chuva. Mas o bom mesmo era brincar de esconder. Aquele bando de crianças correndo, subindo de um convés ao outro, se espalhando, descobrindo esconderijos. E o melhor, tendo achado o lugar ideal, bem no alto, sentar de pernas cruzadas, esquecer o jogo e se perder ao longe no mar. O navio valente pegando as ondas de frente, a espuma voando alta cobrindo a proa e, a cada solavanco, gemendo e suspirando como um ser vivo. Um cavalo galopando. Quando crescesse, sonhava, iria viver no mar. Sentir na pele a leveza da espuma, o sal, o vento, e, debaixo dos pés, a trepidação do casco contra a força bruta do mar. Isso era viver!

Paris ela reconheceu pelo cheiro. Nada que pudesse ser definido. Algo de aconchegante na casa, nos tapetes e tapeçarias. Talvez o papel de parede do seu quarto, de florezinhas azuis e miúdas, ou o cheiro de pão fresco da padaria da esquina. Alguma coisa no ar, seguindo a rue de l'Assomption e desembocando repentinamente no Bois de Boulogne. Lembranças vagas lhe voltavam envoltas em névoa. O café da manhã tomado anos antes com Miss Harris, num dia frio de inverno, com a luz acesa. O café com leite fumegante na tigela branca e a luz acesa seriam sempre Paris. Um parque de diversões na primavera e o misto de medo e euforia com que, agarrada ao cavalo de pau do carrossel, subia e descia e rodopiava na cadência batida da sanfona. O choro desesperado no meio da praça: o seu brinquedo novo, um submarino de corda, prateado, acabara de submergir no meio do lago de peixes vermelhos. E a alegria quando o guarda do parque, que disse também ter filhos, entrara na água para pegá-lo. Lembrara-se agora nitidamente do rosto do homem sorrindo e das calças e dos sapatos pretos ensopados. O primeiro *cerceau* que lhe compraram e a difícil escolha. No meio das centenas de arcos de todas as cores que, pendurados do teto da loja, balançavam sobre sua cabeça, um seria seu. O prazer de correr pelo Bois aprendendo a manobrar o seu arco era tão grande que chegava a sonhar com ele à noite! O *cerceau* tornara-se com o tempo um ser vivo, vibrante, companheiro de todas as horas. Tinha respostas rápidas como um cavalo ao toque da rédea; na calçada, desviava das pessoas cuidadoso e, no Bois de Boulogne, disparava por entre as árvores. Cheiros e sensações que ela reconheceu ao chegar à cidade onde nascera.

Mas a estadia em Paris foi rápida. Logo depois do seu nono aniversário, a vida tomou outro rumo. Prevendo que os ânimos pudessem se exacerbar durante o processo de divórcio e que Margie tentasse reaver a filha, Elisabeth resolveu despachar a menina para longe. E, o que fora bom para os seus filhos, certamente seria também para a neta. Embarcaram de carro rumo à Suíça. No caminho, passaram o dia com a mãe de Elisabeth, em Chalons-sur-Saône. Sua bisavó era uma senhora gordinha e risonha que colecionava selos e com quem manteria, durante o ano seguinte, uma intensa correspondência.

Encravada nos Alpes, Villars-sur-Ollon se transformara com os anos num *ski resort* de elite, com o agora famoso Palace Hotel e concursos anuais de esqui e de patinação no gelo. A campeã mundial de patinação, Sonja Hennie, treinava lá.

O faro de Elisabeth para os bons negócios imobiliários estava novamente evidente!

O chalé que comprara para estar perto dos filhos, na época em que Villars só era conhecida por ter bons colégios e um clima excelente, havia tido uma valorização extraordinária. O vilarejo de chalés de madeira envernizados tinha uma rua principal que dava na estação. O trem, que mesmo no inverno e apesar da neve não deixava nunca de trazer os passageiros de Vevey e de Lausanne, era invariavelmente recepcionado por um enorme e pachorrento São Bernardo. Whisky dormia o tempo todo na estação e só se levantava, alegre, quando o trem chegava!

O chalé de Elisabeth tinha dois andares e um pequeno pórtico na entrada. Os quartos davam para sacadas de madeira entalhada, tendo ao fundo um pomar de macieiras e ao longe a vista do Mont Blanc e suas neves eternas. Era verão, havia uma promessa de maçãs nos pés, e um tapete de flores cobria o chão. Tudo de uma beleza tão indescritível que a menina estava feliz e não sentia a ansiedade que antecede as grandes mudanças.

No dia seguinte, iria para Le Genisé, interna, apertando um urso de pelúcia.

Le Genisé (nome dado à estufa de criar pintinhos) não era bem um colégio, era um *Home d'enfants*. "*Home*" era a palavra certa para crianças que não tinham onde ficar durante alguns meses. Filhos de diplomatas viajando, de pais com situações complicadas em casa ou simplesmente se divorciando, como era o seu caso. O colégio era um chalé bem maior que o da avó. Ficava no alto de uma encosta, a pouca distância de Villars, com uma vista deslumbrante e tinha capacidade para no máximo vinte crianças, de 6 a 12 anos. Além das proprietárias, Marylou e Mayène, que estavam sempre presentes em todos os programas, havia duas governantas que não tinham nome. Eram simplesmente *Miselle*. Os quartos tinham duas ou três camas, no máximo, e um lavatório para as abluções matinais. As janelas abriam-se escancaradas ao sol da manhã, e a criança ficava de pé num banquinho junto à pia, nua, enquanto *Miselle* dava-lhe um banho rápido de esponja e água gelada. Depois de uma boa fricção com a toalha, vestia o maiô – e nos dias ensolarados de inverno os botinões de neve –, para fazer ginástica no jardim. Não havia frio que resistisse! Aliás, nunca sentiu frio, nem em pleno inverno com mais de metro de neve cobrindo o chão. Havia muito calor humano, além de excelente sistema de aquecimento central. Os estudos eram adaptados a cada criança. Ela deveria aprender a ler e escrever em francês, pois já falava a língua correntemente. E segundo as instruções da avó, ter aulas de piano e de tênis.

Havia a sala dos brinquedos com uma grande mesa ao centro destinada aos deveres, desenho ou à preparação dos enfeites de Natal. Ela passava as manhãs estudando e em pouco tempo mergulhava encantada no *Les malheurs de Sophie*. Mas ainda escrevia em português para o pai e para a avó.

As tardes eram dedicadas a longas caminhadas pelos vales e montanhas ao redor. Quando as excursões eram mais longas, um carro puxado por um cavalo levava o piquenique e as crianças menores, a quem faltava fôlego. Na hora do lanche, havia, invariavelmente, pão com mel grosso e perfumado ou com geleia de amoras ou framboesas. Para beber, a água de riachos cristalinos. O uniforme era uma camiseta amarelo-gema-de-ovo com um grande G no lugar do bolso e um short azul-marinho. No inverno, uma calça de lã grossa e uma malha de lã amarela com o mesmo distintivo do colégio. Os passeios eram feitos, verão ou inverno, com botinas grossas de esqui e mochilas às costas. Acompanhavam o passo atlético de Marylou e Mayène, que cantavam músicas populares da Suíça e do Tirol com o inimitável *yodl*.

Atentas às "suas" crianças, as duas irmãs Aubert, era esse o sobrenome, tentavam compensar, com muito carinho e total imparcialidade, os dramas familiares dos pequenos. À noite, sentavam-se na cama de cada criança, para cobri-la com ternura e dar-lhe um beijo. Certa vez, chorava baixinho no travesseiro, Marylou abraçou-a, perguntando: "Sente falta de sua mãe?"; "Não". "De seu pai?"; "Não". "De sua avó?"; "Não". E depois de mais um soluço: "Estou com saudade do meu cachorro, Peter, que ficou na ilha".

Não tardou em se sentir totalmente feliz e sem saudades nem do seu cachorro.

As crianças estavam sempre ocupadas e de maneira muito criativa. Havia as coleções de selos, as leituras, a horta, a colheita das maçãs e, a todo momento, a presença de Marylou e Mayène explicando e abrindo novos horizontes. Havia, especialmente, as longas caminhadas pelo campo, acompanhando o canto, que começava a duas vozes e logo se transformava em coro. Sempre caminhavam cantando. Mesmo um dia em que foram surpreendidos por uma borrasca, caminhando contra o vento e com o gosto de neve na boca.

Aos poucos, notou uma diferença fundamental em sua vida. Ela não era mais um estorvo, um problema para os adultos à sua volta. As duas irmãs eram alegres, descontraídas, e se dedicavam integralmente às crianças. Estavam sempre prontas para responder às perguntas e, envolvendo todos nas questões, obrigavam os pequenos a irem além dos seus limites. Aprendiam a pensar, tornavam-se articulados.

Um dia, chegou a uma conclusão muito importante e esperou o momento certo para comunicar a sua decisão à Marylou: gostava muito dela e, como não tinha mãe, ia, pois, pedir a seu pai que se casasse com ela. Marylou olhou-a séria durante um bom momento e depois abraçou-a sem responder. Que dizer diante de uma declaração de amor tão insólita?

Tempos depois, o pai veio visitá-la e foi logo avisando que se havia casado com Carmen. Muito desapontada, a menina disse que ele não poderia ter feito isso, pois ela havia prometido a *mademoiselle* Aubert que ele se casaria com ela. Ao que ele retrucou rápido: "Não tem problema. Da próxima vez, caso com ela!".

Esperançosa, ela deu o recado para Marylou e acrescentou: "Não fique triste. Ele prometeu!".

O verão passou, estação em que ficavam a manhã toda de maiô estudando no terraço ao sol. Ou trabalhando na horta, tendo ao longe os picos mais altos cobertos de neve. E invariavelmente as longas caminhadas à tarde.

No outono, colheram e se fartaram de maçãs. Colecionaram as folhas que forravam o chão com cores quentes de tapete oriental e cataram castanhas para assarem à noite no braseiro. Um dia, num passeio especial para os pequenos que nunca haviam visto neve, subiram a montanha até achá-la. Rolaram e jogaram-na uns nos outros na maior euforia, voltaram exaustos e felizes. Passaram a contar os dias para o inverno chegar. Fizeram os preparativos. As encomendas chegaram, aumentando as expectativas. Desembrulharam e experimentaram calças grossas de esqui, gorros de lã que cobriam as orelhas, e patins. Os pequenos trenós de madeira envernizada, com o nome de cada criança gravado, foram saudados com gritos!

A neve finalmente chegou! Com o nariz colado à vidraça, olhava deslumbrada. Os pinheiros dobravam-se ao peso de sua carga fofa até soltá-la numa explosão de flocos. E o sol brilhava forte sobre aquele mundo inteiramente branco e subitamente irreconhecível.

Os passeios eram feitos agora sempre subindo as encostas, arrastando cada um o seu trenó. Nos lugares escolhidos eram feitos trampolins de neve fofa e marcava-se a pista com galhos de pinheiro. As crianças desciam então a toda, umas após as outras, manobrando, saltando os obstáculos, e fazendo o *slalom*. Despencavam derrapando nas curvas, até chegarem levantando uma nuvem de neve aos pés de Mayène, que, cronômetro em punho, recebia o campeão!

A população infantil do Genisé, que no mês de julho tinha caído para três (Alain, um belga da sua idade; Roger, um pequeno parisiense de 6 anos; e ela), chegara agora à sua capacidade máxima. Havia até um francesinho de 3 anos, que era o mascote, mimado por todos.

Os esportes de inverno estavam no auge. Na estrada de Vevey, as quadras de tênis se transformaram num grande rinque congelado cheio de bandos coloridos de crianças. Todos se exercitavam nos patins preparando-se para as competições. Havia corridas, para os menores, equilibrando um ovo numa colher ou empurrando com vara uma garrafa que devia deslizar em pé sobre o gelo sem cair, além de saltos e figuras ornamentais para os mais desenvoltos.

Villars preparava-se finalmente para as competições internacionais de esqui, evento anual que movimentava até os colégios. A pista era bem acima, nas montanhas, em Bretaye. As crianças, depois de muitas recomendações, iam com seus trenós até a estação – acompanhadas por Marylou e Mayène, de esqui –, onde tomavam o trem. Cada uma levava, na mochila, almoço e lanche, pois só voltariam ao entardecer. A viagem de trem era eletrizante. Subiam cada vez mais alto, contornando montanhas, atravessando despenhadeiros, o ar gelado mordendo as narinas. Lá em cima, ainda se andava um bom pedaço, o fôlego curto, arrastando o trenó na neve fofa.

Mayène ia na frente até chegar ao local escolhido, de onde se poderia ver toda a competição. Sentados ao sol, cada um no seu trenó, passavam o dia de forma inesquecível. Cada um torcia apaixonadamente por seu país. Ela, pela Suíça, já que não havia nenhum brasileiro concorrendo.

Viam a performance dos grandes campeões e toda a movimentação de um campeonato, com suas cores, bandeirinhas e alto-falantes. Mas, acima e ofuscando tudo, o sol, a neve e a magia da montanha inatingível, súbito ao alcance das mãos. De tarde, na hora da volta, que de tão divertida nada tinha de anticlímax, amarravam-se os trenós uns aos outros, como vagões de um trem, para que ninguém se perdesse. O sinal era dado e o pequeno comboio deslizava vertiginosamente montanha abaixo, guiado e escoltado por Marylou e Mayène nos seus esquis. Elas conheciam as montanhas e seus perigos e não se descuidavam. O fim do ano se aproximava, e as cartas ao Papai Noel foram escritas num clima de grande expectativa. Muitos já tinham ido para casa passar o Natal com os pais. Mas, aos que haviam ficado, Marylou e Mayène deram atenção e carinho dobrado. Ela nunca participara de um Natal tão divertido. As próprias crianças escolheram o pinheiro na montanha, fizeram os enfeites e ajudaram na confecção dos pães de mel. Um dia, acordaram de manhã, os presentes estavam todos debaixo da árvore e os meninos, eufóricos, procuravam os seus nomes. Todos, menos o seu. Diante do seu desespero, Marylou abraçou-a por muito tempo dizendo que o Brasil ficava longe e que certamente Papai Noel havia-se atrasado. Ela secretamente punha a culpa no pai atabalhoado. Acontecera, na realidade, um desencontro cultural. Na Suíça, as crianças recebem os seus presentes no dia 5 de dezembro, festa de São Nicolau, e, no Brasil, no Natal. A árvore continuou enfeitada esperando que o Papai Noel brasileiro atravessasse o Atlântico e, no dia de Natal, ela teve uma festa só dela, tão bonita quanto a de São Nicolau.

A neve começou a derreter e, incrédulos, observaram as primeiras flores despontando. Um dia, o pai chegou, e ela correu com Marylou ao seu encontro. Ficou esperando que ele cumprisse a sua promessa e a pedisse em casamento. Mas ele viera buscar a filha para voltarem ao Brasil. Não queria ir, mas foi.

Voltando de longe para o pequeno restaurante italiano, às mãos que seguravam as minhas, e aos olhos castanhos à minha frente, eu disse:
– Foi o ano mais feliz que já vivi.
E ele, intenso:
– Até agora – e repetiu – até agora...
Esse agora soou estranho. O que exatamente estava acontecendo? O momento presente, o agora, me parecia mágico, totalmente desvinculado do que havia sido a minha vida até então. Talvez essa impressão explicasse a compulsão que eu sentia de contar sobre mim. De explicar. Tom, com a sua ternura, seria a única pessoa no mundo a entender. A me ajudar a criar uma experiência coesa feita de pequenos retalhos coloridos e caóticos. Ele fora tão enfático quando dissera "até agora", quem sabe se a minha vida não estaria começando a partir de agora...
Na noite seguinte, Tom pediu que eu continuasse:
– A menina voltou para a ilha?

A menina voltou para a ilha?
Não, para o Sion

Os pátios eram, na realidade, jardins internos muito bem cuidados, cercados por galerias com uma colunata e parapeitos de mármore. 1935.

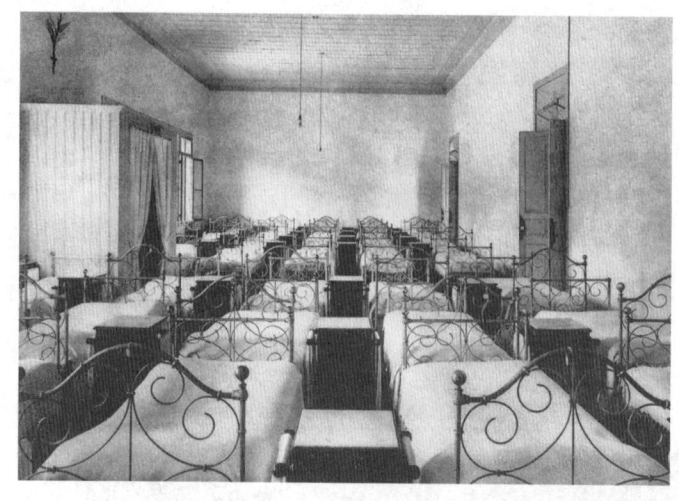

O próprio corpo era considerado vergonhoso e era com a maior dificuldade que, nos imensos dormitórios, as meninas entre 8 e 9 anos trocavam de roupas. 1939.

O refeitório era imenso. Cada menina tinha o seu lugar. À mesa, o silêncio era total. 1939.

Aprendeu, nesse dia, que as irmãs liam todas as cartas. Teve que avisar ao pai para que não escrevesse bobagens. 1939.

Recém-chegados ao Brasil e marcado o enxoval, ela seria rapidamente despachada para o colégio interno, em Petrópolis. Nos próximos oito anos, ela seria simplesmente o número 257.

O colégio Notre Dame de Sion, na cidade serrana do estado do Rio, era o internato para onde eram mandadas as filhas de usineiros do nordeste, fazendeiros de cacau da Bahia e do Espírito Santo, e pecuaristas de Minas Gerais. O prédio era imponente e bem proporcionado, construído em volta de dois pátios quadrangulares, separados pela capela. Os pátios eram, na realidade, jardins internos muito bem cuidados, cercados, o térreo e o primeiro andar, por galerias com uma colunata e parapeitos de mármore. Acima do telhado da capela, havia uma torre com um relógio, cujos quadrantes podiam ser vistos de qualquer ponto das galerias. E um sino. As suas badaladas comandavam todas as atividades do colégio e das redondezas, inclusive as partidas dos trens para o Rio.

A congregação era de origem francesa e tinha sido fundada, no século XIX, por dois irmãos, padres, com a finalidade de converter os judeus. A matriz era em Paris, a maioria das irmãs eram francesas, e as regras e os regulamentos vinham diretamente de lá. Não levavam em conta as diferenças culturais entre os dois países e, principalmente, o fato de os tempos serem outros. O enxoval era cômico: incluía uma dúzia de camisolas xadrezes, misteriosamente chamadas "de banho", as calcinhas eram obrigatoriamente calções de algodão que desciam quase até os joelhos, e as combinações subiam praticamente até o pescoço... O próprio corpo era considerado vergonhoso e era com a maior dificuldade que, à noite, no imenso dormitório, as meninas entre 8 e 9 anos trocavam de roupa. Ela, que chegava diretamente do Genisé, onde, o tempo permitindo, as crianças passavam o dia de maiô e a nudez na hora do banho era considerada normal, não tinha o menor preparo para esse tipo de comportamento. E deu muitos vexames antes de aprender.

De manhã, bem cedo, uma irmã passava pelos dormitórios tocando um sino e repetindo em voz alta: "Urso acorda!". Isso a chocou. Contou numa carta ao pai que não entendia que uma irmã tão educada acordasse as meninas dessa maneira. Foi chamada à sala da madre diretora que, devolvendo-lhe a carta, mandou-a escrever outra. Aprendeu duas coisas nesse dia. Que as irmãs liam todas as cartas, não só as que escrevia, como as que recebia. Teve que avisar ao pai para que não escrevesse bobagens... Aprendeu também que a irmã, ao acordar as meninas, não dizia "Urso acorda", e sim, em latim: *Sursum corda* (Levantai os corações a Deus) e que elas deveriam responder: *Habemus ad Dominum* (Já os temos no Senhor). Mas ela continuou sentindo-se agredida por aquele sino e a voz estridente: "Urso...".

Com quase 10 anos, tinha idade para cursar o terceiro ano primário; mas, como era nula em aritmética, foi para o segundo. Mère Dieudonnée, a mestra da classe, era uma jovem brasileira, alegre, saltitante, que organizava os jogos no recreio e contava histórias à noite. Mas isso não impediu que, diante da disciplina draconiana e das regras que não entendia, ela se agarrasse à avó na primeira visita, soluçando e dizendo que iria morrer se continuasse lá. Elisabeth saiu inflexível porta afora, enquanto a irmã a arrastava à força de volta para a sala. Dessa experiência veio-lhe a certeza de que não sairia nunca mais dali. Nesse momento e seguindo a sua índole, resolveu não lutar mais contra o inevitável. Descobriria um modo de conviver com esse mundo incompreensível. Escapar para o seu próprio mundo. A fantasia.

O dia, no Sion, começava às dez para as seis com o *Sursum corda*. Tudo era cronometrado. Quinhentas meninas pulavam da cama e desciam correndo três andares, para chegar aos banheiros. A larga escadaria de madeira de degraus gastos e patinados ecoava um tropel ensurdecedor. Banhos quentes duas vezes por semana. Logo nos primeiros dias, demorou mais do que devia, e a irmã, ao abrir a cortina, viu que tomava seu banho de banheira sem a camisola xadrez! Avisada, a mestra de classe chamou sua atenção. Em pé, no meio da sala, ficou sabendo que era uma falta de pudor tomar banho sem a camisola. As outras meninas zombavam porque ela tinha tido o cuidado de não molhar a camisola, enquanto, com as bochechas pegando fogo, ela se perguntava o que era pudor. Nos outros dias, podia-se tomar banho frio. Era um jato fortíssimo de água gelada, ótimo nos dias quentes. Depois de vestidas e de mãos atrás das costas, desciam em fila para a capela, assistir à missa.

Tudo era feito em fila e em silêncio.

Depois, o café. O refeitório era imenso. Cada menina tinha o seu lugar, sua caneca banhada de prata e talheres. À mesa, o silêncio era total e obrigatório.

Pedia-se à menina do lado que passasse o sal, fazendo um sinal com dois dedos. Farinha, com três dedos. Pão, com quatro. A sineta tocava, e saía-se em fila e em silêncio para a sala de aula.

Durante um ano, iria viver nessa sala, nessa carteira. Livros de estudo arrumados de um lado, cadernos do outro, no meio a lapiseira e, no fundo, um santinho ou uma foto com, talvez, uma florzinha artificial homenageando. Mais tarde, ela teria, no lugar de honra, a foto da Dourada, a sua égua. As cadeiras eram Thonet, austríacas, de palhinha, e extremamente desconfortáveis. A carteira da mestra ficava em cima de um estrado alto de madeira, tendo às costas um crucifixo e um imenso quadro-negro.

Antes das aulas, havia uma chamada. Cada menina se levantava e confessava em voz alta as faltas da véspera. Um estranho *mea culpa* matinal de pecadilhos que ninguém notara, cometidos contra a disciplina. Um exame de consciência em alta voz. A mestra de classe anotava tudo.

Começavam as aulas. Entre as aulas, dez minutos para ir ao banheiro, em fila e em silêncio. Na entrada dos banheiros, uma irmã distribuía papel higiênico, o que ela achava extremamente humilhante. Assim como se horrorizava com a imundice dos vasos e o mau cheiro.

Depois de três aulas, a hora do almoço. Um suplício, porque comia devagar. As quinhentas meninas se levantavam num arrastar de bancos e saíam em fila para o recreio. E ela ficava. Mastigando aflita, olhava para a irmã plantada de braços cruzados à sua frente. Não que ela gostasse ou tivesse pressa de ir para o recreio. Tinha horror. Nunca tinha jogado barra-bola ou vôlei. E as chefes dos times sempre a escolhiam porque era alta. O fracasso era total! Ou virava as costas quando a bola vinha com força ou estava distraída. Nunca tinha pulado corda tampouco e não achava a menor graça. Ainda preferia os dias de chuva, quando brincavam de roda nas galerias cobertas em volta dos jardins internos. Aprendia as cantigas de roda que todas sabiam, menos ela.

A tarde se estendia com mais aulas, uma tigela de café com leite fumegante e pão para o lanche, outro recreio, e a fila para a capela para a Bênção do Santíssimo Sacramento. Depois, as luzes se acendiam. Era hora de estudar e preparar as aulas do dia seguinte. A não ser durante os dois recreios, passava os dias sentada e em silêncio. A sineta tocava para o jantar, para o fim do jantar e, ainda, para subirem ao dormitório. Não se ouviam vozes.

O tempo era de muitas perguntas sem respostas. As outras meninas tinham chegado no princípio do ano, ela no meio. E, ainda, falando francês. Não compreendia a metade das ordens dadas, enquanto as colegas obedeciam automaticamente a senhas e toques de sineta misteriosos. Ela tentava copiar o que as outras faziam, sem entender. Quando fazia uma pergunta à menina do lado, recebia invariavelmente o silêncio reprovador da colega e a chamada à ordem da Irmã por estar falando fora de hora. Habituou-se a voltar de um devaneio, que já se tornava cada vez mais frequente, para uma sala em que todas a encaravam com censura. A culpa enfatizada pelos olhares sérios e os dentes comprimindo o lábio inferior. Logo em seguida a reprimenda: não estava de braços cruzados às costas, de mãos juntas em cima da carteira, em pé, sentada, não estava prestando atenção... Na capela, então, era um horror. Nunca havia entrado numa igreja. As missas e as bênçãos do Santíssimo, que eram diárias, eram em latim. Ela tentava acompanhar pelo som o que as outras diziam em coro. Sem compreender nada. Em pé; sentada; de joelhos; novamente em pé; repescando o véu preto, novo e engomado, que insistia em cair. Tudo até o primeiro domingo. Mère Euchária deu início à entrada das meninas na capela, com acordes tonitruantes de órgão. Isso também era novo. Seguiu-se a missa cantada, em latim, a quatro, cinco vozes, tendo, em contraponto, a voz de soprano adolescente fazendo o solo. Apesar das cotoveladas das vizinhas, não se conteve e passou a missa inteira olhando para trás, para o coro. O órgão era imenso. Mère Euchária, pequena, olhos azuis faiscando, saltava, mãos e pés galopando por sobre os diversos teclados. A Tocata e Fuga de Bach sacudiam as colunas da capela, o teto em abóbada, o chão de mármore e ela própria, que nunca havia sentido uma emoção tão forte. Aos últimos acordes, saiu da penumbra da capela, que ainda vibrava envolta em incenso, para um sol deslumbrante de domingo. Sentiu, andando em fila pela galeria ensolarada, que tinha sido atingida por algo que mudaria todo o sentido de sua vida. Muito maior que banheiros sujos, que regulamentos incompreensíveis, que meninas agressivas. Tudo passava a ter uma dimensão menor diante da emoção despertada pelo ritual misterioso que ligava a voz belíssima do padre chamando as vozes do coro aos acordes e fugas do órgão.

A capela, que era fisicamente o centro do prédio, passou a ser o centro de sua vida. Durante a semana, Mère Euchária ensaiava no órgão a missa do domingo seguinte. As galerias ecoavam o gregoriano do ritual, e Bach, em compassos lentos de meditação para antes da missa, e acordes triunfais para acompanhar a saída. Assistia às aulas ligada à capela. Aos primeiros arpejos, saía como se fosse ao banheiro e sentava-se escondida atrás de uma coluna, o mais perto possível do órgão. Na capela vazia, sentia-se vibrar como se fosse ela o instrumento! E, na missa do domingo, sentava-se de olhos fechados, deixando que o órgão, as vozes e o incenso se entranhassem nela.

Terá sido de forma muito inconsciente que chegou à conclusão de que dois mundos bem diferentes conviviam debaixo das arcadas, ora sombrias, ora ensolaradas, das galerias. O mundo dos cochichos e das fofocas das meninas, do qual se sentia excluída, e o universo silencioso das irmãs que ela intuía profundo e misterioso como o mar.

Com as crianças no Genisé não tivera o menor problema. Não havia jogos de equipe envolvendo bolas e o empurra-empurra de muitas meninas, nem a necessidade, depois de horas de silêncio, de soltar gritos no recreio. As crianças tinham uma vida equilibrada, com tempo dedicado às atividades e à introspecção. E, instigadas por Marylou e Mayène, liam muito. Ficavam atentas à natureza e às mudanças de estações, ocupadas com coleções de borboletas, de folhas de outono, de selos ou de cartões postais. As crianças vinham de vários países, inclusive uma da Argélia e ela do Brasil. Mapas eram abertos, sotaques e silêncios eram explicados. As diferenças eram aceitas e até bem-vindas. Criavam-se cumplicidades.

Jacques fora seu melhor amigo e dividia com ele, e outro menino, o seu quarto. Ele tinha uma caixa cheia de soldados de chumbo. Ficavam os três ajoelhados em volta da cama, enquanto Jacques desdobrava sobre a colcha os seus batalhões em ordem de combate. Era a batalha de Austerlitz, explicava compenetrado, os inimigos estavam entrincheirados no vale. E lá estavam os soldados de Napoleão à espreita atrás do morro feito de colcha. Jacques pegava um soldado do batalhão, dizendo: "Este sou eu". " Você?", murmuravam cheios de respeito. "É, porque eu era pequeno, era o estafeta. Napoleão me mandava na frente para espionar o inimigo."

Jacques era um herói. Tinha rastejado por baixo das linhas inimigas, salvado a vida de um companheiro ferido e liderado o batalhão, a pé, no puro compasso do seu tambor.

Jacques tinha 10 ou 11 anos e um mundo de fantasia. Os outros também.

Já no Sion, o fato de ter nascido em Paris tornava-se motivo de caçoada entre as colegas. De discriminação. Riam do seu nome. Onde já se viu Eliane Margaret Elisabeth. Estrangeira mesmo. Por isso é diferente. Não torce por nenhum clube de futebol. Não tem coleção de figurinhas de artistas de cinema. Não gosta de gibis.

Tem aulas de piano e gosta. Tem uma gaitinha de boca no bolso e toca sozinha num canto, no recreio. Não é brasileira, mesmo! Isso a incomodava. Tentou explicar, sem resultado, e acabou se retraindo. Não agredia, porque não era da sua índole, mas perdeu o interesse. Todas eram colegas, nenhuma amiga. Um grupinho de meninas discutia cochichando como nasciam as crianças.

O umbigo da mãe abria-se sozinho? Ou tinha que ser operado? Calavam-se quando ela se aproximava. "Ela é pura", diziam. Ela que já tinha observado o acasalamento e o nascimento dos animais e achava tudo muito natural, não dizia nada. Por outro lado, não entendia por que as freiras diziam que, se duas meninas conversavam no recreio, o diabo estava no meio. Os jogos eram obrigatórios, não havia cumplicidade.

Aprendeu muitas coisas no Sion. Que era possível, sem grandes traumas, viver anos numa comunidade sem que nada houvesse em comum. Era só abster-se a comunicações corriqueiras, epidérmicas e generalizadas. Que o mundo interior de cada um era um universo estanque, e que qualquer impressão de comunicação era pura ilusão.

As aulas de música eram dadas por Mère Euchária e por Mère Mercedes. O rosto redondo, bochechas bem rosadas, Mère Euchária era irlandesa e elétrica. Andava quase voando pelas galerias, os dedos martelando no ar alguma melodia que só ela ouvia. Estava sempre correndo.

Além das aulas de piano, tocava órgão divinamente e ensaiava o coro. Havia no colégio um anfiteatro com um piano de cauda, que era usado para as ocasiões solenes. Era nesse salão que, todas as noites, Mère Euchária reunia as meninas selecionadas para o ensaio do coro. Esse mundo só lhe foi desvendado quando chegou ao ginásio e descobriram que era afinada e tinha voz. Foi a realização de um sonho.

Ao receberem as folhas amareladas das partituras, Mère Euchária explicava-lhes o contexto. Do gregoriano passava para a polifonia, da presença da música sacra através dos séculos para a importância daquela missa em particular, centenária. Ensaiava uma voz por vez, até a exaustão. Satisfeita, passava a reger o conjunto. Animando-se à medida que a cacofonia ia-se organizando, os braços e os pés batendo o compasso, os véus pretos voando, o corpo todo leve, levitando, cantando. As bochechas rosadas, os olhos sorridentes, bem azuis, Mère Euchária era uma pessoa feliz!

Decidiram que Mère Mercedes seria a sua professora de piano. Logo na primeira aula, surpreendeu-se ouvindo uma história dos Lage. O velho bisavô Tonico é que havia movido céu e terra para trazer a congregação de educadoras para o Brasil. Quando as primeiras irmãs chegaram, Mère Mercedes lembrava que ele tinha ido pessoalmente recebê-las. Fora de lancha ao encontro do navio ainda parado no meio da Baía de Guanabara para buscá-las. Depois, as irmãs se instalaram no palácio de D. Pedro II, em Petrópolis. Lá, na residência de verão da família imperial exilada, funcionou o primeiro Colégio Sion. Essa ligação entre o seu bisavô e as irmãs foi providencial. Nos primeiros dias de internato, certa de que morreria se continuasse presa ali, o choro e a revolta não a deixavam pensar. De repente, saber que aquele pesadelo tinha sido um sonho do Tonico Lage mudava tudo. Ela não estava entre estranhos. As mais antigas das irmãs se lembravam dele, da sua acolhida. E agora a acolhiam. Pegara o fio da meada que ligava a ilha à sua vida atual. Era uma sequência natural, um plano do bisavô. A partir desse dia, tranquila, ela olhava fundo nos olhos cinza luminosos de Mère Mercedes e pensava: eles viram o bisavô Tonico. As meninas continuariam a achar estranho o fato de ela gostar das aulas de piano. Era um segredo só dela.

As mãos de Mère Mercedes, já velhinha, tinham muitas veias azuis que saltavam quando ela tocava piano. Corria um boato entre as meninas que a freira seria uma princesa húngara. Ela não tinha a menor dúvida, pois era visível que o sangue azul corria em suas veias...

Na terceira série, teve catapora. Ficou dias na enfermaria, com muita febre, seguida de uma infinidade de bolhas. A avó foi avisada e mandou o motorista buscá-la. Como todos da família tinham medo de pegar catapora, resolveram que, para que não houvesse possibilidade de contágio, a menina ficaria no prédio em que o pai morava, mas dois andares abaixo. O edifício pertencia a Elisabeth e o apartamento estava vazio. Colocaram-na numa cama num canto da sala sem móveis e no chão uma gaiola com um passarinho. Geralda, a cozinheira, achava aquilo tudo uma bobagem: "Ora veja. Uma menina de 10 anos. Tá tudo errado!".

Geralda não tinha medo de nada. Depois do banho, passava talco com as mãos leves nas bolhas e deu boas gargalhadas quando a menina lhe perguntou se, porque era preta, não tinha medo de também ficar coberta de bolhas. Ela era a única pessoa que entrava no apartamento. Trazia o termômetro, remédios, o chá, o almoço e o alpiste do passarinho. A menina passava o dia deitada, recortando e dobrando papel e desenhando. Criava móveis e bonecos, mobiliando salas e quartos que enchia de gente. Criava diálogos entre os bonecos e falava muito com o passarinho, imitando o seu jeito de piar. À medida que melhorava, não sentia solidão, mas muita fome. Geralda, bem-humorada, logo resolveu o problema. Pendurou um sininho na janela do andar de cima com um cordão comprido que a menina alcançasse. Era só tocar e, logo em seguida, aparecia um cestinho pendurado por um barbante e, dois andares acima, a risada gostosa da cozinheira. A convalescente colocava um bilhete na cesta com todos os requisitos da fome. Pouco depois, o sino tilintava e era só ir até a janela com água na boca recolher os quitutes da Geralda. Ela era uma pessoa muito especial, e a menina sentiu muita saudade do seu tempo de catapora quando voltou para o internato.

O verão de 1939 corria abafado e cheio de maus presságios. Elisabeth e Lulu haviam chegado havia poucos meses da Europa, onde só se falava de guerra. Angustiado, Lulu andava de um lado para o outro do apartamento do Rio como um animal enjaulado. Suando em bicas, blasfemava contra o calor e contra o país. *Sâle climat! ... Sâle pays!* Elisabeth, os nervos à flor da pele, dedos tamborilando contra o vidro da janela, percorria com os olhos cheios de raiva a Baía de Guanabara. De repente, decisão tomada, pegou o telefone e reservou uma passagem no navio que acabara de ver entrando Barra adentro. Nome do passageiro? Conde Louis de Zeppelin. E virando-se para um Lulu estupefato: "Este é meu país e dos meus filhos. Não está gostando, pode fazer sua mala, o navio parte amanhã!" E despachou Lulu de volta para a França.

Elisabeth não tardou em se arrepender. Hitler invadira a Áustria, a Polônia, e se preparava para engolir a Holanda e a Bélgica. Quase que simultaneamente os alemães haviam conseguido o impossível: transpor a inexpugnável Linha Maginot. Simplesmente haviam contornado as defesas francesas pelas planícies de Flandres e marchavam sobre Paris. Em pânico, Elisabeth telegrafou pedindo que o marido voltasse para o Brasil. Hitler já havia entrado triunfante em Paris, e Lulu zarpava no último navio a sair de Bordeaux. A viagem foi terrível. Em nada lembrava as travessias a que estava acostumado. Os *drinks* à beira da piscina, o baile à fantasia na passagem do Equador, a brisa do mar e a sensação de bem-estar, deitado numa das espreguiçadeiras no convés, esperando a hora do *consommé*. Dessa vez, esperava a hora de serem torpedeados em pleno Oceano Atlântico.

O rádio de bordo não deixava que esquecessem do que tinham tido a sorte de deixar para trás. Por causa do perigo de submarinos inimigos, todas as vigias estavam cobertas com panos pretos e os ensaios diários, para o caso em que o navio afundasse, tinham um cunho urgente e dramático. Os passageiros estressados tinham, cada um, a sua história de horror. A família que ficara para trás, incomunicável, num país invadido. O filho que perdera o navio, o último a sair de Bordeaux. Lulu voltava feliz, apesar do desconforto. Trazia, nos porões do navio, a casa da rue de l'Assomption. Todos os quadros, tapeçarias, móveis, louças, a sua coleção de obras chinesas, e todo o dinheiro que havia no banco. Da casa só ficara a casca. Os *boches* não achariam nada para levar! Dois outros passageiros viajavam felizes: Jean e Marthe.

Nesse mesmo navio, despachadas às pressas da casa mãe em Paris para o Sion de Petrópolis, viajavam duas freiras alemãs de origem judaica. Caladas, desconfiadas, cheias de sentimentos conflitantes, Mère Irmengard e Mère Roswita fizeram a travessia tentando não chamar atenção. Mère Roswita seria a sua mestra de classe no quarto ano primário. Lembrando-se de que a Primeira Guerra Mundial tinha durado mais que o previsto e pensando no conforto de Lulu, Elisabeth resolveu comprar uma propriedade em Petrópolis. Aproveitando que a neta estava de férias, visitaram várias casas. Um dia, afastaram-se do centro e subiram um vale até o fim. Era uma chácara que subia o morro com terraços bem comportados, apoiados em muros de pedra roliça. Cedendo às súplicas da neta, sem deixar de seguir por um minuto sequer as próprias intuições, Elisabeth comprou o Retiro. E desde logo, para incentivar o bom senso da neta nos negócios, proclamou que o Retiro seria seu quando crescesse.

Quando soube que as tropas alemãs tinham chegado a Paris e, humilhação suprema, tinham passado marchando por baixo do Arco do Triunfo, Elisabeth vestiu luto fechado. E, solene, jurou: "Até que o último alemão saia do território francês".

Distribuiu os móveis e tapetes que Lulu havia trazido de Paris entre o apartamento do Rio e a casa recém-reformada do Retiro e preparou-se para uma longa temporada bucólica. Cuidava, em Petrópolis, dos aspargos, dos cogumelos e das frangas de Brest que havia trazido da França. A região de Brest era o berço de uma raça especial muito em voga nos melhores restaurantes de Paris.

Jorge era dado a ideias luminosas que o fariam enriquecer do dia para a noite. Filho de francesa, gostava de comer bem e de cozinhar. Fizera até um curso de *Cordon Bleu* em Paris. Na sua última estada na Europa, quando fora buscar a filha na Suíça, havia comprado vários engradados de franguinhas de Brest que foram devidamente embarcados no navio no qual voltariam para o Brasil. Já em alto-mar, ia várias vezes por dia com a menina cuidar de suas franguinhas, até o dia em que decidiu que o vento no alto do tombadilho não estava lhes fazendo bem. Achou logo a solução. Na calada da noite, desceu os engradados e acomodou-os no beliche superior da cabine da filha e passaram a soltar os bichinhos duas vezes por dia, escotilhas e porta bem trancadas, para que fizessem exercícios e outras necessidades mais no carpete da cabine. A menina achava graça nas franguinhas que comiam na sua mão, e a camareira portuguesa mais ainda, pois a elas devia uma polpuda gratificação. Antes da chegada ao Rio, sem chamar atenção, os engradados voltaram ao convés.

Eventualmente, as frangas foram soltas num galinheiro no Retiro. Jorge nunca ficou rico, pois seu plano de uma raça pura de Brest nos trópicos encalhou no charme irresistível do galo de pescoço pelado do vizinho.

A chácara do Retiro

"Retiro". Tempo de sonhar nem bem acordada, vendo as abelhas em volta do mel, as flores em volta do terraço, e as montanhas envolvendo o vale até se perder de vista. Vestia um short, sandálias e chapéu de palha e partia com os cachorros à cata de aventuras. 1939.

Ela, que sonhara com um abraço de derreter, recebeu dois beijos de batom e o comentário: "Como você cresceu!". 1939.

Solta pelos morros e vales do Retiro, sonhando pelos matos envoltos em neblina...

A reforma da casa no Retiro foi feita por um excelente arquiteto do Rio, que transformou um chalé charmoso, apesar de pequeno, numa casa espaçosa e bem dividida de seis quartos. Havia duas salas, cada uma com sua lareira, e, como sempre, o piano de Elisabeth. Plantou, como fazia em todas as suas casas, dois ciprestes italianos de um lado da entrada e espalhou mimosas cobertas de pequeninas esponjas douradas pelo gramado. Do terraço da frente, a vista era deslumbrante. Aninhada no ponto mais alto do vale, a casa quase encostava numa imensa formação rochosa negra que, em noites de lua mais parecia um altar da pré-história, onde gigantes iam depositar as suas oferendas. O Retiro era mágico.

Muito mais tarde, adulta, já em Pirenópolis, Goiás, soube que a chácara da avó fazia parte da antiga fazenda de Tomás Correia Goulão. No livro sobre a genealogia das famílias fundadoras da cidade, o escritor Jarbas Jaime afirma que Tomás era filho do português que recebera do rei de Portugal a sesmaria que abrangia, além do Retiro, Petrópolis, Correias, Samambaia e mais além.

Coincidência: tempos mais tarde, as vacinas compradas em Pirenópolis para o gado eram de Tomás D. Goulão, descendente do antigo dono do Retiro.

A herança portuguesa estava bem presente nos terraços em curva de nível apoiados em arrimos de pedra. Eram os degraus de uma escada gigantesca serpenteando morro abaixo. Esses muros feitos com seixos do rio, sem argamassa, a encantavam. Ocultavam milhares de variedades de avencas e minúsculas samambaias. Nos terraços, sem nenhum planejamento aparente, havia uma infinidade de árvores frutíferas antigas. Bem mais abaixo, no vale, havia a pequena capela dedicada a São Tomás de Aquino, padroeiro do primeiro dono: o outro Tomás. Certamente em ação de graças por um vale tão fértil e acolhedor.

Os dias no Retiro corriam sempre calmos e previsíveis. O café era tomado no terraço da frente inundado de sol. A toalha branca esvoaçante, os pratos e xícaras sempre brancos com bordas azuis. Invariavelmente, os queijos, manteiga, mel e creme fresco em pote de barro da casa Duriez. Frutas da chácara, torradas macias de pão da casa d'Angelo, o leite gordo da Mimosa, e café pelando num bule chinês. E tempo; todo o tempo do mundo. O tempo de sonhar nem bem acordada, vendo as abelhas em volta do mel, as flores em volta do terraço, e as montanhas envolvendo o vale até se perderem, ao longe, de vista. Depois, vestia um short, sandálias e chapéu de palha e, torso nu ao sol, partia com os cachorros à cata de aventuras. Subia o morro atrás da casa e colhia, dependendo da época, pêssegos verdes, pitangas, jabuticabas ou laranjas para as geleias de Marthe. Também colhia os ovos. Acalmava as galinhas nos ninhos com sussurros, enquanto os dedos ágeis procuravam por entre as penugens quentes. Sempre deixava um ovo e ajudava a galinha a recompor o seu ninho de palha em torno daquele filho único. Gostava de colher ovos. Sentir na palma da mão a textura suave e morna e a forma, mais perfeita impossível. Depois, subir de platô em platô, deixando para trás as alamedas bem comportadas de camélias, a horta e o campo de *badminton*. Esse esporte, a avó Elisabeth julgava mais condizente com a sua idade do que o tênis. E, sempre subindo, o caminho estreito, ora escada de pedras roliças, ora atalho de terra vermelha e limo, que levava aos diversos terraços de fruteiras. Eram árvores grandes, antigas, e os galhos carregados balançavam por cima dos velhos muros de pedra. Finalmente, no alto, a estrebaria e o pasto da Mimosa e, logo após o primeiro Natal, a cocheira da Dourada.

Esse fora, sem dúvida, o Natal mais extraordinário até então. Ganhara um cavalo só seu! Não importava que fosse uma eguinha pangaré. No primeiro dia, quase a projetou para dentro de um boteco ao parar de chofre, travando a carreira no meio de um galope glorioso e desenfreado. Era seu único defeito. Herdara-o do seu antigo dono, um beberrão contumaz: Dourada não passava por uma porta de bar sem parar! Essa peculiaridade à parte, era perfeita. Mansa, de caráter doce, a boca sensível, e gostava de carinho. Logo aprenderam a se entender, a se respeitar. Um leve aperto das pernas e ela galopava, um leve toque na rédea e ela desviava de uma pedra no caminho, mais um e ela parava. Seu pelo castanho brilhava de tanto que a menina a escovava, e o focinho aveludado buscava a sua mão. Havia um entendimento muito especial.

O fato de ter o seu cavalo aos 10 anos mudou a sua vida. Suas andanças não se limitavam mais à chácara da avó. Subiam aos recantos mais afastados da região e de lá saíam a descoberta de outros vales. Eram dias gloriosos. Ela, os olhos cheios de luz e de cores, seguindo o compasso dos cascos nas pedras, o resfolegar do bafo morno, o cheiro de suor formando espuma na cernelha.

Solta pelos morros e vales do Retiro, sonhando pelos matos envoltos em neblina, chegara à conclusão de que Deus não podia ser aquele velho mal-humorado de barbas brancas. Se fosse Deus e tivesse criado algo à sua imagem seria certamente um cavalo.

Um unicórnio? Sim, todo branco!

A única regra imutável na casa da avó era a pontualidade na hora do almoço e do jantar. Tinha que estar limpa, vestida e penteada, sem um minuto de atraso. Esperava os adultos em pé atrás da sua cadeira. Elizabeth gostava de comer bem, resquícios da sua Bourgogne natal. E um suflê ou um rosbife malpassado com batatas douradas sucumbiam, chegavam à mesa arrasados, se os fizessem esperar. Marthe se esmerava na cozinha, resmungando porque não encontrava os ingredientes certos, e Jean passava as travessas fumegantes, impecável no seu paletó branco engomado e gravata borboleta preta. A avó não via, ou fingia não ver, quando Jean piscava brincalhão para a menina ou apontava com a luva branca qual o melhor pedaço de frango. À mesa, o assunto era comida ou negócios. O bem-sucedido molho holandês que acompanhara os aspargos colhidos na chácara, o rumo da guerra e, invariavelmente, o destino de certas barras de ouro que haviam ficado trancadas num cofre misterioso em Paris. Por que Elisabeth havia-se recusado a revelar onde estavam as chaves? Por que o silêncio? Mas com os olhos azul-aço fixos ao longe, ela mudava imperiosamente de assunto e todos compreendiam que lhe era impossível admitir tamanho erro. A menina não falava à mesa, porque crianças deviam ser vistas, mas não ouvidas.

Ao entardecer, Jean trazia lenha e acendia as lareiras. Na sala do piano, Elisabeth tocava e Lulu e a menina liam, esperando a hora do jantar. Depois iam para o escritório do avô escutar as últimas notícias do "front". O rádio despejava estalando o seu clima de suspense, e Lulu marcava com alfinetes coloridos os avanços das tropas alemãs, num grande mapa pregado na parede. À medida que iam engolindo, uns após outros, os países da Europa, Elisabeth só parecia se preocupar se não iriam se aproximar demais das fronteiras suíças. E Lulu, sem entender, lhe respondia: "O que fariam os alemães com um país de montanhas, neves eternas e cabras?...".

A lareira da sala do piano invadia, com o seu bojo e chaminé, o quarto da menina, esquentando os pés de sua cama. Era, por essa razão, o quarto mais aconchegante da casa. Depois da sessão de rádio e da aula de geografia da guerra, deitava-se, pensando que essa guerra nada tinha a ver com o sentimento de exaltação que lhe passara Jacques com seus soldadinhos de chumbo. O *glamour* das batalhas napoleônicas, com seus nomes sonoros, e seus heróis meninos, estava sendo obliterado por bombas lançadas de aviões que reduziam a pó vilarejos inteiros. Preocupava-se com os amigos do Genisé, com Marylou e Mayène, e esperava que Lulu estivesse certo: que "as montanhas, as neves eternas e as cabras" os protegessem da fúria dos alemães. Adormecia na sua cama quente e macia e tinha pesadelos, como Elisabeth no quarto ao lado, mas por outros motivos. Sonhava que os alemães invadiam a Suíça.

Quando a avó passava temporadas no Retiro, mandava buscá-la sábado à tarde no Sion, para onde voltava em estado de graça segunda-feira cedo. Esse ritual, essencial para a sua sanidade mental, continuou graças à iniciativa do caseiro que vinha buscá-la mesmo quando sua avó estava no Rio. Ele se apresentava no Sion, à revelia de Elisabeth, dizendo que a madame tinha mandado buscar a menina. Seu Nestor e dona Celina, caseiros, tinham quatro filhas e sentiam pena da menina trancada no colégio. Arriscavam-se a perder o emprego para que ela tivesse um dia livre e nunca souberam o quanto lhes era grata.

Diana, dogue alemão de 10 meses, chegou ao Retiro depois de destruir o apartamento de Jorge e Carmen no Rio. A menina perdera, quando fora para a Suíça, o amigo inseparável, um *basset* preto. Peter, em honra ao herói coelho dos livros de Beatrice Porter, fora o cúmplice e confidente de sua infância na ilha. Ainda sentia a sua falta. Agora Diana vinha substituí-lo.

Era enorme, estabanada, como toda adolescente, e cheia de vida. Toda cinza, com o focinho e o peito brancos, galopava com a elegância de um cavalo e acompanhava com facilidade as carreiras da Dourada. O trio era inseparável, e as descobertas se tornaram bem mais fascinantes. Diana tinha muita paciência e prestava a maior atenção nas plantinhas e outras bobagens que a menina buscava entre as pedras. Ajudava mesmo, cavando, e fuçando, e fungando, e, diante da inutilidade, da total falta de jeito, desculpava-se com uma lambida rápida e quente na orelha. Quando, depois de algum tempo, Diana teve a sua primeira ninhada, a menina viu confirmada uma certeza que já havia muito intuíra: de que os animais eram bem superiores aos seres humanos. Quem ensinara Diana a cuidar dos filhotes? A empurrá-los para junto de si com o focinho, a lambê-los com tamanho carinho? Deitada de barriga na grama, ficava horas admirando a preocupação, a ternura com que a amiga, os peitos cheios de leite, cuidava de seus filhos. Em comparação, descobria-se órfã e carente. Não raro, deitava a cabeça no meio dos filhotes e fechava os olhos, enquanto Diana lambia-lhe o rosto, compreensiva.

Os anos se passavam leves no Retiro, entre fins de semana e férias. Comunicava-se com borboletas, pássaros, cachorros e livros, bem pouco com gente. Não fazia parte do mundo adulto que falava de negócios e discutia indefinidamente o paradeiro de barras de ouro. E, quando voltava ao Sion, na segunda-feira, ainda menos tinha a ver com as meninas da sua idade, que falavam de filmes e traziam revistinhas escondidas para as internas. Dentro de sua carteira, no lugar de honra, havia as fotos da Dourada e da Diana. O seu universo. A sua liberdade.

No Sion, um novo mundo estava se abrindo à sua frente: o cristianismo. Aulas de História Sagrada, que lhe interessavam muito, e de catecismo, um conjunto de dogmas e leis e castigos de que não gostava. Havia a culpa e o sacrifício para redimir a culpa. As crianças cristãs faziam sacrifícios para redimir as crianças chinesas, por exemplo, que eram pagãs. Os sacrifícios eram contabilizados em pequenos cadernos, junto com ave-marias e jaculatórias. Essas valiam menos. Uma vez, ficou três dias sem beber água. Esperava redimir muitos chinesinhos, mas foi repreendida a tempo. Preparava-se para a primeira comunhão. Mère Noella dava as aulas com um forte sotaque francês e um fervor, uma convicção, contagiantes. A menina cujo mundo interior fervilhava de fadas e duendes, facilmente aceitou a presença de mais Nossa Senhora e de seu Filho. Finalmente teria uma mãe, apesar de invisível, que dali para a frente seria a sua confidente, parte integral de sua vida. Quando à noite punha a cabeça no travesseiro, conversava e contava tudo o que se tinha passado durante o dia. Sentia que alguém se interessava especialmente por ela e a ouvia. A partir desse momento, a ideia de culpa simplesmente deixou de existir, ela fazia parte da Grande Mãe. Não era uma devoção a Nossa Senhora disso ou daquilo. Não lhe pedia graças ou favores. Não havia comércio. Era uma familiaridade, uma compaixão que a criança sentia por uma mulher sofrida que perdera o filho torturado quase dois mil anos antes. Havia um sentimento muito forte de pertencer a algo que seria, de certo modo, ratificado na hora de sua primeira comunhão. Afinal não se tratava do corpo do seu filho? Ele e a menina não se tornariam um? Era só o que queria e de forma muito consciente e intensa.

Era um círculo mágico no qual mergulhara de cabeça. Dali para a frente, toda a carência, todas as decepções fariam sentido.

Foi durante uma aula de Mère Noella, a cabeça rodopiando fascinada, captando a energia de 2 mil anos de Cristianismo, que a chamaram ao telefone. O som metálico anunciava, para breve, a chegada de sua mãe ao Rio. E ela, com a voz sumida, só conseguira dizer: "Então que venha para a primeira comunhão".

Voltara andando devagar pela galeria, sentindo o calor do sol na pele, em pleno inverno, e o coração batendo descompassado pronto para explodir. Mère Noella, que notara as bochechas vermelhas e os olhos brilhantes, chamou-a depois da saída das outras meninas. O impacto da notícia era óbvio, e a freira simplesmente abraçou-a por longo tempo dizendo que Deus tinha atendido a seus pedidos.

O dia da primeira comunhão se aproximava e a ansiedade agora era dupla: o dia mais importante de sua vida e iria conhecer a mãe de que nem sequer se lembrava. No dia, Mère Euchária estava inspirada. As portas do fundo da capela foram abertas solenemente de par em par e por elas passaram as meninas em fila dupla, enquanto o órgão galopava triunfalmente. Os parentes comovidos sorriam e arriscavam um aceno discreto. A missa se passou solene e harmoniosa, e depois foram diretamente para o parlatório para o encontro com os pais. A primeira de muitas decepções a aguardava. A mãe não estava. Tinha ficado no Rio, ocupada em desfazer malas. Viria logo que pudesse...

Para comemorar o dia, a avó levou-a para comer nhoques à bolonhesa no Falconi e compota de goiaba com creme fresco. Mas o almoço tinha um gosto amargo de decepção que ela custou a disfarçar. Lembrou-se do cartão que tirara na sorte. Uma brincadeira, cada menina era um bicho. O seu, um camelo marrom num areião amarelo. A letra elaborada da mestra de classe explicava: atravessarás a vida como o camelo, o deserto. Entre perplexa e desapontada decidira que, como o camelo, acharia meios de se adaptar ao seu deserto particular.

Mais ou menos um mês depois, foi chamada ao parlatório, dessa vez para conhecer a mãe. Lá estavam a avó e Lulu, o pai e Carmen, e uma senhora alta de chapéu que lhe estendeu a mão. Ela, que sonhara com um abraço de derreter, fez o *knicks*, recebeu dois beijos de batom e o comentário: "Como você cresceu!". Nisso chegou um senhor alto de olhos azuis que era o marido: Bobby. Ela viera conhecer a mãe. Não sabia que havia um marido. Nem poderia ter imaginado um cenário mais impróprio. Sentados em círculo num dos grupos de sofás medalhão do imenso parlatório, os adultos conversavam constrangidos. O assunto era artificial e pedante e, quando repentinamente se dava um silêncio, a avó lhe fazia sinal para que passasse uma caixa de bombons. Sabia que não devia encarar as pessoas, mas arriscava e achava estranho o rosto da mãe tão maquiado. Não, os olhos é que eram estranhos. Os cílios pareciam aranhas! Bem mais tarde, quando foi à sua casa, viu estupefata quando os arrancava. Eram cílios postiços.

Nas férias seguintes, foi convidada a passar um fim de semana na casa da mãe. Esperara por esse momento com ansiedade e tinha medo de mais uma decepção. Só de pensar sentia um frio na barriga, como se tivesse engolido centenas de borboletas esvoaçantes. Foi levada a uma casa grande com jardim, na rua Figueiredo Magalhães, uma quadra da praia, em Copacabana. Subiram no Pão de Açúcar, que Bobby não conhecia, e foram tomar sorvete na Americana. Era uma sorveteria grande, de esquina. Sentada a uma mesa, aproveitava para examinar o rosto da mãe refletido na parede de espelhos. Sem constrangê-la, sem encará-la. Era muito bonita, decidiu. Dormiu no quarto de hóspedes. Como tinha sido despachada na véspera à noite, na sala, com um simples beijo na testa, resolveu esperar que a mãe viesse acordá-la. Ficou horas esperando o que imaginava ser "um acordar de mãe". O primeiro! Fingiria estar dormindo. A mãe abriria a porta de mansinho e viria, pé ante pé, para acordá-la com um longo abraço, dizendo baixinho... A porta abriu-se, e Margie pôs a cabeça no vão dizendo: "Hora de acordar, dorminhoca! Vista-se, o café está na mesa". E a porta fechou-se.

Além de expectativas frustradas, havia um problema de comunicação. A menina nunca mais falara inglês, desde que Miss Harris se fora, havia mais de quatro anos. A governanta que a substituíra não falava a língua e dizia que era vergonhoso uma brasileira só falar inglês. Nunca mais abrira a boca nessa língua, mesmo porque não tinha com quem falar. E Bobby não falava francês. A comunicação era laboriosa e de certa forma profética. A menina falava em francês com a mãe, que traduzia para o inglês, e Bobby falava em inglês, com a mulher, que traduzia para o francês. Margie, solicitada pelo marido apaixonado e mal-humorado com a situação e pela menina carente, ficava exausta. O fato de falar francês com a mãe, língua que Bobby não entendia, era garantia de cumplicidade. Naqueles poucos segundos a mãe era só dela. E notava a irritação do padrasto, enquanto esperava que parassem de rir para saber do que se tratava. Escondeu o mais que pôde o fato que o inglês lhe voltara, e continuou escrevendo semanalmente para a mãe longas cartas em francês. Margie se viu dilacerada entre o ciúme do marido extremamente possessivo e a carência da filha, que esperara e sonhara anos antes de conhecê-la. Optou pelo marido. Afinal, calculou, a menina cresceria e logo teria a sua própria vida.

Britanicamente, resolveu demonstrar seu afeto por cartas. A distância. Escrevia semanalmente longas cartas carinhosas, que a menina recebia no Sion, lendo-as, relendo-as e guardando-as. Mas quando se encontravam era um terror. Margie explicava constrangida por que não queria lhe dar a mão, quando andavam na rua, e mostrava a palma da mão toda vermelha e empipocada: lhe dava alergia. A menina via as mulheres passando com os filhos pela mão e se perguntava por que logo a sua mãe teria alergia. O desencontro era total. De outra feita, Margie a recriminava por não demonstrar gratidão ao padrasto, afinal ele tinha deixado que ficasse em sua casa. Sobrecenho carregado e olhar duro, ela enfrentou a mãe e disparou: "Eu cheguei primeiro".

Margie deve ter achado cansativo um fim de semana inteiro com a filha. Correntes subconscientes de paixão, rejeição e ciúme se chocavam e ela tentava contornar a situação, sorrindo e dando atenção ora ao marido, ora à menina. Mas soava falso. Imaginou então que um piquenique seria menos tenso. Foram para uma praia deserta, a Barra da Tijuca, onde Bobby pudesse pescar. Acostumada à volúpia com que seu pai se entregava às ondas do mar, a menina achou que a mãe na certa estava doente. Margie, totalmente vestida e calçada, ficou sentada debaixo de uma árvore. Segurava o chapéu de palha de aba larga e fazia palavras cruzadas. Na hora do almoço, abriu um grande cesto de piquenique com pratos, copos, talheres e guardanapos de linho, presos à tampa com tirinhas de couro. E, embrulhados em guardanapos úmidos, diferentes tipos de sanduíches, todos deliciosos. Cada coisa no seu lugar. A menina observava tudo em detalhes e juntava para guardar no seu "baú de guardados". De lá tirou uma lembrança do pai rindo às gargalhadas e contou o caso à mãe para fazê-la rir. Tinham saído para velejar em alto-mar e, na manhã seguinte, Jorge notou que havia esquecido o coador. Rindo, coava o café na própria meia... A mãe não achou graça na história e olhava horrorizada para a filha, pensando: é igual ao pai!

Naquele piquenique, a menina ficou horas no mar e correu descalça na areia até se cansar. Mas foi Margie que pegou um bicho-de-pé e nunca mais pôs os pés numa praia.

Os convites se limitariam, dali para a frente, ao almoço, quando Bobby não estava. Ou a uma sessão de cinema, seguida de sorvete. Isso nas férias.

O destino agiu nessa época de forma inesperada. Fez coincidir a entrada da Inglaterra na guerra com a internação de Margie no Hospital dos Estrangeiros. Bobby, que fora chamado à Embaixada Britânica para se alistar e voltar para a Inglaterra, alegou que não podia abandonar Margie no hospital entre a vida e a morte. Deram-lhe a alternativa de servir à sua pátria trabalhando na Embaixada no Rio. Ele foi admitido no setor comercial, onde ficou até o final da guerra. Era muito inteligente e aproveitou esses anos para aprender línguas. Margie, que escapara de uma poliomielite que a deixou totalmente paralisada por algum tempo, cuidava de recuperar os movimentos. Recobrou a agilidade dos dedos, tricotando uma infinidade de roupas de lã para os soldados ingleses. Esses anos foram de aperto financeiro. O emprego do Bobby era mal remunerado, pois era considerado esforço de guerra, e tiveram que se adaptar ao novo nível de vida. Saíram da casa com jardim para um pequeno apartamento no Arpoador e compraram o carro mais barato que acharam: um Morris Minor de segunda mão, em péssimo estado. Mas Margie continuava muito elegante, graças à perícia de uma boa costureira e à paciência de uma chapeleira francesa, no Leblon, que conseguia ressuscitar um mesmo chapéu uma infinidade de vezes!

Margie recuperou aos poucos, com o seu charme, todos os amigos que tivera com Jorge. E graças a pequenos jantares em que eram elogiados os pratos requintados, os vinhos certos e sempre os belíssimos arranjos de flores, ela foi, com elegância e sofisticação, construindo a carreira de um futuro diplomata britânico. Anos mais tarde, terminada a guerra, Bobby embarcaria para a Inglaterra levando um ótimo currículo e, de quebra, a fluência em três línguas – português, francês e russo. Depois de passar num exame de admissão à carreira diplomática no Foreign Office, em Londres, voltou ao Rio triunfante, tendo dado uma guinada magistral no rumo da sua vida. Fazia oficialmente parte da elite dos representantes de Sua Majestade Britânica, passando a ser presença obrigatória em recepções e *persona grata* nos clubes mais restritos do Rio.

– Os ingleses são monstros! – Não era uma observação, era um grito de guerra. Não só eu me assustara na cantina. Das mesas mais próximas, vinham olhares curiosos, e logo o garçom chegou entre preocupado e solícito. Tom se desculpou.

Sentado à minha frente, um celta cheio de ódio destilava veneno, mas em voz baixa.

Tom falou dos anos de infância em que os pais se destruíam mutuamente em casa. Havia uma única preocupação na família do gerente do Banco de Londres em Buenos Aires: o escândalo. Logo que pôde, Tom escolheu estudar na Inglaterra. Mas a situação só piorou. Na década de 1920, a disciplina nas *Public Schools* inglesas era draconiana. Havia os castigos corporais: e, humilhação suprema, as chibatadas eram dadas diante da classe reunida. Havia o sistema de vassalagem que os meninos menores eram obrigados a prestar aos mais velhos. E havia a ênfase dada aos esportes, o que reduzia ao ridículo o menino que não enxergava direito. Anos cruéis que o fizeram odiar os ingleses. Sem saber, eu tocara num ponto nevrálgico. Mais calmo, Tom pediu que eu continuasse.

Jorge e o mar

Enquanto Jorge ficava no leme e na retranca, a criança, magra e queimada do sol, pulava ágil para a proa do barco para desenroscar um cabo ou esticar a bujarrona. Jorge ria feliz. 1936.

Como um cavalo que toma o freio nos dentes e dispara, o Mariposa enfrentou o mar alto.

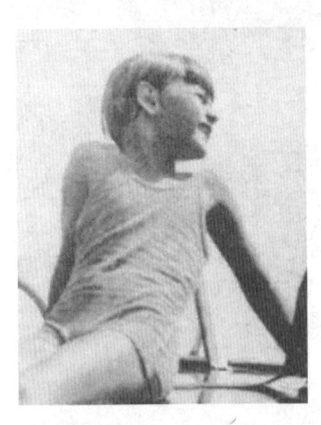

A menina nadava como um peixe, colete salva-vidas nem pensar.

Pai e filha formavam uma equipe imbatível.

Jorge teve a ideia de convencer o tio a ser o primeiro fabricante de aviões do Brasil. Afinal, um grande empresário tinha que ter visão de futuro, e o futuro do Brasil estava obviamente na aviação. 1941.

Desde que, anos antes, o seu plano de atrair Margie de volta da Inglaterra falhara, Jorge havia decidido ser pai e mãe de sua filha, apesar de totalmente despreparado. Não era uma questão de presença, nem de carinho, as prioridades eram outras. Na realidade, mal se viam. Mas suas ideias não eram de todo más. Um pouco ortodoxas, talvez. Ele fazia questão de uma alimentação sadia, muito exercício e ar puro. Na ilha, a menina havia tido horários rígidos para nadar, fazer ginástica e exercícios numa máquina de remar. Fazia longas caminhadas diárias com Miss Harris e andava de velocípede. Nos domingos, às vezes, participava das regatas de barco a vela com o pai. Não se tratava de um passeio pela Baía de Guanabara. O trabalho era duro. Responsável pela bomba d'água manual, devolvia ao mar a água que as ondas jogavam para dentro. Toda molhada, as ondas quebrando por sobre a cabeça, o barco adernando perigosamente, batia a manivela da bomba sem parar, até a exaustão. Jorge, inflexível como um capitão de navio, não admitia que a filha demonstrasse medo ou dor. A menina nadava como um peixe, colete salva-vidas nem pensar. Enquanto ele ficava no leme e na retranca, a criança, magra e queimada de sol, pulava ágil para a proa do barco para desenroscar um cabo ou esticar a bujarrona. Jorge ria feliz. Quanto maiores as ondas, mais ele gostava. O Bamba era um barco especialmente feito para corridas, todo de madeira, da classe dos 7 metros, ideal para a Baía de Guanabara. Esguio, ágil nas manobras, o veleiro aguentava bem o mar alto, adernando até quase encostar a vela n'água. Se o sudoeste apertasse, enfiava a proa na espuma e cortava as ondas como uma faca. Pai e filha formavam uma equipe imbatível. Um dia, por uma reviravolta da sorte, o mundo náutico de Jorge se expandiu de forma surpreendente!

O tio Renaud Lage, no que só pode se explicar como um ataque de megalomania devido à idade, mandou construir na ilha um imenso veleiro, capaz de atravessar o Atlântico. O Mariposa era um dois-mastros imponente, com três cabines, sala, cozinha e banheiro. O tio Renaud, que não havia tido nenhuma ligação anterior com o mar, resolveu inaugurar o Mariposa de forma condizente, convidando o *grand monde* da época. Seria um jogo de bridge a bordo. As senhoras vieram vestidas para uma inauguração regada a champanhe, seguida de um civilizado jogo de cartas. Naturalmente, ostentavam chapéu e salto alto. A tarde era de sol, o mar de espelho, e o veleiro ancorado no Iate Clube do Rio aguardava calmo os convidados. As mesinhas de jogo espalhadas pelo convés, o champanhe e os garçons impecáveis, tudo muito normal. Até que Renaud, fantasiado de capitão, deu a ordem de levantar ferros.

O convés foi tomado por marinheiros que aos gritos recolheram os escaleres, levantaram âncora e içaram as imensas velas. Renaud, que queria testar a resistência do Mariposa em alto-mar, rumou para fora da barra. O veleiro, enfrentando ondas imensas, mostrou-se a toda prova, a resistência dos convidados é que não. Esconderam-se na sala e nas cabines para não serem lançados ao mar pelas ondas. O tombadilho tornara-se escorregadio e adernava sob a caótica parafernália de cordas e velas, mesas e cadeiras viradas, e marinheiros pulando por cima de tudo. Para os convidados abafados e jogados de um lado para outro no porão do barco, o resultado foi desastroso. De volta ao ancoradouro, Renaud descobriu um pouco tarde que odiava o mar e tudo que lhe fosse afim. Entregou o Mariposa aos cuidados do sobrinho Jorge e mudou-se para uma chácara em Teresópolis, bem longe do mar.

O Mariposa, que, enquanto estava sendo construído e equipado no estaleiro da Ilha do Viana, tinha povoado os sonhos de Renaud Lage, inesperadamente tornou-se o sonho de seu sobrinho. Jorge se sentia um menino que, em vez de um brinquedo, ganhara um barco de verdade! Em vez de uma vela e um mastro, dois mastros colossais e a possibilidade de se içarem cinco, seis velas. Apesar de se considerar um velho lobo do mar, Jorge chamou para ajudá-lo um capitão aposentado que conhecia a costa como ninguém. E mais dois marinheiros. E preparou-se para longas viagens em alto-mar.

Uma dessas viagens aconteceu nas férias, e a menina pôde ir. Além de três casais amigos, Carmen e Jorge, o velho capitão e os marinheiros. Saíram de manhã e, passada a entrada da barra, alto-mar, todas as velas içadas, o barco inclinou-se no vento. Como um cavalo que toma o freio nos dentes e dispara, o Mariposa enfrentou o mar alto. Subia, rangendo, as ondas e, depois de uma parada no topo, despencava no abismo levantando nuvens de espuma. Todo deitado de lado, ora corcoveando, ora deslizando a uma velocidade enorme, as velas tensas estalando, ia de encontro às ondas, que explodiam na proa.

Embaixo, na sala, as mãos espalmadas e o ouvido colado ao bojo de madeira, ela sentia o ranger e o sofrimento do barco. Era um ser vivo que se debatia contra forças incontroláveis. Observava as escotilhas: de um lado, totalmente submersas, espuma e bolhas passando como num submarino; do outro, o céu e nuvens. A sensação era eletrizante! Fez o seu turno na roda do leme, como os outros. De olho no topo do mastro, atenta ao menor sinal de tremor nas velas, corrigia o rumo do barco. Sentia na ponta dos dedos o leme e, elétrico, o retesar das velas. No mesmo instante, de fôlego novo, o Mariposa dava um arranco para a frente. Jorge ria cúmplice, era o filho que havia desejado.

Nunca tinha velejado à noite. Tudo ficou mais calmo, e o rastro de espuma atrás do barco parecia fosforescente. Deitada no convés, contava estrelas.

Acordou com o sol no rosto e o ronronar do motor. Numa pequena baía de Cabo Frio, jogaram a âncora e desceram um escaler. No canto de uma praia muito branca, um antigo forte mais branco ainda. Em cima do paredão de pedras centenárias, um terraço sombreado, de colunas e o telhado colonial, esparramado e acolhedor. Era a casa de Raymundo Castro Maia, amigo de Jorge. A transformação de um antigo forte numa casa lindíssima encantou a menina. Raymundo dizia que era uma fortaleza construída por Américo Vespúcio, que chegara àquele local antes de Cabral. Na sala de jantar, havia um biombo pintado com cenas desse desembarque e, cada móvel, cada quadro, tinha uma história. No parapeito do terraço pendurado sobre o mar, havia uma enorme concha que o anfitrião soprava para chamar os convidados. O som tinha algo de mágico!

Raymundo Castro Maia adorava pescar. Para isso, tinha sempre a postos uma enorme lancha e um marinheiro experiente. Ela participou, junto com o pai, de uma dessas pescarias. Saíram cedo e rumaram para o costão, fora da baía. As ondas se arremessavam com uma violência incrível contra as pedras. Ondas de alto-mar, que se seguiam umas após as outras, regularmente. Era ali que estavam os peixes, indo e vindo, ágeis, entre a explosão de espuma ao sol e as locas escuras e imóveis. Os pescadores equilibravam-se em pé na lancha com seus caniços de molinete, atentos às fisgadas e ao movimento do barco. O marinheiro só tinha uma função: evitar que a lancha fosse atirada pelas ondas e se estraçalhasse de encontro aos rochedos do costão. Tenso, olhos fixos, totalmente concentrado, o rapaz acelerava a lancha até o limite contra a pedra ameaçadora. Aí, numa manobra relâmpago, o motor aceleradíssimo, engatava a ré. No último momento, arrancava o barco do perigo e o mar arrebentava sozinho, agarrando-se às pedras com longos dedos de espuma. Depois de várias pescarias memoráveis, levantaram âncora rumo ao sul. O Rio de Janeiro.

Deitada no convés do Mariposa, todos os sentidos ligados no ranger de madeira contra o mar, no estalar de velas tesas ao vento, a menina viajava na nau de Américo Vespúcio, a grande aventura!

Não saberia precisar quando, mas ainda era bem pequena quando o dinheiro do pai, de um dia para o outro, acabou. Elisabeth, indignada, queria saber como, quando, onde Jorge teria conseguido perder a fortuna que o pai lhe deixara. Ele tinha hábitos caros, sem dúvida. Trocava de carro todo ano, e de lancha, era sócio dos melhores clubes do Rio, mandava fazer os ternos em Londres, mas nada disso explicava que a herança tivesse se evaporado tão rápido.

Elisabeth esperava que, quando crescessem, seus três filhos fossem trabalhar com o tio. Henrique Lage havia-se tornado o único dono do império que havia sido um dia Lage & Irmãos e não tinha filhos. Seria natural que preparasse os sobrinhos para sucedê-lo. Mas apesar de concordar que em teoria precisava de ajuda, Henrique tinha o gênio difícil; e Jorge, nenhuma vocação para o trabalho. O relacionamento era explosivo, e Elisabeth se desesperava.

Após várias tentativas e várias brigas sérias, Jorge teve a ideia de convencer o tio a ser o primeiro fabricante de aviões do Brasil. Afinal, um grande empresário tinha que ter visão de futuro, e o futuro do Brasil estava obviamente na aviação. Haja vista Santos Dumont. A ideia agradou. Jorge, que não tinha a menor noção de como se fabricava um avião, fez vir da França um antigo colega, engenheiro de renome. Louis Phillipe instalou-se num escritório e, concentrado atrás dos óculos fundo de garrafa, fazia plantas e esboços de monomotores leves. Já Jorge se concentrava em realizar um velho sonho: aprender a voar. As coisas caminhavam a contento. As brigas pararam. Elisabeth, radiante porque o filho tinha finalmente achado a sua vocação: diretor da fábrica de Aviões H.L. Henrique, feliz porque, graças à sua visão empresarial, inaugurava-se a era do avião *Made in Brazil*.

Jorge, livre das pressões da mãe e do tio, passava o dia fazendo o que gostava. Voava com Mello "Maluco", sem desconfiar que, dali a alguns anos, o amigo seria nomeado Ministro da Aeronáutica.

Até Louis Phillipe, que era extremamente míope e que não tinha a menor intenção de levantar voo, estava feliz. Afinal, ele tinha Jorge para testar os seus inventos.

Um dia em que estava de férias, a menina foi levada para ver a fábrica: um galpão na beira do cais do Caju. Três homens enrolavam, como se fosse numa múmia, longas tiras de lona branca no arcabouço de compensado do avião. O pai explicou para a menina descrente que depois a lona seria pintada de amarelo para torná-la impermeável. Mas a sua dúvida era não só se aquilo poderia se chamar de avião, como também de que jeito levantaria voo do centro da cidade. Mas o pai riu enigmático e disse algo como "nada como o gostinho do desafio!"

Passado um tempo, Jorge chamou-a para ver o avião ser testado. Todo amarelo e com as letras H.L. em preto na cauda, foi embarcado no convés de uma barcaça de carregar carvão. Jorge, orgulhoso, acompanhava a travessia da Baía de Guanabara na sua lancha e tirava fotos, enquanto a menina pilotava. Na Ilha do Engenho, o avião passou do barco para o campo de pouso, levantou voo e fez acrobacias no ar. Passara no teste.

No ano de 1941 tudo ainda era importado. O aviãozinho amarelo, o primeiro a ser fabricado no Brasil, inaugurava, na opinião de todos, uma nova era. Chegou finalmente o dia da cerimônia inaugural com a presença de jornalistas, autoridades, banda de música e o tio. Todos em pé na pista, o sol a pino, e as autoridades se derretendo ao som de discursos intermináveis que enalteciam o futuro do país. Houve um momento de silêncio, enquanto o avião decolava, seguido de aplausos e da explosão da fanfarra. Os rostos suados dos senhores encapotados e fardados apontavam todos para o céu, acompanhando as evoluções. A aterrissagem foi perfeita. A mancha amarela foi-se aproximando, aumentando, aumentando, até que numa guinada brusca varreu com a asa a banda, que fugiu desafinando. Completamente fora de controle, o teco-teco freou de chofre já em cima das autoridades, enterrou a hélice no chão da pista e empinou o corpo do avião inteiramente na vertical. Lá no alto as letras H. L. ainda vibravam sob o impacto!

O ridículo por que passara na fracassada inauguração causou um estrago irreparável entre tio e sobrinho. Henrique nunca esqueceu a sonora gargalhada de Jorge diante do insólito aviãozinho com o nariz enfiado na areia. Resplandecente na sua tinta amarelo-gema-de-ovo, ainda trepidante do choque, o próprio teco-teco parecia estar rindo da situação. Era obviamente uma brincadeira de mau gosto daquele sobrinho delinquente...

Mas Jorge continuou fabricando aviões e, sobretudo, aproveitando para voar. Telefonava para a Fazenda Empyreo, e Yolanda, radiante, esperava-o no campo de pouso de uma fazenda vizinha. Ou, então, no meio do verão escaldante do Rio, escapava de forma inusitada do trânsito na hora do almoço. Telefonava para a mãe, em Petrópolis, e pedia que pusessem mais um lugar à mesa. Em dez minutos passava por cima da serra e aterrissava em Correias, no gramado de uns amigos. Levava mais tempo na estrada, nos poucos quilômetros entre Correias e Retiro, do que no avião. Naquele tempo, havia uma longa faixa de terra atrás do hangar das lanchas do Iate Clube do Rio. Jorge transformou o terreno baldio num excelente campo de pouso para monomotores, bem no centro da cidade.

Quando a coisa o interessava, ele se tornava dinâmico, e as ideias brotavam. Simplesmente não acreditava no trabalho pelo trabalho.

Jorge levava a filha de férias para todos os programas. Ou quase todos. Um dia, foram testar um avião. A menina tentava disfarçar o medo. A altura, a fina camada de lona entre ela e o abismo, e o motor pipocando davam um frio na barriga... Jorge ria e fazia mais acrobacias.

Tanto na ilha como nas temporadas na casa do pai, do alto de um apartamento de sétimo andar em Copacabana, a menina sempre se sentira isolada do resto da humanidade. Mas, aos poucos, as férias, mais do que aventuras esporádicas com Jorge, passaram a significar a sensação gostosa de pertencer a uma família normal. Não a sua. Eram três irmãs. A menor, um pouco mais nova que ela, em questão de meses passou a ser sua melhor amiga, o que durou toda a infância e adolescência. Com as duas irmãs um pouco mais velhas formavam um clã coeso, eram inseparáveis. Conheciam-se desde sempre. Uma de suas primeiras lembranças era a de andar com a mão segura no carrinho da irmã caçula, sentindo uma enorme ternura pelo bebê. Eram as irmãs que a menina solitária inventara em sonho. Na realidade, a amizade havia começado entre as governantas. Miss Harris, que não falava português, sentava-se num banco da praça do Lido e conversava, em francês, com a *mademoiselle* suíça. As quatro meninas de franja brincavam na areia, mergulhadas num mundo só delas, autossuficiente. Seguindo instruções das governantas, permaneciam alheias, indiferentes mesmo, às outras crianças que passavam correndo e brincando. Pela primeira vez, ela se sentia integrada num universo que lhe era complementar. Mais tarde, livre da presença polarizante de Miss Harris, pôde passar dias inteiros na casa das amigas. O clima de normalidade, de segurança, que as cercava contrastava com os repentes, o inesperado, que eram a tônica do dia a dia com seu pai.

Moravam numa casa de esquina. Entrava-se pelo portão verde de ferro para o quintal sombreado e, dali, para o alpendre da cozinha da Ambrozina. Um enorme fogão a lenha soltava faíscas e um eterno borbulhar de feijão cheiroso. E os bifes... Os bifes batidos da Ambrozina eram inesquecíveis! A casa térrea, tipicamente 1900, tinha pé-direito alto, janelas grandes, e quartos ensolarados que davam diretamente para a rua. Por essas janelas entrava todo o burburinho do bairro de Copacabana, no princípio da década de 1930. Os bondes paravam regularmente na esquina, o trocador, atento à descida e subida de passageiros, esperava paciente algum retardatário que chegasse correndo. Em seguida, dava sinal para o motorneiro, que partia com o habitual ranger de ferros e logo pegava velocidade, o comboio balançando de um lado para o outro. O bonde ia sumindo com o seu trocador, acrobata nato, pendurado, dançando, pelo lado de fora. Eram bondes abertos e, sob sol ou chuva, esse funâmbulo bem-humorado passava de banco em banco, equilibrando-se no estribo. Cobrava e dava o troco. Seguro por uma mão, com as notas dobradas por entre os dedos, com a outra pescava as moedas nos bolsos. Os passeios de bonde eram sempre fascinantes com as três amigas e a *mademoiselle*! Uma oportunidade imperdível para se observar a velha senhora contando absorta as moedas, os olhares pesquisadores dos homens em pé no estribo, o gesto encabulado da moça, a irreverência dos moleques que saltavam ágeis do bonde andando e atravessavam a praça correndo. Era uma praça que conservava um cunho antigo: o fotógrafo lambe-lambe instalado com o seu banquinho debaixo de uma árvore, o homem do realejo sempre rodeado de crianças fascinadas com as artes do periquito ensinado e, aos domingos, depois da missa na igrejinha pseudogótica, uma apresentação de teatro de bonecos. Os bondes passavam pela praça, paravam e, invariavelmente, os olhares se faziam mais sonhadores. A praça Serzedelo Correia, que na época chamava-se Nossa Senhora de Copacabana, era a praça da infância de todos.

Pelas janelas da casa das três irmãs, passavam os vendedores ambulantes, quase sempre portugueses, de tamancos, camiseta branca e calça cinza listrada. Carregavam enormes cestos de embira na cabeça, acomodados em cima de um rolo de pano, e vendiam peixes ou frangos vivos, frutas e verduras frescas. As vozes sonoras anunciavam o que traziam e os sotaques e largos bigodes eram inconfundíveis. Havia também muitos carregadores empurrando longos carros com duas rodas de ferro. Estes faziam desde mudanças até entregas de caixas de frutas e engradados de frangos. Eram suados, musculosos, mal-humorados e calados. Ao contrário dos vendedores e dos amoladores de facas e tesouras, que pareciam ter prazer em mostrar às freguesas os dentes perfeitos e a cantoria afinada. As sonoras vozes de rua da Copacabana dos anos 1930!

Mais tarde, durante os anos de internato, as visitas à casa de esquina de Copacabana ficaram restritas às férias. Talvez por isso mesmo, por serem esporádicas as ocasiões, elas fossem aproveitadas tão intensamente.

As quatro meninas falavam francês com a governanta suíça e entre si, e tinham em comum, além de uma vida disciplinada, o amor aos livros. Havia na casa uma estante de livros envidraçada com, entre outras, a coleção completa da Bibliothèque Rose. Esses livros de capa dura, entre rosa desbotado e grená, e letras douradas nas lombadas foram, durante um bom tempo, os preferidos, principalmente os da Condessa de Ségur. Depois passaram para outros: *Nonni en mer*, de um autor islandês, e *Les merveilleux voyages de Nils Holgerson*, de autor escandinavo. E um dramalhão de Hector Malot: *Sans famille*, com o qual, em prantos, ela se identificou totalmente. Mais tarde, fluentes em português, mergulharam na magia de Monteiro Lobato. No *Sítio do Picapau Amarelo*, ela revivia a volúpia de correr descalça na terra fofa, das frutas chupadas no pé. A paz das tardes de pescaria, sentada numa raiz de figueira esperando a fisgada do lambari. Sensações intensas vividas na ilha e na Fazenda Empyreo. Seguiram-se os livros de aventuras: *Os três mosqueteiros, Scaramouche, Pimpinella escarlate*, e tudo de Pierre Loti. Tantos outros. Os livros não só eram lidos e relidos mas também muito bem cuidados, pois passavam obrigatoriamente pelas mãos das quatro meninas antes de voltarem para a estante.

Liam sem parar, comentavam, discutiam, e ela participava feliz da cumplicidade dessa, para ela, grande família. Sentadas de pernas cruzadas no assoalho do quarto de brincar, soltavam a imaginação e partiam para as aventuras mais alucinantes. Cada uma era um personagem do livro que acabavam de ler, ou outro qualquer que inventassem e, assumidas as personalidades, mudavam de nome, de voz, de sexo, de país, só a própria idade era a mesma. Como que conscientes das próprias limitações e da imensa liberdade que tinham de criar, não impunham aos seus personagens nem mais nem menos idade. Não tinham pressa de crescer. Fazer parte desse mundo de fantasia fora a experiência mais rica de sua infância e poder sonhar com ele no colégio interno, a sua salvação. Durante as férias, o pai, às vezes, a levava quando ia ao escritório da companhia falar com o tio Henrique. Especialmente quando o assunto era espinhoso, ela parecia acalmar as cóleras. A sede da companhia de navegação era um edifício compacto de estilo europeu do final do século. Ocupava um quarteirão inteiro de frente para os armazéns do cais do porto. A entrada do prédio era numa esquina arredondada, de fachada ornamentada com volutas, tendo, no alto, o brasão da companhia: uma cruz de malta. Um pequeno elevador de ferro rendilhado depositava a pessoa no terceiro e último andar, o escritório do tio. As paredes da sala eram recobertas de madeira escura, e o tio, um homem bonito de cabeleira farta e branca, dominava solitário. Como um leão fuzilava com o seu ar severo o sobrinho ou qualquer pessoa que se aproximasse da sua mesa. O olhar se abrandava ao ver a sobrinha-neta e, invariavelmente, ele se levantava para mostrar-lhe as maquetes dos navios. Eram miniaturas perfeitas dos ITA instaladas em grandes caixas de vidro apoiadas em mesas ao longo das paredes. As explicações sobre a responsabilidade do capitão na sua torre de comando, ou sobre a importância do leme, ou da casa de máquinas no porão do pequeno navio fascinavam a menina. Da janela alta e ensolarada, via-se um ITA sendo descarregado saca por saca por homens-formigas. Rebocadores com a cruz de malta brilhando nas chaminés apitavam mensagens estridentes e, muito além do burburinho do porto e da névoa seca da Baía de Guanabara, ao longe, a Ilha de Santa Cruz coroada de mangueiras. Um oásis de paz. Um substrato essencial e insubstituível permeando as três gerações que ali estavam.

Mas o tio Henrique Lage morreu em 1941, sem deixar filhos e deserdando os nove sobrinhos, filhos de seus irmãos.

Deixou tudo que havia herdado do pai – ilhas, estaleiro, navios, os ITA, salinas no Nordeste, minas de carvão em Santa Catarina, e o Parque Lage – para a mulher, Gabriela Besanzoni, que era italiana. Como o Brasil mergulhara em plena Segunda Guerra Mundial e a Itália era país inimigo, o governo simplesmente confiscou tudo.

Na época, Jorge e seu irmão Victor moravam na ilha. O primeiro, na casa do velho Tonico, e o segundo, na que tinha sido de Henrique e Gabriela. Mas a ilha também havia sido confiscada. Um dia receberam um aviso de despejo em papel timbrado do Ministério da Marinha. Victor, sempre acomodado, tratou de se mudar, dentro do prazo, para um apartamento no Rio. Jorge, também de olho no prazo, esperou os oficiais de Justiça sentado na sua sala. Quando perguntaram espantados por que ainda não se havia mudado, respondeu: "Porque quero que se sintam os ladrões que vocês são invadindo a minha casa! Os meus quadros estão nas paredes, as camas estão feitas, a minha roupa, no armário, e quero achar tudo no seu devido lugar no dia em que eu voltar para a minha casa". Virou as costas e saiu carregando um burrinho de bronze que estava em cima da mesa. "Porque o burro é o símbolo do que sou!", fuzilou para os homens perplexos.

Uma frase, sem dúvida, de grande efeito numa peça de teatro, no papel tragicômico quem sabe de D. Quixote. Mas que na vida real perdeu-se no emaranhado burocrático que envolveu um *pseudo* confisco de propriedade de cidadã de nacionalidade inimiga. Na realidade, tratava-se do patrimônio de Lage & Irmãos que passava, de uma tacada, às mãos do governo.

Já era tarde, e o movimento na cantina diminuíra. Eu parei e, depois de um silêncio comovido, ele estendeu as mãos sobre a toalha e procurou as minhas.

– Mas a ilha era tão linda. Tão sua!

Sem conseguir interromper o meu sonho de menina, continuei:

– É, era lindo!

Mas a ilha era tão linda, tão sua...

O sonho de Tonico Lage, que se tornara o mundo da bisneta, era a Ilha Santa Cruz. 1933.

O mar manso cercado por montanhas até onde o olhar alcançava. A Baía de Guanabara. No meio desse mar uma ilha sorridente e alegre, de muitas praias pequeninas. De longe, tantas eram as mangueiras colossais que mais parecia uma enorme peruca verde e encaracolada flutuando na baía. E lá no alto, no topo mesmo, a casa de Tonico Lage. Algumas gerações haviam passado, deixando suas marcas e, por fim, a casa tornara-se, durante alguns anos, a casa de uma menina, sua bisneta.

O sobrado charmoso e rebuscado, com terraços à volta, dava, ao contrário das casas na cidade, a impressão de espaço ilimitado. O pé direito era alto e as janelas largas, como se o dono construtor tivesse querido se assegurar de que, em sua casa, nunca lhe faltaria ar, de que teria sempre os pulmões cheios da aragem do mar. A madeira delicadamente entalhada e com a pátina que só o tempo confere dava volta nos terraços enlaçada em trepadeiras, sustentava as balaustradas da escada e subia com o corrimão em curva ao andar dos quartos. No que fora de Tonico, ela fizera o seu mundo. Esse universo infantil, cheio de magia, incluía o parque de mangueiras centenárias, gramados impecáveis, e canteiros de flores, que estavam a cargo do jardineiro português. Atrás da casa, no pátio que dava para a sala de jantar, havia um canteiro em forma de estrela. Este, o velho Germano reservava para a menina plantar o que quisesse. Sempre flores pequenas: violetas, saudades e uma roseira de flores mínimas em cachos. Enquanto cuidavam das plantas, o jardineiro desenrolava, em conversas intermináveis, todas as histórias do passado. Ela ficou sabendo que, no fim da vida, Tonico comandava tudo do terraço do seu quarto. Até mesmo a construção da capela onde queria ser enterrado, ali na terra da sua ilha, um pouco além da curva do caminho.

Mas, e o Germano tirava o chapéu, Deus o levara antes e, da capela inacabada, só restara o alicerce de pedra bruta. Era uma enorme mandala no topo da ilha que fascinava a menina, uma misteriosa plataforma de bordos arredondados sob o líquen. E se Tonico Lage estivesse enterrado lá? Será que os filhos não teriam na última hora decidido acatar a vontade do pai? E, num cortejo comovido, à luz de tochas, não o teriam entregue à terra da sua ilha, no centro da mandala? É o que ela, bisneta, teria feito.

Um dia, ela chegou do colégio interno diretamente para uma casa alugada, na cidade, com um quarto sem vista. Tinha 14 anos e o quarto, a casa e a ilha do bisavô haviam-se tornado parte do passado.

Na época ela não sabia. Achava, como o pai, que logo o mal-entendido se desfaria.

Elisabeth e Carmen não se conformavam com a atitude quixotesca de Jorge e, quando chegaram as férias, a menina também ficou indignada. O governo não tinha o direito de lhe tomar o seu piano. Pediu ao pai que a levasse ao ministro ou a quem quer que fosse para reavê-lo. No dia combinado, o pai, achando graça no topete, levou-a ao gabinete da autoridade. Convicta de seus direitos, ela explicou que estudava piano e que não achava justo terem lhe confiscado o instrumento. De nada adiantou. Explicaram-lhe que, infelizmente, o seu piano agora já fazia parte dos bens da União...

***

Na realidade, eu só voltaria à ilha mais de vinte anos depois.

Foi uma visita inesquecível e, como tudo que tinha a ver com Jorge, francamente surrealista. Já tinha 35 anos e três filhos. Meu pai, que nunca deixara de lutar para ter de volta a sua casa e a ilha onde nascera, disse que tinha um plano novo, infalível, e que precisaria de minha ajuda.

Jorge ouvira dizer que a casa na ilha estava sendo usada nos fins de semana por altas patentes do governo. O plano era chegar até um deles, por assim dizer de assalto, sem que fossemos convidados, pois ele já esgotara todas as possibilidades de ser recebido normalmente, com hora marcada em gabinete. Ele tinha certeza de que, se tivesse a oportunidade de falar com a pessoa certa, nem que fosse por poucos minutos, poderia convencê-lo da injustiça que já se arrastava sem solução por mais de vinte anos. O risco era sermos jogados porta afora, mas valia a pena tentar.

Pegamos o catamarã de Jorge no Iate Clube e saímos rumo à ilha. Velejamos em silêncio, ele preocupado com a ousadia de abordar de forma totalmente repreensível um representante do governo. Pegá-lo de surpresa, numa situação que certamente seria constrangedora, e ainda por cima para lhe pedir um favor. Eu em pânico diante da perspectiva de voltar à ilha depois de mais de vinte anos. O nó na garganta era sufocante. Não conseguiria por certo esconder tanta emoção diante de estranhos. Impossível fingir ser a pessoa alegre e descontraída que a ocasião exigia. Mas meu pai havia insistido tanto. Minha presença era, segundo ele, imprescindível.

Já nos aproximávamos da ilha. Até o último momento esperava que ele desistisse, mas não. Encalhamos o catamarã na praia e chegamos a casa pela estrada, confundidos com convidados que entravam e saíam. Jorge foi logo circulando muito à vontade, de copo na mão, farejando, entrando e saindo de salas procurando a pessoa certa. Casais dançavam, bebiam, namoravam, ou simplesmente dormiam pelos cantos. Eu fiquei parada sozinha na entrada, paralisada pela emoção. Tudo destoava. A música alta e as gargalhadas debochadas lembravam a atmosfera decadente de um filme de Antonioni. Nisso ouviu-se alguém falando. A voz vulgar chamava a atenção arrancando-me à força do fundo do poço. A moça de voz estridente pegou-me a mão e foi levando-me escada acima, sem parar de falar: "Você vai ver. É lindo! É o quarto mais lindo que eu já vi". E abrindo a porta: "Você não acha?". Eu, plantada no meio do quarto segurando a mão da prostituta, agradecida, pois não teria tido a coragem de chegar até lá sozinha, concordei baixinho, comovida: "Sim, é o quarto mais lindo do mundo. É o meu quarto".

Jorge me esperava lá embaixo. Estava desapontado. Algum imprevisto, explicou, o homem não aparecera. Em silêncio, andamos pela casa. Na sala de jantar, havia restos de comida na mesa e menos gente. Ele examinava os móveis, recordando. Eu acariciava a madeira, pensativa. Diante de uma cristaleira paramos incrédulos, ainda restavam alguns copos de vinho de hastes elegantes e bojos coloridos. Testemunhos frágeis de outros tempos, mas tão deslocados! Seguimos pelo longo correr de janelas envidraçadas que levava à cozinha e lá encontramos o velho Germano, o olhar distraído, debruçado em cima de uma xícara de café. Ao abraçá-lo comovida, cheguei à conclusão de que não houvera "imprevisto" nenhum: era ele o homem com quem deveríamos nos encontrar!

O velho jardineiro não cansava de abraçar-nos e ria, enquanto repetia: "Eu sabia que um dia vosmecês iriam voltar!".

E, fazendo sinal para que o seguíssemos, foi até o seu quarto. Ajoelhou-se ao pé da cama com um sorriso maroto e, levantando as cobertas, arrastou para o meio do quarto o tesouro que havia escondido durante vinte anos: todas as fotografias antigas com suas molduras entalhadas. Lá estavam o velho Tonico, os seus filhos, os estaleiros e a ilha com suas praias. Todas perfeitas como no dia em que o português turrão decidira que estas não lhe levariam. Afinal era também o seu passado que iria guardar debaixo da cama, e determinou: até que volte alguém da família. Tudo fora confiscado, menos o tesouro do Germano!

Voltamos felizes para o barco carregando a memória da família. Haviam deixado parte do tesouro com o Germano, pois não seria ele o mais Lage de todos?

Acenamos uma última vez para a figura do velhinho de colete preto que ficara na praia. A corrente do relógio de algibeira refletiu por um momento o sol da tarde.

Sabendo o quanto significavam para Jorge, pedi apenas duas fotos. Uma grande, que desde criança me fascinara: Tonico sentado debaixo de uma mangueira. E uma pequena e amarelada, da praia dos Ingleses. A Ilha de Santa Cruz com sua enseada de mar calmo. Tonico seria dali para a frente a figura de proa, a presença em lugar de destaque de qualquer casa em que eu morasse. E, à sua frente, a pequena foto da sua ilha. Onde quer que fosse, Tonico não se sentiria *dépaysé*[2].

***

Eu nunca pensei que isso fosse possível; mas, muitos anos depois da morte de Jorge, retornaria à ilha. Voltaria aos 55 anos, com minha filha mais velha, meu genro e sua mãe. Encontrei a casa em ruínas cercada de mato praticamente intransponível. Janelas penduradas batendo inúteis, caindo. Madeirame adernando, prestes a afundar.

Abre-se uma porta cerrada há tantos anos. Ela penetra o mundo mágico, os caminhos que lhe percorrem desde sempre. Afasta com cuidado a vegetação que envolve e protege, de olhos estranhos, as janelas do seu horizonte interior.

Natureza exuberante, feroz no seu ciúme, ameaçadora, sinistra. Mato cobrindo tudo, proibindo a passagem, agarrando-se à roupa – mato interdição.

Mato desordenado cobrindo o jardim antigo, apagando canteiros de estrelas.

Mata essencialmente feminina, ambígua, espasmo de amor e de morte, tentando esconder, de olhos simplesmente curiosos, o corpo nu e violentado da casa assassinada.

Mato sábio e terno, mato compaixão, não podendo cerrar-lhe os olhos, janelas escancaradas ao vento, tenta pelo menos cobri-los, limitar-lhes a visão: lianas entrelaçadas, tapeçaria viçosa, pálpebras verdes da casa assassinada.

Não há mais pássaros, nem flores, nem gente na ilha. Só no silêncio, o ladrar de cães de guarda num canil. Esperavam a partida dos visitantes para serem soltos e retomarem a ronda dos fantasmas. Guardando o quê? Até quando?

---

2 – *desenraizado*

Tios, tias e avó

*Conde Louis Johan Charles de Zeppelin. Holandês,
sobrinho do inventor do dirigível. Foi embaixador no
Rio de Janeiro. 1918.*

Na época em que Henrique Lage morreu, Jorge tinha 35 anos e passaria o resto da vida tentando reaver a sua casa e a ilha onde havia nascido. Em vão.

Dos três filhos de Elisabeth, cada um resolveu a seu modo o impacto da perda simultânea do tio, do emprego, e do *status* inerente ao fato de pertencerem a uma gigantesca empresa familiar.

Jorge, o preferido, cheio de dengo e charme, voltou a depender da mãe.

Victor, louro e apagado ao lado do irmão, era sério e inteligente. Engenheiro formado na Europa, lançou-se na construção naval e passou o resto da vida tentando manter o padrão ao qual ele e a mulher estavam acostumados. Trabalhou até morrer.

André, o caçula, nunca casou. Foi a grande paixão de mulheres mais velhas e ricas que o adotavam. Apesar de ter nascido no Rio, fora levado para a França aos 6 anos, após a morte do pai. A ilha não chegou a marcá-lo, tornou-se um autêntico francês. A guerra trouxe-o de volta ao Brasil com os estudos incompletos, e passou a trabalhar esporadicamente para o tio, supervisionando as minas de carvão em Santa Catarina. Frequentava a roda dos estrangeiros e diplomatas no Rio e um dia apareceu, em Petrópolis, apaixonado por uma francesa, cantora de ópera de renome, que, como ele, havia encalhado no Brasil por causa da guerra.

Elisabeth ficou encantada. Dona de um soprano lírico belíssimo, Solange era, além de grande artista, uma mulher bonita e simpática. Parte de seu fascínio, uma profunda tristeza pousava, às vezes, sobre seus olhos. Nesses momentos, parecia atravessar a menina com um longo olhar castanho, num esforço intenso para ver além. Mas logo, como que acordando de um pesadelo, voltava a ser uma pessoa alegre e cheia de vida. Na primeira noite no Retiro, cantou uma *berceuse* com Elisabeth acompanhando-a ao piano. A voz rica, aveludada, quase sussurrando, embalou grandes vazios na menina. Solange cantava para ela uma *berceuse* que dali para a frente seria só sua.

Nascida de família simples, fora criada por um tio rico que, reconhecendo o seu potencial, deu-lhe os melhores professores de música. Com uma disciplina draconiana, ele acompanhou a formação da sobrinha e o começo de sua carreira. Mas, autoritário e intransigente, não aceitou quando a moça se apaixonou. Seguiram-se meses felizes com o casamento e o nascimento da filha, na verdade só um interlúdio. Solange voltou à paixão primeira. A ópera. As *tournées* se sucediam confirmando o seu talento e o tom especialmente belo de sua voz, quando a guerra atingiu dramaticamente a sua vida, enquanto estava cantando no Brasil.

Foi numa noite fria, na frente da lareira, que a família ouviu o relato. Solange falou do seu desespero, os grandes olhos castanhos fixos nas chamas. Não olhava para ninguém. Sentada ao lado de André, a menina do lado, confessou o drama de se sentir presa num país desconhecido, sem a menor notícia da filha. E, abraçando a menina que se encostara em silêncio, emocionada, disse que a filha tinha a sua idade e que se pareciam muito. A partir desse dia, houve um acordo tácito. Seriam mãe e filha até que o destino se acertasse.

André entrou em contato com amigos influentes na Embaixada francesa, para tentar encontrar a garota que havia sumido numa França invadida e caótica. Solange, agradecida, sentiu que havia encontrado uma família. Estava apaixonada. E havia a menina por quem tinha um carinho enorme. Durante os anos da guerra, ela conseguiria manter à distância o tormento que era não saber o paradeiro da filha.

Solange encontrou, com André, uma casa no alto de Santa Teresa, com uma vista lindíssima sobre a Baía de Guanabara, e decorou-a a seu gosto.

Havia um piano de cauda para os seus ensaios de canto, tapetes persas, cortinas claras e transparentes que voavam ao vento, e música, sempre muita música. Era uma casa feliz. A menina acompanhou-a no dia em que, tendo chegado a vitrola, saiu para comprar discos. Diante de um vendedor aturdido, pilhas de discos. Simplesmente tudo de Mozart, tudo de Bach, tudo de Vivaldi... "Como não tem Saint-Saens? Encomende."

A casa ficava no alto de um morro e era ligada à rua por um elevador. Apesar da aparência normal, que enganava a todos, ele não subia na vertical. A cabine dava um arranco violento para o lado e, enquanto as pessoas desavisadas, jogadas umas contra as outras tentavam recobrar o equilíbrio, continuava por um trilho íngreme e direção inesperada da subida até a casa. Quando havia convidados, Solange sempre pedia a André ou à menina que descessem com o elevador para recebê-los e impedir o vexame. Os dois partiam correndo e rindo. E invariavelmente os convidados chegavam em cima catando luvas e bolsas no chão do elevador, os chapéus ao léu, os homens com manchas de batom nos ombros. André e a menina passavam por Solange controlando o riso. André era um pouco como um filho travesso; e ela, a mãe indulgente, que o adorava.

Solange gostava muito do Retiro. Nunca deixava de buscar a menina no Sion nos fins de semana. Comprou um cavalo e davam longos passeios pelo vale. Era uma mulher apaixonada pela vida. Adorava o campo, o sol, cuidar de flores, do seu homem, e de sua "filha". Era extrovertida, mediterrânea, ria muito, abraçava, e demonstrava sempre o carinho que sentia. Quando Elisabeth não estava, Solange não suportava a interferência de empregados e dispensava-os. Cozinhava muito bem e gostava de planejar e preparar os pratos ela mesma. A menina ajudava-a nos fins de semana e aprendeu a importância dos pequenos gestos. Depois do jantar, a lareira acesa por André, sentava-se ao piano e cantava. Terminava sempre com a *berceuse*. Antes de dormir, saíam os três de braços dados e, abraçados contra o frio, admiravam as estrelas. Em seguida, ia ao quarto da menina para cobri-la e dar-lhe boa-noite. Eram momentos de grande ternura, de cumplicidade, em que se falavam baixinho do dia que passara e do que fariam no dia seguinte. Finalmente tinha conseguido o boa-noite de mãe com que tanto sonhara.

Se por um lado a guerra havia ilhado Solange na América do Sul, por outro impedia que outras cantoras chegassem de fora para lhe fazer concorrência. Foram anos de muito trabalho. As temporadas de ópera se sucediam e, nas capitais, os empresários se engalfinhavam pelo privilégio de ter uma grande cantora francesa nos seus palcos. Um privilégio único naqueles anos de falta total de intercâmbio cultural com a Europa. Além de assegurar o sucesso das temporadas líricas do Rio e de São Paulo, Solange era requisitada e festejada em Buenos Aires, Montevidéu, Valparaíso, e todas as capitais andinas. Os jornais davam conta de aplausos delirantes onde quer que se apresentasse e as viagens seguiam ininterruptas. A menina recebia no internato cartões-postais descrevendo o cansaço, a solidão do quarto de hotel e a saudade de casa. Sempre havia o carinho e o desejo de voltar. Uma vez, por sorte, as férias coincidiram com a temporada lírica no Rio, e a menina pôde participar de todos os preparativos. Assistiu, em Santa Teresa, aos ensaios com um maestro italiano ao piano. As discussões no Municipal sobre o estado dos camarins. E, finalmente, à própria ópera. Sentou-se na plateia ao lado de André. Admirou as mulheres de vestidos longos, cobertas de joias. Os homens de *smoking*. As luzes do imenso candelabro foram-se apagando sobre sua cabeça, e a orquestra se engajou na abertura de *Aída*, de Verdi. As imensas cortinas foram-se abrindo sobre a magia dos cenários, e Solange apareceu deslumbrante. Sentada na ponta da cadeira, eletrizada, a menina seguia a partitura que já conhecia, potencializada ao máximo pela orquestra. O impacto da voz, na qual reconhecia todas as nuances, transformada pelo drama dos gestos e da presença cênica, era inimaginável. Assistiu ao primeiro ato em transe. Quando as luzes se acenderam, viu que André roncava ao seu lado. Tinha prometido levá-la ao camarim, e ela o acordou aflita.

Depois de corredores intermináveis chegaram ao camarim todo iluminado e cheio de flores. Solange, transformada pela maquiagem pesada de ópera, grandes olhos castanhos de contornos amendoados, o sorriso irradiando felicidade, abraçava a menina e dizia a quem estivesse por perto: "É minha filha! Conhece minha filha?".

A menina não voltou mais à plateia. Pediu para assistir à ópera ali mesmo nos bastidores do Teatro Municipal. Ao passar pela "filha" para voltar ao palco, apertou-a num gesto de carinho, dizendo: "Estarei cantando para você". Foi certamente a maior emoção de sua adolescência. Ficou em pé até o fim entre as pesadas cortinas. Entregue ao apelo mágico das vozes, observava os cantores que passavam por ela para entrar ou sair de cena. Sentiu o *frisson* de nervosismo que contagiava a todos, a concentração, os sorrisos cúmplices e o último toque de boa sorte ao ser dado o sinal de entrada no palco. Viu o *souffleur*, um homenzinho tenso na sua toca abaixo do tablado, que virava as páginas da partitura atento a qualquer deslize, e viu o que nunca havia visto: o maestro regendo de frente para ela.

A apoteose final! Viu o Municipal inteiro em pé aplaudindo, sem parar, Solange agradecendo rodeada de *corbeilles*, os cantores nos bastidores se congratulando felizes, e os amantes da ópera se comprimindo no camarim para vê-la, só por um minuto, emocionados. E o fim de noite num restaurante, a trupe toda cansada, relaxada, comemorando mais uma temporada vitoriosa!

A tão sonhada paz na Europa trouxe paradoxalmente uma separação litigiosa no Brasil, rompendo laços profundos entre André, Solange e a menina. Restabelecidas as comunicações com a França, a filha de Solange foi encontrada e veio morar no Brasil com a mãe. Logo Margie embarcou para a Europa, levando a filha; era o começo de fato da carreira diplomática de Bobby.

As peças do quebra-cabeça que haviam sido lançadas aos quatro ventos pareciam finalmente estar se encaixando nos seus devidos lugares.

As viagens, os estudos, o trabalho, foram tomando mais e mais espaço na vida da adolescente e as cartas se tornando mais raras, até que ela perdeu o contato com Solange.

***

Vinte anos se passaram com sua carga de separações dolorosas e de mudanças bem-vindas. De volta ao Rio, procurei saber o endereço da amiga que havia um dia sido minha tia, mas ninguém sabia, ninguém se lembrava. Por vezes, andando por Copacabana, as calçadas apinhadas de gente, eu me surpreendia pensando: "Ela deve estar nesta cidade, pode até estar no meio destas pessoas". E passava a prestar atenção nas fisionomias. Queria muito encontrá-la. Nesse dia, fazia calor e como de costume caminhava prestando atenção nos rostos que passavam. Entrei no correio da Praça Nossa Senhora de Copacabana e tomei o meu lugar numa das muitas longas filas. Notei que, no fim de uma fila do outro lado do correio, uma mulher me observava, mas desviava rápido o olhar quando eu olhava. Uma vez, duas, várias vezes. Aproveitando que estava de perfil, olhei-a com mais cuidado. Era uma senhora gorda, com o cabelo pintado de acaju, um vestido simples, tornozelos inchados e sandálias. Ela virou-se de repente e pude ver o rosto de frente. Muito marcado, olhos apertados e tristes. Por um instante nossos olhares se cruzaram. Veio a dúvida. Havia algo de familiar. Mas não. Solange tinha grandes olhos castanhos, e os olhos não poderiam ter mudado tanto. E o cabelo era preto, ela não os teria pintado daquela cor. A mulher como que compreendendo abaixara a cabeça e parecia ter encolhido. Aproveitei para examiná-la, para fazer aflita a conta dos anos e, incrédula, culpava o calor e aquela obsessão idiota de um dia encontrar Solange na rua. O mais lógico é que ela tivesse voltado com a filha para a França depois de ter-se afastado do André. Respirei fundo e não olhei mais para a mulher. Ainda bem que chegara a minha vez no guichê. Virei e saí sem olhar para os lados.

A situação era ridícula. Afastei-me, apressando o passo até a esquina, enquanto as ideias me explodiam na cabeça. Era sem dúvida ridículo, mas... E se fosse ela? Estaria perdendo a última chance de encontrá-la. Dei meia-volta e corri pela rua por um quarteirão esbarrando nas pessoas. Desesperada vi que já havia outros na fila. Finalmente, achei-a no fundo do saguão encostada a uma mesa; cabisbaixa, colava selos. Sem nem saber o que iria dizer, atravessei o correio e fiquei parada em silêncio ao lado da desconhecida. Foi quando vi as mãos alisando os envelopes e estas eu reconheci. As mãos, sempre as mãos, pensei. Sem levantar a cabeça, Solange murmurou: "Então você finalmente me reconheceu?"

Eu já tinha filhos e Solange, netos, mas os vinte anos se desmancharam naquele longo abraço.

Durante algum tempo, passamos a nos ver sempre que podíamos. Solange dava aulas de canto. Acompanhei-a a um concerto na Casa Ruy Barbosa em que apresentou-se uma sua aluna. Sentei-me a distância e, comovida, pude observar como, discretamente, Solange acompanhava os compassos com a mão, enquanto as palavras da canção se estampavam em todo o seu rosto. De olhos fechados, era como se ela própria cantasse, tal a paixão; e a aluna, em pé junto ao piano, fosse um mero títere. Os tempos de glória haviam passado, mas o fogo sagrado ela o conservava bem vivo. Solange era muito ocupada, e eu vivia em outra cidade, e depois em outro estado. Trocamos cartas, mas já sem muita esperança de nos revermos.

Mais vinte anos se passaram e, quando voltei ao Rio, Solange havia morrido, levando consigo um mundo de ternura.

***

Sem que no momento se dessem conta, a guerra transtornaria de modo irreversível a vida de todos. Traria André e Solange da Europa e levaria Lulu.

Elisabeth e Lulu, impossibilitados de viajar para a Europa, dividiam-se entre Rio e Petrópolis, dependendo da estação do ano. Ela, sempre muito ativa, dedicava-se aos negócios no Rio e à compra e reforma da chácara no Retiro. Lulu ficava horas angustiado diante do mapa de uma Europa convulsionada. Tentava seguir, através dos estalos e chiados da BBC de Londres, o avanço inexorável do exército do Terceiro Reich. O estresse era violento. A pose de embaixador e o monóculo acompanharam Lulu até o fim. Era um mistério para a menina como o avô conseguia se concentrar nas espinhas do peixe do almoço sem que, cedendo às leis da gravidade, o monóculo não mergulhasse no purê. Era um homem culto e elegante, e era o único da família que lia algo além do jornal. Ele e a neta. Mas como ele não tinha a menor comunicação com crianças e insistia em ser chamado de tio, ela nunca descobriu que livros lia. Lulu morreu sem saber nem o desfecho da guerra, nem por que Elisabeth se preocupava tanto com a sorte da Suíça. Ficaram o mapa na parede coberto de alfinetes coloridos, os livros na prateleira empoeirados; e, em Elisabeth, um grande vazio. Ela culparia sempre os alemães pelo estresse que levara Lulu a um ataque fulminante do coração.

O trabalho tornou-se dali para a frente o seu principal interesse. Elisabeth tinha a sua companhia imobiliária, com escritório na Cinelândia. Comprava imóveis e reformava-os, para depois alugá-los ou vendê-los. Sempre tratando a neta como adulta, levava-a para ver os imóveis à venda e depois aos leilões. A avó e a menina esperavam no carro a uma certa distância. Jean, metido num terno, fazia-se passar por comprador, e dava os lances até o limite estabelecido por Elisabeth. Quando o preço ameaçava ultrapassar o combinado, Jean vinha correndo, e a avó, os olhos azul-aço apertados, calculava rápido e decidia. Depois, negócio fechado, voltava para casa feliz. Explicava para a neta que, mulher e estrangeira, não teria normalmente a menor chance de concorrer no mundo imobiliário. Mas tinha os seus estratagemas e, graças a eles, era vitoriosa! Eram no mínimo insólitos.

Certa vez, avisou à menina que tomariam chá com uma senhora, sua inquilina. Um chá de negócios. Conversaram amenidades até que Elisabeth decidiu fechar o cerco. Explicou que, como já havia avisado várias vezes, estava disposta a vender o apartamento, mas que, apesar dos vários candidatos, daria naturalmente preferência à amiga. A inquilina, uma senhora de meia-idade, que a menina logo intuiu não fazer parte das amizades da avó, não parava de falar. Queria por certo comprar o apartamento, mas precisava de mais tempo. Elisabeth ouvia impaciente a ladainha que a senhora desfiava repleta de detalhes e de floreios. Nisso, o telefone tocou, e a menina viu a avó se precipitar para atender. Elisabeth, toda sorrisos, repetia untuosa: "Pois não, general, como não general, estou justamente aqui com a inquilina. Eu já disse a ela que o senhor tem a maior urgência. O senhor tem toda a razão, general. Eu lhe darei a resposta hoje mesmo. Boa tarde, general, até logo mais". Elisabeth desligou e, olhando para a inquilina, que, afundada na cadeira acabara de se decidir pela compra, fez com os ombros um gesto de fatalidade.

Mais tarde, Jorge chegou mal-humorado: "Que história é essa, mamãe, de me chamar de general no telefone?". Elisabeth, rindo, explicou mais esse estratagema! Ela sempre fora vaidosa. Nem no Rio, num calor de 40 graus, Elisabeth dispensava chapéu, luvas, meias impecáveis e salto alto. A idade ninguém adivinhava, nem ousava perguntar. E porque ela sabia que tinha olhos de um azul especial não admitia usar óculos. Abria uma única exceção: um pincenê com cabinho de ouro que segurava para ler o jornal. Sabia, por certo, que o gesto lhe conferia uma fragilidade. Era extremamente feminino, mas não muito prático. Como era muito loura, tinha o costume de passar, depois do pó de arroz, um lápis acentuando as sobrancelhas quase invisíveis. Com o passar dos anos, enxergava menos e o traço foi ficando cada vez mais irregular, subindo aqui, descendo acolá, sendo que os dois olhos nunca estavam com a mesma expressão. O direito podia estar alegre e despreocupado, enquanto o esquerdo prometia tempestades...

Tinha sempre um motorista, mais por hábito, porque guiava muito bem. Mas, como se recusava a usar óculos, começou a não distinguir a cor dos sinais de trânsito, apesar de não ter dúvidas quanto às esquinas em que se encontravam. Seguia em alta velocidade pela avenida Nossa Senhora de Copacabana até se aproximar do sinal, aí disparava: "Está verde ou vermelho?". E a menina em pânico: "Verde... Verde... Ver... V... V... VERMELHO!". Imperturbável, Elisabeth freava em cima dos pedestres que atravessavam e, em seguida, acelerava até o próximo sinal. "Verde ou vermelho?..." Mas não era sempre que levava a neta, e gostava de correr...

Certa vez, quando morava em Copacabana, Elisabeth chegou da cidade pontualmente na hora do almoço. Como era do seu costume, não admitia atrasos, e mandou que Jean começasse a servir, sem esperar Jorge, que ficara de almoçar com ela. Ele acabou chegando umas duas horas mais tarde. Elisabeth, uma fúria, disse-lhe poucas e boas, lembrando-lhe a educação que lhe havia dado, e que não pensasse que só porque era sua mãe etc. etc. Jorge esperou que se acalmasse e explicou que não se havia atrasado: "...é que um IDIOTA bateu, dentro do túnel, num carrinho de engradados de galinhas e arrancou as portas das gaiolas. O túnel virou um caos, todos os carros parados buzinando, e centenas de GALINHAS voando por todo lado! Por isso estou atrasado".

Elisabeth parou, de repente, no meio de uma frase. Sobrecenho franzido em dúvida, a mão no queixo, ela tentava relembrar: "Galinhas... galinhas... No túnel, você diz?". E, com um ar superior de quem não se abala por qualquer bobagem, murmurou: "É, bem que eu senti o carro bater em alguma coisa".

Quando os ITA começaram a ser torpedeados ao longo da costa brasileira, a população se inquietou, a guerra estava-se aproximando, sentia-se que já havia praticamente invadido os quintais. O Brasil tomou posição do lado dos aliados, os primeiros pracinhas embarcaram para a Europa, e o *black out* foi declarado obrigatório em todos os prédios da orla marítima. Jorge, que sempre vivera perto do mar, achou mais seguro alugar uma casa em Santa Teresa, e usou de todos os argumentos para que a mãe, agora sozinha, fosse morar com ele e Carmen. O charme de uma casa com jardim e uma vista linda, a dois passos do centro da cidade, era irrecusável. Elisabeth deixou-se convencer.

O irmão mais novo de Elisabeth chamava-se André Perrin e sempre tivera um papel importante na sua vida. Viera da França quase ao mesmo tempo que a irmã recém-casada com o seu brasileiro, para trabalhar com o cunhado.

Ao descobrir um país fascinante e de beleza inimaginável, o jovem Perrin sentia as emoções entaladas na garganta sem ter com quem se comunicar. Aproximou-se da secretária do patrão, que, como ele, era tímida e estrangeira.

Maria era italiana e falava o francês bem melhor que o português. Além de finalmente poder se comunicar com alguém, André Perrin, alto e desengonçado, encantou-se com a perfeita harmonia em miniatura que era Maria. Realmente pequenina, calçando 32, tinha uma enorme capacidade de dedicação. Elisabeth que de certa forma se considerava responsável pelo irmão mais novo, foi contra o namoro. Nunca se soube ao certo se porque a moça fora secretária, ou porque era italiana. Mas André Perrin e sua diminuta paixão não só casaram como foram muito felizes. Mais tarde, durante os anos que Elisabeth passou na Europa com os filhos, logo após a morte do marido, o casal cuidou dos seus interesses no Rio sem o menor rancor. Eram generosos e não davam maior importância aos rompantes de Elisabeth.

André Perrin era um pouco inventor e muito artista. Formavam um casal de excêntricos, na opinião de Elisabeth. O sobrado estreito e alto, debruçado sobre a parte mais arborizada da rua das Laranjeiras, não se encaixava em nenhum dos parâmetros arquitetônicos da época. O prédio não era definitivamente para uso externo, era a casa onde André e Maria Perrin viviam, havia anos, felizes. No nível da rua, havia uma garagem enorme com todos os tipos de máquinas e de ferramentas onde ele ficava horas inventando coisas, as mãos cheias de graxa. De um lado, um portãozinho de ferro dava para uma escada íngreme, que ia ao andar de cima, onde o tamanho da sala e do terraço coberto de plantas surpreendia. As plantas eram a paixão de Maria. Na sala, tudo lembrava algum país árabe. O sofá, um otomano, era coberto de almofadões que se derramavam aos montes sobre os tapetes orientais. Nas paredes, cenas de mercados persas e drapeados indianos conferiam uma atmosfera sensual e exótica que não combinava com as raízes luteranas de André. "Coisa de italiana e católica", pontificava Elisabeth *sottovoce*[3], e olhava desconfiada para Maria.

Numa tarde abafada de verão, André convidou Elisabeth e Lulu para assistirem a uma demonstração do seu último invento. A menina, que estava de férias, foi também. Depois do devido suspense, Elisabeth instalou-se meio a contragosto no divã. Não confiava nem um pouco nas invenções do irmão caçula. André apertou um botão e um imenso painel de madeira recoberto com um pano tibetano despencou do teto e pôs-se a balançar em cima da cabeça de Elisabeth, provocando uma ventania que lhe arrancou o chapéu. O barulho do ventilador abafava os seus protestos furiosos, enquanto tentava proteger com as mãos os cabelos que voavam. Lulu e a neta choravam de rir. Desapontado, o inventor apertou novamente o botão e a engenhoca voltou a se achatar

---

3 – *voz baixa*

comportada contra o teto. Elisabeth saiu indignada à procura de um espelho para se recompor, enquanto a menina, rindo, pulava ao pescoço do tio-avô para abraçá-lo. Apesar das esquisitices, era de longe o tio preferido. Ele tinha as feições nórdicas, o cabelo farto e armado, e usava chapéu *canotier*, gravata borboleta, e suspensórios. As calças praticamente debaixo das axilas.

O andar do tio André Perrin era especial. Muito alto, ele jogava as pernas em grandes passadas e dobrava o corpo para a frente como se a cabeça devesse chegar bem antes do resto. Muitos anos mais tarde, ao ver um filme de Jacques Tati, ela se perguntou se ele não imitava o andar e os gestos desengonçados do tio. Era muito parecido. Por pura timidez, quando estava à mesa, ele tinha o hábito de, distraído, amassar o pão em bolinhas e num gesto nervoso jogá-las na boca. Sempre acertava! A menina, sentada à sua frente, observava fascinada. Quando Elisabeth se dava conta, estavam os dois rindo tentando abocanhar as bolinhas de pão no ar. Era o fim da brincadeira, mas não da cumplicidade.

Desde muito jovem, André Perrin era fascinado por fotografia. Ainda na França, na casa dos pais, no princípio do século, ele era o fotógrafo da família. Uma foto em especial mostrava um close do rosto do pai com um acabamento sépia fosco. A luz refletida na cartola, que dá relevo à expressão dos olhos e a cada fio do bigode, atesta, cem anos mais tarde, a genialidade do fotógrafo.

Mais tarde, já no Brasil, André Perrin montou, em casa, um estúdio com um elaborado sistema de luzes, sombras e filtros, que se moviam em qualquer direção, pendurados do teto em roldanas. As pessoas da família eram convocadas periodicamente para sessões de fotografia nas quais eram testados novos equipamentos. Foi graças a essas fotos, que a menina guardava num baú, que a memória da família pôde ser resgatada. André e Maria tinham em comum uma admiração sem limites pela natureza do país que passaram a vida descobrindo. Ele fotografando, e ela colecionando plantas.

***

Além de guardar num baú, com todo o cuidado, a memória do passado, desde bem pequena, ela guardava fascinada os gestos e características das mãos. As pessoas em geral se concentravam nos olhos, ao encontrar alguém, ou na boca, num detalhe do sorriso. Ela prestava uma atenção minuciosa nas mãos. E não esquecia nunca. Um dia, já adolescente, fora apresentada a uma senhora bem velhinha num antiquário. Esta, depois de pedir que lhe repetisse seu nome, e de examiná-la por longo tempo, pareceu trazer, de algum lugar bem escondido atrás de seus olhos cinza anuviados, uma lembrança. E voltando no tempo, disse: "Você se lembra de mim? Você era bem pequena e passava na frente da minha casa com sua governanta, uma senhora muito enérgica. Você sempre queria entrar para ver as flores do meu jardim. Lembra-se?".

Que situação constrangedora... Ela estudava com cuidado o rosto enrugado da senhora que sorria à sua frente, mas ele não lhe trazia lembrança nenhuma. Não, infelizmente não se lembrava. A senhora continuava descrevendo seu passado baixinho, já sem muita esperança de poder compartilhá-lo: "Você era tão meiga, tão afetuosa. Você gostava de segurar minhas mãos, beijando-as, tão..." Ela não ouvia mais o que a senhora dizia. As mãos, pensou, naturalmente as mãos. Pegou de leve as mãos da senhora nas suas, olhando-as com olhos do passado. Sim, reconhecia-as, e, de não saberia dizer onde, vieram-lhe as imagens aos borbotões. A senhora sorria reconhecida, enquanto ouvia a descrição do seu jardim, da escada em curva, e da grade à qual ela se agarrava para convencer a governanta a deixá-la entrar para rever as flores e as mãos de que tanto gostava.

"As mãos, sempre as mãos...", pensei. Sorri para o garçom impaciente e levantei-me para seguir Tom. A mão no meu ombro firme reconfortante: "Amanhã, conte mais!"

O choque cultural seria violento

Os anos passavam leves no Retiro entre fins de semana e férias. Ela comunicava-se com borboletas, pássaros, cachorros e livros, bem pouco com gente. Não fazia parte do mundo adulto que falava de negócios e discutia indefinidamente o paradeiro de certas barras de ouro. 1941.

A mãe, Margareth Rodge. Os cílios pareciam aranhas! Bem mais tarde, viu estupefata, quando os arrancava. Eram postiços.

No Sion, as irmãs tinham um método que acreditavam ser infalível para evitar que as meninas lhes criassem problemas. Mantê-las ocupadas. Assim não teriam tempo para pensar em bobagens. Entre uma aula e outra, nos poucos minutos entre o jantar e a hora de subirem para o dormitório, nos poucos momentos sem uma atividade, havia sempre um adulto falando. Organizando, programando, animando. Ela, que desde muito pequena se acostumara a navegar no seu próprio silêncio, sentia-se terrivelmente invadida. Havia, é certo, o seu refúgio atrás de uma coluna na capela; mas, às vezes, passavam-se dias sem que houvesse ensaio de órgão. Ou na hora do recreio em que, escondida atrás de uma moita de bambu, tocava gaita em vez de jogar barra-bola. Mas as escapadas mais longas, através de livros, estas lhe eram proibidas. Os livros, ficou sabendo, podem ser perniciosos. Isso ela ouviu no dia em que a irmã lhe confiscou *The history of mankind*, de Van Loon, que sua mãe lhe havia dado. Escrito para crianças e com ótimos desenhos a bico de pena, o livro foi considerado "extremamente pernicioso" porque explicava as teorias de Darwin. Quando Margie escreveu pedindo à madre superiora permissão para que sua filha pudesse ler um livro durante as aulas de inglês, liberaram *Bambi*, com ilustrações de Walt Disney...

Nas carteiras, que eram revistadas regularmente, só se podia ter livros didáticos. Nos domingos, somente aos domingos, chegava da biblioteca um cesto com livros, que podiam ficar com as meninas de 1 às 3 da tarde, quando eram recolhidos junto com os pedidos para o próximo domingo. Na lista, havia muitos livros em francês, que ela sempre escolhia porque não havia fila de espera, e um dia ela foi chamada à biblioteca por Mère Felicia. A menina entrou e parou boquiaberta diante da quantidade de livros que cobriam as paredes, do chão ao teto. Nunca havia entrado na biblioteca, nem conhecia Mère Felicia, que, quase cega de tão míope, examinava-a através dos seus óculos fundo de garrafa. A irmã queria conhecer a menina que lia francês. Foi o início de uma grande amizade. Tinham em comum a paixão por livros. Mère Felicia passou a orientá-la pelos labirintos da literatura francesa e, apesar de não lhe ter podido esticar as horas tão curtas de leitura, pelo menos proporcionou-lhe a volúpia de ter verdadeiras preciosidades nas mãos. Breve estava chorando sobre *L'Aiglon*, de Edmond de Rostand, e se inteirando da crise religiosa de Dostoievski. Ela nunca entendeu por que, com uma biblioteca tão colossal, sufocavam nas meninas a vontade de ler.

O francês foi a língua de suas descobertas literárias, da emoção, e quando o velho capelão italiano foi substituído por um belga, foi também em francês que ela se abriu para a experiência religiosa. O padre Lucien Rongé trocou o catecismo, com sua linguagem empolada e sua infinidade de perguntas e respostas decoradas, por aulas em que fazia as meninas descobrirem dentro de si a possibilidade de experimentar o sagrado.

Segundo Karen Armstrong, professora de História das Religiões: "O assombroso é o simples fato de se poder experimentar o sagrado". E o padre Lucien Rongé conseguia transmitir esse assombro. As aulas eram viagens que se abriam num espaço sem limites, sem ranço de pecado nem de culpa. Ela passava a se sentir responsável por uma herança transmitida de geração em geração, investida de gestos milenares. E seguia, pasma diante de um novo mundo que se abria à sua frente, fascinada por símbolos e por mistérios. Com o ginásio vieram as primeiras aulas de ciências, que eram dadas com certa cerimônia na sala de História Natural. Além de várias vitrines com macacos e pássaros empalhados, havia uma em especial que apavorava as meninas: com um esqueleto humano. Depois da primeira aula dada na presença daquele fantasma em potencial, correram mil boatos de aparições, e as meninas passaram a se benzer até ao simplesmente passar pela porta da sala. Ela, que tinha por princípio não ter medo de nada, resolveu encarar o problema. Terminadas as aulas do dia, enquanto as outras estudavam, ela saiu e foi direto para a sala de História Natural. Dominando o medo, aproximou-se trêmula do armário de vidro e encarou o esqueleto. No entardecer, um último raio de sol iluminava a caveira e ela pôde examinar a situação lastimável em que se encontravam os seus dentes. Sentiu uma pena imensa daquele infeliz, que não tendo podido se cuidar em vida, devia ter sentido muita dor de dente. Continuando o exame, passou a se perguntar por que ele não tinha merecido ser enterrado normalmente com flores, por que ninguém tinha chorado por ele na beira da cova, por que ninguém o havia amado, desejado. Resolveu ser sua amiga e chamou-o Desiré.

Naquela época, ela acreditava que a santidade da alma era diretamente proporcional ao sofrimento por que passara na terra. E o pobre Desiré, condenado a ficar pendurado na sua caixa de vidro, exibindo seus maxilares desdentados e provocando medo em vez de ternura, tinha certamente uma alma muito linda. Afinal, as tumbas floridas de Santa Terezinha de Lisieux e de Guy de Fontgalland eram provas de ternura, e até os mártires da antiga Roma tinham nas catacumbas a veneração dos primeiros cristãos. Não havia por certo pior sofrimento do que o total esquecimento. Ela passou a dar suas fugidas para visitar o novo amigo até que foi pega sozinha na sala de História Natural. Apesar da desculpa de estar procurando um caderno perdido, foi avisada de que isso era terminantemente proibido. Mas a amizade entre a menina e o esqueleto Desiré já não precisava das visitas. Ela tinha chegado à conclusão de que os dois tinham o mesmo problema. Além da rejeição, estavam presos, ele no seu armário de vidro, e ela no internato. Pela janela, via-se um jardim sempre florido bem em cima de um morro. Pareciam flores do campo, muito coloridas e sem muita ordem, e ela decidiu que seria o jardim de Desiré, com as flores que ela teria querido lhe dar. Ficou bem mais fácil conversar com Desiré, era só se concentrar e voar para o jardim mágico.

Os exames orais de fim de ano eram sempre feitos na sala de História Natural. A uma mesa comprida, de frente para os pássaros empalhados, ficavam sentadas as duas freiras encarregadas da prova oral. Entre elas, uma irmã com um saquinho de pano contendo os números correspondentes aos "pontos" do exame. O clima de pânico beirava a histeria na longa fila de meninas que esperavam para entrar. Todas de terço na mão, murmuravam promessas e rezavam para todos os santos. Ela, absorta, concentrada, estava longe dali, no jardim de Desiré. Quando chegava a sua vez, entrava confiante na ajuda do seu amigo, que através da vitrine lhe dava um sorriso especial, cheio de falhas.

E quando a irmã falava da importância dos anjos da guarda, ela pensava feliz que o dela tinha até nome: Desiré.

Aos 12 anos era dentuça. Margie foi a primeira a notar. Ou melhor, foi a única pessoa que insistiu que alguma coisa deveria ser feita. A avó dizia que não era grave; e o pai, que não tinha dinheiro. Mas Margie se encarregou de tudo e, dali para a frente, as irmãs abriram uma exceção, e, todas as quintas-feiras, ela saía sozinha do colégio e pegava o trem para o Rio. Era uma grande aventura. Viajava invariavelmente com senhores sisudos que liam o jornal envoltos em guarda-pó branco. A proteção era necessária contra as fagulhas que entravam a todo instante pelas janelas. Na saída de Petrópolis, o trem passava lampeiro, apitando pelas ruas até o Alto da Serra. De lá para a frente, a descida da serra era praticamente perpendicular e dependia, além de uma locomotiva especial, de um sistema de cremalheira. Dava a impressão de que o vagão se lançava numa imensa escadaria, com os passageiros sendo jogados para a frente e para trás a cada degrau. Simultaneamente, e como que em protesto contra o esforço desmedido, a locomotiva soltava, a cada soco, uma imensa baforada de fagulhas que queimava o capim beirando os trilhos e até o terno de algum distraído. A vista era deslumbrante. A Mata Atlântica se fechava em torno do trem e, para a menina pendurada na janela, a impressão era de estar andando bem devagar por dentro de um túnel verde, sombrio e misterioso. Na raiz da serra, havia uma parada para a troca de locomotivas, e para comprar, na mão de meninos, com seus tabuleiros e voz rouca, pipoca e banana passa. A Leopoldina Railway mostrava, dali em diante, a sua eficiência e modernidade. Disparava em linha reta pela savana da Baixada Fluminense e chegava pontualmente ao centro do Rio: a Estação da Leopoldina.

Margie, para quem o alinhamento dos dentes da filha era imprescindível, reservava a quinta-feira para isso. Encontrava com a menina na estação, iam ao dentista e almoçavam na sua casa, sempre um prato especial e uma sobremesa gostosa. Depois, embarcava-a para Petrópolis. Mas a paisagem da volta no trem, com o sol se pondo, sempre tinha um cunho nostálgico.

Além do propósito de endireitar os dentes, essas quintas-feiras tinham algo de muito especial. A oportunidade de mãe e filha se conhecerem. Esse dia era todo delas. Margie fazia listas de notícias para lhe contar. E lia as cartas que recebia de sua irmã e grande amiga Vivien, e outras mais raras dos dois irmãos: um, oficial da marinha britânica; o outro, capitão de infantaria que lutava no deserto, no norte da África. A menina descobria uma nova família e sentia-se incluída. Sentia principalmente que quinta-feira era o dia em que Margie dedicava inteiramente a ela, e isso a fazia muito feliz. Ela não era uma mãe carinhosa, como eram as outras mães. Tinha sido educada para não demonstrar sentimentos e manter sempre uma postura digna e um tanto distante. Foi nessa época que tentou explicar o seu modo de ser. Tinha sofrido muito nos anos que se seguiram à separação. A sua intenção, ao deixar Jorge, sempre fora voltar a viver na Inglaterra, mas com a filha. Não imaginava que ele pudesse usar a menina como chantagem, levando-a de volta para o Brasil. Tentando reconstruir a sua vida em Londres, Margie rasgava sistematicamente, sem ler, todas as pilhas de cartas que chegavam do Brasil. Inclusive as fotos da menina com que Jorge a bombardeava.

A filha ouvia em silêncio e tentava aceitar, depois de anos de espera, a mãe britânica e distante que desejava ser só sua amiga. Mas sentia que havia um fosso fundo e intransponível entre o que ela esperava e o que a mãe estava disposta a oferecer.

Como não poderia deixar de ser, os solavancos com que a guerra lá de longe sacudia, a torto e a direito, o destino dos adultos à sua volta repercutiam na vida da adolescente. Eram tempos conturbados, e ela aprendia a se adaptar.

O racionamento de gasolina que se eternizava, sem previsão de solução a curto prazo, dera origem ao gasogênio. A invenção mais antiestética e pouco prática de que já se teve notícia. Dois enormes cilindros cheios de carvão que funcionavam como caldeiras eram soldados atrás do carro. O carvão queimava e fazia o carro andar. Na teoria podia até parecer uma boa ideia; mas, na prática, os motoristas andavam com o humor quase tão negro quanto as mãos e as roupas. No calor de 40 graus, o carro parava, obrigando o dono a reabastecer de carvão os cilindros para depois, de quatro no meio da rua, tentar reanimar o fogo morto. Os motores, mal regulados, eram verdadeiros fogos de artifício ambulantes. Engasgavam, pipocavam e se vingavam, de modo geral, cuspindo fogo pelo cano de escape e assustando os pedestres. Nunca esqueceria de um dia em que ela e o pai saíram de gasogênio. Beiravam o parapeito de pedra da praia do Flamengo, admirando uma ressaca especialmente violenta. O carro engasgou e o cano de escape, depois de uma explosão, virou um lança-chamas apontado para uma fila de ônibus. As pessoas pularam para trás, assustadas, no exato momento em que uma onda maior explodia por cima do quebra-mar, ensopando-as. Jorge ria muito desse tipo de situação, e a menina achava até que ele não mandava regular o motor de propósito.

Antes de se mudar para Santa Teresa, Jorge tinha sido avisado de que uma das pragas do bairro era a quantidade de meninos que andavam pelas ruas esvaziando pneus para depois ganhar uns trocados "ajudando" a trocá-los. Também roubavam peças. Convencido de que melhor seria ganhar a amizade dos meninos do que ficar eternamente na defensiva, Jorge passou a andar com os bolsos cheios de balas e moedas. Na primeira visita que Elisabeth fez à casa de Santa Teresa, ficou horrorizada ao ver que dezenas de moleques corriam atrás do carro gritando: "Oi, seu Jorge! Oi, seu Jorge!" O carro parou e, além de se precipitarem para abrir as portas do automóvel, fizeram questão de, aos empurrões, serem apresentados, apertando a mão enluvada "da mãe do seu Jorge". Esta por sua vez estava em estado de choque. Elisabeth nem teve tempo de se acalmar para conhecer a casa. Não parava de repetir que era um perigo dar confiança a moleques que certamente um dia iriam aproveitar para assaltar a casa, roubar o carro... Ela ainda estava falando quando a campainha tocou, e um dos meninos entregou uma carteira recheada de dinheiro que "a mãe do seu Jorge" tinha deixado cair ao descer do carro. Isso pôs um ponto final ao assunto "moleques de Santa Teresa".

Mas Jorge tornou-se o herói inquestionável da molecada no dia em que comprou uma moto. Era, segundo ele, a maneira mais simples de se locomover, evitando todos os problemas do gasogênio. Jorge chegava invariavelmente com um ou dois meninos pendurados na garupa, e os outros correndo atrás, gritando. Era uma festa!

Ele deixava a moto na calçada, os moleques sentados em volta lustrando, admirando, guardando a moto do seu Jorge. Nenhum ladrão se atreveria...

As ruas estreitas, de paralelepípedo, subiam íngremes do centro da cidade. Não havia uma reta. Subiam ziguezagueando pelo bairro de Santa Teresa, acompanhando os trilhos dos bondes. Aliás, havia um único trecho reto: quando o bondinho passava por cima do antigo aqueduto dos Arcos, que, na época do Império, havia abastecido de água o centro da cidade. Nesse momento, a vista era deslumbrante. Ao longe, avistava-se a Baía de Guanabara, extemporânea e calma como uma aquarela, contrastando com o burburinho e a miscelânea de cores que subiam cheias de vida dos sobrados de fim de século e das calçadas ao pé dos Arcos. Era o centro da cidade que ficava para trás. No fim do aqueduto, o bondinho dava um arranco e, dali para a frente, era só subida e curvas. Beirava muros floridos e velhos casarões, enfrentando, aos trancos, as ladeiras estreitas. Era um outro mundo. Havia um clima e a falta de pressa de cidade pequena. As pessoas se cumprimentavam e conversavam no bonde. Os homens davam o lugar para as senhoras e ficavam em pé no estribo, aproveitando para dar um dedo de prosa. Alguns dias antes do Natal, Elisabeth chegou a casa carregada de pacotes e com um brilho especial nos olhos. Na hora do almoço, tentando manter um ar digno, apesar das bochechas vermelhas, contou que havia conhecido no bonde um senhor muito simpático, que gentilmente a havia ajudado com os embrulhos. A partir desse dia passou a sair mais, sempre de bonde. Um dia convidou-o para o chá. O Sr. João, de cabeleira branca muito bem tratada, paletó e colete escuros, corrente de ouro e relógio de algibeira, era extremamente civilizado. Havia trabalhado para o primeiro marido de Elisabeth, na Companhia Costeira. Era português e dado a pequenos gestos e galanteios à moda antiga que logo cativaram a família. Passados uns tempos, Elisabeth explicou que, apesar de não achar certo se casar na sua idade, pois estaria prejudicando os filhos, gostava muito da companhia de Sr. Joãozinho e havia decidido viver com ele. Deixou bem claro também que ele trabalhava e tinha renda própria. Com a situação esclarecida e aceita, o Sr. Joãozinho mudou-se para a casa de Jorge e, sempre cerimonioso, chamava Elisabeth de Madame. Madame Lage. Ela tinha, na época, 60 anos, e viveram mais quinze juntos. Ele sempre atencioso e gentil, até o fim, pois esperou ela partir para segui-la. Sem se atrasar, pois a Madame poderia estar precisando dele. No além.

Mas, antes, aproveitaram bem a vida.

Logo que terminou a guerra, Elisabeth embarcou com Sr. Joãozinho para a Europa e foi direto para a Suíça. Esperou anoitecer no seu chalé em Villars-sur--Ollon e, munida de lanterna e pá, foi para o pomar. Mal disfarçando mais de seis anos de aflição, Elisabeth apontou para uma certa macieira e começaram a cavar. As barras de ouro estavam lá, como na noite em que, sem contar nada a ninguém, ela as enterrara, antes de partir para o Brasil. "As montanhas, as neves eternas e as cabras", como Lulu descrevera a Suíça, haviam protegido as suas barras de ouro dos alemães.

Aliviada, Elisabeth foi para uma estação de águas com o Sr. Joãozinho. Contando com a total dedicação do companheiro e com a ajuda logística das barras de ouro, ela retomaria, com fôlego renovado, as viagens anuais à Europa. E foi com as malas prontas e um pé no avião que um mal súbito a levou. Mas isso depois de muitos anos.

Obrigados pela guerra, Margie e Bobby deram a primeira e definitiva arrancada para uma nova vida com a qual nunca haviam sonhado, fazer parte do corpo diplomático de Sua Majestade o rei George VI da Inglaterra. Bobby trabalhava no setor comercial, numa sala de frente para a praia do Flamengo, e à noite estudava francês e russo.

Jorge e Carmen, instalados em Santa Teresa, longe da orla marítima e dos possíveis bombardeios que viriam dos submarinos alemães que rondavam a costa, viviam um período particularmente calmo. A menina atribuiu a maior ternura de Carmen e os cuidados com que Jorge a cercava aos fluidos da casa, do jardim e do lado bucólico de Santa Teresa. Mas um dia em que acabara de chegar de férias, abraçou Carmen e sentiu com as mãos o seu ventre distendido. Interrogou-a com os olhos. Sorriso e o abraço mais apertado confirmaram que ela estava grávida. Betty nasceu em novembro. As férias seguintes, de fim de ano, foram diferentes. Ela já tinha 14 anos, passava os dias ajudando a babá a cuidar da irmãzinha e fora escolhida para madrinha. Pela primeira vez, recusou a temporada na fazenda de Yolanda. Estava fascinada pelo bebê risonho e com os maiores olhos azuis que já vira. Logo formou-se um elo muito forte entre as duas. Mas Carmen separou-se de Jorge três anos depois e, em seguida, mudou-se com a filha para Paris, onde recomeçou a vida com novo marido.

Apesar das distâncias e do rumo que cada uma tomou seguindo o seu destino, a ligação entre as irmãs persistiu.

Passado algum tempo, Elisabeth começou a fazer pressão para que Jorge achasse um trabalho. Afinal, não podia passar o resto da vida esperando que o governo lhe devolvesse a fábrica de aviões. Um dia, ele chegou animado. Só precisava de um pequeno empréstimo para fazer o melhor negócio de sua vida. Não podia, no entanto, entrar em detalhes por que, como ela mesma sempre insistia, o segredo era a alma do negócio. Feliz com o inusitado entusiasmo de Jorge pelo trabalho, Elisabeth arriscou o empréstimo. Negócio fechado, ele apareceu para comemorar. Era dono de uma fábrica de tintas! Afundada em sua poltrona, em completo estado de choque, a mãe não sabia o que perguntar primeiro. Tintas? Por que tintas? Por que tão ridiculamente barato? Como? Se ele não tinha a menor ideia sobre a fabricação de tintas? E se por um milagre conseguisse fazer as tintas, a quem iria vendê-las?

Muito seguro de si, e do alto de sua novíssima posição de empresário independente, Jorge, em pé no meio da sala, expunha as suas diretrizes. Ele simplesmente dera um golpe de mestre e comprara de um alemão, ótima pessoa por sinal, a sua fábrica de tintas, antes que o governo a confiscasse. Isso explicava o preço reduzido. Ele não entendia realmente nada de tintas, mas o dono da fábrica, sim. Ficaria, portanto, tudo como antes. O alemão, aliviado e agradecido por ter escapado de uma perda total, continuaria a ser o responsável, e dividiriam os lucros. Quanto a vender as tintas, Jorge explicou com um sorriso que os ITA estavam mesmo precisando ser pintados...

Antes que Elisabeth pudesse dizer que em algum lugar achava ter lido que era proibida a compra de bens de cidadãos inimigos, e principalmente antes que pudesse fazer mais perguntas, ele convidou-a a visitar a sua fábrica. A menina foi junto.

Na zona Norte, perto da Avenida Brasil, entraram por uma rua de terra batida e pararam na frente de um portão de zinco enferrujado. Logo na entrada, num escritório mínimo, o senhor alemão calvo e de óculos fazia cálculos.

Elisabeth cumprimentou-o certa de que ele ia levá-la até a fábrica. Ele, muito míope e cortês, fez-lhe ver que ela já estava na fábrica. O terreno vazio era pouco mais largo que o portão. Foram passando por pilhas de latões e tonéis até chegar a um pequeno galpão no fundo, onde um enorme negro mexia um líquido fumegante num tacho. A fumaça da fornalha era tanta que mal se via o rosto coberto de suor e os dentes. Sim, os dentes era o que mais se via. Jorge, inabalado diante do ar estupefato de Elisabeth, fazia as apresentações: sua mãe e sua filha – e o "Zé fazedor de tinta".

Tintas Jandaia foi o nome escolhido para a sua empresa, em honra a uma raça de periquitos muito coloridos, e quando alguém lhe fez ver que soava um pouco como gandaia, Jorge riu muito e disse: "Ótimo!". E passou a ler o jornal.

Lia os editais de concorrências. Apresentava o seu preço e ganhava de todas as grandes fábricas de tintas. Era lógico que, com um único empregado e nenhuma máquina, os preços das "Tintas Jandaia" eram imbatíveis! O único problema era a chuva de pedidos. Jorge passou a pintar os navios da Costeira e muito mais, entregando ele próprio as latas de tinta na sua Kombi. Continuava ligado aos ITA...

Nas férias do terceiro ano ginasial, ela descobriu que a casa de Santa Teresa estava vazia. Carmen havia-se separado do pai, levando Betty. Jorge retomara a sua vida de solteiro. E a avó, cansada de encontrar mulheres estranhas perambulando pela casa, tinha voltado para o seu apartamento em Copacabana, levando o Sr. Joãozinho. A atmosfera era lúgubre. Ela, de férias, passava o dia deitada no sofá lendo e escutando os discos que Carmen havia deixado. Jorge, mal-humorado, tentava dissipar as nuvens jogando os livros que ela lia pela janela e arrancando da tomada o fio da vitrola. Queria que a filha fosse tomar sol, fazer exercício. Deixasse os livros para quando estivesse no colégio.

Mas ela, adolescente, sabia o que queria da vida e já não suportava aquele ambiente pesado, em que se sentia sobrando. A variedade e o tipo de pessoas que encontrava de manhã no corredor, entre o quarto e o banheiro, lembravam a Estação da Central do Brasil na hora em que chegavam os trens. Conversou com a mãe e pediu para morar com ela. Essa decisão abriu uma brecha entre ela e o pai, que se tornaria definitiva com o tempo. Ele era um *puer eternus*, e ela uma jovem que se queria séria.

Apesar de o apartamento ser pequeno, Margie e Bobby convenceram-se de que não havia outra solução, e o quarto de empregada ganhou cortinas e tornou-se um canto acolhedor. Havia, no entanto, uma condição: a pequena selvagem teria que se transformar numa jovem civilizada, filha de um casal de diplomatas britânicos.

Se por um lado podia ler quanto quisesse, ir a concertos todos os domingos de manhã na Cinelândia e aproveitar as conversas que lhe abriam todo um leque de perspectivas novas, por outro sentia que a desintegravam num liquidificador em alta voltagem. O choque cultural era violento.

Jorge levava muito a sério o culto à natureza. Prezava a espontaneidade, a beleza do corpo sem peias, a pele bronzeada de sol e de sal. Não permitia que a filha usasse nem cintas nem sapatos apertados. Sutiã nem pensar. Já para Margie, a vida ao natural era uma selvageria. O corpo tinha que ser domado, moldado em cintas, os pés em sapatos de salto, a pele do rosto transformada por loções, cremes, e maquiagem, e a expressão dos olhos, por cílios postiços.

A filha se defendia com unhas e dentes. Mas entregava os pontos quando a ameaçavam de ter que voltar para a casa do pai.

No ano seguinte, terminou a guerra e chegou ao fim o internato no Sion. Recebeu o seu diploma do ginásio, mas recusou-se a comparecer ao baile de formatura. Pretendia continuar a estudar, seguir bem mais adiante, e não via razão para valorizar tanto essa etapa e ainda passar pelo ridículo de ter que dançar uma valsa com o pai, toda vestida de babados! Jorge também suspirou aliviado.

Margie lhe ofereceu a possibilidade de estudar no Rio, externa, e ela, radiante, escolheu o Lycée Français, no Largo do Machado. Depois de um exame de admissão, que levou em conta o latim e dissertações em francês e inglês, admitiram-na no último ano de preparação ao *Baccalauréat*. Na realidade, ela se adiantara dois anos, mas não tinha a menor chance em matemática, química e física. Faltava-lhe a base. Mas isso ela pretendia recuperar durante o ano. O que importava mesmo era o encontro, o mergulho repentino, a imersão total no caldo cultural europeu.

Antes que terminassem as férias, Margie levou a filha ao cabeleireiro e convenceu-a de que já era hora de cortar as grossas tranças que lhe caíam quase até a cintura.

Vida nova, cara nova! E, antes de sair, a mãe murmurou ao ouvido do cabeleireiro que aproveitasse para cachear levemente o cabelo. Depois do que lhe pareceram horas, ela se olhou finalmente no espelho e horrorizada viu um carneiro. Levantou-se da cadeira em estado de choque e caminhou para a porta segurando num saquinho plástico as tranças. Não ouvia o cabeleireiro que, cheio de amabilidades e mesuras, passando uma escova nas suas costas, lhe pedia que esperasse o táxi. Lá fora chovia torrencialmente. Agarrada às suas tranças, atravessou a rua e, uma vez na praia, tirou as sandálias. Enterrou os pés com raiva na areia molhada e caminhou chorando debaixo do temporal. De uma ponta a outra da praia de Copacabana. Quando Margie abriu a porta e a viu em pé no meio de uma poça d'água, ensopada, o cabelo escorrido, deve ter-se perguntado se algum dia a filha deixaria de ser selvagem.

Graças à chuva providencial, o cabelo voltou imediatamente ao normal, liso, e, dali para a frente, seria cortado sempre rente ao ombro. Permanente nunca mais. O desespero fora devido ao "efeito carneiro" e não à falta das tranças.

Começou o ano letivo no Lycée Français e, pela primeira vez, soube o que era não sentir o tempo passar. As aulas eram fascinantes. Os professores apresentavam temas e pediam que os alunos debatessem. Professores do gabarito de um Paulo Rónai! De um Michel Simon! História, literatura inglesa e francesa. Estudavam peças de Shakespeare, de Racine, de Molière. Eram encorajados a ler outros trabalhos, a sentirem a fundo a época em que haviam sido escritos e a discutir do ponto de vista dos autores. Cobrava-se dos alunos que fossem ao teatro e ao cinema, com espírito crítico, e que apresentassem as suas avaliações.

Para ela era tudo espantoso. Pela primeira vez estudava com rapazes da sua idade. Era um outro mundo! Percebeu que repentinamente entrara no mundo adulto. Havia uma seriedade no ar, um interesse pelo que os professores diziam, uma necessidade de ir mais fundo, uma curiosidade insaciável.

Os livros não eram seguidos ao pé da letra. Só serviam como base, ilustrando com datas e fatos concretos a palestra do professor. Não havia a disciplina rígida, que proibia que se falasse e que, quando relaxada, resultava numa gritaria infernal. Falava-se normalmente como entre adultos e os próprios alunos se encarregavam de exigir o silêncio durante as aulas. Todos queriam poder ouvir o professor e participar da aula com dúvidas ou argumentos. Na saída, os grupos ainda debatiam o assunto. Depois, corriam para não se atrasar e prometiam terminar a discussão ao telefone. Ela ficou logo amiga de duas irmãs, filhas do cônsul francês, que eram debatedoras das mais ardentes. Nicole e Jacqueline Simon.

Margie procurava um apartamento maior para alugar, já que a filha não voltaria para o internato. As irmãs Simon moravam no Morro da Viúva e torciam para que a nova amiga se mudasse para mais perto. Muitos apartamentos eram visitados durante o dia pela mãe e discutidos à noite com Bobby, até que se decidiram. Um dia ela foi para o Liceu com o novo endereço escrito num pedaço de papel. As duas irmãs pulavam de alegria e a abraçavam. Sem saber, Margie escolhera um apartamento no mesmo prédio em que as irmãs Simon moravam!

Naquele dia, antes da primeira aula, a diretora do Liceu entrou na classe. Tinha um assunto sério para tratar com os alunos. Um novato muito especial iria se juntar a eles. Um adulto, um jovem de 20 anos, judeu francês, recém-liberado de um campo de concentração nazista onde menino assistira à morte dos pais.

A diretora explicava que não esperassem reações normais do rapaz, pois ele ainda estava terrivelmente traumatizado e fazendo um esforço enorme para se adaptar e recuperar o tempo perdido nos estudos. Não prestassem muita atenção nele, deixassem-no em paz e, sobretudo, não mencionassem o passado. O rapaz chegou. Forte, atarracado, cabelos louros encaracolados, olhos azuis e cara de poucos amigos, sentou no seu lugar. Assistia às aulas em silêncio e em silêncio saía quando terminavam. A vida na sala de aula retornou ao normal. Era tão quieto que acabaram esquecendo que existia.

Depois do fim de semana, as conversas sempre giravam em torno do que haviam feito, visto, lido. Num desses dias, estavam todos chocados, pois haviam assistido a um documentário que mostrava os horrores de um campo de concentração. Aproveitavam para falar do assunto antes que chegasse o rapaz. Então, um dos meninos começou a discordar, dizendo que nem se dava ao trabalho de ver tantos horrores, pois, dizia ele, gesticulando enfático, de costas para a porta, era tudo propaganda, tudo mentira... Parado, no meio da sala, o rapaz judeu, que acabara de chegar, jogou ao chão os livros que carregava e, vermelho, apoplético, começou a gritar. Como? Os pequenos vermes que ali estavam, que se diziam franceses, mas não tinham participado de nada, da guerra, da fome, da ocupação alemã, se achavam no direito de achar que campos de concentração, tortura e morte eram mera propaganda? E, diante dos alunos estupefatos, arrancou com violência a manga comprida da camisa, e mostrando os números marcados a fogo no braço. "E isto?", gritava, o semblante desfeito, os olhos cheios de ódio e lágrimas, "é propaganda?" E saiu, corredor afora, deixando no chão a manga da camisa rasgada e os livros esparramados.

A experiência marcou-a profundamente e aproximou-a das duas irmãs Simon, que eram de origem judaica.

A família era muito especial. O pai, cônsul francês, falava pouco e lia muito. A mãe escondia-se atrás de olhos tristes. A força e a alegria estavam todas concentradas na babá, uma governanta escocesa que conseguia falar o inglês com um tremendo sotaque celta e o francês com sotaque inglês. Era culta e tinha o senso de humor à flor da pele. Maniá, a cozinheira russa, era a prova viva do ditado que diz que toda boa cozinheira é uma fera. Nicole tinha os olhos da mãe e era toda intuição, já sua irmã Jacqueline, onze meses mais nova, parecia com o pai, era a intelectual com uma cabeça invejável e um raciocínio cartesiano.

Essa pequena comunidade vivia junta havia muitos anos, seguindo mister Simon pelos meandros de sua carreira diplomática. A babá ele havia recebido ao casar-se, uma espécie de sogra, pois tinha criado madame Simon. Refugiada de guerra, a cozinheira russa lhes devia a vida e tinha, além dos dons culinários, a fidelidade de um cão. No princípio da guerra, haviam fugido do Tirol no meio da noite, perseguidos pelo exército invasor de Hitler. Conseguiram chegar à França graças aos passaportes diplomáticos, mas logo os alemães os alcançaram. Passariam os anos seguintes escondidos no campo. O perigo era real. Tinham ascendência judaica e ajudavam os *Maquisards* na sua resistência ao invasor. O dia a dia do medo.

O fim da guerra na Europa trouxe para Bobby a confirmação de sua carreira diplomática e para Mr. Simon, depois de anos de clandestinidade, a volta à normalidade do trabalho. Bobby era agora oficialmente terceiro secretário da Embaixada Britânica e Mr. Simon, cônsul francês, no Rio de Janeiro. Moravam, por acaso, no mesmo prédio. A menina agora tinha um quarto espaçoso decorado por Margie e um banheiro só dela, que dividia com duas gaiolas de passarinho e com um filhote de mico. E as irmãs Simon tinham, depois de tantos anos atribulados, paz e uma vista deslumbrante sobre a Baía de Guanabara. Iam e voltavam do Liceu de bonde, as três sempre juntas, sempre falando, discutindo; assunto é o que não faltava. Tinham experiências de vida diametralmente opostas. A menina, com anos de internato em que ter opiniões divergentes era muito mal visto; as irmãs, vindas de um meio em que tudo era motivo de discussão e em que eram incentivadas a terem opiniões e a defendê-las. Ela sentia que no Liceu, e com os debates que se seguiam com as Simon, o seu poder de reflexão aos poucos se desenferrujava e a sua cabeça literalmente explodia, se escancarava. Além do mais, descobriram que tinham em comum a paixão por música clássica e por livros. Liam muito, os mesmos livros, e as discussões os prolongavam. Iam aos concertos gratuitos aos domingos, e gastavam o dinheiro que tinham em discos, combinando o que comprar para que a discoteca fosse se completando comunitariamente. Ouviam sentadas no chão, concentradas, repetindo a mesma sonata indefinidamente na vitrola, até assimilarem cada nota, cada inflexão, numa intensidade quase que religiosa.

As opiniões dos adultos a respeito dessa veneração por música clássica eram contraditórias. Margie e Bobby tinham horror a qualquer tipo de música e, pensando que fosse uma fase passageira, consentiram em dar-lhe uma vitrola portátil de aniversário, com a condição que o som não passasse da porta do seu quarto. Já a família Simon permitia que se ouvisse música na sala. As sessões de música, apesar da intensa concentração, eram interrompidas a toda hora para a troca do disco. Eram 78 rotações por minuto, em pequenos discos pesados e quebradiços. Mas os maestros e os solistas eram excepcionais!

A reação mais inesperada veio de Maniá, a camponesa russa, que, de lenço amarrado na cabeça, disse revoltada que música era para se dançar e não para se ouvir em clima de velório. E, passando à ação, enrolou o tapete, afastou cadeiras e, ao som de uma valsa de Strauss, passou a rodopiar feliz pela sala. De uma agilidade incrível para o corpo baixinho e roliço, largou a vassoura com que dançava e, sem perder um compasso, saiu valsando com uma das meninas. Foi a primeira de muitas aulas de dança!

Um dia, Nicole e Jacqueline se declararam prontas a revelar um segredo. Desde pequenas elas haviam criado personagens que as seguiam vida afora. Eles faziam parte de um mundo imaginário, mas que havia sido o delas na realidade. Uns eram do *"maquis"*, outros eram "colaboradores". Os dois mundos em que a França se dividira durante a guerra. E cada uma apresentou os "seus" personagens, amigos e inimigos, com nomes e todos os detalhes históricos, físicos e psicológicos. A cada noite, a trama se enriquecia, se desenrolava, com ações palpitantes e muito suspense. A cada noite, elas exorcizavam os seus demônios particulares, aqueles que as haviam atormentado durante anos. E, a cada manhã, ela acompanhava o fluir dessa vida paralela. Não raro, quando o suspense chegava ao auge, o bonde passava do ponto, e elas tinham que voltar correndo até o Liceu.

Apesar de adolescente, ela se sentia, naquela época, como se fizesse parte de um prédio bombardeado. Uma daquelas paredes em ruína, cujo reboco descascado, entranhas à mostra, revela aos que passam na rua, indiferentes, todas as diversas etapas da sua vida. Há o rosa desbotado que em alguns pontos ainda conserva a cor viva original, manchas de verde-musgo com rabiscos de criança perto do vão da janela, o bege comportado com gregas marrons quase sumindo e um creme desmaiado, camada mais recente, com as marcas de quadros e móveis ainda impressos. Era como se aquele pedaço de casa quisesse guardar, tatuados na própria pele, os comprovantes indiscutíveis de tempos mais amenos.

Era assim que se sentia. As diversas influências, os mundos que haviam sido seus, sobrepunham-se como camadas. Ela tentava-se amoldar às pessoas com quem estava. Brasileira, livre e descompromissada como o pai, francesa no Liceu, com a avó e com as amigas, e inglesa e cercada de regras em casa da mãe. Mundos estanques, incomunicáveis. Mas as falhas insistiam em aparecer, os descascados. E, apesar do esforço para se adaptar, sobrevinham os confrontos.

Margie tentava domar a filha com o argumento que o que fora bom para a sua mãe e para ela própria, certamente, sem a menor dúvida, seria o melhor para ela. Não adiantava tentar fazer ver que os tempos eram outros, o clima outro. Para o inglês bem nascido, certas regras eram imutáveis, em qualquer parte do globo, sob qualquer latitude. E Margie reforçava o seu ponto de vista com o fato de seu pai, já velho e vivendo sozinho, vestir o *smoking* todas as noites para jantar. E, seguindo o seu exemplo, obrigava a filha a se apresentar para o jantar, invariável e pontualmente, de vestido, cinta, meias de seda e batom. Houvesse ou não convidados. Fizesse ou não 40 graus.

Margie não teve nem tempo nem cabeça para recriminar a filha por não ter passado em matemática, e madame Simon muito menos por Nicole ter sido reprovada.

A vida traria naquele fim de ano mudanças radicais. Bobby recebeu a notícia que em breve teria que voltar para a Inglaterra e, de lá, iria para novo posto em outro país. Ficou muito feliz. Já a família Simon estava arrasada. Mr. Simon sofrera um acidente de carro e tivera que se submeter a uma trepanação. A operação para a retirada de um coágulo no cérebro fora extremamente delicada. Apesar de uma recuperação surpreendente, o governo francês o chamava de volta à França. Haviam decidido que seria o fim de sua carreira. As duas famílias viajariam para a Europa praticamente na mesma época. Só que as expectativas eram bem diferentes. Bobby ia a caminho de uma promoção e Mr. Simon da aposentadoria.

A família Simon embarcou primeiro. Sem saber ao certo quando partiriam, Margie sugeriu que a filha fosse ajudar uma amiga que fazia um trabalho de assistência social na favela do Morro de Dona Marta.

Todas as manhãs, ela ia para um posto na rua São Clemente onde distribuía canecas de leite e dava banho em dezenas de crianças que desciam da favela. Pela primeira vez, entrava em contato com a pobreza absoluta. Crianças brutalizadas e mulheres reduzidas a bestas de carga. Subiam o morro infatigáveis, carregando latas de água na cabeça e filhos indesejados na barriga. Chegou à conclusão de que muito mais havia que ser feito para restaurar a dignidade daquela gente. Não bastava boa vontade e uma caneca de leite. Pela primeira vez, a certeza de que iria ser fazendeira ficou abalada. Resolveu viajar para a Europa com a mãe e lá fazer um curso que a preparasse para trabalhar de forma eficiente com aquelas crianças. Quando voltasse. Porque disso tinha certeza: iria voltar.

O navio apitou e afastou-se lentamente do cais. Debruçada sobre a amurada do convés, ela olhava com intensidade a Ilha, a Baía de Guanabara, uma por uma as montanhas e, por fim, o Cristo Redentor. Não havia tristeza. Havia a certeza de que começava uma etapa importante na sua vida. Uma preparação essencial para o futuro que seria aqui, onde deitara raízes.

Esse ano que passaria na Inglaterra seria importantíssimo para situar o Brasil dentro dela. A distância como que aguçaria, tornaria mais nítida a percepção do seu país.

Conheceu sua família inglesa. O avô, de quem ouvira tanto falar. Foram de carro até a sua casa no campo, ao sul de Londres. O jardim era lindíssimo, a casa também e ele, o legendário *Sir* Rowland, um velho mal-humorado, preso a uma cadeira de rodas. Era extremamente surdo e usava, para ouvir, um tipo de corneta de caça, cujo bocal ele enfiava na orelha, enquanto fazia sinal para que a pessoa falasse na enorme concha na outra ponta. De saída, a visita pareceu estar fadada ao insucesso. Margie entrou com a filha para abraçar o pai, enquanto Bobby estacionava o carro. Quando ele finalmente entrou na sala, sozinho, *Sir* Rowland irado gritou: "Hoje tenho a visita de minha filha e minha neta e não recebo ninguém. Volte outro dia." Bobby, desconcertado na porta da sala, e Margie, nervosa, procurando a corneta, tentava explicar, gritando, que era seu marido, e o velho, encerrando a discussão de forma peremptória: "Eu posso estar surdo, mas não sou idiota. Então não conheço o Jorge?".

A cena era o mais puro Chaplin!

A comunicação com o avô havia sido impossível por causa da surdez e da complicada engenhoca, mas com o resto da família não fora diferente. Aliás, não era bem uma família, nunca se reuniam. Ela foi conhecer os tios cada um na sua casa. Passou um final de semana no campo para conhecer John Rowland, o irmão mais velho da mãe. Ele morava com a mulher e três filhas pequenas numa casa antiga, de mais de duzentos anos. Tudo era lindíssimo. O quarto no sótão com o teto bem inclinado, as janelas baixas com os vidros em forma de losango, os móveis de época, muitas flores. Mas faltava calor humano. Ninguém estava à vontade. A conversa empacava nos silêncios.

Já Peter, o irmão mais novo, era mais espontâneo. Morava em Londres e como era dono do Peter's Oyster Bar, perto de Hyde Park, convidou-os para o almoço. Comeram bifes enormes e suculentos sem compreender onde ele havia conseguido tamanha regalia. A carne na Inglaterra, em 1947, estava racionada a um bife pequeno por pessoa, por semana. Terminados o almoço e os elogios, Peter achou que podia fazer a revelação: haviam comido carne de baleia!

Margie olhou apreensiva para o marido, que tinha o estômago fraco, e notou uma súbita palidez... Peter era assim.

Mas a pessoa mais interessante da família era Vivien. Pouco mais nova que Margie, a tia era cheia de vida e de senso de humor. Tinha uma beleza especial, pois os cabelos eram brancos desde os 20 anos, o que inexplicavelmente lhe conferia um ar mais jovem. Quando estavam juntas, Margie deixava cair as poses estudadas e se tornava espontânea e alegre. Elas riam muito, pareciam duas adolescentes. A transformação era total e não agradava a Bobby. Talvez por ciúme, ou por insegurança, ele precisasse da *persona* de Margie inabalada: a *lady*.

Vivi morava com o marido, Hugh, e os dois filhos, Timmy e Susan, em Kent, uma das regiões mais bonitas da Inglaterra. A casa era antiga e tinha sido destruída por um bombardeio durante a guerra. Vivi e Hugh tinham comprado a ruína e reconstruído a casa com as próprias pedras e segundo o desenho original. O resultado era uma casa de linhas sóbrias, bem no estilo Queen Anne, com gramado e canteiros muito bem-cuidados e um pequeno lago de peixes que congelava no inverno. Hugh, um advogado de renome, tinha tido uma participação importante no julgamento de Nuremberg, no final da guerra. O Natal em família, com Vivi, Hugh e os primos, todas as tradições inglesas e muita neve, foi inesquecível!

Logo após o Natal, Margie e Bobby partiram de carro para Bucharest, o primeiro posto. Ela ficaria na Inglaterra, interna num Nursery Training College, onde aprenderia tudo sobre o desenvolvimento físico e psicológico de crianças, de recém-nascidos até os 5 anos. Fazia parte do colégio um orfanato, e as estudantes tinham, além das aulas teóricas, a prática, cuidando das crianças. Era o que ela queria para pôr em marcha o seu plano de voltar a trabalhar com as crianças da favela. Só que desta vez com eficiência.

O sonho de Margie era que a filha se casasse com um inglês e morasse na Inglaterra, um lugar civilizado. Não imaginava que o sonho dela fosse bem outro, e que incluía a favela do Morro de Dona Marta.

Era o ano de 1948. Os ingleses recém-saídos da guerra sofriam, além da perda de pessoas da família, o drama dos desaparecidos e o trauma das cidades em ruínas.

Quarteirões inteiros no centro de Londres estavam reduzidos a escombros. E, com a chegada do inverno, havia a dificuldade de se conseguir programar uma refeição, devido ao racionamento rigoroso. A comida era simples, mas ninguém passava fome. Havia cupons especiais para as crianças. E não havia mercado negro simplesmente porque a guerra havia criado um elo fortíssimo em que todos eram responsáveis uns pelos outros.

Ela admirava o povo inglês. Havia muita solidariedade e anos de privações não haviam conseguido destruir o seu senso de humor. Riam do que comiam, carne de coelho e de baleia, ovo em pó e margarina com gosto de sebo. Repolho, muito repolho, e batatas. E riam do que não comiam: açúcar e café nem pensar. Riam das roupas que usavam, das filas; da falta de tudo. E riam, principalmente, deles próprios. Nos teatros, os maiores sucessos eram os musicais em que tudo era improvisado e muito precário, exceto o humor. Ela admirava o povo inglês. O seu tio Rowland, oficial da marinha, havia sido torpedeado e fora salvo depois de ficar boiando dias no meio do Atlântico. Rowland não contava a ninguém por que fora condecorado. Nem à mulher. E quando insistiam, dizia rindo: "Porque salvei o penico do capitão!". O seu tio Peter, capitão de infantaria, passou anos no deserto, no norte da África, combatendo os Panzer de Rommel, e também nunca contou nada.

Era uma raça admirável. Diferente. Aliás, eles eram os primeiros a se orgulhar de serem diferentes. Logo ao chegar à Inglaterra, ela entrara numa fila para obter um certificado de residência. Entregaram-lhe o documento com um carimbo: ALIEN estampado de ponta a ponta da página. Era o que ela sentia. Como se tivesse vindo de outro planeta.

Tom abanava a cabeça, sorrindo à minha frente:

– É exatamente assim que eu me sentia na Inglaterra: um ALIEN! Durante vinte anos aquele mal-estar. Aquela revolta contra a mesmice do *status quo* vitoriano. Naturalmente foram admiráveis durante a guerra. Eu guiei ambulâncias durante os bombardeios sobre Londres e presenciei inúmeras cenas de uma coragem inacreditável. Mas o falso moralismo, aquele ranço de classe média, é terrível, só os artistas escapam. Quando entrei pela primeira vez num estúdio de cinema, senti um clima diferente, encontrara a minha tribo, a minha pátria. Enquanto eu estiver fazendo cinema, estarei em casa em qualquer canto do mundo!

Saímos da cantina em silêncio naquela noite.

Tunbridge Wells – Atenas – Rio

*Cabo Sunion: a Grécia em
plena Guerra Civil.*

Adonis orgulhava-se de ser macedônio, "como Alexandre, o Grande". E Nicos era o cão mais escovado e festejado de toda a Grécia!

A praia era pequena e deserta. A água límpida, de um azul indescritível, bem rasa e calma. Uma enseada perfeita para esse primeiro contato.

Na realidade, naquele ano de 1948, o campo no condado de Kent era esteticamente perfeito. Quando ela confidenciou para Vivien que sentia muita saudade da roça no Brasil, a tia não entendeu. Aqui é lindíssimo! Mas como explicar a terra roxa, fofa e morna entre os dedos dos pés... O murmúrio do vento nas casuarinas...

Para enfrentar um ano de internato na Inglaterra, ela fora armada de bicicleta e mochila para as escapadas: um livrinho das Edições de Ouro de poesias de Catulo da Paixão Cearense para quando batesse a saudade e latas de feijoada e de goiabada reservadas para o dia do seu aniversário. O colégio em que estava era um conjunto de casarões vitorianos, quatro ao todo, cujos jardins interligados formavam um enorme parque muito bem-cuidado. Ficava perto de Tunbridge Wells, a três horas de bicicleta da casa dos tios Vivi e Hugh. Ela comprara uma Raleigh muito moderna, bicicleta com marchas, e sempre que tinha uma folga saía para longos passeios pelo campo. Tentava escapar de um curso que se revelava decepcionante. O aprendizado com crianças poderia ter sido fascinante se fosse mais abrangente, se além do desenvolvimento físico tratasse também do psicológico.

Mas as regras de como lidar com os problemas desta ou daquela criança vinham em forma de ordens da diretoria e sem a menor explicação. Eram meninos vítimas de violência, fome, maus-tratos, experiências traumáticas muito próximas das vividas pelos pequenos da favela. Várias vezes procurou a diretora para dizer-lhe por que razão fazia o curso. Pediu-lhe que fosse mais fundo, abrangendo os problemas psicológicos das crianças. Explicava que, de volta ao Brasil, teria que saber julgar e agir com autonomia. Que estaria ela também lidando com crianças com problemas. Mas a resposta era sempre negativa, não iriam mudar o curso por causa de uma aluna.

Ao longo do ano teve duas férias, e passou-as em Paris. Não sentia nenhuma afinidade com os ingleses, já ao chegar à França era um pouco como chegar a casa. Pegava o trem na Inglaterra, com sua mochila e bicicleta, e atravessava de barco o Canal da Mancha. Outro trem, em Calais, deixava-a no centro de Paris e, de lá, ia pedalando até a casa de sua avó. Paris de bicicleta era um sonho. Era uma intimidade com a cidade, uma sensação quase tátil. A euforia de rodar devagar por ruas e parques conhecidos. Sol, sombra, cheiros, prazer. Elisabeth estava no Brasil, então só dormia em sua casa, passando o dia fora, ou com Carmen e Betty ou com as amigas Simon, no palácio de Versalhes...

Mr. Simon, que além de ter tido a carreira muito prejudicada pela guerra fora obrigado a se aposentar antes da hora, tivera que pedir abrigo temporário a um antigo colega, o curador do Museu de Versalhes. A família Simon, no auge da penúria, vivia, paradoxalmente, num apartamento muito confortável no sótão do Palácio de Luís XIV. Fora o ambiente luxuoso, nada mudara.

Mr. Simon continuava calado, lendo; e madame, quieta. A babá, Maniá, a russa, e as meninas, radiantes e cheias de planos. Reencontros mágicos! Livros novos, discos novos, bicicletas novas. Nicole se preparando para o curso de enfermagem e de paraquedismo para trabalhar na África, e Jacqueline para o de medicina. De tardinha, iam as duas acompanhá-la de bicicleta até a estação onde pegava o trem de volta para Paris. Prometiam se corresponder. As Simon mandavam cartas de dez, doze páginas que, pequenas obras de arte, traziam as margens cobertas de desenhos a bico de pena. Até que as distâncias e os silêncios foram criando vazios.

O curso na Inglaterra chegou ao fim, Margie e Bobby haviam sido transferidos para a Grécia e, pouco antes do Natal, ela embarcou a bicicleta num navio e pegou aliviada um avião para Atenas. Não aguentava mais o colégio. O sonho de Margie de ter uma filha adaptada e feliz na Inglaterra chegava ao fim e se transformava em, quem sabe, uma filha casada com um diplomata com um futuro promissor... Mas ela desembarcou na Grécia em plena guerra civil e logo viu-se envolvida.

Como na maioria dos países europeus, os militantes comunistas gregos haviam-se unido aos partidos de direita durante a Segunda Guerra Mundial para combater o inimigo comum, o invasor. Mas logo que a guerra terminou, os comunistas tentaram aproveitar a situação caótica em que estava o governo, com o rei e a rainha da Grécia ainda no exílio, para tomar o poder. A direita monarquista se armou e começaram combates os mais sangrentos, desta vez entre gregos. Antes mesmo que o país se tivesse refeito da invasão de alemães e italianos. Com a volta da Família Real, os monarquistas se fortaleceram e conseguiram perseguir os comunistas até as fronteiras com a Albânia, a Iugoslávia e a Bulgária. Mas esses países ao norte, parte do bloco comunista, lhes davam abrigo, o que criava um impasse sem solução. A situação dos vilarejos mais pobres encaixados nas montanhas da divisa era dramática. Eram varridos por tropas realistas vindas do sul, que aproveitavam para matar e saquear os aldeões ditos simpatizantes de esquerda. Em seguida, as mesmas aldeias eram invadidas por milícias comunistas. Estas atravessavam a fronteira em ataques relâmpago e deixavam o seu saldo de mortos que haviam, supostamente, ajudado os realistas. Os camponeses estavam em pânico. Os ataques das guerrilhas comunistas eram sempre à noite, e como os atalhos pelas montanhas escarpadas eram traiçoeiros, começaram a sequestrar os pequenos pastores das aldeias para servir-lhes de guias. Os meninos eram levados para a Albânia onde eram doutrinados e se tornavam militantes.

As milícias comunistas, muito bem organizadas, sabiam que os camponeses tinham a família como indissolúvel. E que, ao voltar para a casa doutrinadas, as crianças conquistariam o resto da família, as aldeias se tornariam aos poucos simpatizantes e, como uma bola de neve, o ideal comunista se avolumaria incontrolável. Uma avalanche vermelha desceria do norte, cobrindo eventualmente toda a Grécia.

Aquele inverno de 1948 foi especialmente rigoroso. As montanhas em volta de Atenas, a Acrópole, e as ruas da cidade estavam cobertas de neve. Tinha-se notícias de combates terríveis, bem ao norte, nada que afetasse a vida e o Natal dos atenienses. Margie e Bobby moravam num apartamento confortável na rua Monis Petrakis, no bairro de Likavetós. Margie preparava o Natal da volta da filha ao mesmo tempo em que enfatizava a necessidade de fazerem economias e, parte destas, a urgência de que ela achasse um trabalho. E sugeriu que desse aulas de inglês.

Mas a rainha Frederica aproveitou o espírito natalino para lançar um apelo e um plano em favor das crianças gregas que estavam sendo sequestradas.

O plano da rainha era drástico. Evacuar todas as crianças entre 6 e 15 anos das aldeias mais próximas das fronteiras do norte e trazê-las para Atenas. Criar uma faixa de cinquenta quilômetros de largura em que não mais existissem crianças em idade de serem sequestradas.

Atenas se mobilizou para recebê-las. Todas as casas disponíveis foram preparadas. As famílias que podiam ofereciam casas e arcavam com as despesas. As embaixadas alugavam casarões e se responsabilizam pelo sustento dos pequenos e dos empregados. E quem tinha tempo livre, cadastrava-se para trabalho voluntário.

Eram centenas de crianças que, embarcadas no porto de Salônica, chegavam, em estado de choque, ao porto de Pireus, depois de vários dias nos porões de navios. A cena mais deprimente que ela já vira. Aquela manhã de inverno no cais estava especialmente fria. Meninos e meninas esperavam que os chamassem agarrados uns aos outros, em grupinhos apertados. As cabeças raspadas por causa dos piolhos, pareciam pequenos ETs acuados, parados em meio às poças d'água. Não tinham bagagem, não carregavam nenhum objeto. De pessoal só tinham o próprio nome numa tarja presa ao peito. O homem encarregado da recepção chamava, um a um, os representantes das embaixadas e dos comitês gregos e, em voz alta, lia os nomes das crianças que lhes eram entregues. A partir daí, seguiam de ônibus para os seus destinos em Atenas.

A casa alugada pelos ingleses era um sobrado grande com um jardim à volta. Havia empregadas, e as mulheres do pessoal da embaixada estavam a postos para ajudar quando as crianças chegaram. A primeira providência, o banho. No chão, crescia a pilha de roupas imundas destinadas ao lixo. Havia os que não queriam se separar das roupas, que eram arrancadas como se lhes arrancassem a pele, a identidade. Os menores choravam, debatiam-se, e só paravam de soluçar ao se verem vestidos, calças de lã cinza e camisa xadrez nos meninos e vestidos do mesmo xadrez nas meninas. E agasalhos.

O último dia daquela viagem de pesadelo terminava, depois de uma sopa quente, numa cama limpa.

Apesar de ter sido convocada para trabalhar na equipe dos ingleses, ela chegou rapidamente à conclusão de que ali sobrava dinheiro e mão de obra.

Era óbvio que cada embaixada fazia um esforço enorme para que o seu "Pedópolis" sobressaísse. A rainha comparecia à missa inaugural. O pessoal da embaixada era convocado, os meninos de cara limpa e roupa nova, em fila, e as meninas equilibrando um laço de fita na cabeça raspada. Tudo era acompanhado de perto por repórteres e saía no dia seguinte no jornal.

Numa discussão com a mãe, ela declarou que achava deprimente a competição entre as embaixadas e a badalação na imprensa em torno de uma solidariedade que não era nada mais do que normal. Afinal, a Grécia estava em ruínas. Um país aliado que havia lutado valentemente contra o poderio alemão. Alguns dias depois, ela se apresentou a um comitê, pedindo para trabalhar num "Pedópolis" grego que precisasse de ajuda e que tivesse uma pessoa que falasse francês ou inglês.

A senhora Lambraki atendeu-a, falando um francês perfeito, e compreendeu que queria trabalhar num "Pedópolis" onde pudesse ser mais útil do que naquele organizado pela embaixada britânica. No trajeto para um bairro operário de Atenas chamado Kaisarianí, a senhora explicou-lhe a situação. Tratava-se de sessenta crianças, da região grega da Macedônia, que já estavam havia quase um ano abrigadas muito precariamente numa pequena escola desativada. O prédio era pequeno e atarracado. Ao chegar, ela notou que ele se dividia em duas únicas salas de aula que haviam sido esvaziadas para que, à noite, se pudessem armar sessenta camas de lona. Uma cozinha no porão e um pequeno pátio cimentado, cercado de um muro alto, e só. Eram pastores, sessenta meninos e meninas de uma aldeia nas montanhas, cuja vida havia sido seguir os rebanhos em longas caminhadas diárias, e que se viam encarcerados havia um ano em duas salas sem ter o que fazer. Não havia um brinquedo, nada que lembrasse a presença de crianças. As meninas mais velhas faziam tricô e, quando a lã chegava ao fim, porque era muito pouca, desmanchavam e recomeçavam, resignadas. As menores, sentadas no chão, jogavam pedrinhas, e os meninos, num pé e noutro, os joelhos roxos, tentavam espantar o frio. A encarregada, senhora Mavrocordato, magra e toda de preto, falava um pouco de francês. Um enorme molho de chaves tilintava nervoso nas suas mãos. Mas era de pouco falar. Depois das apresentações em grego, puxou uma cadeira, fez sinal para que sentasse e foi cuidar dos seus afazeres. Ela se viu sozinha no meio de uma sala com sessenta crianças que a fitavam com pontos de interrogação estampados no rosto.

A sala não tinha móveis, exceto as camas de lona desmontadas e empilhadas a um canto e umas cinco cadeiras em volta de um pequeno fogareiro de carvão. Fazia muito frio, e ela logo se deu conta, aliviada, de que não era ela o centro das atenções, e sim o calor do fogo. Queriam chegar o mais perto possível!

Diante da total impossibilidade de se comunicar, ela arriscou. Apontou para o próprio peito e disse: "Eliane", e insistiu enfática "Eliane". Um menino sorriu entendendo a brincadeira e disse apontando para si: "Carilo!". E, em seguida, apontando para o irmão menor, "Ghiorgos"! Ela, concentrada, repetia. Começaram as risadas e, seguindo o seu dedo, foram surgindo Adonis, Arcondula, Maria, Yani... estava quebrado o gelo!

Uma vez memorizados os nomes, aprendeu a primeira frase em grego: "*Tine aftó?*", "O que é isso?", que repetia insistentemente apontando para a cadeira, as camas, a janela e a montanha ao longe. Aí os olhares se tornavam sonhadores, esta montanha é Hymetós, murmuravam: "Hymetós!".

No dia seguinte, chegou com uma bola. Foi um sucesso. Mas logo se deu conta de que simplesmente não havia espaço para jogarem. Ao lado da escola, havia um terreno baldio coberto de neve, e ela sugeriu à senhora Mavrocordato que as crianças pudessem aproveitar para correr e jogar bola. A resposta, horrorizada, foi que pegariam uma pneumonia se pusessem o nariz fora de casa. Muito a contragosto a encarregada deixou-se convencer, e as crianças saíram em corrida desabalada atrás da bola. Barra-bola, queimada, futebol se sucederam, todos participando, as bochechas vermelhas, os olhos brilhando. Voltaram suados para a escola e não se falou mais em frio.

As crianças de Kaisarianí nada tinham a ver com os refugiados apáticos que ela fora receber no cais de Piréus. O tempo consertara muitas coisas. Entre elas, as cabeças raspadas que davam às meninas um ar tão trágico. Os cabelos, ainda que curtos, já encaracolavam faceiros emoldurando os rostos com um quê de estátua clássica. Eram todos de um mesmo vilarejo, e muitos da mesma família. As irmãs cuidavam dos irmãos menores, que se sentiam protegidos. Era uma raça bonita, e inteligente. Orgulhavam-se de ser macedônios. E acrescentavam: como Alexandre, o Grande!

Tinham nomes sonoros, e nenhum apelido mesquinho: Apostulhá, Paraskevá, Sofia, Elení, Válsamo, Sultana, e vários Cristós.

O drama era a saudade dos pais. Explicada com muita mímica, as mãos batendo no coração. No outro dia, levou papel de carta e máquina fotográfica para que as fotos dos meninos chegassem até os pais junto com notícias. Os irmãos, arrumados, penteados, empertigados. Um pequeno buquê de flores que passava de mão em mão. Fotos de sorrisos incertos para pais e mães tão longe! Os envelopes chegariam todos ao mesmo tempo, causando certamente um alvoroço no povoado, os camponeses correndo de casa em casa, alegres, comparando cartas e fotos!

O outro problema era a falta total de material para que as crianças se ocupassem. Margie recorreu às amigas da embaixada, que começaram a colecionar revistas velhas, latinhas com tampa e caixas de fósforos vazias. Barbante, cola, tesouras, restos de lápis de cera, de novelos de lã, brinquedos quebrados e papel, muito papel, enfim tudo o que iria para o lixo.

O resultado foi surpreendente. Margie teve que levá-las a Kaisarianí de carro, tantas eram as sacolas! A criatividade era fantástica. De repente, havia o que fazer. E as longas tardes de inverno viraram uma festa. Em pequenos grupos, recortavam, pintavam, colavam e soltavam gargalhadas diante dos bichos, carros, bonecos e até tabuleiros de damas que iam surgindo! As crianças resolveram que as paredes pintadas de um cinza lúgubre poderiam tornar-se bonitas com uma exposição de "quadros" tirados de revistas americanas. Havia muitas cenas campestres, muitos cachorros, e ela surpreendeu Yani, de 5 anos, totalmente concentrado, colando uma propaganda de página inteira na parede: um enorme prato de sopa de tomate, fumegante! Realmente, em pleno inverno, nada mais lindo do que um bom prato de sopa...

Uma amiga de Margie, diplomata, ia ser transferida e não sabia o que fazer com o seu cachorro. Havia até pensado em sacrificá-lo, apesar de bonito e manso. A muito custo, a senhora Mavrocordato deixou-se convencer, e Nicos foi apresentado às crianças de Kaisarianí! "É contra todas as regras... Nunca se ouviu falar... O que dirá a diretoria..." Dizia a pobre senhora, enxugando o rosto com o avental preto. Mas as sessenta vozes cheias de saudades dos próprios cachorros falaram mais alto. E Nicos tornou-se o cão mais limpo, escovado e festejado de toda a Grécia!

Kaisarianí era um bairro pobre, de periferia, e a escola ficava situada onde as últimas ruas de terra iam-se estreitando em ruelas, e logo em atalhos sinuosos que subiam as primeiras encostas do monte Himetós.

No começo da primavera, a escola pareceu ter encolhido. Algo no ar deixava as crianças irrequietas, como se os jogos de bola no terreno baldio já não bastassem. Os mais velhos tinham uma expressão melancólica, e ela surpreendia um ou outro com as mãos agarradas ao alambrado que cercava o pátio, o olhar perdido na direção da montanha. Estavam, na realidade, encarcerados. Pois o pesadelo que rondava a senhora Mavrocordato e o tilintar do seu inseparável molho de chaves era que os meninos fugissem.

Um dia, armou-se de coragem e fez um pedido muito especial à senhora Mavrocordato. Propôs levar os meninos todas as tardes até os primeiros contrafortes da montanha para que tivessem finalmente liberdade para correr e brincar. A ideia apavorou-a. Com gestos dramáticos, enfatizou todos os perigos, culminando com o maior de todos: a fuga. Ela insistiu. Pediu uma chance, só uma. Levaria um apito, pois, apesar de saber o nome de todos, ainda não falava a língua. Um toque significaria dispersar, dois reunir.

Depois de enfileirados e avisados de que os passeios seriam diários, mas que qualquer desobediência significaria o fim do programa, saíram marchando e cantando hinos marciais, deixando a escola e a senhora Mavrocordato para trás.

Peito estufado, passavam diante dos olhares espantados dos moradores. O primeiro da fila levava o cachorro pela guia e o menorzinho, tentando acertar o passo, encerrava o desfile com a bola debaixo do braço.

Os olhos brilhando e as bochechas vermelhas chegaram, depois de uma última subida, a um platô em pleno campo. A cidade ficara para trás com as ruas atravancadas de barulho, gente apressada, paredes cinzas e portas trancadas. Finalmente o espaço, o silêncio da montanha, uma brisa fresca e flores, muitas flores silvestres.

Pararam deslumbrados, cheirando o ar como que reconhecendo o seu *habitat* e se entreolhavam como se esperassem algo. Nisso, o menino mais velho soltou um grito rouco, tirou um lenço do bolso e levantou o braço, agitando-o. Era o sinal para que todos se dessem as mãos formando um longo cordão e se pusessem a cantar e a dançar, serpenteando atrás do menino do lenço!

Ela, parada e emocionada diante daquela explosão de alegria, viu-se de repente arrastada pelas mãos dos meninos e seguiu dançando com eles.

Esgotados o fôlego, o canto e a dança, jogaram-se ao chão rindo e rolaram no capim como animaizinhos felizes. Outros, deitados de braços abertos, olhavam o céu e respiravam fundo, saboreando o ar da montanha. Um jogou a bola para o alto e os outros a cercaram, falando muito e apontando para todos os lados. Fazia parte do trato. A liberdade!

Um toque de apito e saíram todos correndo, o cachorro atrás. Em breve, viu-se sentada sozinha com seu apito. Olhando do alto do Himetós, perdeu-se no entardecer sobre a cidade de Atenas. A falta de vegetação, as pedras refletiam tons de rosa e lilás. Não sentiu o tempo passar. De repente, olhou o relógio e, rápido, apitou duas vezes com toda a força. As crianças começaram a aparecer como que por encanto, entraram em fila, e foram contados. Faltava um. A apreensão correu como uma descarga elétrica e saíram todos correndo, gritando um nome. Depois de uma eternidade de minutos voltaram arrastando Yani, o menor, pela orelha. Todos ralhavam, e ele chorava, sem saber se era pelas orelhas em fogo ou pelas pobres flores que trazia amarfanhadas na mão.

As tardes na montanha tiveram um efeito surpreendente sobre as crianças. Além de descarregarem toda a energia física acumulada, era como se deixassem cair por terra os gestos e atitudes militares que, como fardas apertadas demais, limitavam a sua espontaneidade. No dia a dia eram tratados como pequenos soldados, todos enfileirados. As ordens eram sempre transmitidas aos gritos. Seguidas de cantos marciais. Talvez porque os meninos viessem da região da fronteira, onde, por pura questão de sobrevivência, as fidelidades políticas eram no mínimo nebulosas. Havia, segundo as dirigentes, a necessidade de realçar de maneira dramática nos meninos o papel de pequenos guerreiros na luta do bem contra o mal.

Isso tudo lhe fora explicado pela senhora Mavrocordato, quando perguntou por que eram obrigados a marchar na rua. A disciplina marcial era necessária para garantir uma Grécia livre no futuro.

Ela não acreditava no método e, sem querer, acertara no antídoto. A montanha tinha o efeito de soltar as amarras. Lá no alto, as meninas mais velhas se punham a caminhar normalmente, de braços dados e falando baixinho como as comadres na aldeia. Alguns começavam a cantar, e logo a várias vozes, pedindo que ela os acompanhasse, aprendesse. Ensinavam-lhe as canções da

Macedônia, até que, com um ar cúmplice, rindo, uma voz entoasse a "Internacional" e todos acompanhassem, ela também, rindo. Com tantos e tão incansáveis professores, conseguia uma comunicação cada vez maior. Os assuntos voavam, ultrapassavam fronteiras, tocavam no cerne da saudade. Sentados no chão à sua volta, havia sempre um grupinho que, naquele dia, escolhia não brincar, não correr até cair, para falar da aldeia. E ela tinha todo o tempo do mundo para escutar. Aprendia a conhecer o pai, a mãe, a casa, o tamanho do cachorro. Lá na Macedônia. Surpreendia-os o fato de que ela também se sentisse presa longe da sua "aldeia": O Brasil. *"Tine aftó?"* O que é isso? Queriam saber tudo. Onde era, como era o campo e as ovelhas? Mas o mar? A única lembrança que tinham do mar era do enjoo e do medo no porão do navio. Não se podia sentir saudade do mar. Podia, sim, podia...

Afinal o verão chegara, e Atenas não era tão longe do mar, mas como levar os sessenta meninos até lá? Tornou-se uma ideia fixa. Ela só falava nisso. Um amigo grego, diplomata, trouxe a solução: dois caminhões do exército estariam à disposição dos meninos, um dia por semana, para levá-los até a praia! Em troca, ela jantaria com o amigo uma vez por semana. Trato feito, passou a conhecer os melhores restaurantes de Atenas! Ele só lhe pedia um favor, que não abrisse a boca para falar grego, pois tinha um sotaque terrível de camponesa da Macedônia... Só falariam francês!

A senhora Mavrocordato, que já estava se acostumando com todas as loucuras, achou ótimo. Apesar de em princípio ser contra, "imagine o que vão pensar", concordou até que as crianças vestissem as roupas mais velhas e frescas que tivessem. Preparou toneladas de comida e foi a primeira a subir no caminhão. Atrás dela, as sessenta crianças e, naturalmente, Nicos, o cachorro. Cantaram sem parar, debaixo da concha acústica das lonas, abafando os roncos dos motores. Mas desceram dos caminhões em silêncio, incrédulos diante da beleza do mar Egeu!

A praia era pequena e deserta. A água límpida, de um azul indescritível, bem rasa e calma. Uma enseada perfeita para esse primeiro contato. Foram-se aproximando do mar cheios de assombro, de mãos dadas, os pés nus enterrando na areia. Tomando conhecimento aos poucos, com volúpia, sentiram a água com os pés, as mãos, sentiram o cheiro de algas, o gosto de sal, o frescor. As mãos em concha, jogavam água na cabeça, rindo para o sol e, em seguida, uns nos outros. Logo os meninos tiraram as camisas e as meninas, do jeito que estavam, vestidas, corriam e rolavam na areia e no mar. A senhora Mavrocordato dava corridinhas, a saia preta segura no alto para não molhar. A máquina fotográfica registrando tudo!

Na hora do almoço, uma toalha branca foi esticada no chão, debaixo das árvores, e espalhados os pratos com um grande naco de um pão redondo, integral, típico do tempo da guerra. As crianças se ajoelharam e rezaram em voz alta depois de terem feito o tríplice sinal da cruz dos católicos ortodoxos. Ajoelhada na frente do seu prato de alumínio, ela também fez o sinal da cruz. Único e diminuto, diante dos olhares duvidosos. E passaram a comer a sopa de legumes com pão, tudo fartamente regado a óleo de oliva.

Decretada a *siesta* à sombra das árvores, ela foi logo bombardeada por perguntas e teve que explicar aquele sinal da cruz abreviado e ainda por cima às avessas.

Depois de achar que até que se tinha saído bem no seu primeiro discurso teológico em grego sobre a diversificação dos símbolos e a unidade do conteúdo, escutou do seu lado um longo suspiro, e Yani, sério: "Que sorte que você tem de ter aprendido conosco a fazer o sinal da cruz direito". Ela concordou. Nesse dia ficaram muito orgulhosos em saber que todos os dias ela aprendia coisas novas e muito importantes com eles. Não só o sinal da cruz.

No dia seguinte, ela levou o tecido necessário e a senhora Mavrocordato e as meninas passaram a semana ocupadíssimas improvisando calções de banho para todas. Os meninos faziam pequenos barcos com velas, as atenções concentradas no próximo dia à beira-mar. Aquele verão foi perfeito. Não faltaram as tardes o sol e a brisa nas encostas do Himetós nem, semanalmente, a presença infalível dos caminhões, garantindo o tão sonhado dia na praia. O sol e o mar tiveram o efeito de aveludar a senhora Mavrocordato, de amaciar-lhe as quinas, como um bom vinho que envelhece generoso. Tornou-se menos marcial no trato com as crianças, havia uma certa cumplicidade, e pendurou as chaves da paranoia atrás da porta. Os meninos já não saíam marchando da escola, mas iam e voltavam da montanha, andando normalmente pelas calçadas, cuidando para não esbarrar nas pessoas. Eram crianças felizes, que se comunicavam por cartas com os pais e que sabiam que em muito breve voltariam para a aldeia.

E ela se preparava para voltar ao Brasil.

Setembro de 1949, 21 anos completos, chegou à conclusão de que não queria nada daquilo. O trabalho com as crianças era apaixonante; mas, fora isso, a vida em Atenas era uma sequência de compromissos sociais que ela achava ridículos. Ela tinha que estar sempre pronta a substituir a mulher de algum diplomata inglês que estivesse viajando ou doente, em jantares cheios de protocolo e sufocantes. Margie achava que eram ocasiões excelentes para que a filha fosse se amoldando ao tipo de vida que certamente iria levar dali para a frente. Animada com a perspectiva, fazia o possível para que começasse a se interessar por roupas, arranjos de flores e outros detalhes essenciais a uma boa anfitriã. A pressão não ajudava em nada o relacionamento. Já Bobby insistia em lembrar-lhe que já estava passando da idade de se casar. De novo a sensação nítida de estar sobrando.

Um dia escreveu para a avó em Paris, dizendo que queria voltar para o Brasil e que, se não lhe mandasse a passagem, iria a nado...

Adulta, resolveu trilhar o seu próprio caminho. Ainda não tinha ideia de qual seria, mas tinha uma certeza: passava longe tanto de Margie como de Jorge.

O amigo grego garantiu que os caminhões não falhariam e que continuaria ajudando as crianças em tudo que fosse necessário. Combinaram até a festa do Natal. Ela mandaria os brinquedos, e ele se encarregaria de uma ceia especial.

Margie despachou uma mala grande e a bicicleta diretamente para o Rio de Janeiro e a filha, de avião, para Paris. Era mais um desfecho decepcionante. Consolava-a o fato de ter entregue à menina rebelde um feixe de cartas que lhe abririam as portas das melhores famílias do Rio. Garantia assim, mesmo de longe, o convívio da filha com as pessoas certas. As cartas, naturalmente, foram rasgadas.

A avó Elisabeth era, na época, uma mulher muito rica, que de forma bem consciente se deixava explorar pelo filho preferido, Jorge. E por mais ninguém. A não ser com as viagens anuais para a Europa, não gastava nem com ela própria. Para que a neta não tomasse o mesmo caminho do pai, foi logo explicando, ao se encontrarem em Paris, como seria o relacionamento delas dali para a frente. Entregou-lhe a passagem de navio para o Rio, explicando-lhe que viajaria com Jean e o carro. Elisabeth iria mais tarde com o Sr. Joãozinho, de avião. Chegando ao Rio, poderia morar com ela se assumisse o compromisso de trabalhar, pois não deveria esperar receber um tostão nem do pai nem da avó.

Radiante com o fato de ter ganhado a tão sonhada independência e a passagem para o Rio, beijou a avó e embarcou no carro com Jean, a caminho de Le Havre. Enquanto atravessavam as planícies da Normandia, riram muito do último estratagema de Jean. Ele recebera ordens de comprar para a neta uma passagem de segunda classe, como a dele, dividindo a cabine com mais três pessoas. Mas, indignado, Jean não só comprou uma passagem de primeira classe como escolheu uma das únicas cabines de um só beliche! Elisabeth teve que se conformar com a informação que todas as outras já estavam tomadas...

Le Kerguelén era um pequeno navio, misto de cargueiro, que nessa viagem levava, animando a segunda classe, um grupo grande de ciganos. Todas as noites, Jean vinha buscá-la para assistir ao show de flamenco que se dava ao ar livre na popa. Ao canto rouco e melancólico misturava-se o som do vento e das ondas. Os dançarinos, de expressão trágica, rodopiavam no convés entre cabos e rolos de corda. Nenhum show de flamenco teria jamais a intensidade dramática daquelas noites em alto-mar, o navio deixando atrás de si um rastro fosforescente.

Quando o navio parara em Dakar, o sol, os rostos negros e suados dos estivadores no cais, os gritos e as gargalhadas descontraídas lhe passaram uma sensação gostosa, de estar chegando a casa depois de dois anos na Europa. Mas, andando pela cidade, chegou à conclusão de que se havia enganado. Os senegaleses olhavam com ódio para os brancos que passavam e cuspiam com desdém a milímetros dos seus pés. Ainda estava longe de casa...

Debruçada na amurada numa manhã de sol, ela pronunciava com volúpia os nomes sonoros das praias que o navio costeava. Aproximavam-se da Baía de Guanabara. Itapu. Itapetininga. Ita... Ita... Chegara a casa. Que Inglaterra! Que França! Que Grécia! A sua terra era aqui.

A trepidação e o balanço de alto-mar deram lugar a um ronronar calmo das máquinas. A Baía de Guanabara. A Ilha de Santa Cruz apareceu ao longe e a sua casa no alto, entre as mangueiras. Enquanto os outros passageiros conversavam animadamente em pequenos grupos e trocavam endereços, ela, sozinha no convés, se entregava à emoção da volta. Para uma coisa tinham servido os dois anos na Europa. Apesar das fortes contradições existentes no seu caldo muito peculiar de cultura, havia uma certeza: ela era brasileira.

Uma vez no Rio, passou dias estática, andando de bicicleta, engolindo paisagens, revendo Copacabana, onde a avó morava, o Leblon e a Lagoa. Havia menos bondes, mais carros e, no Iate Clube, os barcos do pai haviam sumido. Também havia sumido a cantoria dos vendedores ambulantes, com o forte acento português. Voltou ao Morro de Dona Marta e viu que as crianças haviam crescido, mas que nada havia mudado. E resolveu procurar um emprego. Sanada a questão de um salário, só teria que arranjar tempo para trabalhar no morro. Para isso tinha voltado.

Uma semana depois, apareceu a oportunidade de substituir uma amiga como professora no primeiro ano primário da Escola Americana no Leblon. As aulas eram todas em inglês, as crianças simpáticas e o salário pareceu ótimo. Mas até sair o primeiro pagamento... A avó, irredutível, negou-lhe um empréstimo para que não se estabelecessem precedentes.

Ia e vinha de bicicleta para economizar a passagem de ônibus. Saía antes das 7 da manhã e chegava às 3 da tarde sem almoço, e no primeiro dia, encontrou a porta da cozinha trancada. Surpresa, ouviu que a avó não permitia refeições fora dos horários compatíveis com os da casa.

Nesse dia, aprendeu uma lição que seria válida para o resto de sua vida. Um bom amigo vale mais do que a família quando se está em apuros. Pelo menos no seu caso. Pai, mãe e avó se recusavam a ajudá-la. Maria Cecília, que era muito sua amiga desde o tempo de Miss Harris, na ilha, na mesma hora se prontificou a deixar um prato no forno para que almoçasse a qualquer hora do dia! Sem problemas.

O primeiro salário deu para comprar pequenos brinquedos e lembranças, que foram devidamente embrulhados e etiquetados para cada uma das crianças de Kaisarianí. O Natal prometido. A embaixada grega no Rio, depois de receber uma carta da senhora Lambraki, encarregou-se de mandar a caixa de brinquedos pela mala diplomática. Já o seu Natal foi uma festa, pois recebeu uma carta de cada um dos meninos! Em grego... Estavam todos bem e, em breve, voltariam para a aldeia.

As férias chegaram depois de dois meses de Escola Americana, e ela embarcou para São Paulo. Estava com muitas saudades de tia Yolanda, da Fazenda Empyreo e dos amigos de lá. Ia-se de trem, em grupo, de São Paulo até Leme, cidadezinha coberta de poeira da boa terra roxa. E, de lá, de carro atravessava cafezais, aos solavancos, até o grande portão do Empyreo. Passou capela, passou curral, passaram antigos paióis e além do arco de pedra talhada, coberto de musgo e samambaias desgrenhadas, de repente, a casa. Centenária, sóbria e tão acolhedora. No Empyreo nada mudara. As fotos da família Penteado na parede, os móveis de época e Camilo, o copeiro, deslizando silencioso pelos corredores.

Nada mudara mesmo, nem mesmo o casal de amigos que, com o filho que tinha a sua idade, passava uma temporada no Empyreo antes de ir para o Guarujá. Eram mais que amigos, diziam que eram a sua família e levavam--na para onde fossem, como agora para uma temporada na praia. A mãe era estrangeira, culta e inteligente. E, com a espontaneidade e a *joie de vivre* de uma pessoa segura de si, havia cativado a adolescente tímida desde o primeiro momento, anos antes, quando a convidara para passar um mês com eles no Guarujá. O marido, homem de negócios, ocupado, era o próprio pai bonachão que, encantado, fazia todas as vontades da mulher e do filho. E o rapaz era um adolescente extrovertido e irrequieto que, entre espantado e feliz, descobria o sucesso com as meninas. Moldava o corpo bronzeado nas barras e com natação, e, como quem não quer nada, começava a se preocupar com as roupas. O sonho da mãe era que os dois adolescentes se casassem. Teriam um filho, uma governanta inglesa e uma casa em Cannes!...

Mas esse filme tinha o ranço do já vivido. Governanta inglesa? Casa em Cannes? Andando descalça pela praia da Enseada, na época totalmente deserta, foi desfiando para a amiga o seu sonho: viveria numa praia como esta, com o marido que sairia quando muito para pescar, nunca para um escritório, e teria muitos, mas muitos filhos mesmo. Cuidaria das crianças, que cresceriam saudáveis e bronzeadas sem que nenhuma governanta tocasse nelas. Teria cavalos e cachorros, e galoparia na beira da praia ao entardecer. Era esse o seu sonho! O Guarujá era um paraíso na década de 1940. Chegava-se de São Paulo por uma estrada antiga, estreita, de curvas acentuadas e perigosas. Até o meio da serra, a neblina era cerrada. De repente, como por milagre, o céu se abria e revelava, lá embaixo, a sucessão de praias ao sol e o mar deslumbrante. Naquele momento, começava a magia das férias, ali! A viagem terminava na fila de carros que esperavam a balsa para atravessar o braço de mar que separava Santos do Guarujá. Havia também um trenzinho pitoresco, que descia a serra apitando e despejava os passageiros na estação, no centro da cidade. Charretes coloridas esperavam para levar os turistas para as praias e, à tarde, de volta à estação, pois eram, em geral, uns poucos paulistanos que vinham apenas passar o dia na praia.

Guarujá era na época o reduto dos paulistas quatrocentões. Dividiam-se entre os mais tradicionalistas, que haviam construído à beira-mar grandes palacetes de pedra, nos moldes das casas de praia do norte da França, e os de tendências mais avançadas, que tinham chalés de madeira pré-fabricados e charmosos, importados da Escandinávia. Corria o boato que uma casa construída na encosta pertencia a uma família levantina saída Deus sabe de onde, de nome Maluf. As ruas eram sombreadas e andava-se de bicicleta, pois os maridos costumavam voltar nas segundas-feiras para São Paulo, no carro da família.

Havia o Grande Hotel, que lembrava o Copacabana Palace, e era o único prédio mais alto. E, junto, o Cassino, onde nos fins de semana podia-se tropeçar nos colunáveis mais bronzeados e cobertos de joias do *grand monde* paulistano. Sem muita convicção, falava-se na construção de um arranha-céu em cima das pedras, na ponta da praia das Pitangueiras. O edifício Sobre as Ondas seria um empreendimento moderno, que não quebraria a harmonia do conjunto arquitetônico local. Naquele tempo ainda havia quem se preocupasse com essas coisas!

Nos seus 20 anos, já havia sido "adotada" por várias famílias. Como um camaleão, tornava-se parte integrante do meio. Mas, além do seu poder de adaptação, havia sempre dois polos de atração: livros e música. Nesta família, a mãe tinha as mesmas paixões. Tocava muito bem piano e adorava ler, sendo que gostava de compartilhar esse prazer. Depois de uma manhã no sol e no mar e de um almoço à base de peixe comprado no arrastão, deitavam-se todos na grande cama de casal, enquanto ela lia em voz alta, Tolstoi ou Huxley. No calor da tarde, pernas bronzeadas e um certo torpor sobrando para todos os lados, ela lia com entusiasmo, pontilhando o texto com exclamações: *"Ils sont fous ces anglais!"* ou *"Quelle merveille ces russes!"* até se dar conta de que estavam todos dormindo... Andando na rua, observavam as pessoas e "reconheciam", de repente, um certo conde tolstoiano ou um excêntrico personagem inglês típico de Huxley. O desconhecido passava a fazer parte das fantasias do dia a dia. Aprendeu a não só ler como viver os livros que estava lendo.

Dali para a frente, cada época de sua vida seria lembrada pelos personagens que, envoltos nas suas próprias paisagens, como que sobrepostos à realidade, haviam acompanhado as suas andanças naquele momento. Assim, as tardes de calor no Guarujá ficaram para sempre impregnadas do clima dramático e do turbilhão de paixões de Guerra e Paz. Turbilhão de paixões? Coitado de Tolstoi. O ranço de cinema mexicano fez com que voltasse à realidade.

Caiçara

"Caiçara". Carlinhos Vergueiro e Mário Sérgio, com quem ainda contracenaria em "Ravina". 1950.

"Caiçara", no auge da felicidade por estar perto do Tom, caminhava horas, de praia em praia, atrás do local certo para filmar, ou descansava à sombra de um coqueiro, lendo. Uma vida de sonho! 1950.

Foi quando vi, do outro lado da sala, o inglês alto e magro, parado na porta, e esquecendo a timidez fui ao seu encontro. Numa fração de segundos, gravei para mim a textura do cabelo claro e fino, meio revolto, o rosto sensível, a boca sensual, e estendi a mão. 1950.

O teste: afinal não é tão difícil, é só "fazer de conta". De repente, não havia mais nem câmera, nem luzes, nem ação. 1950.

Ensaio da primeira cena de "Caiçara" em Ilha Bela, com Abílio Pereira de Almeida, Carlinhos Vergueiro e Tom, de joelhos. 1950.

"Caiçara". Ilha Bela, uma praia deserta após a outra. Pequenas, lindas, cercadas de coqueiros e emolduradas por grandes rochedos negros. 1950.

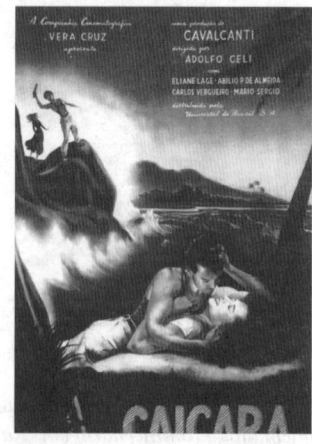

Cartaz de "Caiçara". 1950.

"Cinema? Cinema?" Houve uma pausa. Os últimos grãos de areia se escoavam. O meu relato chegava ao fim. Na pequena cantina paulistana, um homem sentado à minha frente esperava uma resposta. Exigia uma decisão. Confusa, pela primeira vez na vida totalmente indecisa, tentei contemporizar, explicar.

Estas férias, as primeiras depois de minha volta da Europa, haviam-se passado como todas da adolescência, um pouco no Empyreo e um pouco no Guarujá. Mas enfatizei que morava no Rio. E agora estava em São Paulo, jantando com um cineasta que me pedia para simplesmente jogar todos os meus planos para o alto. Abandonar os meus sonhos para seguir os dele. Não era pedir muito?

Parei, pensativa. Noite após noite, sentados à mesma mesa, ele fizera perguntas, e eu desfiara a minha vida. Coisas que nunca falara a ninguém, troquei por coisas que ele também jamais contara. Quatorze anos mais velho, ele também vira desmoronar a sua família e tivera uma infância doída. Tínhamos muito em comum, mas eram coisas do passado. Agora, tínhamos ambos, acima de tudo, a vontade e a energia de começar uma vida nova.

Turbilhão de paixões, seria isso que estava sentindo? Não, isso era coisa de cinema. Sentia, sim, um prazer enorme em estar com ele. Voz de ator shakespeariano, seria capaz de ouvi-lo a noite toda. Exalando magnetismo por todos os poros, ele abrira um universo que até ali eu só adivinhara. E a ternura do olhar, como nunca vira num homem, conquistara todos os meus medos.

Naquela noite, pensativa, seguindo com o dedo os quadrados vermelhos da toalha, como se do desenho geométrico dependesse a reorganização do meu ser, decidi ser dona da minha vida. Isso implicava o passado e todos os planos bem comportados que tivera ao longo dos últimos anos para embarcar num futuro desconhecido. Inexplicavelmente, sentia uma atração enorme por esse futuro, uma espécie de vertigem que me impelia para o abismo sem volta. A volúpia da aventura!

Respirei fundo e prometi me esforçar e fazer o teste de cinema que ele tanto queria. Rindo, segurei as mãos à minha frente:

– Quando começamos?

O primeiro passo seria conhecer a granja de galinhas de Ciccillo Matarazzo, onde começava a ser construída a Companhia Cinematográfica Vera Cruz. Yolanda, feliz, organizou a visita. Iriam Ciccillo; os irmãos Franco e Carlo Zampari, que eram os seus sócios no empreendimento; o cineasta Alberto Cavalcanti, responsável pelas produções; Tom Payne, futuro diretor de filmes; e a "futura estrela", como me chamavam, brincando.

Era uma chácara em São Bernardo do Campo, a vinte quilômetros do centro de São Paulo. Ia-se por uma estrada de terra vermelha quase intransitável na época das chuvas. Havia uma casa, que seria a residência de Cavalcanti, e vários galinheiros, construções longas e acachapadas, que seriam transformadas em cozinha, cantina, e uma dezena de apartamentos destinados aos técnicos estrangeiros que estavam para chegar.

Máquinas faziam a terraplanagem, e Franco Zampari mostrava com largos gestos onde seriam construídos os estúdios. Uma área de mata virgem com árvores imensas seria preservada, que mais tarde, durante as filmagens, viria a ser de grande utilidade.

Depois do almoço, enquanto conversavam no terraço da casa principal, Tom me chamou de lado e disse:

– Venha conhecer o meu quarto.

Tudo muito simples, quase monástico. A um canto, a sacola de zíper, a bagagem com a qual havia chegado. Pendurado atrás da porta, um robe vinho de seda. Ao lado da cabeceira, um despertador e um livro. Tom parecia querer me dizer algo ao mesmo tempo em que observava a minha reação diante da total pobreza do quarto. Notando o meu interesse pelo livro, pegou-o quase com reverência:

– É um livro extraordinário. *Peter Abelard*, por Hellen Waddell, a história do trágico amor de Abelardo e Heloísa.

Continuou falando baixo, intenso, enquanto acariciava o livro, o único que havia trazido da Inglaterra. Por que, entre tantos na biblioteca, trouxera logo esse? Falava de coincidência, de *omen*, de amor impossível. A atmosfera no quarto se tornava opressiva, como se a tragédia escorresse do livro para suas mãos e nos enredasse numa teia invisível. Seguiu-se um momento de silêncio. De repente, decidido, Tom tirou de dentro de uma gaveta uma foto e me deu, dizendo de supetão:

— É minha mulher. Bonita, não é? Ela é modelo.

Parada no meio do quarto, com a foto na mão, eu tentava dominar o turbilhão que se apoderara de mim. Ódio. Não dele, que nunca me prometera nada. Ódio da minha ingenuidade. Mais do que natural que um homem de 35 anos fosse casado. Que burrice a minha! Baixando os olhos para que ele não notasse o meu constrangimento, concentrei-me na foto. Teria sido mais fácil se fosse uma imagem posada em estúdio de fotografia. Mas não, era o instantâneo de um momento feliz num dia de vento na praia. Ela estava deitada na areia, o cabelo em desalinho, saia esvoaçante revelava pernas bem-torneadas e uma cumplicidade que chegava a doer. Finalmente, esperando que minha voz não me traísse, consegui entregar-lhe a foto e sussurrar:

— Sim, muito bonita. Quando é que ela chega?

A resposta monossilábica:

— Logo — bastou.

Na volta para São Paulo, Ciccillo e Yolanda conversavam animadamente e não perceberam o meu silêncio. Uma chuva pesada castigava o para-brisa e as nuvens varriam a lama vermelha encosta abaixo. Encolhida no meu canto, eu chegava à dolorosa conclusão de que não conseguiria que o tempo voltasse atrás. A brecha estava aberta. Um homem, um desconhecido, se tornara uma peça vital na minha engrenagem. Eu mudara todos os meus planos, sem retorno possível, para encaixar a minha vida à dele. E agora?

Os pensamentos se atropelavam, desciam aos borbotões, incontroláveis como a enxurrada. Tentei imaginar o futuro. Eu trabalharia com ele, a mulher em casa. Dois mundos estanques. O meu seria o da criatividade, do companheirismo, o que na realidade tinha sido o nosso mundo até agora. Ela teria as noites, a ternura. O mistério que eu desejava, mas ainda não penetrara. Incompleto, é certo, mas melhor do que o caos de nunca mais vê-lo.

Francisco Matarazzo Sobrinho era filho do irmão do conde. Empresário sério, dono, entre outras coisas, da Metalúrgica Matarazzo, era avesso a badalações e levava uma vida simples. Era calado, culto e bom. Casou-se já na meia-idade com Yolanda Penteado. Extrovertida e de uma energia esfuziante, ela resolveu dar-lhe a merecida projeção. Organizava jantares impecavelmente servidos por Galiberti, o copeiro italiano, na rua Estados Unidos. E os fins de semana na Fazenda Empyreo reuniam sempre as pessoas certas. Conforme a ocasião, encontravam-se a nata da sociedade quatrocentona de São Paulo, grandes empresários, políticos ou *marchands* internacionais com acesso às melhores coleções de arte da Europa.

Ciccillo, assim como Franco, seu melhor amigo e braço direito na metalúrgica, era um amante da arte. Viajava a Europa toda com Yolanda atrás de raridades e, ao longo dos anos, cercou-se de peças únicas. Já a paixão de Franco era o teatro. Comprou um prédio antigo no centro de São Paulo e fundou, em 1949, o Teatro Brasileiro de Comédia. Os diretores vinham da Itália: Adolfo Celi, Flamínio Bollini, Luciano Sale e, mais tarde, Gianni Ratto. Os atores Sérgio Cardoso, Paulo Autran, Cacilda Becker, Cleide Yaconis, Tônia Carrero, e tantos outros, montaram espetáculos memoráveis. Havia uma efervescência artística na capital no início da década de 1950. Alfredo Mesquita fundava a sua escola de teatro; Chateaubriand, o seu Museu de Arte de São Paulo, o MASP. O entusiasmo dos idealizadores Ciccillo Matarazzo e Franco Zampari contagiou a imaginação dos paulistas mais empreendedores. O cinema seria o próximo passo! E, no ano seguinte, a primeira Bienal de Arte.

Na Itália do pós-guerra, o cinema renascia. Ao contrário das produções de Hollywood, os filmes feitos, com muito pouco dinheiro e um cuidado especial com a qualidade da fotografia, valorizavam, em preto e branco, a vida do homem simples. Por que não aproveitar as belezas naturais do Brasil e fazer o mesmo? Fundar uma companhia de cinema nos mesmos moldes sérios do cinema arte do neorrealismo italiano...

A companhia Vera Cruz crescia nos planos dos idealizadores. Seria, muito em breve, a maior companhia cinematográfica da América do Sul. E cresciam a quantidade e o dinamismo dos operários que, incansáveis, construíam, em São Bernardo do Campo, os alicerces do sonho.

Cavalcanti decidira que o primeiro filme da nova companhia seria feito em Ilha Bela, local que só ele conhecia e pelo qual se havia apaixonado. Contaria a história de uma comunidade simples de pescadores – por força das circunstâncias, completamente fechada sobre si mesma – e de sua reação diante da chegada de uma moça de fora. *Caiçara*, título do filme, era como se autodenominavam os pescadores do litoral paulista. A sinopse já existia, e Tom trabalhava na sua adaptação para o cinema. O último andar da rua Major Diogo 311 ficou reservado para os cineastas, de forma que a Vera Cruz e o Teatro Brasileiro de Comédia, ambos criações de Franco Zampari, conviviam no mesmo prédio.

Os primeiros técnicos haviam chegado da Europa e começavam a fazer os testes de atores em cenários improvisados no canto de um galpão. O meu foi o último. No dia, passei nervosa pela maquiagem e, por um tempo, a sós com duas folhas de diálogos na mão. Memorizava e tentava me concentrar. Do resultado do teste dependia ficar e trabalhar junto com o homem que me fascinava ou voltar para o Rio. Determinada, resolvi que dominaria a timidez a qualquer custo. Tom veio e, calmo, contracenando comigo no papel do ator, foi me explicando o clima da cena. De vestido de chita estampado, bem simples, a heroína, (a moça de fora) tinha que se defender de um homem da ilha. Bêbado, ele invadia a sua cozinha, tentando agarrá-la. Sem esquecer o diálogo, fiz a cena várias vezes com Tom, que a um certo momento disse: "Está ótimo. Vamos!". Confiante, segui-o até o *set*, pensando: no fundo não é tão difícil, é só "fazer de conta".

O cenário: duas paredes rústicas de um pequeno cômodo, uma porta, uma janela, uma mesa e um fogão caipira. O diretor Adolfo Celi mostrou-me os movimentos que faria, as marcas no chão, e, ofuscada pelos refletores, ouvi: "Câmera. Ação!". De repente, a porta se escancarou e, da escuridão, apareceu um homem de cabelo desgrenhado. A camiseta suja e cheirando a suor, deixava entrever um peito peludo. A barba por fazer completava o quadro. A voz arrastada falava coisas sem nexo, e o bêbado, cambaleando, deu um arranco para o meu lado. Rápida, pus a mesa entre nós, enquanto sentia na nuca um arrepio de pavor, medos que afloravam de Deus sabe que longínquo inconsciente. Não havia mais nem câmera, nem luzes, nem ação. Havia uma criatura asquerosa que, rindo debochada, agarrou-me de um bote o braço e, apertando-me contra si, procurava a minha boca. O diálogo saía aos trancos, sem fôlego, enquanto me debatia tentando afastar do meu aquele rosto suado, nojento. A violência era tal que a um certo momento senti que, debaixo das mãos que me imobilizavam, o vestido rasgava-se de alto a baixo nas costas, e continuei a lutar.

De repente, uma voz de comando: "Corta!". Senti que me soltavam e, ofegante apoiei-me na mesa. As luzes se apagaram e logo pude ver e ouvir os aplausos da equipe. Tom e Celi vieram me abraçar, e ouvi a voz de Cavalcanti dizendo que não haveria outra tomada. Estava perfeita.

Furiosa, acompanhei Tom até o camarim para me trocar. Tinha sido enganada, disparei. Haviam dito que iria contracenar com um ator, não com um tarado cheirando a cachaça e suor. A experiência havia sido terrível, nunca mais me falassem em fazer cinema. Então ele não sabia que eu tinha desde criança um pânico de bêbados? Tom abraçou-me, acalmando todos os medos que pudesse ter, dizendo que havia estado magnífica. Eu que me apressasse para almoçarmos na cantina.

Pouco depois, chegou até a nossa mesa um rapaz extremamente elegante que, curvando-se, beijou-me a mão. "Foi um prazer contracenar com você", disse. Eu nunca poderia imaginar que aquele *gentleman* sofisticado... Diante da expressão atônita com que eu examinava o rosto barbeado, o lenço de seda à guisa de gravata e sentia o halo de água de colônia, a voz educada acrescentou:

"Sou eu, sim!". E riu. Era Carlos Vergueiro, um grande ator. Devia-lhe a minha carreira. Ou, quem sabe, ao meu pavor de bêbados?...

Logo em seguida veio o Carnaval.

Parte inseparável dos verões em Petrópolis, o Carnaval sempre fora um dos tormentos de minha infância. Todos os anos a mesma coisa. Apesar dos protestos, vestiam-me uma fantasia para a matinê do Clube Petropolitano. Odiava o barulho ensurdecedor e as crianças pulando histéricas. As fantasias eram as mais ridículas possíveis.

De cigana, com um lenço coberto de moedas douradas, que deslizando franja abaixo teimava em me cair nos olhos. Ou florista da Ilha da Madeira, com tamancos, um gorrinho e uma cesta de flores. Ou ainda jardineira, em honra de uma marchinha do ano que dizia: "Oh jardineira, por que estás tão triste?"... Mas não era tristeza, era vergonha.

Além dos bailes à fantasia, havia o Carnaval de rua e o famoso corso de Petrópolis. Tudo vibrava. Era o ritmo do povo que, mascarado e fantasiado, sacudia o centro da cidade. Abarrotados de foliões, os coches tradicionais, com as capotas arriadas e os cavalos e arreios brilhando, davam voltas, uns atrás dos outros, na avenida Quinze. De uma ponta a outra, seguiam a passo, beirando os canteiros de hortênsias que ladeavam o rio Piabanha. Os veranistas alugavam um coche e se divertiam, cantando, dançando, e jogando confete, serpentina e lança-perfume nos carros. As moças, ricamente fantasiadas, sentavam-se na capota e nos bancos, enquanto os rapazes sambavam em pé nos estribos. Por fim, as serpentinas uniam os coches uns aos outros, sem interrupção. Era uma imensa fita colorida, ondulante e viva, que dava voltas e mais voltas. Das sacadas de ferro forjado dos sobrados, as famílias jogavam mais serpentinas e confete sobre os foliões. Os balcões do fim de século ameaçavam vir abaixo sob os pés enfeitiçados. As bandas passavam carregando o povo. Grupos de palhaços seguiam abraçados, mascarados solitários faziam medo às crianças e um ou outro bêbado trôpego tentava acompanhar a folia.

Um coche invariavelmente fugia à regra. Em vez dos bandos de jovens cantando e dançando, só uma mulher sentada, rígida e alheia a tudo, e uma menina de franja com a maquiagem escorrendo.

Sentada ao lado da governanta, eu chorava e não escondia o pavor. Ficava em pânico quando mascarados subiam no estribo do carro para jogar lança-perfume gelado nas minhas pernas. Durante anos, um mascarado de caveira negra me perseguiria em sonhos.

Muitos e muitos anos depois, o Carnaval de 1950 se aproximava, e Yolanda, animada, enumerava os planos. Era o momento certo para iniciar a propaganda em torno do primeiro filme da Vera Cruz. Boatos e fotos em revistas revelariam a "estrela". O "Baile do Mau Gosto" seria a ocasião ideal. Festa beneficente no Trianon, o baile era pré-carnavalesco, o que permitiria à elite paulistana passar os feriados nas fazendas ou no Guarujá, depois do dever cumprido.

Cheia de sentimentos contraditórios, eu tentava manter a calma. Talvez fosse timidez, talvez insegurança. Mas o certo é que não suportava nada que alterasse o meu comportamento normal. E esse era solitário e sério. Eu havia tomado uma decisão. Sem a menor ideia de onde iria parar, havia escolhido caminhar ao lado de Tom. Um homem também solitário e sério. Mas para isso queriam me impor uma série de situações que passassem ao público "uma imagem de estrela". E, com essa perspectiva, eu não concordava. Tentei convencer Yolanda de que eu faria tudo para ser uma boa atriz, afinal era uma profissão como outra qualquer. Mas por que um baile de Carnaval antes mesmo que as filmagens tivessem começado? E, pior, à fantasia?

Não houve argumento que demovesse Yolanda do seu plano. E, sob protesto, fui arrastada ao Baile do Mau Gosto fantasiada de banhista 1920! Depois de devidamente fotografada para uma revista num maiô listrado que descia abaixo dos joelhos, tirei a touca ridícula de babados e fui-me encontrar com o Tom. O Trianon, que ficava na Avenida Paulista, no local onde hoje se ergue o MASP, tinha um terraço atrás do salão de baile de onde se avistava a cidade inteira. Sentados ao luar na balaustrada, a "banhista 1920" e o "poeta malnutrido" esqueceram o Carnaval que seguia desenfreado a poucos passos dali.

Logo no dia seguinte fomos todos para o Empyreo.

Tom, que admirara a casa de cidade de Yolanda, examinando peça por peça o valorosíssimo acervo de arte moderna, ficou encantado com a oportunidade de conhecer uma casa de fazenda inteiramente conservada como há um século antes.

Aproveitando a desculpa de revelar-lhe o Empyreo da minha infância, eu arrancava o *connaisseur* da frente dos quadros e objetos de arte para sairmos a cavalo em longas andanças. Chupamos mangas no pé, fruta que ele não conhecia, e saímos de canoa à cata de jacarés, que não apareceram. Mas o que queríamos mesmo era ficar a sós.

Na véspera da volta para São Paulo, saímos a pé. Preocupado, Tom falou do passado. Ele estava com 35 anos e saindo do segundo casamento. Sim, a moça da foto fazia parte de um divórcio em andamento. Por isso, decidira aceitar o desafio de vir para o Brasil e começar vida nova. Não tinha dinheiro. Na pequena mala com que chegara, havia dois ternos, um *smoking*, um despertador, um livro e uma cuia de chimarrão. Tom tinha consciência de não ser, em absoluto, o homem certo. Coincidência ou não, ele se sentia como Abelardo, diante de um amor impossível. Mas estava apaixonado... disso tinha certeza. Depois de um silêncio intenso, ele fez a pergunta que o vinha atormentando: eu esperaria por ele?

Os papéis do seu divórcio levariam tempo para ficar prontos, teríamos que viver um amor escondido até podermos concretizar o casamento. Tom seria execrado por minha família, e eu tida como louca, se descobrissem. Yolanda, em casa de quem eu morava, se tornaria uma inimiga feroz. Eu aguentaria o clima de guerra?

Diante do primeiro homem que sem sequer me tocar tornara-se imprescindível na minha vida, respondi sem hesitar: Sim, esperaria o tempo necessário.

O pacto foi selado debaixo de um velho arco de pedra. Protegidos por longos cabelos de avenca, ficamos abraçados, prometendo guardar segredo.

1950 seria o ano da minha descoberta da sensualidade. Vários elementos contribuíram para que um sentimento de intensidade extraordinária se desenvolvesse entre nós. Havia a obrigatoriedade do segredo, o gosto do proibido. Havia a minha relutância em pular etapas, afinal era a primeira vez em que me via envolvida num redemoinho tão assustador e irresistível. E ele, vivido e inteligente, acompanhava o meu ritmo sem pressionar. O jogo de sedução ganhava intensidade a cada encontro, limitando-se ao olhar, na presença de outros. A ternura nos olhos, a sensibilidade nas mãos e a confiança que eu sentia pelo homem maduro de rosto e corpo magro e rijo traziam à tona a sensualidade represada. A espera tornava maior o desejo. Às vésperas da partida para Ilha Bela, fui com Tom à Sears recém-inaugurada comprar calças jeans, uma novidade americana. Como tinha os quadris muito estreitos e os modelos femininos abotoados de lado não serviam, tive que comprar jeans masculinos, de zíper, tamanho 16. Apesar do desinteresse por moda, eu havia por acaso lançado o jeans unissex. Tom ficou com o tamanho 18.

Os dois, muito magros, de jeans iguais, provocaram logo uma dúvida no maquiador, um escocês gozador, se eram dela os jeans que ele usava ou se era o contrário. E ria bem-humorado.

Embarcamos com toda a equipe num ônibus para São Sebastião. Levávamos um mínimo de bagagem e Chiquita. A pequenina era uma fox filhote muito simpática, encontrada no Empyreo, que nos acompanhou por muitos anos. O nome foi dado por Tom com um acento *porteño* carregado. Em São Sebastião, ainda no continente, a equipe dividiu-se em pequenos grupos para atravessar, já entardecendo, o braço de mar que nos separava de Ilha Bela. A única condução, para pavor dos que não sabiam nadar, eram precárias pirogas com motor de popa! Sentada junto a Tom no banco estreito da canoa, apertando Chiquita nos braços e a mochila entre os pés, senti que aquele pôr do sol era o primeiro da minha vida.

Ilha Bela ao longe, uma praia deserta atrás da outra. Pequenas, lindas, cercadas de coqueiros e separadas por grandes rochedos negros. A vila nos apareceu sonolenta ao pé de um morro coberto de densa floresta Atlântica. Tinha algumas dezenas de casas de pescadores, a pequena pensão do alemão, que estava às moscas, e um pontilhão onde atracavam as traineiras que carregavam banana. Escarranchado sobre o píer, um pequeno prédio abrigava na parte superior alguns quartos de aluguel e no térreo um bar, dando um certo ar de sofisticação à chegada à ilha. Na praça central, uma igrejinha colonial, uma bica antiga e uma construção inesperada com torre e aspecto de castelo, que se dizia cadeia e fórum. Pirogas de todos os tamanhos descansavam na praia, com os donos dormindo dentro. Aproveitavam a sombra de imensas figueiras. A transparência da água era inacreditável!

Os encarregados da produção haviam chegado na frente, para organizar o alojamento para umas setenta pessoas, cantina que servisse café, almoço e jantar, sala de maquiagem, sala de guarda-roupas, local seguro para deixarem, à noite, os refletores, câmeras, trilhos e toda a infinidade de tralha cinematográfica, e um galpão grande onde seriam construídos os cenários das filmagens de interior.

Carlo Zampari, chefe do departamento de produção, quase ficou louco e ainda levou fama de incompetente!

A primeira descoberta arrasadora foi que não havia luz elétrica na ilha. Isso para técnicos de cinema europeus era inacreditável. Zampari logo despachou de São Paulo um imenso gerador para as filmagens. Nunca imaginou as peripécias que a pesadíssima maquinaria enfrentaria descendo a serra de caminhão, passando de guindaste para uma traineira e sendo içada para cima do pontilhão de Ilha Bela. O velho píer, que nunca havia recebido tamanha carga, afundou... e o mar engoliu espetacularmente a primeira chance de luz elétrica da ilha. A geringonça foi eventualmente laçada e arrastada até a praia. Diante dos olhares consternados da equipe e da perplexidade dos locais, emergiu lentamente das ondas, como um estranho monstro do mar, bufando água salgada por todos os poros.

Os caiçaras, além de ganharem um pontilhão novo, teriam direito a espetáculos absolutamente inusitados durante os meses que se seguiram.

Tampouco havia alojamentos decentes na ilha... Havia uma pequena casa de três quartos, com um chuveiro frio. Nela nos acomodamos: Cavalcanti,

Carlo Zampari, Celi, o assistente de direção Osvaldo Kahtalian, a *script-girl* Gini Brentani e eu; Tom ficou no minúsculo quarto de empregada. Na pousada do alemão, ficaram os técnicos estrangeiros e, espalhados em cômodos alugados dos pescadores, o resto da equipe. Estávamos todos preparados para um relativo desconforto, para acampar se fosse preciso, mas os técnicos estrangeiros não tinham o espírito esportivo necessário. Nunca haviam encontrado nada tão primitivo! Os ingleses pediram chá de manhã e o dono da cantina, preocupado, pensou que estivessem doentes. Tiveram que mandar buscar chá preto em São Paulo... Ovos com bacon nem pensar.

Outro inconveniente com o qual não haviam contado era a falta total de estradas.

A única ligação entre uma praia e outra era o barco ou trilhas extremamente íngremes. As pessoas seguiam em fila indiana, suando, escorregando, se desequilibrando, carregadas como formigas. "*Up the bloody mountain! Down the bloody mountain!*", rosnava o maquiador escocês. Enquanto o enorme gerador, já recuperado e com longos cabos, era levado de barco até a praia onde iríamos filmar.

O único local seguro, que podia ser trancado a chave, era a cadeia! Lá eram guardados todas as noites as câmeras, refletores e latas de filmes. A ideia fora do prefeito que, radiante com a repercussão que um filme traria para a ilha, garantia que as celas estariam sempre vazias, pois os caiçaras eram pescadores, um povo bom que na realidade não precisava de uma cadeia.

No auge da felicidade por estar perto de Tom, eu carregava, na mochila, biscoitos, laranjas, água, um maiô e o primeiro volume de *O tempo e o vento*, de Érico Veríssimo. O essencial para passar dias maravilhosos. Caminhava horas, de praia em praia, atrás do local certo para filmar. Ou descansava à sombra de um coqueiro, lendo. Uma vida de sonho! Não se parecia em nada com o horror que eu imaginava ser Hollywood. Era fazer cinema de um modo bem simples e esportivo!

Os primeiros seis meses da Vera Cruz passados em Ilha Bela foram memoráveis. Ingleses, franceses, alemães, poloneses, dinamarqueses, austríacos e muitos, mas muitos italianos mesmo, todos recém-chegados, formavam, com um punhado de brasileiros, a equipe. Uma verdadeira torre de Babel. A peça-chave era Gini Brentani que, nascida em Trieste, era poliglota. Oficialmente era *script-girl*, responsável pela continuidade. Mas, constantemente solicitada, tinha que traduzir do italiano, do diretor Celi, para o inglês, do iluminador Chick Fowle; do alemão, de Ove, técnico de som, para o francês, do *cameraman* Jacques Deheinzelin... e de cada um deles para os atores e maquinistas brasileiros. Ninguém se entendia!

Havia dois ex-pilotos de guerra. Ove, um alemão alto e magro, que os maquinistas teimavam em chamar de Ovo, havia pertencido à Luftwaffe e bombardeara Londres. Michael Stowle, que lutara com os ingleses na R.A.F., havia bombardeado Berlim. E agora, em Ilha Bela, trabalhavam lado a lado na equipe de som. Carlo Zampari, ao ser apresentado ao *cameraman* Bob Huke, ex-capitão de um submarino da marinha inglesa, identificou-se como: "Comandante Zampari da Marinha Italiana", ao que o inglês retrucou fulminante: "Que marinha italiana? Eu a afundei na baía de Nápoles...". O maquiador Gerry Fletcher era escocês e chegado a um bom uísque. Na tarde do primeiro dia, esperou o sol se pôr e dirigiu-se à cantina. Através de mímica e repetindo a palavra mágica uísque em vários tons sem alcançar o menor efeito, acabou se desesperando e dançou a sua versão de um *Highland fling*! A dona da cantina, uma boa alma que nunca havia ouvido falar nem da Escócia nem de uísque, achou que uma caninha produzida na ilha acalmaria os ânimos do gringo. Gerry aprendeu a apreciar uma boa cachaça, e sem entender por que, nunca deixava de derramar um pouco no chão antes de beber, como os caiçaras... Quando lhe ofereciam um copo d'água, mesmo depois de uma escalada debaixo de um sol a pino, recusava horrorizado: "Muito perigoso. Muito úmido!". Era movido à álcool.

No meu primeiro dia de trabalho, fui bem cedo, com um Gerry de ressaca, rumo a uma casinha na rua principal. Pregada na porta, uma folha de papel anunciava "Sala de Maquiagem". Nem chave nem fechadura. A porta era bem decrépita e não resistiu ao primeiro pontapé. A janela, uma vez aberta, revelou que o único móvel era uma cadeira bastante primitiva de barbeiro de frente para uma pequena pia com um balde sujo e amassado embaixo. Gerry, desconcertado com o primitivismo do seu departamento, começou com uma boa limpeza e chutou o balde sujo porta afora, para o meio da rua. Em seguida resolveu testar se a torneira tinha água. Com os pés e a barra das calças ensopados, descobriu o porquê do balde, e teve que ir correndo buscá-lo. Nesse dia, ri muito, e comecei o meu aprendizado de palavrões em todas as línguas. Descobri que o meio cinematográfico era muito dado a esse tipo de expressão. E mais, que os brasileiros eram os que menos blasfemavam.

Ao pôr do sol, íamos todos para a cantina. Longas mesas e bancos toscos debaixo de um varandão coberto de sapê e iluminado com lampiões de querosene. Não havia carne, mas nada tão delicioso do que o peixe pescado no dia e o franguinho caipira. Tom fazia questão de evitar a mesa dos diretores, e sentávamos juntos, no meio da equipe. Andávamos sempre juntos, mas sem nos tocarmos. Para os caiçaras, éramos irmãos. Eles me chamavam Marina, o nome do meu personagem. E, quando não estávamos juntos, Marina recebia recados "do seu irmão".

Quando eu havia finalmente decidido fazer cinema, fora uma decisão no escuro. Não imaginava o que poderia ser, nem tinha a menor ambição de ser atriz, de fazer carreira. Queria estar ao lado de Tom, trabalhando com ele, participando da sua vida. E se sua vida era cinema, que fosse; faria o melhor possível. Dali para a frente, ficaríamos juntos.

No elenco havia dois atores de teatro, Abílio Pereira de Almeida também escrevia peças, e Carlos Vergueiro, com quem havia feito o teste. O galã Mário Sergio, era jovem e estreante como eu. Logo nos primeiros dias, eu me dei conta de que filmar em Ilha Bela era uma questão de fôlego, de preparo físico. Levantava cedo, chuveirada fria, café correndo o *script* na mochila, sala de maquiagem e partida com a equipe para a locação. De barco para alguma praia mais afastada ou a pé em longa fila indiana para locais mais perto. Havia esperas intermináveis entre as cenas, mas carregava sempre o tempo e o vento, e o tempo real não pesava. Era a vida ao ar livre com que sonhara!

Na hora do almoço, chegavam cestos com enormes sanduíches de mortadela, incrementados com tomates, pepinos e ovos duros que eu trazia na mochila. À tardinha, voltávamos cansados e rapidamente corríamos para o mar. Aos poucos, todos os músculos relaxavam sob o efeito do sol que se punha e do calor que o mar guardara ao longo do dia.

A ilha, com seus morros, e a serra do Mar, do lado do continente, protegiam aquele braço de mar dos ventos fortes, de maneira que a água era sempre mansa e transparente. A tal ponto que uma das brincadeiras dos meninos caiçaras era mergulhar do pontilhão do cais para pegar moedas que eram jogadas ao mar. Rodopiando, o pequeno ponto de luz descia refletindo o sol até desaparecer no meio do turbilhão de bolhas e meninos. Nadavam como peixes, e era lindo vê-los chegar à tona, morenos, olhos rasgados, cabelos negros e brilhantes. Um deles, triunfante, trazia a moeda entre os dentes. Como pequenas lontras, pareciam mais à vontade na água do que em terra. Era jogar uma moeda e ver quatro ou cinco pularem. Havia só uma menina na competição, mas ganhava sempre dos meninos e o seu nome, como não podia deixar de ser, era Ondina.

Teria uns 9 anos, músculos ágeis, pele queimada do sol, que também lhe dera o tom alourado nos cabelos. Nadava e manejava a canoa do pai como gente grande. Tomara-se de afeição pelo casal de "irmãos" e seguia-nos sempre que podia. Quando não, no fim do dia, vinha correndo ao nosso encontro, pés descalços, sorriso largo, e me pedia para carregar o *script*. Ciente da responsabilidade, andava compenetrada ao meu lado, carregando o calhamaço até a casa. Ondina tomara posse dos novos amigos diante dos olhos enciumados

dos outros meninos. Ao longo dos seis meses de convivência, Ondina falava de um sonho que tinha uma canoa só dela em que pudesse sair para pescar! Por acaso, achamos uma pequena canoa debaixo de uma amendoeira, linda, perfeita para Ondina, e à venda. Foi o presente de despedida quando deixamos Ondina e Ilha Bela para trás.

Para muitas pessoas, os seis meses passados na ilha foram cruciais. Para Ciccillo e Zampari, que estavam investindo todos os seus sonhos – e possibilidades financeiras – no sucesso de um megaestúdio cinematográfico em São Paulo. Para Cavalcanti, que havia feito grande sucesso na Europa com curtas-metragens premiados e que, chegado à meia-idade, esperava obter no seu próprio país a mesma aceitação. Para os técnicos estrangeiros, escolhidos a dedo por Cavalcanti, significava a possibilidade de novos desafios profissionais. A pitada de aventura, que talvez estivesse faltando em carreiras que já haviam chegado ao topo, no ambiente bem comportado e previsível do velho mundo. Para todos os jovens brasileiros que, sonhando em viver de teatro ou cinema, chegavam à Ilha Bela atraídos como insetos pela luz. E para mim que, alheia a qualquer outro motivo, vivia intensamente a paz da ilha, interiorizando a presença do meu homem.

Foram cruciais para todos esses seis meses.

Uma vez por semana, um aviãozinho dava um voo rasante em cima do povoado antes de aterrissar em São Sebastião, trazendo as latas de filmes revelados, correspondência e encomendas de São Paulo. Vez por outra, chegavam visitas que partiam logo em seguida. Franco Zampari, que com uma expressão preocupada ficava conversando *sottovoce* com Carlo, seu irmão, ou Yolanda, alegre, rindo muito com o amigo Cavalcanti e ralhando ameaçadora com a sobrinha, excluindo qualquer possibilidade de um romance com "aquele inglês". Eu desconversava. Quando o avião voltava à tarde para São Paulo era um alívio. Depois do jantar, todos da equipe reuniam-se na praça. Assistíamos, projetados num grande telão amarrado a uma mangueira, os copiões trazidos da capital. Os técnicos concentrados, em silêncio, cada um prestando atenção no seu trabalho. Os caiçaras, a princípio desconfiados diante da novidade, logo estavam rindo às gargalhadas ao se reconhecerem na tela.

Vários jovens ligados de alguma forma ao Teatro Brasileiro de Comédia chegavam de São Paulo. Fascinados pelo ambiente de cinema, iam ficando na ilha, tentando aprender os macetes e fazendo um pouco de tudo. Alberto Ruschel, um gaúcho com pinta de galã e bom ator, e Renato Consorte, um excelente comediante e amigo muito querido, tornaram-se, depois, atores contratados da Vera Cruz. Assim como Inezita Barroso, dona de uma voz extraordinária.

Depois de vários filmes, ela fez um trabalho único e de grande valor: viajando por todo o Brasil, resgatava o canto de vendedores ambulantes e de trovadores desconhecidos, divulgando-o pela rádio e, mais tarde, pela televisão. Na década de 1950, em que só se dava valor à música estrangeira, Inezita Barroso pesquisava as raízes da música popular regional.

À noite, um pequeno grupo reunia-se na praia em volta de Inezita com o seu violão. Renato Consorte, Carlos Vergueiro e Alberto Ruschel cantavam também. Sentados ou deitados na areia, os outros escutavam. Ouviam-se noite adentro, na voz profunda, os lamentos de escravos na morte do rei Nagô, a saga gaúcha do negrinho do pastoreio, uma embolada nordestina ou lendas da Amazônia. Eram noites inesquecíveis.

Um dia fomos cedo, em várias canoas, filmar uma sequência na outra ponta da ilha.

Um casarão antigo, tão à beira-mar que, das enormes janelas, tinha-se a impressão de estar num barco. Construído em forma de ferradura, abrigava um inesperado pátio interno. Coberto de plantas e calçado com seixos de rio dispostos em desenhos geométricos, lembrava a paz de um mosteiro oriental. No porão, havia toda a parafernália de cobre de um engenho primitivo. O efeito mágico do brilho dos tachos entre teias de aranha, iluminou um dia perfeito no engenho da Ponta das Canas.

Adolfo Celi era excelente diretor de teatro. Nunca havia feito cinema, e, em *Caiçara*, dirigia os atores. Sabia o que queria e tinha paciência com os estreantes, talvez porque estivesse ele próprio estreando num mundo desconhecido. A semelhança com o teatro terminava com a primeira leitura do *script*, quando o diretor ia dando aos atores a ideia geral, o clima. Já o filme era uma colcha de retalhos caótica, sem princípio, meio ou fim. Na planilha de trabalho, que os atores recebiam de véspera, havia sempre duas possibilidades, caso chovesse e caso fizesse sol, sem contar os imprevistos ao longo do dia. A sequência das cenas dependia das locações e nada tinha a ver com a continuidade da história. Um diretor de cinema, além de julgar a movimentação dos atores e o jogo de interpretação, tinha que criar a intensidade de cada cena com *know-how* cinematográfico. A parte técnica, distância, movimentação e ângulo da câmera tinham uma importância capital na construção do drama, do suspense e, finalmente, do clímax da história. Em *Caiçara*, essa assessoria ficava a cargo de Tom, que tinha quinze anos de experiência na Inglaterra, e de Chick Fowle, o iluminador. Era essencialmente um trabalho de equipe. Mais tarde, eu me espantaria com o fato de atores terem tratamento diferenciado, estrelismos, quando na realidade tão pouco a fita dependia deles. Ao contrário do teatro, o desempenho do ator dependia menos da sua capacidade do que da competência do diretor, do iluminador e, quase que principalmente, do montador. Este, na fase de conclusão, cortando e jogando fora irredutivelmente boa parte do que fora filmado, seria o responsável pelo ritmo, pelo suspense, pelo resultado final.

Havia uma segunda equipe encarregada de filmar as cenas em alto mar, cenas com figurantes etc. Encarregados dessa equipe, o inglês John Waterhouse, que tornou-se para todos os efeitos, João Caixa D'Água; e o francês Jacques Deheinzelin, que casou-se depois com Gini Brentani. O clima de Ilha Bela era propício a romances, e vários técnicos acabariam casando e ficando no Brasil.

Tom, que falava italiano e espanhol, além de inglês, era encarregado de ensaiar os caiçaras quando necessário. Os resultados eram, no mínimo, insólitos. No auge da cena dramática da morte de um menino, um pescador, com a expressão meio desnorteada, passava batendo de porta em porta do vilarejo, gritando: "Tchico murriô, Tchico murriô!" (Chico morreu...), com autêntico acento portenho...

De outra feita, depois de exaustivamente ensaiados por Tom, uma porção de caiçaras corriam em pânico por uma ruela, gritando: "Fuego nel canavial! fuego!". Os poucos brasileiros tinham ataques de riso toda vez que viam as cenas, que foram eventualmente corrigidas na dublagem.

Na cena do enterro do menino Chico, houve um problema de continuidade. Os caiçaras que carregavam o caixão foram escolhidos a dedo e apareciam em close, rostos suados contra o céu. No segundo dia, para desespero do Celi, os carregadores do caixão já eram outros. Cansados de passar a véspera subindo e descendo o morro do cemitério com o caixão cheio de pedras às costas, os originais estavam bêbados... tinham mandado os compadres para substituí-los. Nunca entenderam a gravidade da situação. Afinal, carregar caixão qualquer um carrega, ainda mais sem defunto. O prefeito, cuidando do bom nome de Ilha Bela, ordenou que, dali para a frente, os carregadores do caixão dormissem na cadeia até que a sequência toda fosse filmada! Assim, sem mais, garantia o bom andamento do trabalho.

Os estúdios em São Bernardo do Campo não estavam prontos para a filmagem das cenas de interior e, como não havia luz elétrica em Ilha Bela, a equipe de produção decidiu filmar no continente. Alugaram um galpão no cais de São Sebastião e nele construíram os cenários necessários.

Ao chegar a hora das filmagens internas, descobriram que, por alguma razão, as cenas só poderiam ser filmadas à noite. Isso implicava viagens diárias para o continente ao entardecer, noites inteiras passadas no galpão dos cenários, filmando, e a volta para a ilha ao amanhecer. Bem mais exaustivo do que as longas caminhadas ao sol, subindo e descendo morros.

Dona Felicidade era dona de um rosto lindo, apesar da idade avançada e da vida atribulada que havia levado até então. Era catadeira de papel no lixo de São Paulo. Havia sido "descoberta" por Cavalcanti que, assim que a viu, teve certeza de que estava diante da personagem ambígua de avó do menino Chico. Além de avó, era uma feiticeira temida na ilha. Ela tinha o cabelo todo branco, sempre coberto com um lenço, e a pele negra lisa sem uma ruga. Não sabia ler, nem lhe adiantaria saber com a catarata que tinha, já avançada. Andava apoiada num cajado, digna e calada. Não entendia muito bem a que devia a sorte de, de repente, não ter mais que andar se arrastando, ela e o saco, atrás de latas de lixo. Apreciava a fartura que lhe caíra do céu e gostava de ajudar na cozinha, cercada dos odores e chiados que lhe davam tanto prazer. Dona Felicidade, esse era o nome do seu personagem, e lhe cabia tão bem que ninguém lhe conhecia outro. Havia só um problema, importante no caso: a hora de filmar! Os seus diálogos se limitavam a monossílabos. Mas os ensaios, sob o comando de Celi, que quanto mais nervoso mais esquecia o português, eram dolorosos. Uma madrugada, toda a equipe exausta, Celi desesperado filmava pela vigésima vez uma simples cena em que dona Felicidade entrava calada no quarto, arrastando os chinelos. Depois do enésimo e enervante: "Corta!", Celi se jogou de joelhos e, quase em lágrimas, disse: "Pelo amore de Dio, dona Felitchitá, non me olha para a câmera!". Ao que ela responde muito digna, encerrando o assunto: "Num tem CAMA nenhuma aqui, e num tô ôiando pra CAMA nenhuma!".

Alberto Cavalcanti se vestia como e tinha os maneirismos de um lorde inglês. Brasileiro de Pernambuco, descendia de uma família nobre florentina, que chegara ao Nordeste do Brasil antes de Maurício de Nassau. Era um homem culto, de muito bom gosto, que havia vivido na Europa com a mãe desde jovem. Tinha renome nos meios de cinema europeus pelos curtas-metragens premiados na Inglaterra e na França. Um brasileiro cuja obra era difundida e elogiada, mas que nunca havia trabalhado no seu país. Dividia-se entre um apartamento em Paris, uma casa perto de Londres e outra em Capri, e cercava-se de objetos de arte. A morte da mãe fez com que Cavalcanti voltasse ao Brasil. Visitou São Paulo, onde conheceu Yolanda, Ciccillo e Franco, no momento exato em que começava toda uma efervescência em torno do teatro e do cinema. Logo se entendeu com Yolanda, que sentiu nele alguém de muito valor. Alberto Cavalcanti era o elemento aglutinador necessário, o elo com o meio profissional do cinema europeu que tornaria viável o sonho de um estúdio. E, além do mais, era um *gentleman*. Um homem em quem se podia confiar. Havia chegado a sua hora no Brasil!

Yolanda tinha um poder muito grande na Vera Cruz e se julgava responsável pela sobrinha. Enquanto se tratava de convencê-la a fazer cinema, ela própria havia tramado os jantares e a aproximação com o cineasta recém-chegado. E tinha dado certo. Mas os boatos que chegavam de Ilha Bela eram alarmantes, ela sentiu que a situação fugia ao seu controle. Tinha outros planos para o futuro da sobrinha, além dessa experiência em cinema. Um casamento com um rapaz que ela aprovasse, e não uma aventura com um desconhecido que, até ali, tinha-se provado útil, mas que agora, segundo o que diziam, estava passando dos limites.

Inconscientes da tempestade que se armava sobre nossas cabeças, aproveitávamos o tempo que tínhamos na ilha para nos conhecermos. Sempre juntos e profundamente apaixonados. Fora providencial aquele braço de mar que nos separava do continente. Encerrara-nos num paraíso *ex-tempore*, onde, intocáveis e seguros, planejávamos o futuro.

Sabíamos que, por alguma razão, estávamos contrariando a vontade da tia, mas, quando voltássemos a São Paulo, ela compreenderia. E, para de alguma forma afastar a hora do confronto, resolvemos não voltar com a equipe, de ônibus, no final da filmagem. Na véspera da partida, Tom combinou com o capitão de uma traineira que estava atracada ao pontilhão carregando bananas. Iríamos de barco para Santos. Sairíamos de madrugada, sem avisar ninguém, deixando um bilhete em cima da mesa. Mas no escuro da sala, de mochila nas costas, dei de encontro com Carlo Zampari e achei que pusera tudo a perder. De repente, notei um sorriso cúmplice no italiano gordo de pijamas. Sentimental, abraçou-me desejando *auguri* e trancou a porta atrás de mim. Estávamos livres! Marçal, uma traineira recém-pintada de azul-celeste, levaria um dia e uma noite para chegar a Santos. Deitados na proa, usando as mochilas como travesseiro, vimos nascer o sol. Contornávamos lentamente a costa sul da ilha. Não havia mais praias e a última parada na ilha revelou um pequeno aglomerado de casebres pendurado entre a mata e o costão. O canal ficara para trás e ondas enormes de alto-mar cobriam as pedras a intervalos regulares, chegando quase até as casas. Num dos rochedos maiores, os caiçaras haviam construído como que uma escada de paus roliços que, amarrada na parte de cima às árvores, sustentava uma canoa carregada de bananas. Três homens de cada lado esperavam a onda certa, a mais violenta. A um grito, um homem soltava as amarras da canoa, enquanto os outros, ágeis, empurravam-na deslizando pedra abaixo acompanhando o mar que se retirava. No último momento, pulavam na canoa e, em pé, remavam rápidos ao encontro das ondas. Em questão de segundos, a próxima poderia jogá-los de volta, esmagando-os contra as pedras. Atônitos, na proa da traineira, vimos chegar a canoa carregada de bananas, com os caiçaras remando rápido, três de cada lado. Magros, músculos elásticos, artelhos descalços seguros na casca fina da piroga, acompanhavam a dança frenética da espuma e do vento. Equilibristas de um circo sem fanfarra e cuja única plateia era um grupo de mulheres tenso, parado, nas pedras. Dois marinheiros da traineira enrolavam cordas indiferentes. Caras molhadas, sorridentes (de criança morena e travessa que tivesse desafiado uma simples onda, e não arriscado a vida), os caiçaras descarregaram as bananas e alguns peixes ainda vivos. Voltaram, desta vez com menos esforço, empurrados pelas ondas. Ao chegarem ao costão, a manobra era ainda mais arriscada. Esperavam tensos a onda certa e, a um sinal, remavam com todas as forças, subindo com o mar a escada de paus roliços. Em segundos a água descia, arrastando de volta a sua espuma... no alto do rochedo a canoa amarrada e os caiçaras funambulescos, artistas da corda bamba da vida.

A traineira Marçal era pequena, bojuda, e tinha chegado ao estágio da meia-idade, em que a elegância das linhas não mais importava. Ela afrontava as ondas serenamente, ronronando, e era sumamente aconchegante. O tombadilho, bem escovado, era largo na proa e, ao longo da viagem e das muitas paradas, foi acomodando uma quantidade enorme de cachos de banana. Bem na popa, havia uma casinha, com janelas e porta, e um avarandado com o leme, onde ficava o capitão. Junto dele o cozinheiro, que era também maquinista, ria e conversava despreocupado, enquanto fuçava com o motor, limpava peixe e cuidava do almoço. A serra do Mar seguia paralela à costa. Despencava, às vezes, diretamente em cima do costão de pedras ou afastava-se para dar lugar a pequenos povoados de pescadores, com suas praias, suas canoas e redes secando ao sol. A sensação de paz era indescritível.

Nesses lugares, havia uma parada. O Marçal jogava âncora e esperava a chegada das canoas de banana. Os caiçaras da beira da praia também não tinham a vida fácil. Equilibrando-se em pé e remando, tinham que passar a arrebentação com a canoa carregada. Da traineira, a impressão que se tinha é que a piroga empinava como um cavalo bravio, a ponto de saltar inteira fora d'água. Mas os caiçaras chegavam bem-humorados e, depois de descarregarem as bananas, voltavam rápidos, deslizando, empurrados pelas ondas, até a praia.

Tom observava tudo com atenção e, entusiasmado, pensava em enredos para futuros filmes. Descobrimos nessa viagem o prazer de criar histórias a quatro mãos. Deitados ao sol no convés do Marçal, um e outro desfiando ideias, criávamos cenas povoadas de caiçaras equilibristas cheirando a peixe e maresia. Surgia o embrião de mais um filme, pois Tom repetia enfático: "Não é sangue que corre em minha veias, é celuloide!".

Um dia e uma noite no Marçal. Foram memoráveis. Estávamos pela primeira vez, em seis meses, livres dos olhos vigilantes da equipe. Rimos muito da ideia louca da fuga e nos deliciávamos com a sensação fantástica de estarmos no meio do oceano, sem a menor possibilidade de comunicação com quem quer que fosse!

À noite, dormimos no porão, enrolados como gatos em rolos de corda. O capitão tinha avisado que não havia acomodações para passageiros e que não costumava abrir exceções, mas no caso... Na realidade, estávamos felizes demais com a penumbra e a batida regular das ondas contra a madeira do casco para pensarmos em desconforto.

Acordamos em Santos. Depois de um café, seguido de agradecimentos e votos de felicidades, fomos num barquinho que saía do porto de Santos com estivadores e fazia a travessia do rio até Itapema. Lá pegamos o trem que vinha de São Paulo e ia até o centro do Guarujá. Nas muitas vezes que eu fora ao Guarujá, nunca fizera este trajeto. Sentada, sacolejando no velho vagão do princípio do século, com vidros decorados e um ranger contínuo de madeira, descobria que a felicidade que sentia nada tinha a ver com o ar velhote e pitoresco do trem, mas com a pessoa que ao meu lado me fazia ver tudo com novos olhos.

Passamos o dia na praia no Guarujá. As ondas estavam perfeitas e Tom aprendeu rápido a pegar "jacaré". Andamos pela praia deserta, enterrando os pés na areia, e eu lhe expus o meu sonho: viver à beira-mar e ter muitos filhos. Tom aquiesceu feliz. Por que não?

À noite, chegamos a São Paulo e vimos que os planos eram outros.

Yolanda tinha a certeza absoluta de saber melhor do que ninguém o que era bom ou não para as pessoas de quem gostava. Tinha o gênio forte e não admitia contradição. Muito menos partindo da sobrinha que não era sobrinha, mas a quem amava como filha.

Ciccillo achava que Yolanda exagerava nas suas explosões, tanto de amor como de ódio. Quando estava presente, dizia manso, calcando no acento italiano: "*Ma* deixa a *bambina*, Yolanda, se eles se gostam..." Recebendo, inabalável, invariavelmente a saraivada que estivera apontada para a sobrinha. De repente, a culpa de tudo era dele, e Ciccillo saía da sala sorrindo para dentro, certo que havia conseguido desviar a tormenta. Ele era um aliado, assim como Franco e seu irmão Carlo. Sentimentais esses italianos, e muito queridos. Já

Yolanda e Cavalcanti não admitiam que um aventureiro recém-chegado se opusesse a eles.

A guerra aberta, declarada, tomou proporções inacreditáveis. Ridículas mesmo.

O contrato de Tom estipulava que ele seria o diretor do segundo filme da Vera Cruz e, para estar mais perto do trabalho, mudou-se para um dos apartamentos que haviam sido preparados no estúdio para técnicos estrangeiros. Dava os últimos arremates no *script* de *Terra é sempre terra*. A regra era que a escolha dos atores cabia ao diretor, e nós dois estávamos certos que trabalharíamos juntos. Mas Franco Zampari chamou Tom ao seu escritório e perguntou-lhe o nome dos atores em que havia pensado. Ao ver a lista, riscou o primeiro nome e disse-lhe: "Você pode escolher qualquer outra pessoa. Você sabe que o veto não foi meu, porque sou seu amigo". Tom foi claro: "Se não puder filmar com Eliane, vocês escolham a atriz...".

Começaram as dublagens de *Caiçara* no recém-construído estúdio de som, em São Bernardo. O carro da Vera Cruz passava cedo para buscar-me em casa de Yolanda e, sem que ninguém pudesse impedir-nos, almoçávamos e passávamos juntos os dias. Voltava o mais tarde possível para o inevitável bombardeio contra a imagem do meu homem. Tom era um aventureiro sem escrúpulos... Dois casamentos fracassados... Quinze anos mais velho... O fato de morar com a tia certamente não tornava as coisas mais fáceis.

Yolanda tentava tudo. Às vezes, mansa, oferecia um curso de arte dramática em Paris, na escola de Jean Louis Barrault, ou apresentava um produtor que queria levar-me para o exterior para rodar um filme bilíngue em coprodução com a Vera Cruz. Seria o lançamento de uma carreira internacional! Na maioria das vezes, exasperada diante da posição irredutível da sobrinha, ameaçava extraditar Tom, mandar prendê-lo, acabar com sua carreira... Tanto as ofertas como as ameaças eram recebidas com a mesma resposta calma: "Já sou maior de idade e vamos nos casar. Só estamos esperando os papéis do divórcio ficarem prontos".

Tom foi para uma fazenda em Indaiatuba, a duas horas de São Paulo, filmar *Terra é sempre terra*. Inconformada com a separação, pedi a Ciccillo para comprar, na sua concessionária, um jipe Land-Rover. Parcelado em seis meses. Ele concordou com um sorriso cúmplice, acrescentando que Yolanda iria ficar uma fera. E ficou. Tudo culpa do Ciccillo...

A compra do jipe, na qual cada um empenhava a metade do salário e a vida inteira pela frente, oficializou a sociedade que formávamos, sem papéis, sem documentos, mas totalmente irrevogável!

E com o jipe eu passava todos os fins de semana em Indaiatuba...

Pessoalmente, Yolanda não tinha nada contra Tom. Considerava-o um homem inteligente, culto, que, exceção à regra, sabia tudo sobre as obras de arte que havia em sua casa, e tinha boas maneiras. Além disso, quinze anos de cinema na Inglaterra o tornavam quase insubstituível na Vera Cruz. Mas não tinha nome nem dinheiro. E isto tornava qualquer intenção de aproximação com a sobrinha uma afronta.

Exasperada com o rumo que as coisas estavam tomando, resolveu telefonar para Jorge. Afinal, ele, como pai, que resolvesse o problema. Descreveu Tom como um velho libidinoso, casado, que estava pondo a sua filha a perder. Enfurecido, Jorge falava em ir a São Paulo para matá-lo.

O clima ridículo de dramalhão mexicano foi interrompido pela chegada a São Paulo de Elisabeth e Sr. Joãozinho. Marcaram um encontro com Tom no Hotel Esplanada, onde estavam hospedados. Nervosa, pedi à minha avó para estar presente, mas não, queriam vê-lo sozinho. Tom foi solene ao encontro como quem vai ao patíbulo. E o resultado foi totalmente inesperado.

Em vez do monstro, Elisabeth se viu na frente de um homem jovem, bem-apanhado, que foi direto ao assunto. Diante da mulher gordinha e de olhos muito azuis e risonhos, Tom baixou a guarda e confessou que não podia viver sem a sua neta e que a pedia em casamento. Ela não se preocupasse, porque os papéis do seu divórcio já estavam em andamento. Dinheiro não tinha, mas sabia trabalhar e tinha um bom contrato. Sim, e queria viver o resto da sua vida no Brasil!

Os olhos azuis faiscando mais do que nunca, Elisabeth riu e disse: "Mas é justamente isto que não queremos, o casamento. Vocês são jovens e estão apaixonados, muito natural, sejam felizes, mas nada de casamento. Não se precipitem!". Tom, espantado, viu que havia conquistado uma aliada, e saíram para almoçar esbanjando bom humor.

A partir do sinal verde dado por Elisabeth, mudamos os nossos planos. Não precisávamos esperar indefinidamente pela burocracia emperrada do divórcio inglês, recorreríamos a um divórcio, seguido de um casamento, ambos por procuração, no México. Solução rápida para quem queria dar uma satisfação à sociedade, sem alarde e sem ter que passar pelo ridículo de um casamento de véu e grinalda, acompanhado pelas fofocas do *grand monde* paulistano. Anunciei a minha decisão à tia Yolanda, provocando outra explosão, nos termos de que Tom me estaria prostituindo com essa loucura de casamento por procuração no México! Calma, lembrei que não tinha sido essa a intenção do Ciccillo ao casar se com a tia, também divorciada, também no México...

Angela

"Angela". Eu vivia uma anticlímax total. Havia lutado tanto durante o último ano para me libertar... para terminar presa a um contrato que me obrigava a viver onde não queria e a fazer cinema, o que em si não me interessava. 1951.

Chegando ao Hotel Quitandinha, encontrei, junto às flores, um telegrama: "O Presidente não pode ir até a rainha e pede que a rainha venha até o Presidente." Assinado Getúlio Vargas. 1952.

O prêmio ganho pelo desempenho num filme me parecia uma coisa justa, mas o termo "Rainha de cinema" me parecia de um ridículo atroz.

"Angela". Maria Clara Machado que de amiga de infância nas Bandeirantes, redescobri adulta cheia de vida. Tinha uma alegria de viver contagiante. 1951. Tive o casamento com que sempre sonhara, ambos de jeans e rodeados de companheiros de trabalho. Começávamos um relacionamento em que a paixão, a admiração e a vontade de construir algo de duradouro tinham o ímpeto de juventude. 1951.

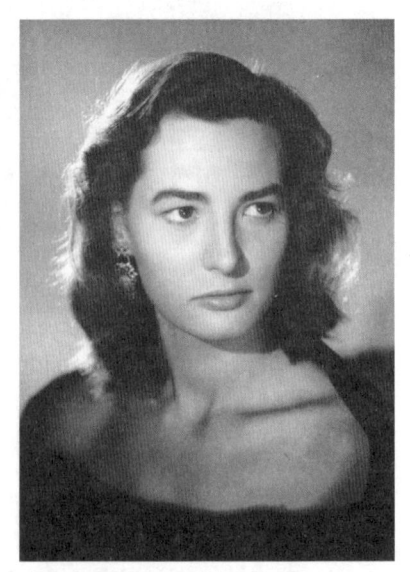

Caiçara pronto, eu tinha por obrigação contratual fazer outro filme. Cavalcanti entregou a um amigo a direção de *Angela*, e nas mãos da "estrela rebelde" uma verdadeira bomba: o filme seria rodado em Pelotas. Não mais nos veríamos por meses a fio. Quando vi a data na passagem aérea, não acreditei: vinte e quatro de dezembro! O primeiro Natal que eu passaria com Tom...

A *avant-première* de *Caiçara* foi uma trégua no clima de guerra declarada. Yolanda emprestou-me um vestido longo, e, depois de termos assistido ao filme, subi ao palco junto com os outros atores e diretores. Pela primeira vez, vi 3 mil pessoas em pé, aplaudindo e gritando "Bravo!". Para todos, uma apoteose, exceto para mim, que embarcaria no dia seguinte para Pelotas.

Olhar perdido pela janela do avião, eu via, sem ver, nuvens e mais nuvens, enquanto repassava os acontecimentos da véspera. Chegara tarde a casa e saíra, deixando em cima da cama feita, o vestido emprestado e uma longa carta. Explicava à tia o quanto lhe era reconhecida por tudo o que fizera por mim, mas que, aproveitando a ausência forçada de não sabia quantos meses, daria agora o primeiro passo de minha vida futura, que seria ao lado do meu homem. E saí para sempre da casa de Yolanda.

Profundamente triste, examinava a situação. Amarrada pés e mãos por um contrato detalhado, que entre outras coisas me proibia de ter filhos, estava sendo obrigada a ir para Pelotas. Já Tom era obrigado por um contrato, também rigoroso, a ficar em São Paulo. A situação poderia eternizar-se; eu trabalhando num filme, e ele em outro, sempre separados, *ad infinitum*... A voz anavalhada ao meu lado perguntou se eu falava inglês. Quase disse que não. Mas o rumo que tomavam os meus pensamentos era tão negro que pensei vá lá, e, virando-me, abanei a cabeça. O texano não parou mais de falar. Perguntou se conhecia os Estados Unidos e começou a longa lista de razões por que não podia deixar de conhecer o seu país. Educada, concordei. Inflamado, ele começou a descrever a beleza das estradas: "*One billboard after another! Beautiful, just beautiful!*"[4] Horrorizada, imaginei a sucessão de imensas propagandas tampando a vista das paisagens que, essas sim, deviam ser lindas. Nunca mais esqueci a frase e sinto até hoje o prazer de viver num país em que, das estradas, ainda se pode admirar a natureza.

Pelotas. Um prédio fim de século numa praça; tinham-me reservado o melhor quarto do hotel. A cama era enorme e cheia de vazios. Um Natal deprimente. No dia seguinte, estive com as duas atrizes com quem trabalharia. Maria Clara Machado, que conhecia do tempo de adolescente nas Bandeirantes, e Ruth de Souza. Maria Clara era amiga de Eros Martim Gonçalves, o diretor, que a havia convencido a abandonar o curso de teatro que fazia, em Paris, para participar do filme. Havia deixado a escola de Jean Louis Barrault para fazer *Angela* em Pelotas. Confiava plenamente em Cavalcanti, em Martins Gonçalves como diretor e no roteirista, o escritor Aníbal Machado, seu pai. Ruth já era considerada uma excelente atriz de teatro no Rio e fazia a sua primeira participação num filme. Experiências diferentes, mas já enraizadas na arte de ser comediante. Maria Clara, cheia de vida, tinha uma alegria contagiante e Ruth, acompanhava. À noite nos reuníamos no quarto das duas e falávamos dos planos futuros. Confidências. Caçoavam da minha ideia fixa: Tom! Os atores eram Mário Sérgio, Abílio Pereira de Almeida e Alberto Ruschel, que eu já conhecia de *Caiçara*. Não havia em Pelotas o clima de Ilha Bela, mas muita camaradagem havia, sem dúvida. Filmávamos numa chácara perto da cidade, e eu aproveitava para ir e vir de bicicleta, naturalmente de jeans. Foi aí que notei que, à minha passagem, as venezianas dos casarões se fechavam com estardalhaço: em protesto contra a primeira mulher que viam de calça comprida. Essas atrizes devassas!...

Alguns dias depois, chegou o *cameraman* Bob Huke. Trazia uma longa carta de Tom e uma aliança fina de ouro onde estava gravado: "*For keeps* – Eliane – Tom".

Com um sentimento de reverência, coloquei-a na mão direita, como de praxe. E, num gesto novo, rodando lentamente a aliança no dedo, pensei: até quando a espera? Havia caído numa cilada. Mas não em desespero. Certamente eu acharia uma saída.

Martim Gonçalves, diretor de teatro, não gostava que o chamassem pelo primeiro nome, Eros. Introvertido e muito tímido, não se comunicava

---

4 – "*Um outdoor atrás do outro. Lindo, simplesmente lindo!*".

facilmente. *Angela* era a adaptação de um conto de Hoffman sobre um jogador que perde tudo e leva a mulher ao suicídio. Por que haviam transplantado para os pampas um drama essencialmente de interiores? Não tinha sentido. Transportar toneladas de equipamentos até Pelotas para escolher como locação uma casa 1900, igual a tantas existentes na época, em São Paulo. Muitas perguntas ficavam sem resposta naquele início de filmagens. E corriam boatos de que Cavalcanti havia-se desentendido com os irmãos Zampari.

Jantávamos todas as noites numa longa mesa em uma cantina da cidade. Depois eu ia invariavelmente ao posto telefônico esperar a ligação de Tom, que nunca falhava.

Também nos escrevíamos todos os dias. Vivia um anticlímax total. Havia lutado tanto durante o último ano para me libertar, para terminar presa a um contrato que me obrigava a viver onde não queria e a fazer cinema, o que em si não me interessava.

Nesse clima de incertezas e de boatos quanto ao futuro da Vera Cruz, de repente, deparei-me com a situação mais ridícula que já tivera que enfrentar. Depois de muitos cochichos entre o diretor Martim Gonçalves e a senhora que cuidava do guarda-roupa, os atores foram chamados para se prepararem para filmar, e eu soube o motivo dos cochichos. Dali para a frente, eu teria que usar seios de borracha, pois o diretor decidira que queria uma personagem mais volumosa!

Minha resposta foi imediata, joguei os enormes seios de borracha pela janela e avisei que se o meu físico não agradava ao diretor que procurasse outra atriz.

Não fora à toa. Eu descobrira, e não fazia tanto tempo, que gostava do meu corpo. Era alta, magra, ombros largos, pernas bem feitas e, segundo Tom, tinha seios lindos, que apontavam para a lua. Nunca usara sutiã e muito menos usaria seios de borracha!

Esse impasse durou semanas. A equipe inteira parada e telegramas hilariantes iam e vinham entre São Paulo e Pelotas. Assinados por Cavalcanti, estes eram examinados por Martim Gonçalves com a maior seriedade. Ordens superiores. O diretor, emburrado, não me dirigia a palavra, só mandava recados ameaçadores. Eu seguia lendo, inabalável, e torcia para que decidissem substituir-me por outra atriz.

Mas num sábado de manhã chegou um telegrama diferente. Tom dizia que os papéis do casamento haviam chegado do México. Estávamos casados!

Feliz, passei a aliança para a mão esquerda, pus o telegrama no bolso do jeans e saí apressada com Maria Clara. O convite era para um fim de semana na estância de amigos. Andamos a cavalo pelos pastos, seguidos por cachorros collie treinados para a lida com o gado. Em absoluto estado de graça, admirei a imensidão dos campos gaúchos e a casa lindíssima, muito antiga e acolhedora. Chegada a noite, a dona da casa pediu mil desculpas por não ter dois quartos para hospedar-nos. "Por causa da reforma, do cheiro de tinta fresca. Mas como bandeirantes e velhas amigas, saberão se acomodar". Sem problemas. Ao tirar o jeans, o telegrama caiu do bolso. Mostrei-o a Maria Clara que, bem do seu jeito brincalhão, saiu porta afora triunfante, acenando com o telegrama. Todos saíram dos quartos, e o casamento foi festejado em grande estilo com champanhe e de pijamas. Mas os noivos estavam a 3 mil quilômetros um do outro!

Nesse dia, comecei a me dar conta de que, na minha vida, nada seria *comme il faut*[5]...

O impasse finalmente foi rompido por um telegrama anunciando a saída de Cavalcanti da Vera Cruz. Os boatos eram os mais desencontrados, e cada um passou a se preocupar com o próprio futuro. Martim Gonçalves, solidário com Cavalcanti, voltou para São Paulo e pediu demissão. Maria Clara, indecisa entre a lealdade para com os amigos Cavalcanti e Martim Gonçalves e a palavra empenhada no contrato, sofria um problema de consciência. Acabou decidindo ficar. Positiva como sempre, enterrou o chapéu de bandeirante na cabeça e propôs uma pescaria. Na falta do que fazer, as pescarias de lambari haviam-se tornado diárias, ocasião para muitas conversas e até para um banho inesperado, quando o chapéu inseparável de Maria Clara voou para o meio do rio, e ela atrás! Já Ruth era urbana demais, não suportava ver minhocas... transformadas em iscas.

Depois de semanas intermináveis, recebi um telegrama lacônico de Tom. Que eu estivesse a uma certa hora no aeroporto. Sem entender, fui. Pasma, vi Tom descer a escada do avião com Chiquita no colo e fui correndo ao seu encontro. Havia terminado o suplício!

Aos poucos, meio sem fôlego, Tom foi explicando. Cavalcanti e Martim Gonçalves haviam pedido demissão, e ele fora chamado ao escritório de Franco Zampari. O empresário, no seu português carregado de sotaque italiano, falou sério, disse que precisava de um grande favor do amigo, um sacrifício mesmo. Enquanto Tom lhe assegurava que podia pedir o que quisesse, fez uma pausa cheia de suspense... E prosseguiu, sorrindo misterioso: aceitaria ir para Pelotas para dirigir *Angela*?

O milagre acontecera assim! Franco era realmente um aliado.

---

5 – *Dentro dos moldes.*

À noite, toda a equipe reuniu-se no salão do hotel diante de uma longa mesa de frios, cervejas e batida de limão. Tom anunciou duas novidades: havia-se casado com Eliane e chegara como diretor de *Angela*. "E vamos tocar esse filme para frente!" Houve aplausos e muitos abraços, e todos, aliviados, levantaram um brinde ao casal e à volta, à filmagem. Comentei depois com Tom que tivera o casamento com que sonhara, os dois de jeans e rodeados de companheiros de trabalho! Afinal, achava que um envolvimento profundo entre duas pessoas devia ser celebrado de forma simples e reservada. Era muito delicado para ser exposto a fofocas e cerimônias pomposas.

No dia seguinte, voltamos a filmar normalmente, afinal era dia de semana...

Angela seria sempre um filme idealizado e começado por uma pessoa e terminado por outra. Duas concepções diferentes. Tom fazia as mudanças que lhe pareciam pertinentes e, à noite, explicava-me o que deveria fazer no dia seguinte, como havia sido em *Caiçara*. Eu tinha total confiança na sua direção e, por assim dizer, me deixava moldar.

Começávamos um relacionamento em que a paixão, a admiração e a vontade de construir algo duradouro no trabalho tinham um ímpeto de juventude. Ele gostava da vida no campo tanto quanto eu e havia estudado agronomia. Fazíamos planos de ter um pedaço de terra fértil e muitos filhos, que seriam criados longe da cidade. Mas para isso teríamos que antes fazer filmes e ganhar dinheiro. A vida nos parecia ser uma simples sequência de decisões acertadas. Éramos otimistas e sumamente felizes.

Foi em Pelotas que encontrei Martinelli. Aliás foi Chiquita que o encontrou. Estávamos almoçando com toda a equipe na longa mesa da cantina, quando a cachorrinha disparou latindo em direção à meia porta de vai e vem, como as de *saloon* de faroeste. Passou por baixo e, rápida, estava na rua. Preocupada com os carros fui atrás. A fox pequenina, sem a menor noção de proporção, latia enfurecida contra um enorme pastor alemão. Este, por sorte, latia do alto da carga de um caminhão. Segurei Chiquita e, encantada com a beleza do pastor, fiz a pergunta clássica: como conseguir um filhote? Martinelli, o dono do caminhão, era um ator nato e não perdia a oportunidade de fazer um show. Tinha a ascendência italiana estampada no rosto. Era extrovertido, tinha os olhos muito azuis, as bochechas coradas e um vozeirão que certamente devia ao abdômen avantajado. Radiante com o povo que começava a se aglomerar, abriu um círculo no meio da rua para o seu cachorro: "Desce, Duque, vem cumprimentar a moça!". A cada ordem dada com um largo sotaque gaúcho, acrescentava como que uma pontuação em *stacatto*: "Tou te falando!". E quando Tom saiu da cantina o show estava a pleno vapor. Ele também ficou impressionado com a beleza e o grau de adestramento do cão, e, traduzindo rapidamente em possibilidades cinematográficas, ofereceu para fazer um teste com o Duque.

Martinelli era muito inteligente e tinha, além de um dom excepcional para adestrar qualquer animal, a noção exata de quanto valia o seu trabalho. Ele dizia, sem nenhuma modéstia, que atores existiam muitos, mas que cães adestrados como o Duque, nenhum! A petulância da Chiquita iria naquele dia, no meio do almoço, mudar inteiramente o destino da família Martinelli.

De posse de um contrato milionário para a época, a carreira artística de Duque arrastaria Martinelli com o seu caminhão, dona Líbera e os dois filhos para São Paulo, para uma chácara ao lado da Vera Cruz. Duque se transformara no Rin Tin Tin dos trópicos e, como estrela, participaria de muitos filmes da companhia!

Seguindo a vontade de Franco Zampari, Tom apressava as filmagens no Rio Grande do Sul. Afinal, a palavra de ordem era economia e quanto mais cedo voltássemos para São Paulo, melhor. As finanças da Meca do Cinema começavam a se ressentir das fortunas nababescas gastas na sua construção. Estúdios imensos, com mais de 5 mil metros de área coberta, além do muro altíssimo, cercando os 70 mil metros quadrados da chácara. Os estúdios já estavam prontos, assim como as oficinas de marcenaria, carpintaria, mecânica, costura e tapeçaria. Estava na hora de voltar.

Os apartamentos destinados aos técnicos estrangeiros também estavam prontos. Eram duas longas construções, antigos galinheiros que haviam sido reformados e divididos em pequenos apartamentos de sala e quarto, ambos 3x3, um closet com prateleiras e um banheiro. Havia um pequeno terraço coberto na frente, de onde se avistava, ao longe, muito verde, entre pastos e bosques de eucaliptos. Havia verde fora e verde dentro, na forma de colchas e cortinas de lonita branca de listras verdes. Tom acrescentou uma mesa de pinho com pernas em X e dois bancos, feitos na marcenaria do estúdio, e tomamos posse da nossa primeira casa,

Aquela volta a São Paulo foi gloriosa! Alguns meses antes, eu tinha sido obrigada a passar o pior Natal de minha vida, sozinha e com a perspectiva de uma longa, talvez até definitiva, separação do Tom. E, na mais espetacular reviravolta, eu estava vivendo com ele um relacionamento livre, aceito, normal. Sem ameaças. Tínhamos trabalho, nossa casa e nosso cachorro.

As malas e caixas de papelão ainda estavam sem abrir, no meio da sala. Cansada da viagem, sonolenta, não conseguia abrir os olhos. De bruços, agarrada ao travesseiro, teimava em sonhar, enquanto ouvia vagamente os passos de Tom em volta da cama. Abri os olhos e vi que ele me trazia uma tigela branca fumegante.

Recostados nos travesseiros, aproveitando o calor da cama, tomamos a tigela de chá que ele havia preparado. As mãos se aqueceram na forma generosa, a louça branca realçava a cor e o perfume do chá e os pés se procuraram sonolentos. Um acordar muito especial, como nunca tivera. Um hábito que se perpetuaria.

Enquanto filmávamos *Angela* em Pelotas, uma delegação composta de atores e diretores da Vera Cruz havia comparecido ao Festival de Cinema de Punta del Este com o primeiro filme da companhia. *Caiçara* ganhou um prêmio para o Brasil, e São Paulo vibrou. Comecei a ser muito solicitada. Obrigada a comparecer a entrevistas, almoços para empresários ou para diretores de estúdios norte-americanos que, curiosos, visitavam a Vera Cruz.

Havia as inaugurações, como o Cine Caiçara, e até uma boate em São Paulo com o nome Caiçara. Eu ia arrastada por Tom a esse tipo de coisa. Tomei nessa ocasião pelo menos um litro de suco de laranja noite adentro, pois não bebia álcool. De primeira atriz da Vera Cruz, o que eu sempre rebatia com a frase "Só porque cheguei primeiro!", tornara-me primeira atriz do primeiro filme premiado da Vera Cruz. Isso me valeu um aumento de salário de 10 para 15 mil cruzeiros, cruzados, cruzeiros novos, cruzados, reais?... Tom também recebeu um aumento, e o sonho de um sítio tornava-se quase palpável. Apesar de a revista *Time* americana ter declarado numa entrevista que atores no Brasil ganhavam *peanuts* (em comparação a Hollywood óbvio que era pouco), estávamos no Brasil, e só começando. Eu tinha os pés no chão, e principalmente a cabeça. Mais especificamente na terra.

Tínhamos decidido que morar no pequeno apartamento no estúdio não tinha nenhum *glamour*, mas muitas vantagens. Podíamos acordar mais tarde, eu tinha onde descansar nos intervalos, às vezes longos, entre tomadas, e já que os aluguéis em São Paulo eram caros, a economia seria grande. Nos apartamentos vizinhos, maiores para os que tinham filhos, moravam alguns dos outros técnicos estrangeiros: Gerry Fletcher, o maquiador escocês, com a mulher e a filha, que também tinha a profissão do pai. Eric Rasmussen, dinamarquês, chefe da equipe de som, com a mulher e o filho Preben, um menino adorável de 6 anos que se entendia muito bem com Chiquita. O iluminador Chick Fowle com a mulher; e, finalmente, Oswald Hafenrichter, o montador de fama internacional, pois já fora nomeado para um Oscar pelo filme *O terceiro homem*. Hafenrichter era austríaco, casado com uma inglesa, e tinham um filho pequeno. Dono de senso de humor refinado, tornou-se grande amigo de Tom.

Os dois riam muito quando estavam juntos; mas, se um filme de Tom estivesse no estágio de montagem, eles se tornavam inimigos mortais. O diretor lutando por cada metro de filme, cada segundo de cena, enquanto Hafenrichter cortava impiedosamente. O mestre da montagem jogava na lata do lixo metros e mais metros de precioso celuloide e dizia: "Por mais linda que seja a cena, não se pode saturar o espectador. A medida certa é deixá-lo sempre com vontade de ver mais". E no final, o ritmo do filme tendo sido conseguido graças aos cortes na sala de montagem, Tom concordava que o amigo é que estava certo. Esqueciam as brigas e riam de novo.

Além dos apartamentos, a reforma dos galinheiros havia rendido um restaurante e um bar, onde predominavam, na decoração rústica, as madeiras aparentes. Grandes janelas davam para o verde, pois o estúdio não perderia nunca o ar de chácara. As mesinhas de toalha xadrez verde e as samambaias enfatizavam o ar bucólico. Perto do bar, decorado com fotos dos filmes, havia um tipo de armário de troféus onde reinava único, então, o de *Caiçara*.

No seguimento, havia a cozinha do Mário. Franco Zampari, num gesto que comprovava o seu amor pela Vera Cruz, havia cedido o seu *chef* italiano, sacrifício que ele não cansava de lembrar. Mário, pequeno, roliço e vestido a caráter, era capaz de produzir, sem o menor esforço aparente, tanto um enorme banquete como o melhor picadinho do mundo. Morar no estúdio tinha enormes vantagens graças ao Mário! No fim de um dia desgastante, o seu *minestrone* era de se tomar de joelhos, após uma passada pelo bar, naturalmente. Lá podiam ser encontrados o escocês Gerry, muito sério diante de uma pinga, à qual dizia ser fiel desde Ilha Bela, Osie Hafenrichter e Tom se digladiando bem-humorados, por enquanto, porque ainda não havia chegado a hora de retalhar *Angela*. Chick Fowle e Bob Huke estariam discutindo a respeito da iluminação de uma certa cena, mal-humorados, principalmente por causa da cerveja gelada. País bárbaro esse; onde já se viu servir cerveja gelada!

Tom, de tão feliz e encantado com sua vida no Brasil, dizia querer comprar um pedaço de terra em que pudesse ter uma vista de 360 graus. Teria a visão mais completa possível, ilimitada, sobre o país! Um dia chegou radiante: havia achado o seu cocuruto, e levou-me correndo para ver. Havia, de fato, um morrote isolado perto da estrada de Diadema, com uma vista deslumbrante, mas qual não foi seu desespero ao ver um trator que conscienciosamente nivelava tudo à sua volta. O dono resolvera fazer um loteamento bem comportado; bem plano. Tom conseguiu convencê-lo a lhe vender os últimos 1200 metros que não haviam sido achatados, no topo do morro. E passamos a tarde sentados na terra admirando a vista do país pelo qual ele havia-se apaixonado.

O passo seguinte era construir uma casa. Conversando com amigos, recebi a oferta de um caminhão de tábuas de andaime usadas, com a condição de que fosse logo na construção buscá-las. A planta da casa de alvenaria foi rapidamente transformada num barracão de madeira, "que no fundo será muito mais simpático"... e eu fui liberada durante algumas horas para achar o caminhão e levar as tábuas até o terreno. Na praça da Bandeira, achei a fila dos caminhões e escolhi obviamente o maior, mas fui informada, com um sorriso superior, que teria que pegar o primeiro da fila. Era um Ford 1928 que, se não fosse trágico, era uma piada. Não era pequeno em comparação aos outros todos, era mínimo. Caindo aos pedaços e ostentando todas as cores do arco-íris, ainda tinha, ironia suprema, pintado no para-choque: "Sai da frente!".

O dono do calhambeque, bem mais velho que o próprio, tinha uma personalidade, um senso de humor irresistíveis, e tocou no cerne da questão quando disse de passagem que levava às vezes dias na fila para arranjar um frete. Eu não tinha tempo, não podia esperar. Subi na boleia do fordeco debaixo dos aplausos dos caminhoneiros, que finalmente se viam livres do azarão. E fomos às tábuas.

A cada tábua com que o carregavam o caminhãozinho arriava um pouco, dependendo do lado, e gemia. O dono coçava a cabeça preocupado, abaixava-se para examinar a situação e voltava otimista dizendo que o veículo era de boa safra, material de primeira, não como esses moderninhos de hoje em dia... Ainda amarraram por cima das tábuas três portas de elevador que haviam sobrado, e saímos de São Paulo rumo a Diadema por uma estrada de terra.

O trajeto que levaria normalmente meia hora já se ia arrastando aos solavancos por mais de duas. Havia engasgos e espasmos que levavam, sem nenhuma razão aparente, o motor a morrer. O dono, já com as mãos e a careca cheias de graxa, recorria à uma manivela para ressuscitá-lo. E ainda havia as ladeiras enfrentadas sob o maior estresse. A dúvida pesava sobre o semblante concentrado do velho até que, num suspiro aliviado, chegava ao topo. Aí ouvia-se uma tremenda explosão debaixo do capô. Rindo confiante, ele descia da boleia e sumia atrás do verdadeiro gêiser que jorrava água fervendo e nuvens de vapor. Voltava murmurando algo como: no verão é assim mesmo... e seguíamos em frente. Vários galões de água e muitas maniveladas adiante, encontramos com Tom que, preocupado com a demora, viera ao nosso encontro no jipe. Como cineasta, esqueceu a hora, a bronca, o mau negócio quanto ao número de tábuas, tudo, para se declarar apaixonado pelo calhambeque, o "Sai da Frente"! As tábuas nem haviam sido todas descarregadas e já começava a se criar na sua cabeça um novo filme.

A Vera Cruz comprou o caminhãozinho, para grande alívio do velhote e dos outros caminhoneiros da fila. *Sai da Frente!*, uma comédia escrita por Tom, fez grande sucesso e lançou para a fama o calhambeque simpático e o comediante Mazzaropi.

O barracão foi construído durante os fins de semana, bem no topo do morro. Tinha por fora, estampada na cara, a feiura das tábuas de andaime com que fora feito, mas por dentro havíamos caprichado na decoração. Paredes e teto forradas de pinho novo envernizado, as janelas de veneziana pintadas de azul-Marçal com cortinas de chintz florido Num canto, a cama coberta de chintz com almofadões, o único móvel. No outro, uma prateleira com um fogão de campanha e uma pia de cozinha, escondidos por uma cortina de correr. Nas paredes norte e sul do barracão, havia duas imensas janelas, que eram, na realidade, duas portas de elevador penduradas na horizontal e que, abertas e apoiadas em dois bambus, davam a impressão de asas. De longe era como se uma espaçonave surrealista houvesse pousado no morrote!

Lembrando a viagem em que havíamos dado nosso primeiro grito de liberdade, demos à casa o nome da traineira, e repetimos em sua honra o tom de azul e o cheiro de verniz. Marçal era um refúgio alegre a meio caminho entre São Bernardo e São Paulo. Passávamos os fins de semana pintando e plantando, e de tardinha, sentados na soleira, tomávamos chá. O pôr do sol parecia não ter fim, derretendo lentamente os morros a perder de vista. Não havia luz elétrica, mas um lampião de querosene e mais estrelas do que em qualquer outra parte do mundo. O silêncio era total. Ouvia-se, às vezes, o ronco surdo de um tropel de queixadas, e Chiquita latia afastando o perigo.

A saída de Cavalcanti fez com que Yolanda cortasse relações com os irmãos Zampari, e não aparecesse mais nos estúdios. Tia e sobrinha só se viam em ocasiões formais, em que trocavam beijos sob os flashes dos repórteres. Eu não sentia mágoa da tia porque compreendia que todas as brigas haviam sido no intuito de "defender a cria". Mas também sabia que só teria paz se continuasse a distância.

E Yolanda tinha certeza de que a sobrinha, mais dia menos dia, voltaria para casa arrependida. Um dia recebi um recado dela. Uma antiga governanta transmitiu-o. Que voltasse para casa e seria bem recebida, e que ela se oferecia para custear o aborto. Pasma que a mulher tivesse vindo até São Bernardo do Campo para me propor tamanho absurdo, respondi que estava muito feliz, casada, e que não estava grávida, mas se estivesse certamente não faria um aborto. Pelo contrário, pretendia ter muitos filhos. E passar bem.

Pensei em mandar uma carta desaforada. Depois, cheguei à conclusão de que ninguém podia sequer imaginar a dimensão desse relacionamento.

Éramos cúmplices em tudo. Ambos muitos intensos, muito inteiros no que fazíamos e vivíamos. Ele me incluía nos seus planos de cinema, em cada vírgula das histórias que escrevia, e eu introjetava nele os meus sonhos de um pedaço de terra. Líamos muito. Os mesmos livros, analisados e virados do avesso. Víamos os mesmos filmes. Revividos sob a ótica, tanto do cineasta, crítico, como da sensibilidade do artista. Ele era capaz de soluçar durante um filme de Chaplin e, no momento seguinte, explodir numa gargalhada tão inesperada que chegava a cair da poltrona. A comunicação era contínua e fluía. Eu magnetizada pela riqueza de sentimentos, pela gama de possibilidades com que ele enriquecia as nossas vidas. Não, ninguém podia adivinhar que, sem nenhum dos atributos considerados essenciais para um casamento, nós nos completássemos e seguíssemos vivendo o momento presente de forma tão leve, com tamanho senso de humor.

Houve, naturalmente, as ciladas. Os inevitáveis momentos dramáticos, como quando, no meio de um filme, descobri que estava grávida. O estúdio havia previsto essa possibilidade, punida rigorosamente com rescisão de contrato e ressarcimento de todos os prejuízos financeiros que uma paralisação de filmagem e troca de artista acarretariam. Uma situação totalmente impossível de ser encarada. Mas, pior do que isso, um drama ainda mais assustador era a possibilidade de um feto imperfeito. Afinal, fora gerado apesar dos cuidados e preservativos. E não era assim que havíamos planejado ter os nossos filhos. Quando chegasse a hora seria um momento solene, consciente. Não um lapso.

Fomos juntos ao hospital, sabendo que era a coisa certa. O aborto, uma decisão refletida, analisada por todos os ângulos, dura, mas a única possível, aproximou-nos mais, como às vezes acontece com a dor. Reconhecemos que a tia havia tido uma certa razão em se preocupar, uma premonição talvez. Só não previra que aguentaríamos esse tranco juntos.

Nessa época, depois da premiação de *Caiçara* em Punta del Este, vários prêmios de cinema foram criados. O primeiro, Saci, do jornal *O Estado de S. Paulo*, foi para *Terra é sempre terra* como o melhor filme do ano. Para Tom Payne, o melhor diretor; e Marisa Prado, a melhor atriz. A estatueta era um saci de bronze, lindo, criação do escultor Vitor Brecheret. Tom, o aventureiro, o vilão, estava sendo festejado, e tinha o mérito reconhecido!

A Vera Cruz ia de vento em popa. Os críticos de cinema louvavam a perfeição técnica. Os prêmios nacionais e internacionais apareciam em primeira página, *Caiçara* ganhara uma menção honrosa em Cannes, e o público aplaudia os filmes nacionais em pé. Reinava um clima de otimismo, e as produções se multiplicavam, agora de forma simultânea.

Angela ainda estava no estágio de montagem e dublagem, e Tom começava a dirigir *Sai da frente*, com a colaboração de Abílio Pereira Almeida, que daria a malícia, o toque brasileiro, à comédia. Nesse ponto não se entendiam. Tom queria um Mazzaropi chapliniano, ingênuo que revelasse *pathos* em suas reações. Já Abílio queria um jeca mulherengo, com ginga de malandro. E ganhou, com o argumento que o Tom era estrangeiro e não entendia a esperteza tropical. Abílio acabou assumindo a direção do filme.

Vários filmes na Vera Cruz foram feitos com dois diretores. Um europeu, dono do *know-how*, e um brasileiro, que embora aprendiz na parte técnica, encarregava-se das peculiaridades culturais locais. Apesar desse cuidado, uma das críticas feitas aos filmes da Vera Cruz foi que, encaixados em cenários brasileiros, tinham o ranço de cinema europeu.

Começaram os preparativos para *Tico-tico no fubá*. Um frisson percorreu os estúdios com a contratação de Anselmo Duarte para o papel do compositor Zequinha de Abreu e de Tônia Carrero para o de Branca. Afinal, eram os primeiros atores profissionais de cinema que chegavam. E chegaram em grande estilo: Anselmo elegante, no seu Jaguar prateado, e Tônia, sofisticada, linda e glamourosa: a verdadeira *star*!

O estúdio perdera o clima de chácara bucólica. Adquirira, não só uma pátina de *glamour*, como, com a instalação de um circo completo, com palhaços, anões, leões e um elefante, um ar francamente surrealista. No filme, Zequinha de Abreu se apaixona por Branca, uma equilibrista de circo que faz evoluções em cima de um cavalo branco. Esse fato explicava não só a origem da valsa *Branca*, como o porquê de um circo armado no estúdio.

Carlos Thiré, marido de Tônia, era responsável pela cenografia do filme, e vinha às vezes ao estúdio acompanhado do filho, Cecil, um menino lindo, de uns 10 anos. E a ideia me martelava a cabeça: se Tônia conseguira fazer as duas coisas, um filho e cinema, eu também conseguiria.

A dublagem de um filme era extremamente cansativa. Passava o dia inteiro em pé diante de um microfone, num estúdio à prova de som. Via passar na tela o que chamavam de *loops*, pequenas cenas do filme, que se repetiam sem parar, com o som original. Tinha que, acompanhando o movimento dos lábios na tela, dizer os diálogos repetindo a entonação e intensidade emotiva que havia passado à personagem ao filmar a cena meses antes. A dublagem se complicava quando vários atores contracenavam. Quando não era um, era o outro que errava. E os técnicos do som eram perfeccionistas, corrigindo e gravando e corrigindo, repetindo e gravando. Saía exausta de tardinha, quando não trabalhávamos noite adentro, e, para relaxar, ia visitar o elefante do circo.

Era, aliás, uma jovem elefanta, muito charmosa, que demonstrava o prazer que sentia com a visita, dançando de uma perna para a outra, balançando a tromba no mesmo ritmo. Ela era adorável e foi amor à primeira vista!

Quando soube que a elefanta ia ser sorteada para quem adivinhasse o seu peso, tentei convencer Tom de que ela seria de grande utilidade na chácara que um dia iríamos comprar... Ele foi totalmente contra. Ideias loucas tinham limites... Mas à medida que rebatia os meus argumentos, Tom enveredou por outro caminho.

Naturalmente um filme... Passou a imaginar o ridículo da situação e a contar: um sujeito, depois de um jogo de futebol, entra pela noite tomando umas e outras e, voltando a pé para casa, passa perto de um circo onde estão vendendo bilhetes de loteria. O complexo de culpa o leva a comprar um. Se ganhar, levará um presente para a mulher. Confiante no resultado do sorteio, ele continua bebendo no bar da esquina. Chamam o seu número no alto-falante, o bêbado, meio cambaleante, se apresenta ao guichê e fica sabendo que ganhou – uma elefanta!... Tom fez uma pausa e disse, animado: "Grande filme!".

Foi o bastante para que eu esquecesse a futura chácara, povoada de elefantes, e engrenasse na nova história. Uma colaboração que fluía naturalmente, gostosa e sem tropeços. Como se os dois estivéssemos voando ladeira abaixo num patinete, daqueles da minha infância, Tom na frente guiando, eu atrás, e sem esforço, cada um dando de vez em quando um empurrãozinho com o pé. Sentado à máquina de escrever, Tom dava gargalhadas! A história chamou-se *O prêmio*. E, um ano depois, ele leu que haviam filmado a história da elefanta na Itália. Quando muito entusiasmado com uma história, Tom costumava contá-la no bar do estúdio a quem quisesse ouvir. Havia na época uma superpopulação de cineastas italianos na Vera Cruz. Coincidência? Talvez.

Um dia, Martinelli anunciou que sua casa ficara pronta, sua família havia chegado de Pelotas e que estávamos convidados para o almoço. Durante os meses em que havia morado sozinho na Vera Cruz, com Duque, tínhamos nos tornado amigos. Martinelli tinha, por um lado, muito bom senso e, por outro, como bom comediante, o dom de fazer rir. Extrovertido, um vozeirão, os olhos azuis cheios de malícia não escondiam que, para ele, a vida era sempre uma aventura divertida. Dona Líbera, uma beleza mediterrânea de grandes olhos castanhos, escutava o marido e abanava a cabeça, sorrindo como quem diz: "Ô menino levado...". Os dois filhos eram bem-educados e atenciosos, sendo que o mais velho tinha herdado o dom do pai para adestrar cães. Aliás, o que o Martinelli tinha não era bem um dom, o homem era um fenômeno. Ele se comunicava diretamente com os animais sem seguir nenhuma das regras convencionais. Não dava ordens ríspidas, "Pra que falar alemão com cachorro brasileiro?", mas conversava. Uma de suas piadas era tomar um guaraná num bar e, como quem não quer nada, dizer para o cão ao seu lado: "Ô Duque, não é que o moço aqui está querendo me cobrar!" O cachorro, como que movido por uma mola, pulava no balcão, e com todos os dentes de fora, fingia atacar o *barman*. Aí o Martinelli acalmava o cão: "Bobagem, Duque, o moço é boa gente, não vai cobrar nada não…". Todos riam, naturalmente.

A casa era muito simpática, dona Líbera, doce e acolhedora. Sempre que eu podia deixar o estúdio, ia visitar os amigos e acompanhar o andamento das obras. Martinelli construía canis para acomodar os futuros alunos de adestramento da Escola Duque, e foi expandindo até incluir cocheiras com cavalos. Era fascinante vê-lo treinando garanhões árabes para os filmes.

A única coisa que dona Líbera não aceitava era a longa barba e os cabelos que Martinelli passou a não querer cortar. Por quê? Ele só ria e guardava segredo.

O circo montado num terreno vago do estúdio para a filmagem de *Tico-tico no fubá* dava a impressão de ter vindo para ficar. Durante o dia a grande lona amarela e azul ficava levantada. As arquibancadas vazias pareciam estar em compasso de espera, mas na realidade era um mundo fervilhante de atividade.

Os trailers da grande família circense ficavam estacionados em círculo com as chaminés fumegando, as mulheres atarefadas em volta, os trapezistas treinando, os amestradores estalando chicotes, enquanto cavalos e cachorros faziam acrobacias. Palhaços e anões se insultavam, as vozes em falsete ecoando por baixo do pano.

Os ensaios não paravam. As crianças do estúdio, boquiabertas, fascinadas. E todos os adultos que um dia haviam tido infância davam suas fugidas e, por alguns minutos, se deixavam enfeitiçar pelo circo. Os boatos corriam soltos, o famoso palhaço Piolim viria filmar por uns dias e, arrepios de expectativa, estava para chegar uma grande artista: a mulher barbada! À noite, todos os refletores acesos, filmavam. Ouvia-se a música típica de circo, enquanto os figurantes vestidos à caráter se aglomeravam em volta dos carrinhos de pipoca e da bilheteria. O som da banda pela noite adentro embalava sonhos de cavalinhos amestrados e de elefantes dóceis pedindo pipoca com a tromba. Um dia, a mulher barbada chegou. As pessoas a observavam de longe, sem jeito, sem fitar. Era grande e gorda, com uma longa saia rodada, um turbante na cabeça e uma barba preta cobrindo-lhe o rosto e o peito. Os maquinistas começaram a se aproximar. Ela, meio dengosa, meio tímida, deu um gritinho quando um mais afoito puxou-lhe a barba para ver se era postiça. Não era.

Ocupada com a dublagem de *Angela*, ainda não tinha visto o fenômeno de perto até que um dia topei com ela de frente. O rosto praticamente escondido pela franja que escapava do turbante, e bigode e barba descendo-lhe pelo peito. Encarei e vi, apesar do rímel meio escorrido, dois olhos azuis que não me eram estranhos. Era Martinelli, que se divertia como nunca na vida e me pedia segredo, rindo. Os boatos mais picantes continuaram circulando sobre a mulher barbada, até que um dia Martinelli "chegou de viagem". Barba feita, cabelo aparado, e muito curioso, ele pedia detalhes e teimava em conhecer a artista. Em vão, a mulher barbada sumira... Martinelli tomou gosto depois dessa originalíssima ponta e participou em pequenos papéis de quase todos os filmes da Vera Cruz. Um verdadeiro comediante bufo.

Angela e *Sai da frente* prontos, e o verão derretendo o asfalto em São Paulo, decidimos tirar férias e passar o nosso primeiro Natal juntos no Rio. A avó foi logo avisando que Jorge ainda estava furioso com o casamento da filha, e que o melhor seria evitá-lo. Quanto a ela, gostava do Tom; e ele, dela.

Um dia em que andava sozinha por uma rua de Copacabana virei distraída uma esquina e bati de frente na barriga de um cidadão. Era o meu pai, que disparou rápido: "É, hoje em dia é assim, só consigo ver a minha filha se der uma trombada no meio da rua. Dá cá um abraço! E o bandido do marido, quando é que a gente vai tomar uma cerveja juntos?". Bem ao estilo do Jorge, levou-nos não só para tomar cerveja, mas para comer a melhor peixada do Rio, e para passear de lancha pela Baía de Guanabara. Nem se lembrava do clima de guerra e ameaças do ano anterior.

Festival de Punta del Este

Filme, diretor e atriz da delegação brasileira chegam ao Festival de Punta del Este num jipe sem capota e coberto de poeira. 1952.

Festival de Punta del Este. Aquela imersão total, dias a fio, no que havia de melhor no mundo do cinema, convenceram-me da beleza e da importância desse meio de comunicação. 1952.

Mais de quatrocentos figurantes e a criação de cenários dos ambientes, os mais sofisticados, levavam diretor, cenógrafo, enfim, todos à loucura.

Ainda estávamos no Rio, aproveitando o sol e a praia, quando recebemos um telegrama chamando-nos de volta a São Paulo. O filme *Angela* havia sido inscrito no Festival de Cinema de Punta del Este e iríamos para lá, fazendo parte da delegação brasileira. A comissão uruguaia de organização do evento oferecia a hospedagem, e o Itamarati, as passagens aéreas. Começaram dias de suspense, as malas feitas e as latas do filme empilhadas na sala, mas as passagens prometidas não chegavam. A burocracia paralisava as informações de tal forma que um dia, exasperado, Tom lavou o Land-Rover e declarou: "Não querem mandar as passagens de avião, pois bem, iremos de jipe!".

A viagem foi memorável. O asfalto se limitava ao trecho Rio-São Paulo, de lá para o Sul eram estradas de terra que variavam entre muita poeira e muita lama. Os buracos eram uma constante. Tínhamos muita pressa, pois o Festival já começara. Ficamos encantados com as paisagens montanhosas de Santa Catarina e com a limpeza dos pequenos hotéis, e pasmos ao ver que só as crianças falavam o português. A última etapa era uma imensa praia de 200 quilômetros de areias movediças, entre a cidade de Cassino e Chuí, na fronteira. Não havia a alternativa de uma estrada, e a travessia só era possível durante a maré baixa. O jipe era resistente na lama, mas não desenvolvia uma boa velocidade. Tom tinha calculado que, saindo de Cassino de madrugada e maré baixa, chegaríamos ao Rio Chuí já com a maré subindo. Mas estávamos tão perto do Uruguai que resolvemos arriscar. Ainda era noite quando saímos, enrolados em japonas e carregando galões de gasolina e garrafas térmicas de chá. Haviam dito que o maior perigo era atravessar os riachos que apareciam repentinamente no meio da bruma. Esta ia e vinha misteriosa, resultado da forte maresia, e um tremendo solavanco era o único aviso de um mergulho em pleno córrego. Passamos por vários postes enfiados na areia e enfeitados de cima embaixo com placas de carros. Paramos debaixo de um deles e perguntamos ao único ser humano que vimos naquele deserto o significado daquilo. Calmo, o pescador explicou que se tratava das placas dos carros que haviam sido tragados pelas areias movediças naquele mesmo lugar. Horrorizados, vimos que os pneus do jipe já começavam a afundar em meio a um borbulhar sinistro. Saímos rapidamente com a ajuda da tração em quatro rodas e, exaustos de tensão, chegamos à tardezinha em Chuí, a fronteira. Não havia cidade nem vilarejo. Havia, na margem do rio, um placa, uma guarita e uma rede pendurada à sombra de umas árvores. Tom teve que insistir com o encarregado da alfândega para que interrompesse a sesta. Mal-humorado, ele carimbou o documento do filme brasileiro que carregávamos na mala, antes de voltar bocejando para a rede. Atravessamos a ponte de madeira e estávamos no Uruguai.

Na tarde do terceiro dia, chegamos a Punta del Este. Cansados e cobertos de poeira vermelha da estrada, entramos num escritório com a placa: *Recepción*.

"*Delegación Brasileña*", repetíamos para um recepcionista aturdido. As perguntas se seguiam em ritmo de metralhadora. Tom respondia em espanhol, batendo enfaticamente com a mão nas latas de filme empilhadas no balcão. Foi quando alguém, sentado atrás de uma máquina de escrever, de repente, gritou: "*Es la Caiçara!*". A partir desse momento foram todos sorrisos, e desculparam-se. Afinal, era a primeira vez que filme, diretor e atriz chegavam ao Festival de jipe, e cobertos de poeira!

Punta del Este era naquele tempo uma península toda plantada de pinheiros e cercada de praias. O ar perfumado e revigorante tinha a fama de curar qualquer ressaca! Tratava-se de um enorme condomínio cujo centro era um clube campestre. As casas, a maioria grandes, obedeciam ao mesmo estilo inglês rústico, com muita madeira aparente e enormes portas de vidro dando para gramados muito bem-cuidados. Não havia cercas. Punta del Este era, na realidade, um único gramado, que acompanhava o terreno ondulante, pontilhado aqui e ali de lindas casas cercadas de bosques de pinheiros. Fora dos limites do condomínio, havia na orla marítima prédios de apartamentos, hotéis, boates e lojas. Enfim a parafernália comercial normal ligada a um balneário.

Toda a movimentação oficial do Festival estava restrita ao espaço do condomínio: as várias salas de exibição dos filmes, o restaurante, o bar, e a piscina do clube. Tudo impecavelmente bem organizado.

Várias casas haviam sido requisitadas para as "estrelas de primeira grandeza", como Merle Oberon, Walter Pidgeon, Serge Reggiani, a grande atriz francesa Arletty e os simpaticíssimos ingleses Trevor Howard e a mulher, Claire. Os atores menos conhecidos, como era o caso do casal *brasileño*, ficavam hospedados em hotéis à beira-mar. Cada embaixada tinha a sua casa de veraneio em

Punta del Este, e rivalizavam entre si quanto ao luxo e originalidade das festas. O cônsul brasileiro na época era Vinícius de Moraes, que abria a sua casa para recepções muito simpáticas. Como *Caiçara* havia ganhado um prêmio no ano anterior, eu era reconhecida e tratada com muito carinho pelos cinéfilos e críticos. Já Tom era velho conhecido da maioria da delegação inglesa, de maneira que, apesar de principiantes, éramos convidados para todas as festas. Entre os jornalistas brasileiros, fizemos amizade com Leon Eliachar, cuja inteligência e humor crítico, que não deixava escapar nada, admirávamos, e o jovem Flávio Damme, um amor de pessoa.

Cada *megastar* tinha à sua disposição uma limusine com motorista, sim, porque seria impensável ter que compartilhar o carro com outra atriz. As chegadas aos eventos, em estilo bem hollywoodiano, incluíam tapete vermelho escadaria afora e centenas de fotógrafos se acotovelando. De repente, um frisson. *Flashes* pipocavam, iluminando a passagem faiscante de uma estrela. Os atritos entre elas eram frequentes. O carro se atrasara porque, apesar de estar à disposição de uma, fora atender à outra... Gafe imperdoável! Nós, que tínhamos chegado de jipe, não tínhamos o menor problema de locomoção. E oferecíamos carona aos amigos que, como nós, ainda se portavam como simples mortais. Estes, além de não ficarem esperando uma eternidade por limusines que não chegavam, achavam divertido desembarcar chiquérrimos de um Land Rover sem capota. Às vezes, fazíamos várias viagens. O organizador do Festival simpatizou com o casal de *brasileños* que simplificava as coisas e nos elegeu como amigos, prometendo que seríamos seus convidados pessoais nos futuros festivais. E cumpriu a promessa.

Para Tom era um sonho poder assistir a todas as novidades em matéria de cinema. Filmes de manhã, de tarde e de noite, e, para variar, discussões apaixonadas com os melhores profissionais sobre o que havíamos visto na véspera. *Les enfants du Paradis*, com Jean Louis Barrault e Arletty, foi seguido de um interessantíssimo debate com a própria atriz. E o primeiro filme japonês de nossas vidas: *Rashomon*, de Akira Kurozawa, deixou-nos maravilhados! Não perdíamos um filme, já as badalações, só quando inevitáveis...

O fato de *Angela* não receber nenhum prêmio não foi uma surpresa. Afinal, estávamos conscientes das deficiências de um filme começado por um diretor e terminado por outro. E, de qualquer forma, deixávamos Punta del Este em estado de graça! Aquela imersão total, dias a fio, no que havia de melhor no mundo do cinema, convencera-me da beleza e da importância desse meio de comunicação. Prometi levar mais a sério meu trabalho com Tom.

A viagem de volta foi menos apressada. Nós nos revezávamos ao volante, apreciando a paisagem e o fato de estarmos juntos na mesma aventura. De repente, em algum lugar do Paraná, vimos um menino sentado na beira da estrada. Seguimos em silêncio mais alguns quilômetros analisando o que havíamos visto. O rosto de índio do menino, atento ao carro que passava levantando poeira, e o corpo miúdo, terminando em duas pernas atrofiadas. A intensidade do olhar era tal que fez com que finalmente Tom parasse o carro e, ao mesmo tempo, começássemos a falar. Nós, cheios de planos e aquele menino paralisado, sem futuro. Pior, um futuro de carros passando, deixando-o na poeira, eternamente parado no tempo. Demos meia-volta. Quando descemos do jipe, o rosto do rapaz se iluminou como se soubesse que atenderíamos ao seu chamado. Conversamos e fomos, em seguida, até o casebre de pau a pique onde morava com os pais. Meia dúzia de galinhas ciscavam, em menor número que as crianças que foram surgindo e nos rodearam boquiabertas. Não podíamos resolver todos os problemas, mas uma cadeira de rodas ajudaria? Resolveria o problema de locomoção do menino que tivera poliomielite? A ideia foi aceita com uma expressão de espanto meio desconfiado. Explicamos que haveria uma certa demora, porque a cadeira teria que vir de São Paulo, e, depois de muitos "Deus lhe pague", pegamos o jipe e voltamos uns 10 quilômetros até um posto policial. Um guarda de trânsito que conhecia o menino ficou sendo o intermediário. Receberia e entregaria a cadeira, e daria notícias. O policial cumpriu a promessa, e escrevia. O rapaz tinha ido para Curitiba, onde conseguia ganhar a vida. Vendia bilhetes de loteria. E, um ano depois, veio uma carta: ele tinha sido atropelado na cadeira de rodas e havia quebrado uma perna. Tom, revoltado, se recriminava, não teria sido melhor deixar o menino na beira da estrada? E jurou nunca mais interferir na vida de ninguém.

 Um aumento de salário nos esperava na volta à Vera Cruz, dando o último empurrão necessário para a compra do tão sonhado sítio. Começamos a ler os classificados.

 Num dia de sol, pegamos uma estrada de terra que ia ao vilarejo do Embu e achamos a cancela com a placa "vende-se". Entramos. Fomos recebidos por uma camponesa saída diretamente dos arredores de Budapeste do século passado. Um lenço preto de bolinhas brancas escondia o coque, a blusa de mangas era branca de bolinhas pretas, a saia, até o chão, era preta de bolinhas brancas e o longo avental, também. Baixinha e gorda, parecia uma galinha carijó, daquelas pelas quais as crianças se apaixonam nos livros infantis. O rosto exibia muitas rugas de riso, em volta da boca e dos olhos azuis. Dona Vitória falava mal o português, e gritou em húngaro pelo filho. Gabriel Novak, apoiado timidamente no cabo da enxada, examinava as botinas, enquanto explicava que vendia o sítio para comprar um caminhão. Mas – e nos encarou com os mesmos olhos da mãe – teríamos que esperar que ele construísse a sua casa para tomar posse, pois eles não tinham onde morar. Nós nos apaixonamos pelo sítio e por dona Vitória. E fechamos negócio, com a condição de que eles ficassem! Dona Vitória e o filho mal conseguiam acreditar na própria sorte. Gabriel teria como comprar imediatamente o seu caminhão, e continuariam morando no sítio o tempo que quisessem!

O sítio media 52 mil metros quadrados, uma imensidão quando comparado a Marçal, o cocuruto no topo do morro. Era um princípio de vale muito fértil, de frente para o pôr do sol. O terreno descia da estrada em forma de ferradura em torno da casa, uma proteção natural e aconchegante. A vista se desenrolava vale abaixo, realmente, a perder de vista!

Uma varandinha cercada de mureta protegia com samambaias a entrada da casa, o chão da sala era ocre e tinha uma pátina de madeira antiga. Quando perguntei a dona Vitória que cera usava para obter aquele resultado, ouvi uma gargalhada seguida por uma enxurrada de húngaro que, traduzida por Gabriel, revelou que o chão era de terra batida, e que era "limpo" uma vez por semana com água misturada à esterco de gado! Segundo Gabriel, era um sistema tradicional húngaro que desinfetava e afastava os insetos... De fato não se via uma mosca.

Havia dois quartos pequenos e a cozinha com um fogão a lenha. Atrás, um pequeno alpendre coberto, com lenha empilhada a um canto, algumas galinhas chocando e um forno rústico redondo, todo caiado de branco. Não havia luz, nem água corrente, nem banheiro. Mas tudo estava escrupulosamente limpo. Panelas brilhavam, e lampiões de querosene enfileirados na prateleira tinham os pavios acertados e nenhum sinal de fuligem. Cada coisa no seu lugar. Dona Vitória cuidava de suas galinhas e plantas, conversando com elas *sottovoce*, em húngaro. Apesar da idade e de uma certa dificuldade para andar, podava as parreiras, rachava lenha e tirava água do poço. Tom, cedendo a sentimentos filiais que eu desconhecia, pegava o balde cheio de suas mãos, prometendo substituir a pesada manivela com corda por uma bomba. Ela ria, abanando a cabeça.

A aquisição não se limitou à simples compra da propriedade com que vínhamos sonhando. Eu principalmente, que passava o dia mais próxima de dona Vitória, mergulhei de cabeça na mentalidade rural europeia do século 19. Fascinada, ouvia o relato de sua vida numa pequena aldeia da Hungria. As condições duríssimas haviam forjado as regras do bem viver. Tinham a ver com a organização e simplificação das tarefas, o respeito pelo trabalho bem--feito e a consciência de que tudo tinha a sua utilidade, e nada, absolutamente nada, devia ser jogado fora. O anticonsumismo por excelência. Dona Vitória passava uma impressão de força, apesar da fragilidade dos anos, e de coragem. A mãe coragem que, compenetrada, fazia com a ponta da faca uma cruz no pão antes de o partir.

Tom fez planos, enumerou prioridades e começou por mandar cavar uma fossa. Chegávamos bem cedo, no sábado de manhã, com mantimentos e um pedreiro, e voltávamos para São Bernardo ao anoitecer. Domingo a mesma coisa. Tom trabalhava com o pedreiro; e eu, com dona Vitória, aprendendo a cozinhar. Inovamos, instalando um fogão a gás, que a velhinha olhava a princípio com certa desconfiança, e breve uma pia, aposentando os baldes de água. Tom e João, o pedreiro, formavam uma dupla extremamente criativa. Uma solução simples e prática fazia com que uma bomba-d'água instalada em cima do poço e ligada, por uma correia, à polia do Land-Rover jogasse água num reservatório construído no alto do morro. De lá, fechado um registro, ela descia pelo mesmo cano e alimentava todas as torneiras da casa e do jardim. Sem luz elétrica, tínhamos água com pressão onde quiséssemos! E banheiro. Antes de começar a reforma, construímos uma casinha para dona Vitória com um quarto com lareira e banheiro. Gabriel viajava no seu caminhão. E João foi, aos poucos, descobrindo-se parte da família.

João era uma pessoa muito especial. Logo que compramos o sítio, Tom pediu ao mestre de obras do estúdio que lhe arrumasse dois pedreiros dispostos a trabalhar nos fins de semana. Um era velho; o outro, novo, cara de menino; um experiente, o outro, novato; um branco, o outro, preto. João era o negro. Tom, a princípio irritado por ter que pagar um salário de pedreiro ao rapaz que de tão novo era obviamente ajudante, foi notando ao longo do dia que era João o líder. E quando se sentaram diante da planta da reforma, era o moço que explicava o plano ao velho, e que tinha as melhores ideias. Dali para a frente, só tivemos um pedreiro. João era muito bonito por dentro e por fora. Olhos amendoados, maçãs do rosto salientes e um físico de quem carregou pedras desde que largou as fraldas. Ele tinha o senso de humor e a irreverência à flor da pele.

Caçula de doze irmãos, nascera no interior de Minas, de pai cego e de mãe batalhadora. As lembranças que tinha da infância eram da longa fila de crianças atrás da mãe na roça, plantando amendoim. Jogavam a semente na cova, passavam o pé para cobrir e não podiam parar de assobiar. Impossível comer amendoim e assobiar... então quem parasse ia se ver com o pai à noite. Ao chegar a casa, o comedor de amendoim pegava o cinto pendurado atrás da porta e entregava-o ao pai. Este, apesar de cego, contribuía ativamente na estruturação da família, não admitindo indisciplina, e caprichava na surra. Afinal, do sucesso do plantio dependia a fartura ou a fome. Criado na roça, João viera para São Paulo acompanhando o irmão mais velho e aprendera o ofício de pedreiro. Inteligente, tinha nas mãos o melhor de dois mundos: conhecia a madeira pelo cheiro, as fases da lua e seus efeitos e a qualidade do barro pela liga. Era, por outro lado, um excelente pedreiro, um carpinteiro perfeccionista, eletricista, encanador e um cozinheiro cheio de imaginação. As qualidades apareciam de supetão, espantando, e João sorria misterioso como se ainda guardasse muitas outras aptidões escondidas. No filme *Sinhá-Moça*, Tom confiou-lhe um papel decisivo: o de escravo Fulgêncio, cuja morte no tronco provoca a rebelião dos outros escravos. Parte da filmagem era feita em matas fechadas de difícil acesso, e João, pondo de lado as prerrogativas de ator, era o primeiro a botar a câmera nas costas e sair morro acima animando os outros. Quando *Sinhá-Moça* concorreu ao Festival de Veneza, um crítico italiano não poupou elogios a João, prevendo que o jovem ator tinha um futuro promissor. João sorria ao ver sua foto no jornal italiano. "Ser pedreiro é mais seguro", concluía, abanando a cabeça. Era também um sábio.

Ele estava sempre por perto e trabalhou em todos os nossos filmes. Em *Ravina*, era responsável pelo cavalo da heroína. O animal era lindíssimo, de raça apurada, e viera da Hípica de São Paulo acompanhado de mil recomendações. Fogoso e bem alimentado, precisava ser montado todos os dias. João preparou um picadeiro perto do estúdio e, aos poucos, foi levando o cavalo a enfrentar obstáculos cada vez mais altos. Quando intrigados perguntavam a respeito, ele dizia humilde, que tinha feito o serviço militar na cavalaria e que aprendera a reconhecer quando um cavalo gostava de saltar. Era um espetáculo inesquecível, o cavalo do mais puro branco montado pelo rapaz negro, o torso nu brilhando ao sol. Saltando, voando por sobre os obstáculos, os músculos brancos ou negros moviam-se na mesma cadência, faziam parte do mesmo corpo!

Sinhá-Moça

"Sinhá-Moça" nos deu a oportunidade de conhecermos e ficarmos muito amigos de Anselmo Duarte. 1953.

"Sinhá-Moça" e as grandes amizades ao redor desta mesa: a doce Marina Freire; o grande ator Eugênio Kusnet; Ester Mindlin Guimarães, uma fonte inesgotável de livros e de ideias; José Policena, o pai; e o grande amigo Anselmo Duarte. 1953.

"Sinhá-Moça", os detalhes nas roupas e nos cenários foram estudados com apuro e a iluminação de Ray Sturges realçou com efeitos de grande dramaticidade. 1953.

Os irmãos Franco e Carlo Zampari durante a filmagem de "Sinhá-Moça", amigos e cúmplices da nossa aventura. 1953.

"Sinhá-Moça", o primeiro filme de época, transformou-se no maior desafio que a Vera Cruz tivera que enfrentar até aquele momento.

Um dia, Tom chegou perplexo em casa: "O Franco Zampari ficou louco! O nosso próximo filme vai se chamar *Cinomose*!!!" No estúdio, a língua oficial ainda era uma espécie de esperanto: o "Vera Cruz", nem sempre compreensível. Na atabalhoada comunicação entre um italiano e um anglo-argentino, *Sinhá-Moça* havia-se transformado em *Cinomose*...

Tom estava entusiasmado. Pela primeira vez, trabalharíamos num filme que ele moldaria do princípio ao fim! Precisaria de ajuda, é claro, para transformar o livro de Maria Dezzone Pacheco Fernandes numa história concisa que pudesse ser filmada. O problema da língua, sempre. Além disso, tinha planos mais ambiciosos. Inserir no simples romance da família da autora fatos históricos pesquisados em arquivos da época da abolição. Trazer à tona atos de bravura verídicos que nem mais eram lembrados. Esse resgate o fascinava. Tom trabalhava num dos escritórios da cidade, com Oswaldo, o Sampaio e o escritor Guilherme de Almeida, na revisão dos diálogos.

O prédio da rua Major Diogo 311, apertado entre dois outros do mesmo estilo fim de século, ostentava pequenas sacadas para a rua. Ele era bem maior por dentro do que aparentava. No térreo, havia o Teatro Brasileiro de Comédia e num canto, com uma porta abrindo para o saguão, outra para a rua, o Nick's Bar, do americano Joe Cantor. No primeiro andar, os escritórios do Franco Zampari; no segundo, a contabilidade, tanto do Teatro como da Vera Cruz. E no andar de cima, os escritórios da parte de cinema, com algumas salas vazias e máquinas de escrever à disposição dos cineastas. Lá o arcabouço do filme *Sinhá-Moça* estava sendo criado.

Um dia em que eu estacionava o Land-Rover na frente do TBC, o motor pipocando como de costume, Franco saiu na sacada do seu escritório e me chamou. Com a paciência e o carinho de sempre, explicou-me que não ficava bem uma estrela andar num jipão daqueles. Ele adiantaria o dinheiro, seria o fiador, qualquer coisa, para eu ter um carro decente. Tom e eu saímos à procura. Na época só havia carros importados, e longas filas de espera. Uma exceção: uma caminhonete alemã Hansa-Borgward, pequena, elegante até, no seu tom verde-escuro e estofamento de couro vermelho. Radiantes com o preço acessível, e, sem por um minuto desconfiarmos do porquê da entrega imediata, levamos o carro. Estacionei debaixo do escritório e buzinei. Da sacada Franco deu uma olhada no veículo nada "estrelar" e pôs as mãos na cabeça com uma nítida expressão de dor. Abílio Pereira de Almeida, parado na calçada, gozador, abraçou Tom, dizendo: "Agora, sim, meu filho, acertaste; isto é carro para toda a vida!" E concluiu, enfático: "Sim, porque não vais conseguir vendê-lo nunca..."

Fui eleita Rainha do Cinema de 1952, e resolvemos estrear o carro novo indo até Petrópolis receber a faixa. A estrada era boa e tudo ia bem até que começou uma chuva torrencial. Felizes, demos graças a Deus por não estarmos no jipe de capota de lona, já que estávamos vestidos para uma aparição em público. A chuva não parava. Inexplicavelmente, o chão da cabine, bem mais afundado que as portas, começou a encher de água. Já sem sapatos, paramos em vários postos para jogar a água fora com uma lata. Atrasados, resolvemos não parar mais. A chuva também. Seguimos viagem, Tom de terno, gravata e calças arregaçadas, procurando com os pés os pedais submersos. Enquanto eu, com água pela canela, jogava as latadas pela janela! Tom blasfemava em todas as línguas contra alemães incompetentes... A capital da República era o Rio de Janeiro, e o presidente, por ser verão, estava no Palácio Rio Negro, em Petrópolis. Talvez por essa razão tivessem programado a entrega da faixa de Rainha do Cinema no Hotel Quitandinha, já que ele era o convidado de honra. Logo que chegamos ao quarto, loucos por um banho, encontramos, junto às flores, um telegrama que dizia: "O presidente não pode ir até a Rainha e pede que a Rainha venha até o presidente". Assinado: Getúlio Vargas. Ele estava se recuperando de um desastre e tinha o braço ainda engessado.

O Quitandinha havia sido construído para ser o maior cassino da América Latina, e tudo nele, o pé-direito, portas, janelas, e até os lustres eram monumentais. A impressão que dava era de irrealidade, de se estar vendo tudo através de lentes de aumento. Aliás, a programação toda do evento era irreal. Necessária, pois, segundo diziam, o sucesso dos filmes dependia da divulgação, das fotos em jornais, das badalações. Ainda bem que haviam substituído o cetro e a coroa por uma faixa!... Esta pelo menos não tinha o perigo de ficar à deriva no topo da cabeça, deslizando inexoravelmente para um lado, dando ar de Rei Momo na Quarta-feira de Cinzas. O eterno horror de fantasias, de Carnaval... O prêmio ganho pelo desempenho num filme me parecia uma coisa justa. Mas o termo "Rainha do Cinema", eu, no palco de vestido comprido, recebendo a faixa da Rainha do ano anterior, era tudo de um ridículo atroz.

Terminada a cerimônia, fomos numa caravana de carros até o Palácio Rio Negro atender ao convite do presidente. Getúlio Vargas era uma pessoa carismática e alegre. Cumprimentou-me no meio dos *flashes* dos fotógrafos e perguntou-me pelo marido. Procurei-o no meio dos que se acotovelavam à sua volta e disse: "Ele está lá atrás". Chamado, Tom se adiantou e cumprimentou o presidente, que se mostrou interessado no novo rumo que tomava o cinema nacional. Falaram um bom momento. Ao se despedir, Tom, inteiramente cativado, prometeu que Getúlio Vargas seria a primeira pessoa a assistir ao filme *Sinhá-Moça*.

No estúdio, começava a construção dos cenários. A cenografia estava a cargo de João Maria dos Santos, um homem culto e um artista, que revelava a sensibilidade em cada detalhe. João Maria era surpreendente em todos os sentidos. Sofisticado e elegante, era mulato claro e fora educado na França pela mãe. O pai impressionava mais ainda. Negro retinto de cabeça branca, a voz educada de um intelectual e a gentileza de um *grand seigneur* ao me beijar a mão, parecia ter se enganado de época. Simplesmente não cabia na vulgaridade do século 20.

João Maria e a mulher, que era loura e francesa, almoçavam às vezes conosco na cantina da Vera Cruz. João falava com entusiasmo dos achados na decoração do cenário e Tom, do clima necessário neste ou naquele momento. Eu acompanhava atentamente os diversos estágios da criação do filme. Achava fascinante. Só não concordava com o que tentavam me impor a título de propaganda necessária para aguçar a curiosidade do público. O departamento de imprensa da Vera Cruz queria que eu fosse "flagrada" numa boate com Anselmo Duarte, insinuando que haveria um romance oculto entre a estrela e o astro de *Sinhá-Moça*. Eu me recusava, dizendo: se o filme for bom, o público irá, e se não for, nenhum escândalo o salvará.

Enquanto Tom estava concentrado na preparação do filme, eu aproveitava para adiantar a reforma da casa do sítio com João. Levantava cedo e levava o pedreiro e o material necessário. Eram 35 quilômetros de manhã e mais outros tantos à tarde, por estradas de terra esburacadas. O Land-Rover era valente e não havia atoleiro que ele não atravessasse. Derrubamos todas as paredes internas e a casa da dona Vitória transformou-se numa grande sala com lareira, à qual acrescentamos uma cozinha e um banheiro. À medida que João substituía as paredes por grossos troncos de eucalipto que passavam a sustentar o telhado, eu olhava para cima apreensiva, e ele, de cima do andaime, ria: "Tem perigo, não. Tá podre, mas tá bão!". A parede da frente foi quase toda abaixo, dando lugar a duas janelas panorâmicas e uma porta, que traziam para dentro da sala o verde do vale que parecia não ter fim.

Aumentamos a casa para um lado, construindo no segundo andar dois quartos com vistas lindíssimas, um deles com lareira. As prioridades eram o fogo, portanto lareiras; a vista, logo muitas janelas; e ambientes em níveis diferentes, com degraus quebrando a monotonia. Tudo isso João compreendeu, e fez na perfeição. Os valores do resto da humanidade, como luz e eletrodomésticos, não importavam. O aquecedor a gás garantia o banho quente, e velas e lareira acesas davam, além de conforto, beleza, o que, para nós, era essencial.

Como cineasta, Tom tinha ideias muito definidas sobre iluminação. Ângulos e intensidade de luz eram cuidadosamente estudados para realçar a beleza da mulher ou de um canto do ambiente. Ele valorizava tanto a sala como o quarto, cercando-se de sobriedade, beleza e fogo. Luzes e sombras indo e vindo.

Logo nos mudamos para o sítio e vivemos momentos de plenitude rara, entre o trabalho que nos fascinava e as noites em pleno campo.

Sinhá-Moça, o primeiro filme de época, transformara-se no maior desafio que a Vera Cruz tivera que enfrentar até aquele momento. A construção dos exteriores da "cidade" de Araruna, incluindo a estação e um trem de 1880, mais de quatrocentos figurantes e a criação de cenários que incluíam dos ambientes mais sofisticados até os mais ignóbeis – o interior das senzalas – levavam diretor, cenógrafo, enfim, todos à loucura.

O iluminador Ray Sturgess, que chegara da Inglaterra ainda envolto na glória de ter sido o responsável pela iluminação do filme *Hamlet*, com Lawrence Olivier, conseguiu efeitos de grande dramaticidade nos rostos de Ruth de Souza e de João, o nosso João pedreiro.

As primeiras cenas foram rodadas numa antiga casa de fazenda no Morumbi. E foi lá que conheci duas pessoas adoráveis: Eugenio Kusnet e Esther Mindlin Guimarães. Kusnet, grande ator, fazia o frei franciscano. Ele era tão convincente andando para baixo e para cima de batina, invariavelmente de terço na mão, que no dia em que ele me apresentou a mulher, uma senhora russa, realmente levei um susto!

Esther fazia a mãe de Sinhá-Moça. Era uma mulher bonita, extremamente culta, gostava de teatro e, principalmente, de ler. Passamos todos os meses da filmagem lendo o *roman-fleuve Les Thibault*. Eram uns cinco volumes, que Esther ia me dando à medida que lia. Horas intermináveis de espera entre uma e outra cena, que passávamos fascinadas, lendo e discutindo Roger Martin du Gard.

Foi também durante *Sinhá-Moça* que fiquei conhecendo Anselmo Duarte, que se tornou um grande amigo nosso.

Um pouco antes de nos mudarmos para a chácara, uma senhora inglesa veio visitar-me. Vinha, a pedido de Margie, ver como estava a filha. Nós nos sentamos no pequeno apartamento na Vera Cruz para conversar. Eu querendo saber notícias de minha mãe e a senhora, curiosa, examinando tudo à sua volta. A visita foi curta, pois não tínhamos muito o que dizer. Ao se despedir, a senhora fez uma pergunta direta: "*Is it worthwhile?*" (Está valendo a pena?). A resposta foi simples: "Sim". Não achei que adiantaria me estender sobre o assunto, pois dificilmente a senhora inglesa entenderia. O carro com motorista sumiu, e eu sentei-me perplexa.

O que finalmente poderia não estar "valendo a pena", do ponto de vista tanto da inglesa como certamente de Margie, de Jorge e de Yolanda? A insignificância do alojamento, que de tão pequeno podia ser visto por inteiro da soleira da porta? O fato de ter me casado com um homem divorciado, quatorze anos mais velho e pobre? Ou seria o rompimento com os padrões de Margie para fazer cinema? Afinal qual era o problema?

Realmente nenhum. A opção pelo apartamento no estúdio, por um lado, significava o conforto de uma meia hora de sesta ou de uma chuveirada no meio do dia ou a qualquer hora em que eu não fosse solicitada no *set*. Era também uma grande economia, já que a nossa meta era ter a própria casa. Todos os outros atores haviam alugado casa ou apartamento em algum bairro nobre de São Paulo e não entendiam a nossa opção. Ficaram ainda mais perplexos quando souberam que tínhamos nos mudado para ainda mais longe da civilização, para o mato! No entanto, os três anos vividos no estúdio e o estilo de vida sóbrio que isso implicava, possibilitaram a compra do sítio e a construção da casa no ambiente dos sonhos. E quando a Vera Cruz foi à falência, não entramos em pânico, estávamos garantidos. Mas isso não era válido na opinião da maioria, era considerado excêntrico.

Certamente teria sido julgado válido casar-me com um rapaz da minha idade e rico. Lembrei-me do jovem quatrocentão com quem Yolanda me obrigara a sair para jantar e que, sentado à minha frente, comia em silêncio. Eu, que acabara de chegar da Europa, tentei romper a barreira constrangedora com a primeira ideia que me veio à cabeça: "Você esteve na Europa?" A resposta não se fez esperar: "Pra quê? O que é que eu vou fazer lá se não tem arroz e feijão?" O silêncio prolongou-se, desta vez incontestado.

Em contraponto, Tom me contara que viajara certa vez pela Itália toda com pouquíssimo dinheiro. Deixou-se ficar deslumbrado por tudo que via, até ficar reduzido à simples passagem de avião para Londres. Na última etapa, a caminho de Roma e do aeroporto, passou por Pompeia, que não conhecia. Não teve dúvida, desceu do ônibus e vendeu, ao primeiro interessado, a sua valise com toda a roupa que tinha dentro. Conseguiu, assim, passar mais dois dias na Itália e conhecer Pompeia. Esse eterno apaixonado pelo belo, capaz de rompantes de adolescente, era o homem com quem eu havia me casado!

Margie teve um momento de inesperado orgulho da filha. Faziam parte, ela e Bobby, da representação britânica em Washington, quando receberam um convite para uma festa na embaixada brasileira. Depois do jantar, passariam um filme brasileiro. O espanto foi total para Margie ao reconhecer *Sinhá-Moça* na tela! Pela primeira vez, a filha rebelde irrompia no seu mundo, e a mãe, surpresa, se via cercada de palmas e de cumprimentos. No segundo semestre de 1952, quando começavam a ser rodadas as primeiras cenas de *Sinhá-Moça*, a Columbia Pictures veio a substituir a Universal na distribuição dos filmes da Vera Cruz. Mas não mudou grande coisa. Naquela época, fazer um bom filme no Brasil exigia heroísmo, mas o pior vinha na hora da distribuição. Todos os circuitos de cinemas pelo Brasil afora eram ligados por contratos de exclusividade às grandes companhias produtoras americanas, que se encarregavam da distribuição. Qualquer cinema que quebrasse esse contrato, lançando um filme nacional independente, sofreria um boicote dessas distribuidoras. As companhias cinematográficas nacionais, por sua vez, produziam poucos filmes por ano. Apesar de já conquistarem a preferência do público, além de prêmios no exterior, tinham que, para verem seus filmes exibidos aqui, vender os direitos aos gigantes da indústria americana, que ficavam responsáveis pela distribuição. Era uma batalha inglória. O filme da Vera Cruz tornava-se propriedade da Columbia Pictures, que o repassava aos cinemas de todo o Brasil, fazendo parte obrigatória de um pacote de dez filmes americanos classe C e D, enfim, os piores! Então, apesar de as filas na frente dos cinemas dobrarem as esquinas, o lucro não ia nem para os donos dos cinemas nem para a Vera Cruz.

Nessa época, Franco Zampari, sem dúvida pensando conseguir melhores condições de barganha, tentava impressionar os distribuidores americanos com as possibilidades do maior complexo cinematográfico da América Latina, com a diversidade da produção e com as premiações no exterior. E as visitas de altos dignitários dos estúdios de Hollywood se sucediam. Como eu morava na Vera Cruz e falava inglês, era automaticamente escalada para ser a *hostess*[6]. Havia, em geral, grandes banquetes no estúdio, ocasiões complicadas para Fran-

---

6 – *anfitriã*

co, que dependia de intérpretes. Apesar desse tipo de programa realmente não fazer o meu gênero, eu me esforçava. Nem sempre dava certo.

Exatamente numa dessas ocasiões, quando eu já estava pronta para ir receber os representantes de Hollywood que deviam chegar para o almoço, Chiquita, tomada de um súbito ímpeto sanguinário, matou Harvey. Era um coelho branco, muito manso, a grande paixão de Preben, o filho do técnico de som dinamarquês. Antes que o menino pudesse ver a carnificina, tive a ideia de levar Harvey imediatamente para Mário, o cozinheiro. Ele certamente o transformaria num delicioso *civet de lapin*. Atravessei rápido a sala e, no momento em que, toda vestida e maquiada para os visitantes, segurava o coelho sangrando nas mãos, a porta abriu-se e dei de cara com Franco Zampari e os americanos. Houve um momento de estupefação generalizada. Eles, parados na porta, eu, que querendo passar, na realidade querendo sumir no chão, o coelho estrebuchando... Como pessoas civilizadas, fingiram não ter visto nada, mas durante o almoço notei vários olhares duvidosos na minha direção.

O *civet de lapin* do Mário foi um sucesso, Preben ganhou outro Harvey, Chiquita foi levada para a chácara, onde se especializou em caçar coelhos selvagens, e eu guardei o acontecido na gaveta dos incidentes *gauches* de minha vida. Tom realmente não parecia ter nascido para fazer cinema. Tivera problemas de visão na infância. Só enxergava bem por um olho, tanto que para ler tampava com a mão a vista fraca, e tirava péssimas notas na escola. Mais tarde, durante o serviço militar na Argentina, quase fuzilou o sargento encarregado dos exercícios de tiro ao alvo. Transferiram-no, por isso, para a cavalaria, concluindo que com quatro olhos ele seria menos perigoso. Mas o amor aos cavalos não apagaria nunca o horror que fora o serviço militar. A náusea com que presenciara, durante o primeiro mês de alistamento, o grau de bestialidade de que era capaz o ser humano: o fuzilamento de um jovem recruta. A revolta quase o levou ao mesmo destino.

Fizera agronomia na Inglaterra porque gostava de plantas, e arte, pois achava que queria ser pintor. Cansado de esperar ver reconhecido o valor dos seus quadros, tentou por alguns meses a vida de vendedor numa loja de tecidos. Jovem e bonito, atraía a atenção das compradoras, mas, como tinha ideias bem definidas quanto ao efeito das cores sobre o tom da pele, acabava discutindo com as freguesas, recusando-se a vender os eternos bege e cinza que as inglesas pediam. E foi demitido.

Nada fazia supor que o seu futuro dependeria inteiramente de olhos: cinema, a arte visual por excelência. Um dia descobriu no jornal uma oferta de trabalho de dublê. No momento em que, pela primeira vez, pôs os pés num estúdio de cinema, soube, sem a menor sombra de dúvida, que era esse o seu destino. Nunca mais teve problemas de visão. Pelo contrário, era como se, de repente, o foco tivesse sido ajustado e de forma bem nítida, sempre do ponto de vista da câmera.

Tom era rebelde, carismático e voluntarioso. Tinha horror à mediocridade, e defendia o seu ponto de vista com veemência, sem medir consequências. Certa vez, durante um almoço importante, ouviu estarrecido um grande proprietário de terras gabando-se que armava os seus peões e pagava por "cabeça de índio" morto. Tom levantou-se de chofre e anunciou, em alto e bom tom, que não se sentava à mesa com assassinos, e saiu, me levando pela mão.

O seu dia a dia enquadrava-se automaticamente em "tomadas" e "*closes*". Encontros fortuitos num balcão de bar ou numa roda de pescadores consertando suas redes eram oportunidades únicas para estudar as expressões faciais, as rugas e os olhares que revelam a alma. Depois os reproduziria em cena. Fascinado pelo rosto humano, mergulhava fundo e descobria miríades de riquezas, transmitindo-as durante os ensaios. Excelente ator que era, Tom sabia exatamente o que a ocasião exigia ao dirigir um. Em meio ao silêncio, o mais absoluto, ensaiava cada momento como se fosse o ponto alto do filme. Intenso, falava baixo, e envolvia o ator no clima da cena até conseguir a emoção desejada. E nesse momento dava as ordens de "câmera" e "ação" com gestos, para não interromper o élan.

Apesar do gênio intempestivo, exigindo da equipe uma disciplina férrea, nunca perdia a paciência com os atores. Sabia como lidar com os egos superinflados de cada um. Tocava com delicadeza o contraponto às vezes atormentado entre ator e personagem, sensibilidades à flor da pele. Os ensaios calmos e a voz profunda, lisonjeando, animando e dissipando dúvidas, sempre surtiam efeito.

A concentração total no filme era prerrogativa do Tom; eu acompanhava na medida do possível, do necessário. A história era pulverizada em centenas de pequenas cenas, que dependiam mais das locações e dos cenários do que da própria sequência do enredo. Isso me dava momentos de folga e a oportunidade de me interessar, por exemplo, pelas pesquisas históricas essenciais para situar *Sinhá-Moça*. A relação fazendeiro-escravo no final do Império revelava uma quantidade enorme de rebeliões e fugas, e descobriu-se que as tentativas de captura eram feitas com grandes cães de faro apurado, descendentes dos mastins ibéricos, que eram treinados para seguir a trilha dos escravos fujões, derrubá-los e imobilizá-los pelas orelhas até a chegada dos capitães de mato. A ideia era evitar qualquer dano físico a uma propriedade tão valiosa. Por isso, os castigos corporais eram cuidadosamente limitados a tantas chibatadas, e só chegavam à morte no tronco em último caso, sempre de forma exemplar. Como no filme havia uma rebelião e fuga de escravos, fiquei encarregada com Martinelli de encontrar os cães. Nesse caso, não cabia a presença do Duque que, como pastor alemão, historicamente só entraria em cena muitos anos mais tarde.

Atrás do fio da meada que levava a essa espécie de cães de fama tão sinistra, chegamos ao Dr. Paulo Santos Cruz e sua mulher, dona Antonieta. Casal simpaticíssimo, eles dedicavam a vida a percorrer o sertão do Centro-Oeste atrás dos últimos remanescentes dos "cães de fila". Na década de 1950, os dois seguiam o rastro do único cachorro, segundo eles, de raça genuinamente brasileira, e que estava praticamente extinto. Iam de fazenda em fazenda e atrás de comitivas de gado na esperança de ainda acharem um ou outro "cabeçudo" que tivesse as características originais. Baseando-se em gravuras antigas, e aprimorando o padrão genético dos poucos cabeçudos de que dispunham, os Santos Cruz conseguiram fixar as características da raça. O plano desse casal surtiu o efeito desejado. Aos poucos foram surgindo nas exposições de cães, no meio de todas as raças estrangeiras, a única brasileira: um cão de guarda imponente e de proporções harmoniosas, que não tinha medo de nada. Com a ajuda de Paulo Santos Cruz, Martinelli e eu voltamos para a Vera Cruz com dois cães de fila adultos, emprestados para a filmagem, e um filhote. Era uma fêmea rajada, muito bonita, que eu ganhara com a condição de levá-la às exposições e dar-lhe toda a difusão que a raça merecia. Chita cresceu forte na chácara, premiada em exposições e com uma descendência ilustre, especialmente dois filhos, Ayar e Aypoc. Martinelli aparece no filme encarnando um dos seus inúmeros personagens: o capitão de mato correndo pela floresta arrastado pelos filas.

***

Algumas de minhas escapadas do *set* de filmagem não foram tão bem-sucedidas. Eu havia sido escalada para um almoço no estúdio em honra de John Wayne. Só que resolvi fugir para comprar uma vaca. Mas saí atrasada e encontrei-me no portão com a comitiva de carros que trazia o homenageado. Ele desceu do carro e veio até o Land-Rover todo enlameado. Muito alto, o cowboy curvou-se rindo, com as mãos na capota do jipe, e disse: "Não acreditei quando me disseram que você era a primeira atriz da Companhia, mas agora estou vendo que é!". E eu, aproveitando o bom humor, pedi desculpas por não comparecer ao almoço, pois tinha que ir comprar a minha primeira vaca. E acrescentei: "Achei que só você, John Wayne, compreenderia!". Ele riu e disse: "Natural, vá em frente, se eu pudesse iria também!" A diretoria da Vera Cruz não achou nada natural...

Sinhá-Moça, um drama histórico feito com a maior seriedade, também teve seus momentos inesperados e cômicos, como não poderia deixar de ser. Logo nas primeiras cenas, havia uma corrida entre os dois cabriolés que levavam os personagens da estação até as suas respectivas fazendas. Sinhá-Moça e a prima Cândida (a simpática atriz Marina Freire) num, e Anselmo Duarte, o Rodolfo, no outro. Esses carros, depois de largados por mais de meio século no porão de uma fazenda, saíam empoeirados para a luz do dia e, sem mais, enfrentavam-se em corrida desabalada numa estrada de terra. Cada um era puxado por dois magníficos trotões Kentucky, cavalos de corrida movidos a aveia e alfafa. A cena se prolongava cheia de suspense, ora um, ora outro passando à frente, enquanto pedaços dos pobres *trolleys* se soltavam a cada solavanco e voavam no meio da poeira. Marina Freire, habituada a ter os pés firmemente plantados no tablado do Teatro Brasileiro de Comédia, dava gritos de pavor e Sinhá-Moça, sempre sorrindo, tentava calcular qual das quatro rodas totalmente bambas cairia primeiro. Felizmente havia duas câmeras filmando. Uma delas, montada em cima do nosso Land-Rover, corria paralela aos cavalos, e uma tomada foi suficiente. Para filmar a mesma sequência em *close*, foi necessário equilibrar câmera e *cameraman* em cima do capô do jipe, enquanto as duas atrizes sentavam atrás, num fac-símile do banco do cabriolé. O jipe seguia aos pulos e Tom, agachado à nossa frente, jogava para o alto, à guisa de poeira, cimento às mãos cheias...

Mais tarde, na cena do baile, Tom quis dar ao espectador a impressão exata de estar rodopiando pela sala, valsando ora com Sinhá-Moça ora com Rodolfo. Inventou uma plataforma sobre rodas que carregasse câmera, *cameraman* e refletores, atrelada à qual os atores tinham que dançar. É o momento em que Sinhá-Moça e Rodolfo se descobrem apaixonados e rodopiam, se olhando, intensamente felizes. Só que na verdade estávamos presos por uma corda amarrada à cintura e tínhamos que valsar arrastando o peso enorme da plataforma... Nada romântico!

As últimas cenas a serem filmadas foram, na realidade, as primeiras que apareceriam no filme. O interior do vagão de trem onde Sinhá-Moça, a prima Cândida e Rodolfo se encontram, a caminho de casa. O compartimento, bem estilo fim de século, com vidros bisotês na porta e venezianas nas janelas, fora feito no estúdio e acomodado em cima de molas. Empurrado e puxado por maquinistas do lado de fora, dava a impressão do sacolejo de um trem em movimento. Para dar um cunho mais realista, havia latas de óleo queimando em volta e homens com cobertores abanando a fumaça para dentro das venezianas.

O balanço do vagão e o cheiro enjoativo de óleo queimado faziam com que, a cada poucos minutos, eu tivesse que sair correndo para o banheiro. Estava grávida de três meses e enjoava por muito menos. Mas ninguém desconfiou, culparam o cheiro do óleo.

Havia três anos que estávamos juntos e queríamos muito começar a ter os filhos todos que nós nos tínhamos prometido. Uma dúzia! Esperamos o fim do filme, de forma a não atrapalhar as filmagens, e guardamos segredo. Guardávamos também algumas certezas: que éramos perfeitos um para o outro e que havíamos feito um bom filme, uma bela casa e, agora, uma criança sadia. Na ordem certa, no tempo certo.

A pergunta infalível dos repórteres que rondavam a Vera Cruz era: "Quando sentira pela primeira vez a vocação artística?". E a resposta era sempre: "Quando vira Tom pela primeira vez". Plenamente consciente que o meu interesse por cinema dependia unicamente de minha ligação com Tom, aceitava quando ele me afirmava que eu tinha duas qualidades que ele considerava essenciais: presença em cena e naturalidade. Como diretor, tinha horror ao menor sinal de teatralidade. Cinema e teatro eram duas áreas bem distintas para ele. A distância entre o palco e o espectador mais afastado no alto da torrinha era enorme, e o ator tinha que compensar com a potência da voz, as pausas e gestos mais largos. Já na tela do cinema a imagem era muito maior que a vida, o envolvimento era visceral, íntimo. Qualquer exagero ou falta de autenticidade agredia o espectador, era imediatamente visível. A história perdia o essencial, a credibilidade.

Quando os críticos me comparavam a Ingrid Bergman, achava que era porque os filmes *Caiçara* e *Stromboli* tinham enredos parecidos, e haviam sido filmados no mesmo ano. Por coincidência, na mesma época, ambas havíamos vivido paixões definitivas na vida real e quebrado muitos tabus. Talvez houvesse até certa semelhança física e de estilo de vida, mas só. Ingrid Bergman era uma grande atriz, eu não. Quando me comparavam a Greta Garbo, eu admitia ter um rosto fotogênico, dramático até, mas as reais semelhanças ficavam por conta do meu comportamento retraído. Não só compreendia como eu era a própria encarnação da célebre frase: "*I want to be alone*".

No auge do sucesso, Tom e eu fugíamos dos eventos, dos lugares públicos onde "deveríamos" ser vistos, dos "escândalos". O cinema que preenchia as nossas vidas se resumia ao trabalho. No filme que estávamos filmando ou nas histórias que criávamos organizando o futuro. E passávamos as folgas no sítio, plantando ou acampados em alguma praia deserta. Éramos autossuficientes e levávamos uma vida simples, gostosa, e sem *glamour*.

Uma vez, Anselmo chegou com os dois filhos do primeiro casamento para passar a tarde na chácara. Impressionado com o fato de que pudéssemos viver sem luz elétrica nem rádio, levou-nos até o seu Jaguar prateado e, brincando, ligou o rádio do carro: "Vejam, é só apertar um botão e a música começa a tocar!...". Mais tarde tivemos um rádio de pilha, mas bem mais tarde, para ouvir a BBC à noite. Assim não sentíamos falta de jornal. Mas sentíamos falta de música clássica.

O total desconhecimento da música popular causou-me sérios embaraços.

Convidada a dar uma entrevista numa rádio, dei vários vexames ao me dirigir ao locutor ignorando o microfone pendurado do teto. Ele fazia sinais desesperados para que eu falasse "ao" microfone. Além do rapaz, no pequeno estúdio, havia uma moça loura, toda sorrisos, calada e, para mim, totalmente desconhecida. Após um bombardeio de elogios exagerados e de perguntas, veio a última, fatídica: "Qual é a sua cantora preferida?". Lembrando-me das noites em Ilha Bela, deixei as respostas monossilábicas de lado e embarquei feliz na enumeração das qualidades da voz, do caráter, da criatividade ao valorizar as modinhas populares de todo o Brasil... E terminei, já sem fôlego: "Para mim, a maior e única cantora brasileira é Inezita Barroso". O locutor, meio sem graça, virou-se rápido para a moça loura, simplesmente a Rainha do Rádio daquele ano, e perguntou qual era a sua atriz de cinema preferida. A Rainha, sem titubear, anunciou para São Paulo e para o Brasil que era Eliane Lage... *Touché*!

Sinhá-Moça chegava à sua etapa final. A montagem. Nesse momento as relações estavam tempestuosas entre os dois amigos, Tom e o montador Oswald Hafenrichter. Chegaram ao cúmulo de só se comunicarem através de terceiros. As ameaças eram sinistras. O austríaco, a quem eu trazia um recado do Tom, já devidamente censurado, ria coçando a cabeça, os olhos azuis cansados, a barba por fazer. Passara a noite em claro, trancado na sua sala na frente da moviola, e, com os raros cabelos arrepiados, parecia mais do que nunca um urso sonolento. Eu me desculpava, e ele, no seu inglês carregado de alemão: "Todos os diretores são iguais. Como uma gangorra, ora amigo, ora inimigo, ora amigo, ora inimigo..." e, implacável, continuava cortando cenas e mais cenas do filme. Mas ele sabia o que fazia. E também sabia que não perderia o amigo.

Para recuperar a paz de espírito depois de um dia no estúdio, eu dublando, e Tom se dividindo entre discussões com Hafenrichter e o estúdio de dublagem, nós optávamos por dormir na chácara. Às vezes, atravessando São Paulo, dávamos uma paradinha no Nick's Bar. O dono, Joe Cantor, um americano simpático havia muitos anos de Brasil, tinha um sistema de casa aberta para os contratados do TBC e da Vera Cruz. Era uma bênção para todos. Para os artistas, porque o picadinho do "Nickbar" era o mais gostoso e o mais barato de São Paulo, por ser fiado. E para o Joe, porque principalmente nos dias de penúria, de fim de mês, ele garantia a presença dos "astros", e atrás deles toda a fauna artística de São Paulo. As despesas, para garantia do Joe, eram descontadas em folha de pagamento. Dessa forma, entre a cantina do Mário, no Estúdio, e o picadinho do Joe, os meses, os anos se passavam sem que a verdade viesse à tona: eu não sabia cozinhar!

As noites no sítio Nuporanga ("vale bonito", em Tupi-Guarani) eram muito especiais. A 15 quilômetros da praça da Sé, e a mais de 3 do vizinho mais próximo, só se ouviam os grilos, os sapos e uma ou outra coruja.

A casa ficara muito gostosa, apesar da falta de móveis. Na sala, cortinas de flores, uma mesa comprida de pés em X ladeada por dois bancos, uma rede pendurada em dois grossos esteios de eucalipto e um estrado e colchão coberto de uma profusão de almofadões na frente da lareira. Cada coisa a seu tempo, pensávamos, os móveis viriam depois.

O quarto no alto da escada era grande. O forro descia inclinado acompanhando o telhado até a parede da frente que, nas noites de verão, era só janelas abertas para o jasmim e a dama-da-noite. No inverno, acendiam-se lareira e velas.

Tom era um indivíduo por excelência. Um excêntrico, talvez. Tinha horror a modismos, mesmices, e um profundo desprezo pela classe média à qual finalmente pertencia. Admirava o povo por sua capacidade de sobreviver e os aristocratas loucos, que tinham a coragem de pairar acima da mediocridade geral. Entre os aristocratas loucos, ele incluía os artistas. Os que, como ele, quebravam tabus. A casa que construíra não cabia em nenhum parâmetro da época e a ter móveis feitos em série preferia não os ter, preferia criá-los. Um dia...

***

Decidimos que o primeiro Natal em Nuporanga seria memorável e, para começar, fomos ao Mercado Municipal de São Paulo, o que por si só já foi uma experiência. Difícil decidir se admirávamos a beleza do prédio ou a variedade das verduras, dos legumes, das frutas secas e nozes. Fomos nos empolgando até nos depararmos com um imenso peru. Houve um momento de hesitação diante da gaiola. De confronto olho no olho com o animal. Afinal, Natal era igual a peru, e esse Natal seria especial. Tom saiu com o peru debaixo do braço e uma garrafa de pinga. Na volta para casa, eu acalmava o bicho passando-lhe a mão na cabeça a cada solavanco do jipe. Resolvemos que ele inauguraria o galinheiro, construção feita obedecendo a todos os requisitos técnicos e num terreno cercado por uma tela nova em folha. Fomos dormir planejando a farofa do dia seguinte. De manhã cedo, acordamos com alguém batendo na porta da cozinha. A pessoa tinha urgência, pois as batidas continuavam insistentes e não adiantou o "já vai", enquanto vestíamos o roupão. Abrimos, e lá estava o peru batendo com o bico na porta reclamando de fome! Maravilhados com a inteligência do bicho, respiramos aliviados por não termos que matá-lo. Profundamente gratos, repartimos com ele uma lata de sardinhas com farofa com que celebramos aquele Natal! E fizemos batida de limão com a pinga. Voltamos em seguida ao Mercado para escolher as três peruas que formariam o harém do nosso amigo.

Dinarte, como foi chamado, tinha uma personalidade cativante e agradeceu o bom tratamento produzindo um monte de peruzinhos. Um dia, chegou um carro na frente da casa. O senhor estava perdido e, depois de se certificar do caminho, parou maravilhado diante de uns vinte peruzinhos que passavam à sua frente. Interessadíssimo, começou a fazer perguntas sobre a marca da chocadeira que era usada para os ovos de peru. Tom, intrigado, desconversou, e foi deixando o homem explicar o seu interesse. Ele levou-o até o carro e mostrou-lhe caixas e mais caixas de ovos de peru importados que acabava de buscar no aeroporto. Era uma raça americana muito especial chamada *double breasted*, que dava o dobro do peso em carne branca. Mas ele tinha um problema sério, ainda não tinha acertado com a chocadeira. E ali, na hora, fechou negócio com Tom. Ele traria os ovos importados e Tom lhe entregaria 50% dos pintinhos de um dia, ficando com o resto. Todos saíram ganhando, principalmente Dinarte que, de repente, viu o seu harém se multiplicar, todas as peruas transformadas em chocadeiras de marca registrada... e sigilosa. Pois o segredo é a alma do negócio.

Logo que terminou a sua experiência de ator revelação, elogiado até por críticos italianos de cinema, João voltou, por escolha, ao batente de pedreiro no sítio. Construiu uma casa para ele, inclusive (aproveitando o *know-how* adquirido), com lareira na sala, e nela instalou a mulher e o filho Gilberto, de 3 anos. Depois passou a fazer uma cocheira, pocilgas e, finalmente, um galpão comprido para setecentas galinhas poedeiras. Tom organizou a plantação de um bom talião de cana e construiu com João um tipo de arado arcaico que, arrastado pelo jipe, preparou a terra para o plantio de um pomar de sessenta covas de fruteiras. Já criávamos, além dos perus americanos, galinhas, patos, gansos e porcos. E tínhamos dois cavalos e uma carroça.

Os boatos de falência rondavam a Vera Cruz, e nós nos preparávamos para ter uma fonte de renda que não dependesse de cinema. Os últimos retoques do filme *Sinhá-Moça* foram acompanhados de ampla divulgação em jornais e revistas, e a expectativa era grande. São Paulo podia se orgulhar de ter erguido, em três anos e graças a um punhado de empresários de visão, uma indústria cinematográfica de nível internacional. Os filmes eram bons e as filas nas bilheterias davam volta em quarteirões. As rendas é que inexplicavelmente não cobriam as despesas. Mas Franco tinha esperanças e achava que era cedo para acreditar nos sinais de pessimismo. Afinal, nenhuma indústria dava lucro de um dia para o outro. E corria aos bancos atrás de financiamento.

Tom cumpriu o que havia prometido no ano anterior: Getúlio Vargas seria a primeira pessoa a ver *Sinhá-Moça*. Mandou um telegrama para o palácio do Catete, informando que o filme ficara pronto e perguntando para onde deveria enviá-lo. A resposta, em papel timbrado, informava que o presidente esperava que o casal fosse ao palácio ver a fita com ele. Encantados com a gentileza, nos apresentamos na noite combinada. Jorge acompanhava a filha, menos por interesse pelo filme e mais porque não queria perder a ocasião de chegar até a autoridade máxima e expor-lhe o problema insolúvel do confisco da ilha. Um ano e pouco mais tarde, Getúlio Vargas se suicidaria, e Jorge se desesperou ao saber que entre os documentos que estavam em cima da mesa do presidente, só esperando a sua assinatura, havia a revogação do confisco dos bens da família Lage.

Mas naquela noite nada fazia supor um fim trágico para aquele homenzinho risonho e carismático que veio receber o grupo na entrada do salão. Havia muitas pessoas, umas ligadas ao mundo de cinema, entre elas Ruth de Souza, Tônia Carrero, diretores, e repórteres, além de políticos e militares. "Ah! Sinhá-Moça!", disse, sorridente, quando eu me adiantei para cumprimentar o presidente e agradecer-lhe o convite. "E o marido? Lá atrás de novo!", e deu uma gargalhada, enquanto Tom tentava chegar até ele. Sentados no cinema do palácio, as luzes se apagando, o dono da casa disse, fingindo constrangimento: "Eu sou mesmo muito azarado, por uma vez que assisto a um filme sentado ao lado da atriz, o marido tem que estar perto...".

Depois da projeção fomos para um terraço que dava para os jardins iluminados e, além das duas pistas e da mureta de pedra, a Baía de Guanabara. Uma noite quente e perfumada de flores e maresia, pois o aterro do Flamengo ainda não levara o mar para longe. Os garçons passavam *drinks*, e o presidente, aparentando cansaço, desculpou-se e sentou. Todos permaneceram de pé. A conversa continuou sobre os problemas que a indústria de cinema enfrentava, um diálogo entre Tom e o presidente. A certa altura, eu o ouvi perguntar em que poderia ajudar. Empolgado com a oferta e consciente do desconforto que os dois sentiam, um baixinho e sentado, o outro alto e em pé, Tom mandou às favas a etiqueta e sentou-se no chão, à hindu, na frente de Getúlio Vargas. Os dois conversaram por muito tempo, concentrados, sérios, alheios aos garçons que continuavam passando e aos pequenos grupos que jogavam fora amenidades. Pouco depois daquela noite, entrava em vigor a lei que cortava todos os impostos de importação de filme virgem, baixando drasticamente os custos de filmagem. Infelizmente tarde demais para impedir a derrocada da Vera Cruz.

As *avant-première* dos filmes eram concorridíssimas, e não foi diferente com *Sinhá-Moça*. A sociedade paulistana, em peso, estava presente, assim como intelectuais, artistas plásticos, de teatro e de cinema. A classe média, que acompanhava atentamente através de revistas a vida dos seus astros preferidos, estrangeiros e nacionais, comparecia deslumbrada. Não perdia a oportunidade de ver os da terra, ao vivo, no palco, agradecendo os aplausos. Esplendidamente produzidos em seus longos e *smokings*, faziam discursos e recebiam flores, diante de um cinema abarrotado, plateia e balcão. O povão estava dividido. Não gostava de ver pobreza, como em *Caiçara*. Bastava a própria. Preferiam as comédias da Atlântida, e saíam do cinema rindo e cantando os sambas carnavalescos. *Sinhá-Moça* conseguiu agradar a todos porque o tema era a libertação dos escravos, *Cangaceiro* também, que passava, além da música e do tropel dos cavalos, uma imagem de luta de classes. Mas o grande atrativo dos filmes nacionais era na realidade a língua. Falada em português, a trama se tornava compreensível para a grande maioria, que não conseguia ler as legendas.

Sinhá-Moça concorreu no Festival de Cinema de Veneza, onde ganhou o Leão de Bronze; no Festival de Berlim no qual ganhou o Urso de Prata; e num festival sul-americano em que ganhou um Inca. Também ganhou o prêmio do ano do Vaticano: o OCIC. Tom se gabava, rindo, que *Sinhá-Moça* era o único filme que, exibido com sucesso na União Soviética, recebera um prêmio do Vaticano. O *Office Catholique International du Cinema* escolhera o filme por seu conteúdo humanitário.

Aconteceu um fato inédito no Festival de Veneza. A premiação de um filme brasileiro foi tão inesperada que não havia uma única bandeira brasileira que pudesse ser hasteada. Tiveram que mandar buscar uma às pressas em Paris. Também houve nesse festival uma grande injustiça. A conhecida atriz austríaca Lilli Palmer concorria na superprodução hollywoodiana *The four poster bed*, em que contracenava com Rex Harrison. Pois empatou com a nossa Ruth de Souza, em *Sinhá-Moça*, pelo prêmio de melhor atriz. Ganhariam o Leão de Ouro! Em vez de premiarem as duas, resolveram desempatar, considerando os trabalhos anteriores de cada atriz. Era o primeiro filme de Ruth de Souza, e ela foi eliminada. A imprensa não deu muita importância ao fato. Mas, justiça seja feita, naquele ano, em Veneza, Ruth de Souza ganhou sem levar o prêmio de melhor atriz! E concorrendo com os maiores nomes de Hollywood.

Não havendo um único representante da Vera Cruz em Veneza para receber o prêmio que Tom ganhara, entregaram ao cônsul brasileiro. O Itamaraty, no Rio de Janeiro, reteve o Leão de Bronze o quanto pôde, alegando estar esperando o momento certo para fazer uma entrega solene. Até que um dia se depararam com um Tom Payne muito zangado. Dizia que dispensava solenidades e que não sairia dali sem levar o leão que trazia o seu nome na placa. Muito a contragosto entregaram-lhe o Leão de Bronze que, de tanto passar de mão em mão, havia perdido a ponta do rabo.

A festa da entrega dos Sacis, cheia de suspense, também foi empolgante. O jornal O Estado de S. Paulo premiava naquele ano *Sinhá-Moça* com os Sacis de melhor produtor: Edgar Batista Pereira; de melhor atriz: Eliane Lage; e de melhor atriz coadjuvante: Ruth de Souza.

Grávida, eu pensava ter encerrado minha carreira com chave de ouro.

As incertezas quanto ao futuro da Vera Cruz levaram Tom a encarar as possibilidades de autossuficiência da chácara. Saía de jipe pelas redondezas para ver o que os outros sitiantes estavam fazendo. A solução mais inteligente lhe pareceu a de um japonês que criava galinhas poedeiras. Miúdo, sorridente e sem o menor medo de concorrência, ele abrira para o vizinho curioso a casa, os galinheiros e os cadernos onde anotava com certa dificuldade receitas e gastos. Tom viu com surpresa que aquele homem, que possuía menos instrução e menos terra que ele, ganhava tanto quanto um diretor de cinema. Cheio de ânimo, passou a seguir os seus conselhos. Organizou um quarto, aquecido com uma campânula a querosene, onde passou a criar pintinhos de raça poedeira. Logo surgiram problemas: uma doença misteriosa, que só atacava à noite. De manhã, Tom encontrava os pintinhos mortos, achatados pelos cantos. O Sr. Akira, que até então o escutava atento, desandou a rir. "Isso problema fácil seu Tom! Aqui igual. Pintinhos que dorme longe da lâmpada, nos cantos, sente frio, né. Dorme tudo amontoado, né. Pintinhos debaixo morre achatado, né." E apontando para um dos japonesinhos à sua volta continuou a aula. "Hoje Akihito passa noite junto de pintinhos, né. Quando pintinhos amontoa nos cantos, Akihito faz 'shu, shu', com varinha de bambu, 'shu, shu'. Amanhã vez de Shugiro, né. Pintinho não morre mais, né." Tom olhou incrédulo para os minúsculos japoneses que passavam as noites de inverno no galinheiro e para o pai sorridente e orgulhoso. Nesse dia, ele concluiu que nunca seria um avicultor competente.

Os pintinhos sobreviventes se tornaram frangas, em seguida galinhas, e foram transferidas para um galpão comprido com ninhos. Seguindo ao pé da letra as instruções do Sr. Akira, Tom se filiara à Cooperativa Agrícola de Cotia, cujo caminhão passava diariamente para pegar as caixas de ovos e deixar sacos de ração. No fim do mês, Tom, seguindo o Sr. Akira, entrou na fila do caixa. Notou que todos os cooperados eram japoneses, mas não deu maior importância. Viu o seu vizinho receber um bolo de notas e cumprimentá-lo sorrindo; chegara a sua vez. Do outro lado da grade do caixa, o japonês fazia contas com uma agilidade inacreditável num pequeno artefato de bolinhas. Parou e, com um sorriso encantador, declarou que o Tom devia aproximadamente a quantia que esperara ganhar. Passou-lhe uns papéis e despachou-o com um sorriso e uma mesura.

Tom passou a noite fazendo contas e foi dormir repetindo as palavras de consolo do Sr. Akira: "Primeiro mês assim mesmo, né".

Como antiga dona da chácara, dona Vitória ainda comandava a cozinha, ensinava a podar as parreiras e a cuidar da horta. A nova dona aprendia o que podia, com boa vontade, mas não muito jeito. Era tempo de goiaba madura, e eu passara o dia compenetrada, fazendo o meu primeiro doce de goiaba em calda. À noite, sentamos à mesa debaixo do lampião de gás. Solene, apresentei a surpresa e avisei: "Se você ousar me dizer que sua mãe fazia esse doce melhor, eu...". Tom provou e fez uma careta. Começou o discurso de sempre: "Minha mãe...". Não tive dúvida, o pedaço de goiaba que estava na minha colher foi parar na testa do Tom e desceu-lhe escorrendo pelo nariz, enquanto eu lutava para conter o riso. Ele, sério, em silêncio, enxugou o rosto com o guardanapo e levantou-se. Com vagar, calculando o suspense, pegou a terrina, em que pedaços de goiaba boiavam numa calda grossa, e entornou tudo na cabeça da pseudodoceira. A noite terminou melhor do que se poderia supor: num clima romântico. Eu, secando os cabelos na frente da lareira, Tom, trazendo lenha, os dois rindo muito.

À medida que a situação financeira se deteriorara, as relações na Vera Cruz haviam-se tornado mais tensas, as cobranças mais acirradas, finalmente culminando com a *avant-première*. De repente, era como se tivéssemos chegado exaustos ao alto da montanha. Uma mistura de cansaço e de euforia. O filme terminara. Estávamos livres do estresse de horários rígidos. O fim das inabaláveis datas-limite da filmagem. Aliviados, nós nos dedicávamos ao sítio. Acordávamos cedo e trabalhávamos muito, é certo, mas sem tensões. E, ao entardecer, nós nos sentávamos no terraço para admirar o pôr do sol, respirar fundo, em paz, e fazer planos. Saboreávamos o tempo.

O bebê imporia um eventual limite aos dias de possível boêmia, de liberdade a dois. Passamos, então, a aproveitá-los com intensidade, indo ao cinema, ao teatro e encerrando sempre no Nick's Bar, do Joe Cantor. Além do picadinho delicioso e da roda de amigos do TBC e da Vera Cruz, havia sempre alguém tocando piano. O lugar era pequeno e aconchegante, pouco mais do que um corredor ladeado de mesas. No fundo, o bar e uma porta que dava para o saguão do Teatro Brasileiro de Comédia. Essa porta ficava aberta sempre que havia movimento no saguão. Antes de a peça começar, a alta sociedade paulistana chegava, bem-vestida, aos beijos, tomando rapidamente um *drink*. No intervalo, cigarro e copo na mão, trocavam ideias, comentários. E, no final da peça, procuravam uma mesa e, com o olhar, a presença esperada de algum ator ou atriz preferida. Foi um período áureo de grandes comediantes atraídos por Franco Zampari, que se dividiam entre o TBC e as telas dos filmes da Vera Cruz. No palco, Cacilda Becker, Cleyde Yáconis, Sérgio Cardoso e Nídia Lícia. Paulo Autran, Tônia Carrero, Walmor Chagas e Jardel Filho. Eugênio Kusnet, Marina Freire, Renato Consorte e Ziembinski, que ora era diretor de teatro, ora ator. O TBC estava sempre com a casa lotada e o bar do Joe Cantor também. A rua Major Diogo era estreita, como as outras do bairro, mal dava para a passagem do bonde entre o casario antigo. Mas, atrás de fachadas desbotadas, criavam-se grandes espetáculos e, em bares como o Nick's, Adoniran Barbosa compunha seus sambas inesquecíveis. Era o bairro da Bela Vista ou, como era mais conhecido, o velho Bexiga da boemia.

Havia também os que eram ligados só ao cinema. Tom pertencia a esse grupo. Nós nos sentávamos um pouco à parte, com Anselmo Duarte, o montador Hafenrichter e o mestre iluminador Chick Fowle, falando de histórias, de futuros filmes.

A gravidez seguindo o seu ritmo normal aproximou-nos de um homem extraordinário. O médico, Dr. Job Lane Júnior. Filho de americanos, e dono de um senso de humor extraordinário, tornou-se nosso melhor amigo, misto de pai e confidente. A família Lane era de Boston, e o seu pai viera para o Brasil como pastor. Depois de alguns anos, chegara à conclusão de que seria mais útil à população paulistana como médico do que como pastor. Voltou a Boston, fez o curso de Medicina e chegou pela segunda vez ao Brasil com mais de 50 anos de idade. Estava pronto para começar uma nova profissão. Disposto a salvar não só as almas como os corpos, o Dr. Job Lane fundou o Hospital Samaritano de São Paulo, seguindo os moldes das clínicas mais modernas americanas. Quando conhecemos o Dr. Job Lane Jr. ele já havia sucedido o pai na direção do hospital e, seguindo o seu lema, cuidava da saúde e da felicidade, corpo e alma, dos seus clientes. Fazia parte de uma raça em extinção, o médico de família.

Um carnaval memorável

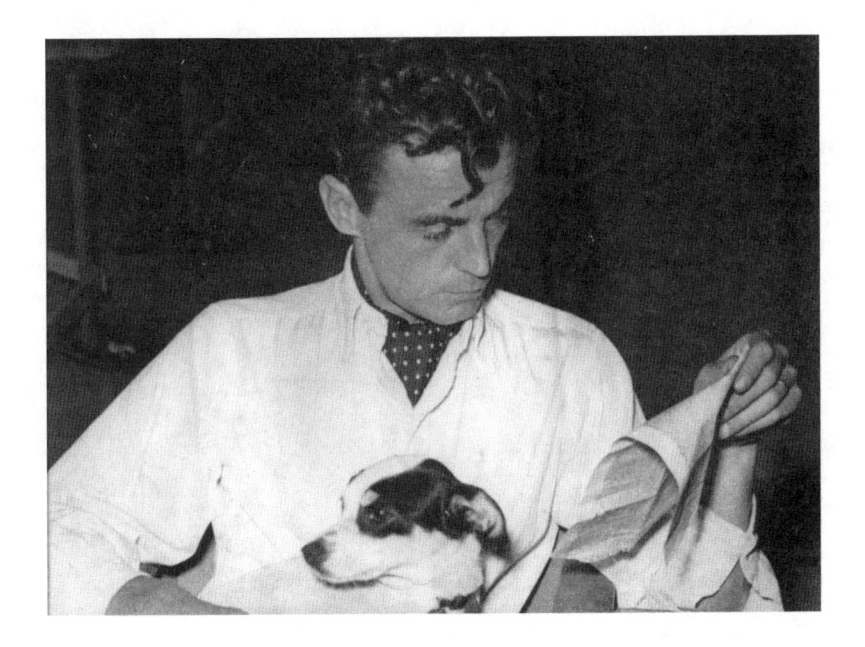

Tom era um indivíduo por excelência. Um excêntrico talvez. Tinha horror a modismos, à mesmice, e um profundo desprezo pela classe média à qual finalmente pertencia. Admirava os que, como ele, quebravam tabus. 1950.

Através de Job, fizemos ótimas amizades no círculo de americanos radicados em São Paulo. A maioria morava na Chácara Flora e reunia-se nas casas de uns e de outros nos fins de semana. Exceção à regra, Captain Bowen e sua mulher, Joan Lowell, moravam em Goiás.

O casal havia vindo para preparar o lançamento de um livro escrito por Joan e estavam hospedados em casa de Job Lane. *Terra prometida* era autobiográfico. A saga do casal nova-iorquino de meia-idade que se embrenha no sertão goiano, nos anos 1930, para fazer uma estrada. Nada que chamasse a atenção se o casal em questão não fosse muito especial. Mesmo para a década de 1950.

Captain Bowen era, na época em que cortou as amarras com o *establishment*, o capitão do Porto de Nova York e Joan, uma escritora de sucesso, detentora de um Prêmio Pulitzer de literatura. No auge das respectivas carreiras, conheceram-se e descobriram que, de sucesso em sucesso, haviam perdido ao longo dos anos toda e qualquer espontaneidade. Viviam sufocados debaixo de inúmeras camadas de lixo supostamente civilizado. Tinham perdido o contato com o essencial ao se deixarem envolver cada vez mais com todas as neuroses inerentes à vida sofisticada de Nova York. Em particular a ânsia de subir na vida. Dois solteirões que resolveram, na meia-idade, dar uma última chance aos seus sonhos. Casaram-se e vieram para o Brasil. O ano, 1934.

Terra prometida, o relato simples e cheio de humor das aventuras de Joan e do capitão no sertão de Goiás, deixou-me fascinada. Passei o livro para Tom, declarando que me sentia disposta a fazer o mesmo que Joan. Apesar de vivermos no sítio, São Paulo era próximo demais e sufocante. Tom devorou o livro entusiasmado, mas a sua reação imediata foi querer transformá-lo num filme...

Quando conhecemos Joan e o capitão na casa de Job, a empatia foi instantânea. Ficou combinado que iríamos todos a Goiás no Carnaval. Eu previa uma mudança radical no rumo de minha vida, já me apaixonara pelo Planalto Central. Tom só queria conhecer a locação do seu próximo filme. Seria, segundo ele, uma coprodução com Hollywood, bilíngue, em que eu faria o papel de Joan, e Gregory Peck o do capitão. Ambos sonhávamos alto demais. O feriado do Carnaval de 1953 foi memorável. O impacto da imensidão dos horizontes do Brasil Central, inesquecível. Estávamos com Job e a mulher, e mais um casal de amigos, na fazenda de café do capitão e de Joan, em Goiás. Uma casa espaçosa de tijolos à vista cercava um pátio cheio de flores. Chamava-se *Anchorage*. Ancoradouro, o nome certo para uma casa de capitão. Magro, cabelos brancos, a primeira impressão era de fragilidade, até o momento em que o olhar se detinha nos seus, azuis. Neles estava concentrada toda a determinação daquele homem do mar, que havia aceitado o desafio disparatado de abrir uma estrada no meio da floresta virgem. O desafio era inconcebível justamente por se tratar de um homem do mar. E Joan, a companheira escolhida para enfrentar essa aventura, era uma intelectual de Nova York que, de prático, só sabia fazer geleias. Parecia uma dessas histórias fadadas ao insucesso. E, no entanto...

Joan ali estava fazendo as honras da casa, servindo orgulhosa o café produzido na fazenda. Tinha os traços fortes de judia, a pele queimada do sol e o cabelo rajado de branco, preso em coque. A beleza certamente não era clássica, mas a inteligência que saltava aos olhos e o brilho com que contava a saga da construção da estrada eram fascinantes. Vinte anos depois tornava a viver, com risadas e gestos eloquentes, a grande aventura. Apesar da empreitada quase lhes ter custado a vida, ganharam em troca 3 mil hectares de terra de cultura, e lá, na *Terra prometida*, construíram o seu ancoradouro.

Joan Lowell, além de escritora, havia feito filmes em Hollywood na época do cinema mudo. Quando o seu livro *The promised land* fora lançado nos Estados Unidos causara uma curiosidade enorme entre os amigos da comunidade artística. Muitos vieram visitar Joan e o capitão, e, encantados, compraram terras.

Um dia, nós nos levantamos cedo e fomos de caminhonete conhecer "a estrada do capitão e da dona Joana", como era conhecida. No caminho, almoçamos na mansão estilo Frank Lloyd Wright, de Janet Gaynor, célebre atriz do cinema mudo. Conhecemos nesse dia Mary Martin, de cabelos bem curtos e ruivos, pois fazia, naquela época, o papel de Peter Pan na Broadway. Um almoço hollywoodiano, totalmente surrealista, em pleno cerrado!

Ao longo da famosa estrada, já haviam brotado dezenas de vilarejos, rumo ao norte, em direção a Ceres. O caminho, lindíssimo, mergulhava em vales onde a vegetação era tão densa que encobria a estrada e subia a platôs onde os campos se perdiam no horizonte. De repente, Joan parou a caminhonete na frente de uma porteira e, com um ar misterioso, fez com que a seguíssemos, a pé. Atravessamos um pasto entre montanhas até que, no meio de árvores, sentimos o arrepio fresco de uma queda d'água. Logo adiante, o córrego e a pequena cachoeira cristalina. O lugar, de uma beleza indescritível, estava à venda, segundo Joan. Era uma enorme gleba de terra e valia menos do que o nosso sítio, Nuporanga!

A decisão foi instantânea, e eu disparei eufórica: "Tom, você volta para São Paulo, vende o sítio, vende tudo, traz só os cachorros. Eu fico. Aqui é o meu lugar!".

O encantamento era enorme, mas nada na realidade justificava uma frase tão forte, uma tal certeza: "Aqui é o meu lugar!". Havia, sim, uma premonição que se concretizaria vinte e cinco anos mais tarde. Eu voltaria a Goiás, já sem Tom. E, sem saber, sem mesmo me lembrar, chegaria por outros caminhos à região da cachoeira. Sentiria novamente, tantos anos passados, a mesma euforia e a mesma certeza: "Aqui é o meu lugar!"

Mas naquele dia Tom conseguiu, mais uma vez, convencer-me a continuar seguindo o seu sonho: filmes. E voltamos para São Paulo.

Certamente eu não tinha o estofo de dona Joana, e Tom não era o capitão. Além do mais, estava grávida. Realmente não era a hora de começar uma grande aventura no Centro-Oeste, Desembarquei no aeroporto de São Paulo abraçada a um berrante que Joan me havia posto nas mãos na hora da despedida. Penhor de que um dia eu me tornaria dona do meu destino.

Alguns meses depois, Tom foi convidado por um grupo de amigos a voltar ao Centro-Oeste para uma pescaria no Rio Araguaia. Ficariam hospedados na fazenda de um deles, que tinha lancha, toda a tralha de pesca necessária e conhecia a região como a palma da mão. O convite era irrecusável para um cineasta que, por não se interessar especialmente pela pesca, saiu armado de máquina fotográfica, disposto a captar toda a beleza da região. As mulheres não iriam, era programa de homem.

Tom voltou depois de uns dez dias, queimado do sol e deslumbrado com a experiência realmente única que vivera. Estavam voltando e o aviãozinho monomotor sobrevoava o rio Araguaia. O piloto, um sujeito fanfarrão, dava voos rasantes sobre as aldeias de índios para ver os telhados de folhas de buriti voarem. Às tantas, ele disse que iria descer na próxima fazenda para encher o tanque. Não acharam combustível na primeira fazenda, nem na segunda, nem na terceira. Começando a ficar preocupado, ele resolveu sair da rota e tentar num posto adiantado da Funai, na altura da Ilha do Bananal. Enquanto voava, o piloto explicava que não tinha o hábito de ir para aqueles lados porque os índios Xavantes eram muito agressivos. Apreensivo, contou como tinham matado a bordunadas os últimos sertanistas que haviam tentado uma aproximação. Dito isso apontou à sua esquerda uma aldeia Xavante e, logo em frente, na outra margem do grande rio, a casa do posto da Funai. A história esfriara os ânimos, ninguém mais teve a ideia de um voo rasante sobre a aldeia. Desceram aos solavancos no campo de pouso, uma simples clareira no meio da floresta, e sentiram um frio na espinha ao ver o avião ser cercado por um grupo de índios inteiramente nus. "Xavantes!", murmurou o piloto já sem voz. Os índios pegaram as bagagens do avião e, bem mais altos e musculosos que os brancos, foram levando-os por uma trilha no meio do mato. Andaram em silêncio até a casa da Funai, onde Tom já imaginava encontrar uma chacina. Espantado, viu sair pela porta o encarregado e sua mulher, não só vivos, mas sorridentes. Ismael era o sertanista que viera substituir os que haviam sido mortos. Convidados a entrar, viram as placas de mármore, com nomes e datas, ainda empilhadas a um canto da cozinha. A mulher fazia pão, sovando a massa com energia, enquanto um índio sentado de pernas cruzadas em cima da mesa observava atentamente. Os outros abriam as sacolas e, às gargalhadas, tentavam vestir as roupas. Ismael aproveitou para explicar a presença dos Xavantes na sua casa, começando por negar qualquer mérito seu no processo de aproximação. Fora tudo obra do acaso. Ele e a mulher tinham acabado de chegar ao posto, havia exatamente um ano. Sabiam que a primeira regra era que nenhum branco ousasse atravessar o rio para o lado dos Xavantes. O erro que custara a vida aos das placas de mármore. Os índios, esses sim, tinham o hábito de atravessar o rio a nado, para caçar. Faziam um grande círculo de fogo, deixando uma abertura por onde passariam os animais acuados. Nesse ponto os caçadores ficavam à espreita para abatê-los a flechadas. Numa dessas caçadas, o filho do cacique se viu cercado pelo fogo e, muito queimado, fora abandonado pelos companheiros para morrer. Ismael e sua mulher haviam levado o jovem para a casa e cuidado dos seus ferimentos até o dia em que pudera voltar nadando para a aldeia. Exatamente um ano após o acidente, uma delegação da nação Xavante viera, com o jovem caçador, agradecer a Ismael e à mulher por terem salvado a vida do rapaz. E a sorte quis que Tom estivesse presente nesse momento: o primeiro encontro pacífico entre Xavantes e brancos. Ismael era um idealista, mas não acreditava na sua missão. Os índios estavam bem melhor sem o contato com o branco. Até quando?

    Tom voltou muito impressionado do seu encontro com os índios Xavantes. Notou que, apesar de estarem perfeitamente à vontade na casa de Ismael e do interesse com que um deles observara a mulher fazendo pão, eles se afastavam na hora de comer. Segundo Ismael, não queriam se acostumar ao sal, tempero que desconheciam e que os deixaria dependentes dos brancos. Comiam e dormiam em volta do fogo, fiéis aos seus costumes, a poucos metros da casa da Funai. O mais jovem do grupo encantou-se com uma camisa de Tom, a única limpa, que ficara para a volta à civilização. Passada a brincadeira de botar e tirar as roupas, Ismael pediu a camisa de volta, mas o índio fez menção de guardá-la. Pelos gestos e tom de voz, o rapaz entendeu que o estavam censurando e retrucou que não era pela camisa, mas porque gostara de Tom que a queria guardar. E, altivo, entregou a camisa. Dera um tapa com luva de pelica com a sutileza de um diplomata de carreira...

Diante dessa prova de maturidade, Tom quis saber por meio de Ismael se o rapaz era casado. A resposta veio serena e natural: não, porque ainda não caçava bastante bem para se responsabilizar por uma mulher e filhos, mas tinha a mulher do seu irmão mais velho. A lógica era irrepreensível. Estava resolvido o maior problema dentro da vida tribal: a consanguinidade, e da forma mais natural. As crianças, sendo fruto de uma linhagem e não de um indivíduo, recebiam atenção e carinho de todos. Não havia prostituição nem doenças venéreas e a iniciação dos jovens se dava literalmente em família.

Altos e bem proporcionados, tinham o corpo bronzeado e quase sem pelos. Usavam somente um cordão à volta da cintura e, na ponta do pênis, a proteção de um pequeno cone de fibra macia. Era trabalho de mulher tecê-lo e perfumá-lo para o seu homem. Ombros e tórax largos de homens que passavam a vida nadando, pois não tinham canoas, o rosto chamava a atenção pelos traços finos e o olhar oblíquo e inteligente. Eram alegres e espontâneos como crianças, e demonstravam prazer no contato de pele. Para um europeu era estranho vê-los andando de mãos dadas ou abraçados. Talvez a ambiguidade do branco houvesse tornado tabu esse tipo de manifestação: o medo de não parecer viril. Os Xavantes não tinham esse problema.

Tom havia conversado longamente com Ismael e sentia o drama do homem que, cheio de idealismo, entrara para a Funai e havia aprendido a falar a língua do índio para conseguir atraí-lo. Mas a partir do contato chegara à conclusão de que o branco não tinha nada para oferecer. Descobrira que os Xavantes eram autossuficientes e superiores na sua organização, e que ele era simplesmente o ponta de lança que introduziria o caos. Atrás dele, viriam os grandes pecuaristas derrubando a floresta, plantando pastagens, afugentando a caça e poluindo os rios. Ismael era um homem angustiado.

Nasce Vivien – Nasce Vanessa

A Praia do Tombo era praticamente deserta, e o nosso pedaço de mar só podia ser descrito com exagero. Era tudo em demasia. Beleza, sossego, paz e ideal para as meninas. 1958.

Como sempre acontecera, as ocasiões mais graves e mais significativas de minha vida, invariavelmente, tinham um lado cômico. O nascimento de nossa primeira filha não foi exceção. Passara a véspera sentada num banquinho, pintando com uma brocha a última mão de cal no quarto. Comecei a sentir de manhã um mal-estar nas costas que ia e vinha. Tom, numa escada, havia pintado a parte de cima da parede; eu, a de baixo. Decerto a posição, pensei, praticamente de cócoras, e não dei maior atenção. Por via das dúvidas, de tardinha, Tom resolveu que iríamos até a cidade consultar o Dr. Job Lane. O veredicto foi que tratava-se de contrações, sim, com intervalos de dez minutos, e que, quando os espasmos se dessem a cada seis minutos, teríamos que ir para o hospital. Mas tínhamos outros planos. Queríamos celebrar o evento com um jantar no Nick's Bar e uma última ida ao cinema, antes da dedicação total a fraldas e mamadeiras. Acabava de ser lançado em São Paulo o filme *The quiet man*, uma ótima comédia com John Wayne e Maureen O'Hara. Job abanava a cabeça, rindo da disposição, e sugeriu que não nos descuidássemos dos intervalos entre contrações para que o bebê não nascesse no cinema. E fomos.

Entramos no meio da sessão e tivemos que sentar longe um do outro. Isso não estava nos planos. As contrações vinham mais fortes e eu, sem saber ao certo onde estava Tom, passei a não me sentir tão segura, mas o filme era ótimo, imperdível. As cenas hilariantes e as dores se engrenavam, umas apagando as outras, e logo o filme terminou. Ele veio para o meu lado quando o cinema se esvaziou e, com a luz acesa, verificamos que os intervalos entre contrações haviam diminuído para oito minutos. Um olhar, uma hesitação, e resolvemos arriscar, veríamos o princípio do filme. Rindo muito e no escuro, Tom acendia um fósforo a cada sete e, depois, a cada seis minutos para conferir os intervalos das contrações. A moça da lanterninha, atenta, vinha a cada vez lembrar que era proibido "fumar"... e saímos diretamente dos verdes campos da Irlanda de

Brigadoon para o Hospital Samaritano. Esse filme ficaria para sempre ligado à misteriosa sensação, misto de excitação, de dor física e de ternura, que antecede o parto.

Vivien Elisabeth nasceu forte e saudável na manhã seguinte. Jorge surpreendentemente compareceu, e estava presente quando a enfermeira a trouxe para o quarto. Declarou, convencido, que a neta era bonita porque se parecia com ele! Eu havia me distanciado de meu pai, a ponto de passarem-se meses e até anos sem que nos víssemos, mas ele, que nunca seguira as convenções, viria sempre do Rio para o nascimento dos netos. Eram visitas relâmpago, descontraídas, exibindo, a cada vez, nova namorada. Na última ocasião, traria, além da mulher, uma filha recém-nascida e criou a maior confusão na saída, pois os seguranças do Hospital acharam que ele roubara um bebê do berçário!

De volta à chácara, o curso que fizera no Nursery Training College, na Inglaterra, foi da maior utilidade. Nunca precisei de babá.

Não entrei em pânico como a maioria das mães diante de um recém-nascido inexplicavelmente roxo de tanto chorar. Vivien era serena, como foram serenos os seus primeiros tempos de vida, com sol e ar puro na medida certa.

No ano de 1953, segundo Fernão Ramos, em *História do Cinema Brasileiro*, "Muitos jornais criticam a Vera Cruz pela leviandade com que realizava seus gastos". O jornal *O Estado de S. Paulo*, entretanto, defende a companhia, ponderando que ela ofereceu ao país uma série de prêmios internacionais, principalmente com os filmes *O Cangaceiro* e *Sinhá-Moça*. E, mais adiante, revela que: "A Vera Cruz enfrentou, logo que seus primeiros filmes ficaram prontos e começaram a ser exibidos, problemas específicos da realidade cinematográfica brasileira. A lentidão na comercialização dos filmes (e, consequentemente, o lento retorno do capital investido) impossibilitava que o rendimento obtido com as primeiras películas pudesse financiar as próximas. O mercado externo, por sua vez, revelou-se de difícil acesso, devido ao notório desinteresse das distribuidoras norte-americanas em patrocinar o desenvolvimento de cinematografias que pudessem oferecer, remota ou modestamente, qualquer espécie de concorrência. Tentando acelerar o lento retorno do capital aplicado nos filmes, a companhia se valeu de vultosos empréstimos bancários, tomados a juros altos e a prazos relativamente curtos. Isso era incompatível com o ritmo de circulação financeira do capital investido na indústria cinematográfica, onde um filme demorava em média cinco anos para percorrer o mercado".

"Com a violenta inflação de todo o período, o tabelamento dos ingressos de cinema reduzira em cinco vezes o seu valor, transformando o espetáculo cinematográfico num símbolo mistificador de não-inflacionismo... Para evitar a (remota) possibilidade de afugentar a produção estrangeira oferecendo lucros muito pequenos, o governo brasileiro, ao mesmo tempo que reduzia pelo tabelamento a renda do cinema em cruzeiros, aumentava essa renda em divisas pelo artifício cambial. A indústria cinematográfica nacional, que contava com uma renda em cruzeiros e não em divisas, era a grande vítima do tabelamento, recebendo em cada entrada paga cinco vezes menos do que o seu valor em termos de mercado mundial."

Em fevereiro de 1954, São Paulo festejava o seu IV Centenário, incluindo nas comemorações a inauguração do I Festival Internacional de Cinema do Brasil.

Tínhamos sido convocados para, com outros atores, representar a Vera Cruz. Como sempre, Job Lane sugeriu que nos hospedássemos no apartamento que ele tinha em cima do consultório, a uma quadra do Hospital Samaritano. Esse convite iria salvar a vida de Vivien, que choramingava com um pouco de febre e uma orelha vermelha e inchada. Depois de examiná-la, Job diagnosticou uma infecção muito séria. Reuniu uma junta médica e, sem que nos déssemos conta, fez todos os exames necessários para uma operação de urgência. Dez anos mais tarde, ele revelaria que, naquela ocasião, uma sala de cirurgia havia ficado de plantão durante três dias no hospital para uma eventual trepanação. Mas Vivien, apesar de só ter seis semanas, era um bebê forte. Ela reagiu com a medicação e não precisou enfrentar uma operação da qual dificilmente teria escapado. Job Lane, além de médico, foi certamente o melhor amigo que tivemos.

A primeira filha inaugurou uma nova etapa na vida dos dois que planejavam viver da terra. Tom trabalhava na chácara, tentando dar um cunho profissional ao empreendimento. Corrigia a acidez do solo, cuidava das galinhas, seguindo os ensinamentos do senhor Akira, e das parreiras, como aprendera com dona Vitória. Deixando saudade, ela havia-se mudado para a casa que Gabriel construíra, não muito longe dali, com o dinheiro que ganhara com o caminhão. Dona Margarida, uma viúva húngara, veio substituir dona Vitória no *goulash* e no *riantash*. Mas dona Margarida havia incorporado o gênio explosivo do defunto marido, um caminhoneiro espanhol. A menor provocação, refugiava-se aos prantos no quarto, depois de promover um verdadeiro espetáculo pirotécnico com panelas voando pela cozinha. Dona Margarida não durou muito e iniciou uma hilária sequência de empregadas, as mais exóticas possíveis.

Sucedeu-lhe uma outra viúva, mansa desta vez, que foi embora no dia seguinte, horrorizada com o "barulho" que faziam as corujas e outros pássaros noturnos. Não conseguiu dormir. Sentia falta, segundo ela, do bonde e dos carros que passavam debaixo de sua janela na rua Major Diogo. E, satisfeita, acrescentava "praticamente debaixo da minha cama!". A cacofonia urbana que abominávamos era essencial para essa senhora...

Em seguida Tom, achou melhor tentar um casal. A mulher era forte, quarentona, tipo Ana Magnani, e o rapaz, bonito, frágil, quase imberbe. Tom encarregou-se de mostrar-lhe o serviço da chácara, enquanto eu conduzia a mulher pela casa, terminando na cozinha. De costas para o fogão, eu lhe explicava os horários, quando um sorriso cúmplice iluminou os grandes olhos castanhos da mulher. Examinando a futura patroa de alto a baixo, disse aprovadora: "Grandona ela!". Certa de que a mulher só podia estar se referindo à panela dos cachorros que borbulhava atrás de mim, comecei a explicar que, na realidade, os cães eram muitos e grandes... quando fui interrompida pela continuação da frase que desta vez não deixava dúvidas: "Bem-feita de corpo...".

Depois veio um casal mínimo e sorridente, recém-chegado de Bari. Nina cantava e Giuseppe gostava de animais, e tudo ia bem até o dia em que Tom recebeu a visita de um importante produtor de cinema italiano. O homem era empolado e cheio de si. Giuseppe, comovido com a presença do compatriota, bateu a mão espalmada no seu ombro com a intimidade de um irmão e, abraçando-o, soltou o vozeirão: *"Polentone!"*.

Tom continuava exigente como havia sido com a equipe de cinema e, inconformado com o baixo rendimento da mão de obra urbana, resolveu dar uma chance a um caboclo raquítico e desdentado que morava ali perto. Zé era humilde, e tirava o chapéu de palha esgarçada todas as inúmeras vezes que mencionava Deus. Tom o achava irritante porque tinha o hábito de soltar um gemido profundo a cada vez que batia com o enxadão na terra. Era como se a ferramenta lhe entrasse na própria carne. Habituado a trabalhar com rapidez e eficiência, Tom não aguentava a malemolência do Zé. E, para mostrar ao caboclo que não estava nem um pouco impressionado com os seus gemidos teatrais, pegou um enxadão e foi trabalhar ao seu lado. Depois de uma hora no sol, Tom voltou esfalfado e convencido de que o ritmo do Zé é que estava certo. Afinal, entre gemidos, paradas para acender o cigarro de palha e pausas em que, apoiado no cabo da enxada, olhava melancolicamente o vazio, ele conseguia revirar a terra de sol a sol.

Tom ria muito nessa época. Na realidade, juntos, ríamos muito. Ríamos da vida que levávamos em Nuporanga, das raivas que explodiam e das situações cômicas nas quais invariavelmente nos metíamos. Quando com raiva, Tom conseguia praguejar com muita convicção em várias línguas. Isso tinha um duplo efeito, ele se acalmava, e eu ria. Blasfemava muito em italiano, em geral ameaçando de horrores a Virgem Maria. Nunca entendi o que a Santa teria a ver com as frequentes marteladas que ele dava nos dedos. Ríamos de Tom, só de lenço amarrado na cabeça e sunga. Metido num tonel, amassava uvas com os pés. "É assim que se faz na Itália", garantia, triunfante e coberto de sumo roxo. As nossas uvas! Com o tempo, acordávamos no meio da noite com o pipocar das rolhas... é o vinho fermentando! E tornávamos a dormir.

Ríamos da minha total falta de jeito com a máquina de costura de pé. Eu a tinha comprado com a intenção de fazer fraldas e cueiros para a chegada de Vivien. Mas, indiscutivelmente de má índole, a máquina dava ré sempre que eu me dispunha a costurar, embolando e arrebentando a linha. E, como costumam fazer os cachorros que escolhem o seu dono, sem levar em conta quem resolveu comprá-los ou lhes dá de comer, a máquina de costura escolhera Tom. Com ele no comando, ela ronronava feliz e fazia curvas e retas impecáveis sem o menor tropeço. Finalmente, eu me rendi à evidente e incontornável rabugice, e Tom fez não só fraldas e cueiros, como cortinas também.

Tom também passou muita raiva antes de rir. Como quando se deu conta de que, durante a semana, a produção diária de ovos caía pela metade. E que essa queda coincidia invariavelmente com a presença do Zé na chácara. Tom passou um cadeado no galinheiro, impedindo o acesso aos ninhos, e ficou mais perplexo ainda ao ver que o sumiço de ovos continuava. Tom seguia os passos do Zé, espreitava. Nada. Frustrado e impotente diante da esperteza do caboclo, explodiu: "Afinal, eu não fiz duas faculdades para ser passado para trás por esse analfabeto!". Mas o mistério continuava indecifrável, até o dia em que, colhendo os ovos nos ninhos, Tom chutou um pequeno cone de arame torcido, exatamente do tamanho de um ovo. A astúcia do caboclo deixou Tom estupefato! Zé, de fora do galinheiro, com o artefato preso na ponta de uma vara, chegava até os ninhos, passando, em seguida, o ovo através da tela. Era genial...

Tom nessa época acreditava na regeneração do ser humano e, depois de um sermão, deu nova chance ao Zé. No fundo, ele admirava a sobriedade e a resistência física do caboclo, e fazia planos para melhorar sua qualidade de vida. Além do salário maior do que a média da região, Tom queria um dia poder lhe dar instrução. Faziam parte dessa meta a compra de um projetor e de filmes educativos. O cinema a serviço do homem do campo. Mas os planos foram por água abaixo junto com a Vera Cruz.

Acordar em Nuporanga era uma festa, as brasas na lareira fumegando, ainda quentes. Invariavelmente, Tom trazia duas tigelas brancas de chá e abria as venezianas. O sol dançava no teto do quarto. As tábuas desciam acompanhando o telhado até as janelas em frente à cama. E um imenso pessegueiro tecia uma delicada renda de luz e sombra. Nicolau, o gato, entrava rápido e subia ronronando na cama. Embolados, sonolentos, tomávamos o chá quente e fazíamos planos vagos para o dia. O vale se estendia à nossa frente, envolto em névoa, cheirando a terra molhada. E o perfil dos morros se revelava aos poucos timidamente.

Certa de que havia encontrado a fórmula da felicidade completa, eu me ocupava de Vivien, de filhotes de cachorro, pintinhos e peruzinhos. Emocionalmente e financeiramente segura, graças à terra fértil do vale, eu acreditava ser possível passar o resto da vida em pura contemplação da natureza.

Tom acordou primeiro. Como criador de galinhas era um fracasso, argumentou. Nunca conseguiria a eficácia dos japoneses. A sua meta de vida era fazer cinema. Cineastas tinham que viver na cidade, encontrar-se com seus pares, discutir possibilidades. Acabara o sonho.

***

Tentei argumentar que, para Vivien, seria mais saudável viver no campo, mas a reposta foi a mesma de anos antes, quando eu insistira em mudar para Goiás: "Agora não, mais tarde sim". Ele concluiu, desanimado: "Não temos renda nenhuma, isso é que não é saudável!".

Convicta de que a vida com Tom seria sempre um desafio interessante, saí a campo para enfrentá-la. Procurei uma casa que coubesse dentro da pequena herança que acabara de me deixar um padrinho. Achei um sobradinho conjugado, novinho em folha, numa rua de terra com nome pomposo: avenida Lavandisca, 132. Uma pequena entrada e mensalidades a perder de vista. Fiquei radiante com a casinha ensolarada de quintal gramado. E a proprietária, uma senhora labaki de magníficos olhos negros, feliz porque estaria entregando a casa para uma pessoa conhecida. Conhecida? Sim, de filmes e de coleções completas de revistas de cinema! Sorridente, ela confessou saber tudo sobre minha vida. Fechamos negócio. Afinal, estávamos praticamente em família.

Voltei para a chácara tentando entender o fascínio que a imagem na tela exercia sobre as pessoas. Atores, atrizes, gente como a gente, sem maior importância, adquiriam uma estatura simbólica que nada tinha a ver com a realidade. Dei de ombros, cinema era faz de conta. A minha realidade era bem mais interessante.

Tom animou-se com a perspectiva de, uma vez na cidade, voltar a fazer cinema, e pôs-se a vender cavalos, porcos, perus e galinhas, patos e gansos, todos os animais. Nuporanga fora uma etapa importantíssima, nossa primeira casa, nossa primeira filha, um sonho vivido e saboreado nos mínimos detalhes. A etapa seguinte, uma incógnita.

Uma vez instalados no bairro de Moema, uns diziam que era Vila Nova Conceição, descobrimos que a cidade grande tinha tudo a ver com cidade pequena. Casas térreas dando para a rua poeirenta, o armazém do português da esquina, a feira de sábado na praça da Matriz, e cavalos pastando nos terrenos baldios. Tom, trancado no quarto que dava para o gramado, escrevia roteiros para as futuras produções. Eu, com um ouvido no metralhar da máquina de escrever, cuidava de Vivien, do pastor alemão, Bruma, e de Nicolau, o gato. Foi quando o ritmo de vida deu uma sacudidela: Tom recebeu uma proposta para dirigir um filme, *Arara Vermelha*, e eu descobri que estava grávida.

Mergulhamos de cabeça num período de grande criatividade. Processos diversos, mas totalmente interligados: a minha gravidez, que Tom acompanhava com o maior carinho, e o *script*, cujo andamento discutíamos em detalhes todas as noites durante o jantar. Eu estava tão ligada na história do filme que levei um choque quando Tom me anunciou que, devido à gravidez, ele teria que achar outra atriz para o papel principal. "Mas o papel pede justamente uma mulher grávida!", ainda tentei argumentar. Mas Tom foi inflexível. Seria perigoso demais.

Um dia ele pegou o jipe Land-Rover e foi para Itanhaém filmar com Odete Lara e Anselmo Duarte. Como sempre, a não ser na Vera Cruz, a produção não tinha dinheiro. Passaram meses comendo e dormindo mal, subindo e descendo o rio de canoa e se embrenhando em manguezais infestados de mosquitos. João da Cunha, o Fulgêncio em *Sinhá-Moça*, foi junto. Além de forte fisicamente, ele era absolutamente íntegro e leal ao Tom. Era o nosso anjo negro.

Uma madrugada, acordei com fortes dores e soube que tinha chegado a hora. Sozinha e sem telefone, bati na porta de um vizinho solteirão e pedi para chamar o médico. As contrações estavam violentas, o médico havia saído para atender uma emergência, o vizinho, de pijama, andava de um lado para outro, apavorado, dizendo que nunca havia presenciado um parto. Enfim o caos...

Finalmente o médico apareceu, entrei no carro e ele saiu a toda, os pneus cantando, atravessando todos os faróis vermelhos. De repente, somos seguidos por uma sirene, o médico solta um sonoro palavrão e encosta no meio fio. O policial chega calmo, com aquele papo de "O senhor não sabe que é proibido...". Eu me contorcendo no banco. O médico mais calmo ainda, diz para o policial: "O senhor já fez um parto?". Nisso o motociclista se dá conta da situação e diz: "Siga-me!" ligando a sirene. Chegamos em grande estilo ao hospital, fazendo aquele escarcéu na madrugada paulistana.

Vanessa não se fez esperar, rosada, bochechuda e sem um fio de cabelo. Mandei um telegrama para Tom, fui para casa e esperei o meu homem.

Quando voltou era outro. Estressado, magro, envelhecido, tinha uma ideia fixa: terminar o filme a qualquer custo. Não havia dinheiro para nada. Tom convenceu os atores a receberem porcentagens da renda quando o filme fosse lançado. As chances disso acontecer eram poucas. Ele, que se tinha encarregado do roteiro e da filmagem, agora, para economizar, passava o dia no estúdio fazendo a montagem, a dublagem, toda a finalização do filme.

Estava exausto.

Houve finalmente o lançamento de *Arara Vermelha*. Todos compareceram felizes, iam finalmente receber a sua porcentagem. Logo em seguida, o produtor embarcou com a família para a Europa, a companhia cinematográfica deixou de existir – tinha sido fundada só para fazer aquele filme – e Tom empenhou dois anos de sua vida sem jamais receber um tostão.

Foi um ano difícil. As contas não paravam de chegar. Na esperança de encontrar trabalho, Tom ia todas as noites ao Nick's e ficava até de madrugada, falando com atores e diretores que, na maioria, estavam na mesma situação. Falavam de roteiros engavetados, de projetos inviáveis, de estúdios falidos. As noites de fossa acabavam em bebedeira e João, nosso anjo negro, que esperava pacientemente sentado no jipe, invariavelmente carregava o patrão tonto e desesperançado para casa. Foi um ano difícil.

Ravina

"Ravina", em que se destacava a fotografia de Chick Fowle, o que lhe valeu aliás um "Saci". 1957.

"Ravina", a iluminação e os cenários tornam mais palpável a atmosfera dramática. 1957.

"Ravina" – Eliane Lage e Victor Merinou.

Combinamos, eu e Tom, que eu só filmaria se ele ficasse em casa com as crianças, e assim foi feito.

Filme "Ravina", 1957. Eliane Lage contracenando com Pedro Paulo Hatheyer, Victor Merinow, Sérgio Hingst e Ruth de Souza.

"Ravina" – os cenários eram suntuosos.

Um dia, a solução chegou da maneira mais inesperada. Um crítico de cinema do jornal *O Estado de S. Paulo*, Rubem Biáfora, bateu à nossa porta perguntando quando eu poderia começar a filmar *Ravina*, uma história que ele escrevera para mim. Esse homenzinho me perseguia havia anos. Primeiro, numa ocasião, ele me perguntou de chofre quanto tempo os meus cabelos levariam para crescer, e explicou: ele os queria longos para filmar *Ravina*. Tom e eu nos olhamos perplexos. O homem era um estranho, e eu estava sob contrato na Vera Cruz. Anos depois, ele apareceu e me viu grávida. Parou, desapontado, e perguntou quando eu estaria pronta para filmar. Tom estava em Itanhaém e eu devo ter respondido, nunca. Nunca me sentira tão pobre, tão só, tão abandonada, e esse homem ainda vem me falar de cinema... "Nunca!" Meses depois, eu tinha acabado de ter Vanessa e, exausta e dolorida, fechei os olhos. De repente, lá estava o homenzinho apoiado no pé da cama de hospital a falar. Respondi: "O nome do bebê é Vanessa". Contrariado, ele disse: "Porque não *Ravina*?". Como eu fechei os olhos e não respondi, ele continuou: "Quando vai poder andar a cavalo?". Devo ter continuado de olhos fechados, porque ele sumiu. Sumiu, para reaparecer seis meses depois, naquele dia em que estávamos absolutamente sem perspectivas e o recebemos de braços abertos.

Combinamos, Tom e eu, que eu só filmaria se ele ficasse em casa com as crianças, e assim foi feito. Caiu do céu naquele momento uma mulher maravilhosa, que Vivien batizou de Petita. Era da raça e da estirpe do nosso anjo negro, João. Alegre, desinibida e eficiente, encarregou-se de botar ordem na cozinha, nas crianças e em Tom que, liberado, pôde-se enfurnar nas montanhas de papel que produzia todos os dias.

A produção de *Ravina* havia alugado os estúdios da Vera Cruz e, todos os dias, um carro passava às 6 da manhã para me levar a São Bernardo do Campo.

Em geral, eu voltava às 9 da noite. Eram dias longos em que eu me preocupava com o efeito sobre as meninas de uma mãe totalmente ausente.

Hoje em dia, dou-me conta de como fui cruel com Rubem Biáfora. Ele era um excelente crítico de arte do jornal, uma verdadeira enciclopédia de cinema, que nunca havia dirigido um filme. Como qualquer iniciante, era inseguro, hesitava, e não tinha a menor ideia de como dirigir atores. Em *Caiçara*, Adolfo Celli tinha muita experiência de teatro e sabia como lidar com atores, nos filmes seguintes, eu estava totalmente entregue à direção do Tom, que tinha um currículo de quinze anos de cinema trabalhando com os melhores diretores ingleses. Tom explicava o contexto, as reações esperadas de cada personagem e tinha a maior paciência, repetindo e aperfeiçoando até chegar ao ponto ideal. Às vezes, quando a cena pedia uma concentração total, ele dava a ordem de ação sem dar uma palavra, com um simples gesto, para não quebrar o clima. Foi assim em *Sinhá-Moça*, na cena em que Ruth de Souza, na igreja, se joga aos pés do padre, chorando. Tom a dirigiu deitado nos degraus do altar, junto dela, sussurrando, e, quando terminou, estavam ambos em prantos. Ruth é uma grande atriz, o sonho de qualquer diretor, e não é à toa que, quando *Sinhá-Moça* foi exibido no Festival de Veneza, ela empatou para o prêmio de melhor atriz.

Rubem Biáfora tinha uma enorme dificuldade para se comunicar, era tímido e, uma vez, quando insisti em entender a razão por que Ravina (o meu personagem) tinha de ter certa reação, ele se irritou e foi categórico: "O ator não tem que entender nada, o diretor é que tem que entender!".

Mário Sérgio, com quem eu havia filmado *Caiçara* e *Angela*, também sentia dificuldade em compreender o diretor. Já Ruth de Souza, Pedro Paulo Hatheyer e Sérgio Hingst se davam bem com ele. Questão de química.

O filme se arrastou aos solavancos, num clima irrespirável, eu rezando para que terminasse logo. No final, fui avisada de que eu fora dispensada, pois não faria a dublagem de *Ravina*. Mário Sérgio também. Era a vingança contra os atores que haviam dado trabalho. Na hora, fiquei aliviada. Bem mais tarde fiquei sabendo que nada menos de três atrizes haviam dublado o meu personagem, uma delas Nathália Timberg. Quando assisti ao filme, notei que realmente os "meus" tons de voz variavam... Além de vingativo, o nosso diretor era de fato uma pessoa difícil!

Durante a filmagem, recebi um telegrama avisando que minha avó Elisabeth havia morrido. Pela primeira vez, o cansaço a impedira de passar o verão europeu na França. Pela primeira vez, deixou de fazer a sua *cure d'eaux*[7] em

---

7 – *terapia em hidromineral.*

Vichy. Morreu dormindo num quarto de hospital, onde insistira em mandar colocar as cortinas do seu quarto, para não se sentir *dépaysée*[8].

Resolvemos, Tom e eu, que ela teria aprovado se usássemos a herança que ela me deixou comprando um terreno à beira-mar.

---

8 – *desenraizada*.

A praia deserta – Nasce Tommy

Praia do Tombo, uma praia pequena e deserta praticamente, duas ou três casas, e lá num canto uma vila de pescadores. Foi o que nos conquistou e onde criamos os três filhos. Tommy nasceu em 1960.

Bronzeados, os pés e a alma enfiados na areia da praia do Tombo, chegamos como que de outro planeta. Com "Ravina", eu ganhava meu segundo "Saci".

Eram burrinhos felizes! Um dia, vimos atrás de uma duna branca duas orelhas compridas, bem pretas. Era Nega Fulô que tinha acabado de nascer.

E nossa casa, com grandes portas de vidro na frente, sempre abertas, fazia parte da imensidão de areia.

Guarujá tinha um significado especial. Desde o meu primeiro grito de liberdade, quando desafiara tia Yolanda, saindo de traineira de Ilha Bela com o Tom. A viagem e o dia seguinte passado em Guarujá foram inesquecíveis, e ficara a promessa de voltar.

Praia do Tombo, uma praia pequena e deserta praticamente, duas ou três casas, e lá, num canto, uma vila de pescadores. O mar era bravo, furioso mesmo, e criava a cada momento cenários de uma dramaticidade ímpar. Foi o que nos conquistou. Compramos um lote em frente ao mar e plantamos uma amendoeira. Seria uma árvore frondosa quando nos aposentássemos.

Quando terminou a filmagem de *Ravina*, ficamos novamente à deriva, sem planos. Resolvemos vender Nuporanga. Um casal de Santos encantou-se com o sítio, achando que a colônia de morcegos que se havia instalado na lareira da sala era de passarinhos!

Meses se passaram sem nenhuma proposta de trabalho. Depois da experiência de *Ravina*, eu jurara não filmar mais e me dedicar às meninas. Tom ainda sonhava em filmar alguma de suas histórias. Mas quem bancaria os gastos? E a proposta sempre fora trabalhar juntos, e isso não era mais possível.

Um dia, consegui convencer Tom de que essa espera não levava a lugar nenhum. Armei-me de coragem e propus que fôssemos trabalhar juntos, mas à beira-mar! Por que esperar a velhice para viver no lugar dos sonhos?

Tom concordou e pôs-se a fazer planos e plantas. Para minha surpresa, ele declarou categórico que não tinha dinheiro para fazer uma casa à beira-mar, mas que teria o suficiente para fazer duas casas à beira-mar! A planta do sobrado geminado foi a explicação lógica: viveríamos numa e alugaríamos a outra. Além do luxo de viver na praia teríamos uma renda. Perfeito!

A mudança foi cômica: no caminhão, amarrados na carroceria, iam três burrinhos: Nicolau, Pixie e Susy, que faziam parte da família. Os móveis eram poucos, não tomavam muito espaço. Amontoados no jipe íamos nós: Tom, eu, Vivien e Vanessa, Petita e o pastor alemão Bruma para uma casa alugada na praia do Tombo.

Em um mês e meio, nós nos mudamos para a edícula recém-construída da nossa casa. Vivíamos um tempo de euforia. Acordar com o barulho das ondas, descer da cama com os pés na areia, era o sonho que planejáramos para a velhice. Eis que, jovens e cheios de energia, vivíamos a vida do sonho. Chegamos à conclusão de que nunca mais voltaríamos a viver em cidade grande, rompemos as amarras e vendemos a casa de São Paulo. Em seis meses, construímos e nos instalamos no sobrado, alugando o outro ao lado para a temporada.

Tom exultava. Ele, que estava certo de não sobreviver fora do cinema, que era homem de uma só profissão, via-se bem-sucedido como construtor. E, além do mais, inovador. Em Santos, onde os velhos casarões estavam sendo demolidos para dar lugar a prédios, Tom achou uma mina de material usado. Entusiasmado, comprava peças lindas que tornavam a construção inteiramente original. Os nossos primeiros inquilinos ficaram amigos e, encantados com a rapidez com que Tom tocara a construção e com o preço final da obra, encomendaram uma casa igual para eles.

Uma pequena betoneira acoplada à polia do Land Rover garantia um concreto bem-feito em praias distantes, onde não havia eletricidade. Tom treinara a turma da construção com a disciplina de uma equipe de cinema e logo, a eficiência comprovada, mais encomendas de casas começaram a aparecer.

Não se falava mais em cinema. Tom saía cedo para as construções e, à noite, trabalhava até tarde fazendo cálculos. Chegou a ter oito obras simultaneamente!

A praia do Tombo era praticamente deserta, e o nosso pedaço de mar só podia ser descrito com exagero, era tudo em demasia. O espetáculo das ondas se atirando contra o costão em contraponto com a delicadeza da renda de espuma quando elas finalmente chegavam até a praia. As manhãs ensolaradas que, de repente, eram varridas por um sudoeste de nuvens carregadas e impiedosas, que açoitavam o mar com pesados lençóis d'água. A praia de dunas brancas e fofas, graças ao mar bravio, era única, numa região em que todas eram lisas, batidas e usadas como estradas para carros. E nossa casa, com grandes portas de vidro na frente, sempre abertas, fazia parte da imensidão de areia.

Tínhamos, desde sempre, paixão pelo fogo, e Tom construiu a casa em torno da lareira. Literalmente no centro e vazada, ela não só dividia a sala de jantar do *living*, como aquecia os dois. Nas noites quentes, as grandes portas de vidro escancaradas para a brisa do mar, deitávamos no sofá olhando o fogo, bêbados de sono e de beleza.

De manhã, eu levava as crianças ao banho de mar e, de tarde, caminhávamos pela praia, recolhendo o que as ondas nos haviam trazido na véspera. Era uma infinidade de pedaços de madeira e de tocos retorcidos que alimentavam a lareira. Não raro encontrávamos a peça perfeita, esculpida e alisada pelas ondas e pela areia, mais parecia marfim! As crianças adoravam essa caça ao tesouro e participavam na decisão de onde ficaria mais decorativo.

Os burrinhos, inteligentíssimos, ficaram soltos desde o primeiro dia e logo se organizaram. Nicolau na frente, Susy e Pixie seguindo em fila indiana, chegavam pontualmente para a ração. Eram escovados, e ele arriado para que Vivien desse uma volta. O arreio era pequeno, proporcional ao burrinho e à sua dona. Havia também uma minicharrete de roda de bicicleta com uma arreata nova, reluzente. Nicolau erguia a cabeça e saía lépido no seu passinho picado. Consciente da sua importância, ele se pavoneava na frente das suas duas mulheres! Eles andavam por todas as praias vizinhas fazendo amizades. Nicolau chegava primeiro, zurrando no portão das casas, e invariavelmente ganhavam bananas, cascas de melancia e muitos cafunés. Eram burrinhos felizes! Um dia vimos, atrás de uma duna branca, duas orelhas compridas, bem pretas. Era Nega Fulô que tinha acabado de nascer.

Depois foi a vez de Pixie sumir por uns dias. Apareceu com um lindo burrinho de pelúcia cinza prateado, e grandes olhos negros maquiados à perfeição. Domênico, porque era Domingo. O fato foi noticiado na imprensa, causando um mal-estar inexplicável na comunidade local: o padre era italiano e chamava-se Domênico... Só nós não sabíamos.

Anselmo Duarte era um grande amigo. Inteligente e ótimo *raconteur*[9], muito divertido, o que realmente queria era dirigir filmes e falar sobre técnicas de filmagem. Durante a filmagem de *Arara Vermelha*, em 1956, Tom tinha dado a Anselmo as pontas de película para que fosse ensaiando a direção, o outro lado da câmera, fazendo o *making of* do filme.

Um dia, Anselmo veio à praia do Tombo almoçar conosco. Sentado na sala ou andando de um lado para outro, gesticulando animado, contava a história do seu próximo filme: *O pagador de promessas*. De repente foi interrompido por uma zoada altíssima de zurros e chiados intermitentes. "O que é isso?", disse assustado. "É o Nicolau!", respondi, e levei-o até o burrinho. Encantado, Anselmo disse: "Pois já tenho o nome do burro no meu filme: Nicolau!".

Anselmo Duarte tomaria impulso e deixaria para trás os mais experientes, ganhando a Palma de Ouro em Cannes com a direção de *O pagador de*

---

9 – *contador de histórias*

promessas. Tom vibrou com a consagração do amigo e do Brasil no exterior. Mas ficou indignado que Anselmo não tivesse recebido o devido reconhecimento no seu próprio país. E, num gesto quixotesco, Tom mandou de volta para o *Estado de S. Paulo* o Saci que havia ganhado em 1951 como melhor diretor. O embrulho estava devidamente acompanhado de uma carta desaforada. Nela dizia que, para ele, o Saci perdera todo e qualquer valor, já que não haviam sabido reconhecer a importância de um filme brasileiro aclamado internacionalmente.

Mas o seu gesto teve menos efeito do que se tivesse atirado a estatueta ao mar.

Nós, *"beachniks"*, como Tom costumava dizer, *"beatniks"* da praia, fomos convidados à cerimônia de entrega do Saci daquele ano. Bronzeados, os pés e a alma enfiados na areia, chegamos como que de outro planeta. Com *Ravina*, eu ganhava meu segundo Saci. Melhor atriz do ano. No palco, junto com os outros atores premiados, eu fui a primeira a ser chamada e me encaminhei para o apresentador que não parava de falar. Habitualmente, um ator entregava o Saci à atriz premiada. Vi que um homem se aproximava. Baixinho, nervoso, um andar indeciso, foi chegando, e eu, em pânico, me dei conta de que não o conhecia. Quem seria? Um ator cômico certamente muito conhecido... mas quem? O apresentador foi logo apontando o microfone para o coitado, enquanto metralhava perguntas, terminando com a fatídica: "Você, que é grande fã de Eliane Lage, qual foi o seu filme preferido?". O homem olhava à sua volta com a expressão de quem está se afogando. Com a mão tentava desapertar o colarinho, enquanto murmurava sem voz. Finalmente em alto e bom som, declarou: *Cangaceiro*! A plateia de 3 mil cinéfilos veio abaixo de tanto rir. O apresentador, rápido, tirou o microfone e, com um sorriso amarelo, o apontou para mim: "E você, Eliane Lage, feliz naturalmente nesse dia de glória, diga ao público aqui presente, aos seus fãs, o quanto você gosta de boxe!". Absolutamente surpresa e indignada que alguém pudesse pensar isso de mim, explodi: "Boxe? Porque boxe?... Eu odeio boxe!". Novamente o cinema foi uma gargalhada só, achando que a minha tirada fora uma revanche. Todos, menos ele, sabiam que eu não tinha trabalhado em *Cangaceiro*, e todos, menos eu, sabiam quem era Éder Jofre, o nosso campeão mundial de boxe!

De volta à praia do Tombo, notamos uma certa efervescência. Era a campanha política de Jânio Quadros. O prefeito nos procurou e pediu que eu o ajudasse me candidatando a vereadora, Tom achou boa ideia, amarrou uma vassoura no jipe, símbolo do Jânio, e eu passei a escrever discursos e a falar de cima de caminhões. Os pescadores amigos nossos, animados com a perspectiva de ter uma representante do nosso lugar, aplaudiam os meus esforços, só que no dia não votaram: eram todos analfabetos! Não foi uma grande decepção porque o meu interesse em política se limitava à comunidade da praia, e logo me descobri grávida, e me concentrei no que, para mim, era a maior felicidade.

Apesar das ofertas de trabalho, Tom estava cansado de ser construtor. Um dia declarou que estava farto de ter que explicar a americanos a utilidade de um bidê e anunciou: fim. Compramos o lote imediatamente atrás da nossa casa, e ele começou o que seria a sua última construção: a nossa loja com um apartamento em cima, de frente para uma estrada de movimento. Abriríamos um comércio qualquer, quem sabe um restaurante. A perspectiva era totalmente nova, dava um certo frio na barriga; mas, para um artista, o desafio era sempre melhor do que a rotina. No meio da construção, Tommy nasceu e o dinheiro para a obra acabou. Mudamos para o apartamento inacabado e liberamos a nossa casa de frente ao mar para aluguel. E a obra seguiu em frente.

Um dia, uma amiga deixou uns móveis para vender. Eram mesas holandesas, armários antigos, peças grandes que ela não tinha onde guardar. Em vez de donos de restaurante, antiquários, por que não?

Saímos à caça de mais móveis antigos e, maravilhados, descobrimos Minas Gerais! Ouro Preto, Tiradentes, Sabará, Mariana, Congonhas do Campo e até Belo Horizonte. Além de verdadeiros tesouros em móveis precisando de reforma, surgiam uma infinidade de artesãos de metal, madeira e peças belíssimas feitas em teares manuais. E amigos: o velho Isaac, de Ouro Preto, que nos mandava caminhões de móveis em consignação, na confiança, sem exigir recibo nem comprovante; Nídia, com antiguidades e seu salão de chá; Lili e Ninita, acolhedoras e divertidas no Pouso do Chico Rei; e Domitilla, minha comadre, que me dava pouso e se tornou indispensável. Amizades.

De repente, um problema sério, Tom estava tuberculoso. O médico avisou que havia o perigo de contágio e recomendou internação.

Tom era dado a depressões, e decidimos que seria melhor para ele se recuperar em casa. Todas as precauções foram tomadas, um quarto de hospital montado e as crianças afastadas. Nessa época, uma mulher maravilhosa foi de grande ajuda. Dona Teresa tinha acabado de chegar de um vilarejo de Trás-os-Montes. Era uma mulher forte, atarracada e tinha perdido um olho na pedreira, quebrando pedra na marreta. Desconfiada, tinha acabado de ser apresentada à luz elétrica e ao telefone. "Dona Aliana, ligue esta coisa do demônio que eu tenho medo." E eu acendia a luz. Já com o telefone ela se entendia bem. Logo que tocava, ela se precipitava: "Alão, não tem ninguém aqui com esse nome. O patrão aqui é o seu Antonio". E desligava. Tom, para ela, era apelido de Antonio, e nem ela nem ninguém devia se atrever a chamar o patrão pelo apelido. Dona Teresa tinha os seus princípios.

Tom vivia deprimido, efeito talvez dos remédios fortíssimos que tomava ou da inatividade a que se via obrigado. Graças à presença de dona Teresa, eu conseguia ir a Minas fazer as compras de móveis, cuidar do antiquário nos fins de semana, das crianças e da casa. Inconformado, ele dizia: "Não tenho mais razão de viver, vocês não precisam mais de mim", e maldizia a hora em que adoecera. Sabendo das dificuldades, seu Isaac, de Ouro Preto, redobrou o carinho e me guardava as melhores peças, a serem pagas "quando pudesse". O antiquário se tornou mais conhecido, e os clientes deixavam de comprar na rua Augusta porque, depois da peixada do domingo, o programa era passar na loja da praia do Tombo. Tom dizia que, nos fins de semana, toda a riqueza do estado de São Paulo estava concentrada na orla do Guarujá. E nós estávamos no lugar certo na hora certa.

Tom recuperou a saúde, mas não a alegria de viver. Passava o dia e a noite sentado na loja, desesperançado, fazendo contas. Quando eu lhe fazia ver que estava tudo bem, nós estávamos saudáveis, as crianças felizes, a loja um sucesso, ele respondia carrancudo: "Pois é isso mesmo que me preocupa".

Passou a beber e, certa vez, declarou: "Se um dia eu estiver diante de sete portas, e se acima de uma delas estiver escrito 'autodestruição', é por essa que eu entro". Em estado de choque respondi: "Pois entras sozinho. Eu não vou". E, pela primeira vez, me dei conta de que talvez eu não seguisse o caminho com ele até o fim.

Depois de um dia especialmente atormentado, anunciou: "A família é uma corda em volta do pescoço de um artista, sufoca. O artista não deve ter família". E passou a noite, bêbado, procurando um revólver que eu havia escondido.

No dia seguinte, deixei uma carta dizendo que, quando ele se tratasse, eu voltaria e fugi com as crianças para a casa do meu pai em Petrópolis.

Quinze anos haviam-se passado de grande cumplicidade. Tinha valido a pena.

Voo livre – primeiros passos

*"Tommy patrulha sus índios
en qualquier selva remota,
mientras Vanessa, madura,
tus proprios passos decora..."*

   Poema de D. Pedro Casaldaliga

   Fotos de Tommy e Vanessa.

Cursistas do C.E.N.F.I. 1966 – Dorothy Stang, Eliane Lage, Vivien, Vanessa e Tommy.

"Nosotros, recien venidos
no vamos 'Brasís afóra'".

Dorothy Stang, cursista
recém-chegada em 1966,
vítima da avidez dos homens
depois de 40 anos dedicados
aos excluídos da Amazônia.
A primeira mártir do
C.E.N.F.I.

Petrópolis era, em 1965, uma cidade pacata, e o sítio do meu pai, no bairro do Retiro, trazia boas lembranças. Quando criança, eu pedira à minha avó para comprá-lo em lugar de uma casa no centro. Era o meu refúgio no tempo do internato no Sion. Marcos importantes da minha infância tinham gosto de Retiro: meu primeiro pássaro preto que andava solto pousado no meu ombro, minha primeira cabra que um dia me surpreendeu produzindo dois cabritinhos e, principalmente, meu primeiro cavalo. Era uma tal paixão que eu tinha um retrato da Dourada dentro do meu missal. A freira ficou sabendo e, chocada, confiscou a foto. Mas não adiantou, porque passei a desenhar cavalos em todos os livros e cadernos...

Meu pai que tinha sido tão contra o casamento com o Tom, agora não via com bons olhos a separação. A preocupação era financeira. Como eu poderia sobreviver com três crianças? Provisoriamente, até a poeira baixar, ele me emprestaria uma casinha pré-fabricada com entrada independente, e enfatizou: passado um tempo, eu teria que voltar para o Guarujá.

A reação dos amigos foi totalmente diferente, os de Petrópolis analisaram com carinho a situação e me ofereceram móveis, panelas, cobertores e até roupa. Em Ouro Preto, seu Isaac, aflito, me ofereceu parte de sua casa para instalar um antiquário. Quando eu disse que lhe estaria fazendo concorrência, deu de ombros e desconversou. Domitilla propôs que morássemos na sua casa até me equilibrar. "Com três crianças?", ponderei, iria tumultuar a vida de uma artista plástica acostumada a viver sozinha. Mas a oferta generosa continuou de pé.

Um advogado me aconselhou a ficar na casa de meu pai, pois legalmente eu teria mais apoio. E assim foi feito.

Petrópolis tinha bons colégios públicos, matriculei as meninas, Tommy, que tinha cinco anos, num jardim de infância, e arregacei as mangas para encarar o maior desafio: achar um emprego. O meu único trunfo era ser fluente em três línguas, fora isso não tinha o menor preparo.

Procurei um Centro de Formação Intercultural, o Cenfi, e me disseram que eu seria atendida pelo padre diretor. Esperei um pouco num terraço cheio de plantas e, para minha surpresa, chegou um senhor francês, muito risonho e vestido como se estivesse saindo para uma escalada. As botinas pesadas eram típicas de montanhismo. Riu muito quando eu me propus dar aulas de francês ou inglês. Não, respondeu-me em francês, a proposta deles era, ao contrário, ensinar a língua e a cultura brasileira a estrangeiros. E me desejou boa sorte.

Continuei procurando. Os colégios todos já haviam preenchido as vagas para professor, até o dos Franciscanos. Desanimada, resolvi assistir à liturgia da Semana Santa cantada pelo coro dos Canarinhos de Petrópolis.

A igreja transbordava, com gente em pé nas alas e no corredor central. Eu estava cansada de andar e resolvi tentar a sorte. As possibilidades eram mínimas, mas fui me esgueirando entre o povo até que vi um lugar espremido no meio do banco. "Com licença, com licença", tendo cuidado para não pisar nos pés das pessoas, quando, de repente, eu deparo com um botinão conhecido. Olho para cima e vejo o rosto sorridente do padre De Lespinay. No meio do silêncio da igreja, a voz retumbante: "Que bom encontrá-la! Me dê o seu telefone". Apesar dos olhares desaprovadores das pessoas em volta, e dos *shiiiiiii*, foi, para mim, certamente a liturgia da Sexta Feira-Santa mais cheia de esperança.

Fui contratada para dar aulas de inglês para Manuela, a governanta do Cenfi.

Era um Centro de Formação Intercultural único no Brasil. O seu fundador, padre Ivan Illich, russo-americano, fora escalado para trabalhar com as comunidades hispânicas em Nova York. Logo se deu conta de que nem ele nem os outros que trabalhavam com ele tinham a menor ideia da língua ou da cultura das comunidades onde deveriam estar inseridos. Para ajudar a preparar nesse sentido os religiosos, fundou, em Cuernavaca, México, um centro de língua espanhola. E, mais tarde, um centro equivalente em Petrópolis, de língua portuguesa. Os missionários, religiosos ou leigos, enviados ao Brasil, faziam um curso intensivo de seis meses, no qual eram submetidos a praticamente uma lavagem cerebral da língua e, salvo raras exceções, saíam falando. Além das aulas de português, havia conferências sobre história, antropologia, religiões afro-brasileiras, política, música, cinema e literatura brasileira, dadas por especialistas do mais alto gabarito. Essas conferências necessitavam de tradução simultânea, e nessa função eu me encaixei. Como tradutora, ora em inglês, ora em francês, aprendi tudo o que eu não sabia sobre meu país. Descobri, na prática, com Márcio Moreira Alves, que o país vivia uma ditadura. Logo depois, dona Branca veio dar a conferência no lugar do filho, que havia sido preso e exilado. Traduzi um antropólogo baiano, o escritor Tristão de Ataíde, um compositor sobre Bossa Nova, um babalorixá sobre o Candomblé. Li muito nessa época, levei a sério esse meu estranho curso de Brasil. Na realidade, com mãe inglesa, avó francesa, colégio Sion, Liceu Francês e marido anglo-argentino, aos 35 anos, eu era de uma ignorância deplorável nessa área. Estudei e passei a dar algumas conferências, ora em francês, ora em inglês, fui convidada a morar no campus e a fazer parte da equipe de direção. Foram cinco anos fascinantes. A cada seis meses, uma nova leva de cursistas e a oportunidade de grandes amizades, de troca de experiências, de livros, de intermináveis debates, e à noite, na minha casa, de saraus de poesia e música regados a vinho. A minha casinha, como aliás todas as construções do centro, e a maioria de Petrópolis, ficava pendurada num barranco, o que levou os cursistas a batizá-la de Favela da Saudade. A saudade ficava por conta dos nossos saraus, em que música, poesia, vinho e o cansaço de um dia de aulas áridas faziam aflorar lembranças de terras distantes, de línguas inteligíveis. Em um poema, dom Pedro Casaldáliga fala dessas reuniões:

Eliane,

En recuerdo de tu favela, de las noches
de poesía contigo, de tus infinitos gestos
de servicio y afabilidad...Y de ti misma,
por ser como eres. En recuerdo y en comunión.
Aleluya.

E-li-a-ne, cuatro sílabas
para henchir una memória...
Na favela da saudade,
tan acompañada y sola!

El gato de terciopelo
lame los pies y las horas,
y una música distante,

pulsa las palabras próximas.

Tu voz enhebra las almas.
Tu paz los miedos derrota.

Una muralla de livros
Pone a tu alcance la Historia.

(Tommy patrulla sus indios
en cualquier selva remota,
mientras Vanessa, madura,
tus propios passos decora.)

Nosotros, recién venidos
No vamos "Brasís afora"...

Pero los que hemos brindado
Vino y belleza en tu copa
Permaneceremos, fieles,
Con tu compañia sola;
Na favela da saudade,
Donde el mismo Dios da sombra...

Eliane, cuatro sílabas
Para henchir una memoria

Este poema revela bem o clima de amizade e de cumplicidade que havia no Cenfi.

Foi um período riquíssimo, em que passei de um estágio de mariposa, voando fascinada em torno de uma luz, o Tom, à descoberta do mundo real. Os cursistas, vindos de uma variedade enorme de culturas, tinham, principalmente os franceses, o hábito do debate. Tudo era discutido. Tudo era analisado. E eu, ávida, absorvia como uma esponja. As canções de Vandré e Chico Buarque davam ânimo, esperança. E as conferências que eu traduzia de Márcio Moreira Alves e Leonardo Boff eram como clarões nos anos negros da ditadura. Anos de repressão. Todos sofriam as consequências.

Olinda

Vanessa fez grandes amizades e, no carnaval, formou um bloco de "Fantasmas sujos".

Tom continuava no Guarujá, com o antiquário, e, como combinado, as crianças passavam as férias com ele. Inconformado que eu tivesse conseguido me libertar, me equilibrar, fazia a chantagem costumeira em separações: tirar-me-ia os filhos. Finalmente, cansada das ameaças, que já estavam afetando as crianças e o meu trabalho, resolvi sumir.

Fomos para Olinda, de Kombi, uma viagem de três dias por estrada de terra. Ex-cursistas nos acolheram. Ficamos, Vanessa, Tommy, a gata siamesa Sigê e eu, durante um mês, numa comunidade de freiras belgas. Era um seminário desativado no lugar mais alto da cidade. Logo, amigos se desdobraram para achar um aluguel barato: parte de um casarão ao lado do antigo mercado de escravos, na Ribeira, com uma linda vista para o mar, além de bolsas de estudos nos dois melhores colégios de Olinda, e um emprego em Recife.

Vivien, já adolescente, tinha optado por ficar no Guarujá.

Uma coisa me assustou logo que cheguei a Olinda. O caminhão da mudança tinha apenas começado a descarregar quando as mulheres da vizinhança se precipitaram para ajudar. Entraram casa adentro carregando e arrumando as coisas e dando palpites. Eu deveria dormir neste quarto, as crianças naquele, ponha a mesa aqui... afinal eram perfeitas estranhas. E eu, em estado de choque, me senti totalmente invadida.

Uma semana depois, noite fechada, cheguei cansada do trabalho e, para meu espanto, vi uma vizinha entrar com um sorriso enorme e um caldeirãozinho de sopa. Tinha me visto chegar e calculou que eu precisava de ajuda. Naquele dia, eu me dei conta de que, se por um lado, as portas e paredes não vedavam como no sul, elas eram permeáveis ao calor humano, o que certamente era mais importante.

A experiência de Nordeste é sempre uma coisa muito forte. Quem o explica melhor é João Cabral de Mello Neto. O nordestino é o homem na sua essência.

Pura e simples. Não há gordura, não há supérfluo. Só o absolutamente necessário. Diz um dervixe desconhecido, certamente um homem do deserto: *"Ma richesse est égale à ce dont je n'ai pas besoin"* (a minha riqueza é igual a tudo de que não necessito). São os povos de terras áridas que dependem de tão pouco, de quase nada. E essa sobriedade me tocou profundamente.

Comecei logo a trabalhar na Empresa Pernambucana de Turismo em Recife. Eu traduzia panfletos para turistas e recebia as pessoas que visitavam a exposição de quadros no salão de entrada da empresa. Uma vez, atendi uma figura fora do comum: de chinelo de couro de bode e chapéu de palha, examinava atentamente os quadros de João Câmara. No silêncio da exposição, uma gargalhada. O personagem era tão estranho quanto a explosão que provocara. Baixo, taludo, sólido e indefinivelmente gasto como um monólito, plantara-se na frente do quadro e ria sozinho. Havia sem dúvida uma afinidade. A comunicação era intensa. As cores fortes, as formas truncadas, a simbologia violenta do protesto, como que escapavam dos limites do quadro para compor o insólito personagem que, de mãos nos bolsos, ria feliz.

Foi então que me viu e, chegando-se à minha mesa, pôs-se a falar.

A linguagem era estranha, misto de repentes violentos e rudes e de citações literárias ditas no ritmo e tom de voz do homem culto e seguro de si. As palavras lhe saíam aos trancos, como se sua voz tivesse esquecido a arte de falar, mas a mensagem fluía já em outro plano, livre, fascinante. Os fatos não obedeciam a uma ordem cronológica ou de espécie alguma, mas desenrolavam-se, quer presentes ou passados, no desencadear lógico de uma visão que há muito libertara-se dos limites de tempo e espaço.

Vinte e dois anos preso numa cela. Seis meses de liberdade.

E antes?

Sim, houvera um antes. A prova, três retratos amarelados. O pai e a mãe, marxistas portugueses, exilados políticos, e a noiva, de tranças, quase uma menina. Mas o antes importa pouco. Simplesmente explicou a trajetória, e como marcos de estrada ele os descreveu laconicamente, quase que com pudor.

Os pais morrem assassinados pelo senhor de engenho, ele matou o senhor de engenho, foi preso aos 18 anos e sentenciado a vinte e dois anos de prisão. A noiva, menina das tranças, entrou para o convento, de onde saiu morta, seis anos depois.

O antes são anos de vida, anos de morte.

O que importa é o que vem depois, nem vida, nem morte.

O que vem depois.

Vinte e dois anos em que a voz foi aos poucos sendo substituída pela flauta, a voz mais interior, e pelo código Morse, batido nas grades das celas, esse batuque-comunicação desafiando o isolamento, transpondo barreiras.

Vinte e dois anos para ir descobrindo que a tragédia pessoal e o isolamento são fatores obrigatórios na descoberta do outro e, portanto, válidos.

Vinte e dois anos de casto heroísmo, com seu peso de horas, de dias, de meses, de anos. Fidelidade de meses à frágil menina das tranças. Fidelidade de anos à freira que cercou-se de muros e grades para que continuassem a ter os mesmos horizontes. Fidelidade até a morte a uma pequena foto amarelada.

Vinte e dois anos: nem um momento perdido. Livros, ideias – e a convicção da injustiça. Mais livros e mais ideias – e a convicção da missão.

O batuque das grades tomava sentido, a comunicação empolga, o homem desperto acordava os mortos. Foram horas, dias, meses e anos batendo o ferro contra o ferro. E, nas mãos do ferreiro gigante, os vermes, os párias, se foram forjando homens.

O casulo rompe e o batuque metálico anunciou que a injustiça, privilégio até então reservado aos de dentro, na verdade era de muitos, de quase todos de fora. E das ideias surgiram os atos.

Gestos memoráveis, como quando Gregório Bezerra, o velho líder revolucionário, fora preso e arrastado pelas ruas de Recife, e que a ternura se alastrara ágil em mil dedos de aço. Ternura de homens rudes, de brutos, da escória da humanidade. Quando o velho cansado, sujo, ensanguentado dos pés à cabeça, foi finalmente jogado só na sua cela, rompeu o silêncio o Hino Nacional, enquanto um grande ramo de rosas vermelhas, suspenso por um fio do teto, descia lentamente até os seus pés. Não é por coincidência que a voz destes homens tinham o timbre seco e metálico das grades da cela; é a voz de homens de aço, do mais puro aço.

Mas os vinte e dois anos, um nunca acabar de horas e de dias, chegaram ao fim. A primeira noite de liberdade passou-a na praia, em Olinda. Sentado na areia, tocava flauta e viu o sol nascer.

Diz a todo o mundo que é casado com a menina das tranças, porque o amor tão poucos o compreendem. Faz pentes e objetos de chifre, dá trabalho aos seus amigos, aos homens de aço que ele forjou e que como ele se libertam.

Mora em Olinda e, quando pode, toca flauta, sentado na areia.

Enquanto espera a revolução.

Isso aconteceu e foi escrito em 1968, no auge da repressão, Gregório Bezerra tinha quase 70 anos quando foi barbaramente torturado. Em 1969, quando houve o sequestro do embaixador americano, ele foi liberado com outros companheiros e mandado para o exílio.

O homem que eu conhecera de forma tão insólita numa exposição de quadros de João Câmara, voltou várias vezes para conversar. Na última aparição, disse que tinha me observado atentamente, e que eu era uma mulher forte que merecia coisa melhor do que aquele emprego bobo. Propôs que nos casássemos, que ele cuidaria de meus filhos e faria de mim uma guerrilheira! Não era uma cantada qualquer. Era uma séria proposta de vida, que eu tive que recusar, tomando o maior cuidado para não a desmerecer. E nunca mais o vi.

Todas as noites, do meu quarto no andar térreo, eu ouvia cachorros revirando o lixo no latão. Uma noite saí para afugentá-los e dei com um menino. Ele viu o meu espanto e explicou que era para levar para a mãe. Combinamos que, se ele viesse mais cedo e batesse à porta, eu lhe daria as sobras do dia, limpas. E assim foi feito. O meu salário, como todos os salários do Nordeste, mal dava para o aluguel e a gasolina, de forma que a minha feira do domingo era sempre o final da feira, quando os preços estavam pela metade. A pobreza era geral, e eu me considerava privilegiada por ter um emprego. Um dia, eu disse ao menino que estava planejando voltar para o Rio. Na semana seguinte, ele me apareceu com um saquinho de papel que sua mãe havia mandado: tomates. Não os tomates de fim de feira. Tomates lindos como eu nunca comprara! Entregou e foi embora. Sem efusões, sem abraços, sem pieguice. Aquela coisa enxuta. Um amigo que eu deixei no Nordeste.

Passei um ano em Olinda. Vanessa fez grandes amizades e, no Carnaval, formou um Bloco de "fantasmas sujos", decretando o fim de dois dos meus lençóis. Tommy corria por cima dos velhos muros, visitando os pés carregados de mangas e cajus, e trazia fieiras de guaiamuns enormes e enlameados, que ele soltava no chão da cozinha. Invariavelmente, eu corria chamar a vizinha, enquanto ele caçoava do meu pânico. Foi uma época difícil, em que eu dependi muito de amigos. Pouco dinheiro e muita solidariedade. Olinda era uma aldeia, todos se conheciam. Os beneditinos numa ponta da rua; um pouco à frente, os Irmãos de Taizé; mais acima, as irmãs da comunidade belga. A ajuda vinha em forma de uma porta antiga transformada numa lindíssima mesa de jantar, um serviço de pedreiro feito na parede de adobe que quase soterra um dos irmãos de Taizé, os cestos de legumes que chegavam das irmãs, trazidos por Brenda. Os almoços de domingo, deliciosos, na casa dos pais de Zildo Rocha, que, além de amigo, foi o guia que nos desvendou um mundo de beleza em Recife, Igarassu, a praia dos Carneiros, e Caruaru, na festa dos bacamarteiros. Conheci pessoas extraordinárias em Recife, politizadas, conscientes, num tempo em que abrir a boca ou possuir um livro de capa vermelha era sinônimo de rebeldia. O poeta Olímpio Bonald Neto; Sílvia Martins, cuja filha adolescente tivera que sumir; madre Escobar, uma intrépida gaúcha que desafiava todos os códigos, da igreja e da polícia; e o dono de um sebo, seu Melquisedeque, que, instalado na sua cadeira de balanço, atendia de costas para a porta. "Venha ler aqui, minha filha, não precisa comprar!" À noite, no casarão da rua Bernardo Vieira de Mello, 12, vinham ex-cursistas do Cenfi. Traziam vinho, violão, ouvíamos música, e conversávamos sobre seu trabalho nas favelas de Recife. Tempos riquíssimos os de Olinda!

Guia de Turismo

Um dia a saudade de Vivien (foto acima) e a convicção de que eu estava fugindo das dificuldades da partilha com Tom me obrigaram a voltar para Petrópolis.

Um dia, a saudade de Vivien e a convicção de que eu estava fugindo das dificuldades da partilha com Tom me obrigaram a fazer as malas e voltar para Petrópolis.

Grandes amigas, Brenda, Sidney e Jucy, missionárias, uma católica, uma batista e uma anglicana, resolveram o meu problema de quebra de contrato do casarão, alugando-o. E fundaram, em 1969, a Casa da Reconciliação. Essa casa, em plena ditadura, tornou-se um ponto de apoio, abrigando inúmeros dissidentes políticos. Ninguém questionaria a idoneidade de três senhoras respeitáveis... até o dia em que foram obrigadas a embarcar às pressas para o Canadá. Sem titubear, fundaram, em Toronto, a Casa da Reconciliação, com os mesmos fins, mas reações opostas: Brenda foi condecorada pelo governo canadense!

Em Petrópolis, o Cenfi nos recebeu de braços abertos, a partilha dos bens finalmente se fez, em 1970, e pude comprar uma casa, um fusca e uma televisão. A primeira! Tommy tinha 10 anos e as meninas, já adolescentes, viveram uma infância sem a interferência da telinha.

No final do ano, o Cenfi foi transferido para São Paulo, e eu fiquei.

Vivien voltou a morar conosco, em Petrópolis, entrou para a faculdade e, nas férias, iam todos para Guarujá. Seguiram-se várias profissões: gerente da Cultura Inglesa, antiquária com duas sócias e, antes que fossemos à falência: vendedora da Enciclopédia Britânica.

Finalmente, um amigo me ofereceu um trabalho interessante: René Picavet, dono de uma agência de viagens que visava principalmente o turista francês. Passei a levar casais para conhecer as cidades históricas de Minas. Os meus anos de antiquária, em que revirei e conheci a fundo toda a região, o meu interesse por história e, naturalmente, a minha fluência em francês, foram primordiais nessa nova etapa. Troquei de carro e, num Volkswagen TL mais confortável, arregacei as mangas e fiz viagens memoráveis.

Saía do Rio, passava em Petrópolis, no Museu Imperial, seguia pela estrada União e Indústria até Barbacena e chegava à noite em Tiradentes. Lá, éramos recebidos no Solar da Ponte por um casal muito querido, Ana e John Parsons. Ela, mineira, poetisa, e ele, o inglês mais charmoso e acolhedor que já vira. Eles tinham poucos apartamentos e só recebiam quem viesse recomendado, de forma que era sempre uma oportunidade de encontrar pessoas interessantes. Éramos amigas, Ana e eu, desde Petrópolis, quando os meus três filhos e os três dela eram pequenos. Fazíamos piqueniques nos fins de semana. As crianças corriam e tomavam banho no riacho, e Ana lia poesia em voz alta. Foi então que eu descobri e me apaixonei por Fernando Pessoa. À noite, ela reunia na sua casa poetas e músicos de Petrópolis; em volta da lareira, cada um apresentava a sua composição, musical ou poética. Eram encontros inesquecíveis.

Ana e John recebiam como ninguém. Um jantar ficou especialmente na memória. Eu tinha chegado com Jean Paul Belmondo e Laura Antonelli. Ana preparou uma ceia deliciosa à luz de velas, tudo muito romântico para o casal.

Mas eles, emburrados, se recusaram a descer para a sala de jantar. John não teve dúvida, abriu o melhor vinho e jantamos os três, os pratos deliciosos que Ana havia preparado para os artistas. E à luz de vela!

Aliás, foi a viagem mais difícil que eu fiz: nada os interessava. Nem o lado arquitetônico, nem o lado histórico, nem o musical com as gravações belíssimas de música barroca mineira. Nada... Andando pelas ruas de Ouro Preto, num clima de tédio irrespirável, encontramos, ao dobrar uma esquina, com dona Olímpia. Essa senhora, de uns 70 anos, que, segundo diziam, enlouqueceu quando bem jovem e bonita porque o pai ameaçou de morte o seu amado, era uma figura folclórica da cidade. Dona Olímpia apareceu em todo seu esplendor, um chapéu imenso coberto de plumas, colares e xales lhe cobriam o colo e anéis nos dedos, e apoiava-se num grande cajado do qual pendiam balangandãs e fitas. Belmondo, espantado, parou e, tirando uma câmera polaroid do bolso, disse algo como: "Finalmente uma coisa interessante!". E fez várias fotos. Ela também encantou-se com ele e, estendendo-lhe a mão com uma pose de duquesa, disse: "Oi, filhinho, como vai sua mãe?". A polaroid era uma câmera recém-inventada. Eu expliquei para ele que de todos os turistas que a fotografavam, ele era o único que podia mostrar-lhe o resultado. E acrescentei que, provavelmente, ela nunca se havia visto em fotografia. Ele olhou as fotos que tinha na mão e, numa decisão rápida, enfiou-as no bolso, dizendo: "Não, ela pode querer guardá-las!".

Levei-os até o aeroporto de Belo Horizonte, e foi um alívio quando vi o avião levantar voo.

Esperei o voo seguinte, que trazia duas senhoras, mãe e filha, da alta nobreza francesa. Não haviam aguentado o barulho do Carnaval no Rio e Picavet então sugeriu que fizessem o *tour* de Minas. A mãe tinha quase 80 anos, e eu me preocupei que a viagem fosse cansativa demais, mas a filha me tranquilizou: ela tinha o hábito de caçar todos os anos montando à amazona!

Essas duas senhoras me reconciliaram com a profissão. Eram cultas e se interessaram por tudo. Comparavam a arquitetura mineira com o barroco austríaco, a música com o que se compunha na época, na Europa, e se admiravam que artesãos mulatos pudessem ser tão perfeitos em tudo. Ao visitar uma igrejinha no fundo do vale, cujo sino dobrou pela morte de Tiradentes, e séculos mais tarde, levado pela mão de Kubitschek, tocou em Brasília na inauguração da capital, salientei a beleza do velhinho guardião. Negro retinto e com a cabeça toda branca, ele amava a "sua" igreja e apontava com minúcia os detalhes que tinham influência chinesa. Elas se encantaram com o velhinho e tiraram fotos. Um mês depois, recebi a encomenda: sentado no parapeito, ele sorria, com o vale inteiro se perdendo no horizonte. A carta me pedia que entregasse a foto com agradecimentos ao velhinho guardião.

Ouro Preto sempre exerceu um fascínio mágico. Na primeira vez, cheguei exausta, vindo diretamente de Petrópolis, e mergulhei numa neblina cerrada, em que o contorno das casas e a luz amarelada dos lampiões da praça eram simplesmente fantasmagóricos. Estacionei o carro, agasalhei-me e, apesar do cansaço, saí andando na noite, descobrindo a cidade, em total estado de graça. Em outra ocasião, conheci Domitilla. Ela tinha um baú para vender, um baú, que tinha sido seu armário nos anos de Paris e sua mala quando voltou ao Brasil. Um baú que eu tenho até hoje. Foi uma amizade dessas que acontecem de estalo. Era uma pessoa reservada, mas para mim sempre deixou a casa aberta, a qualquer hora em que eu chegasse. Ouro Preto era a sua cidade. Ela me levou aos comerciantes de móveis e artesãos, na época do antiquário, e depois me revelou tesouros escondidos em museus e igrejas que interessavam a turistas.

Revelou-me outros tesouros também, de poesia e de música. Sua sala, de pé-direito altíssimo, com janelões de vidro dando para uma imponente ruína do século 18, tinha a acústica perfeita para a leitura em voz alta ao pé da lareira. Tudo era sóbrio, digno e transpirava o drama do teatro grego. Afinal, não era à toa que ela tinha, durante dez anos, feito uma carreira dramática brilhante em Paris,

As coincidências sempre me fascinaram. E esta é uma delas. Em 1951, quando o filme *Angela* estava na fase de preparação, entraram em contato com Maria Clara Machado, que na época fazia um curso de teatro de Jean Louis

Barrault, em Paris. O convite era para um papel coadjuvante no filme. Ela aceitou e escreveu para Domitilla, que estava em Florença, para que viesse a Paris substituí-la. Domitilla, que até então só havia feito teatro de fantoches, adorou a ideia e embarcou para Paris. Então o filme *Angela*, que eu considero medíocre, foi a mola propulsora que trouxe Maria Clara Machado de volta ao Brasil, deixando para trás uma carreira individual no teatro francês. Ela fundou o Teatro do Tablado, uma escola de teatro de onde saíram centenas de ótimos atores brasileiros. Uma vida dedicada ao teatro através dos outros! *Angela* foi também responsável, indiretamente, pelas opções de Domitilla que, depois do curso, embarcou numa longa carreira teatral elogiadíssima pela crítica francesa. Anos depois, eu a conheci, em Ouro Preto, na sua fase de escultora. Os meandros do destino que, sem que as pessoas se deem conta, transforma as vidas e pulveriza planos...

    A minha última viagem a Ouro Preto como guia de turismo teve lances totalmente inesperados. O Balé da Ópera de Paris se apresentava no Rio, e alguns bailarinos quiseram conhecer Ouro Preto no dia de folga. Chegamos de avião a Belo Horizonte, onde um ônibus nos esperava para seguir viagem. Logo que saímos da cidade eu me levantei para dar algumas explicações, e me deparei com um espetáculo cômico: em vez de pessoas, um mar de pés! Depois do espetáculo da noite anterior, eles só precisavam mesmo dormir e... com os pés para cima. As explicações ficaram para depois.

    Chegando a Ouro Preto, surgiu um problema sério que eu não previra, porque sempre fora no meu carro: uma lei proibia os ônibus de andar na cidade. E a última coisa que meus bailarinos podiam fazer era caminhar pelas ladeiras a pé. Em pânico, corri para o Pouso do Chico Rei pedir ajuda à Lili, que teve uma ideia genial. Tirou a sua caminhonete da garagem e propôs fazer o *tour* da cidade. Cheia de dúvidas quanto à aceitação dos bailarinos, acostumados a tratamentos bem mais sofisticados, espantada fiquei ao ver que todos queriam sentar atrás, ninguém na cabine. Na realidade essa condução, improvisada e ao ar livre, tornou-se a melhor maneira de ver, filmar ou fotografar Ouro Preto. Todos adoraram a energia da Lili, uma senhora dinamarquesa linda nos seus 60 e tantos anos, que havia vivido em Paris na juventude, e tinha lembranças preciosas da Ópera de Paris. Ao se despedir, a *Prima Ballerina* lhe disse que se soubesse que iria passar a tarde andando numa caminhonete, ela não teria aceito, mas que, na verdade, nunca se havia divertido tanto! Pareciam crianças. À noite, entreguei-os de volta ao Hotel Glória, no Rio. Um por um, vieram me abraçar e me agradecer por um dia maravilhoso. Um deles me abraçou longamente, emocionado, e explicou: ele tinha uma doença irreversível nos olhos, estava ficando cego. Era a sua derradeira turnê, e ele me agradecia por ter lhe proporcionado ver tanta beleza pela última vez. Ainda recebi uma carta sua, escrita pela irmã.

Na noite seguinte, desci de Petrópolis para ver o espetáculo no Teatro Municipal, a convite de Cyrill Athanassof, o *Premier Danseur*. Foi o balé mais lindo que vi, porque eram todos meus amigos!

O ano de 1975, passei-o quase todo em Tiradentes. Ana e John Parsons, donos do Solar da Ponte, decidiram viajar para a Europa e me pediram para cuidar do hotel. Achei que era uma boa oportunidade para tentar curar a asma de Tommy, pois o clima de Tiradentes era mais seco do que o de Petrópolis. Mudei-me, com Tommy, dois cachorros e alguns poucos móveis, para uma casinha no Largo das Mercês, ao lado do hotel, e empenhei-me seriamente na nova profissão. Esse ano foi decisivo, foi o primeiro passo para a minha ida para a roça. Fiquei fascinada com a riqueza das tradições no dia a dia da cidadezinha. Coisas simples que aconteciam ali mesmo, no Largo das Mercês. O leilão que abria as portas da Igreja uma vez por semana para o povo da região que, seriamente, ao bater do martelo, vinha vender um frango índio, duas abóboras ou um leitão. John nunca perdia esses leilões noturnos, achava importante que participássemos. Assim como Ana participava do coro da matriz, que cantava missas antiquíssimas num latim absolutamente *sui generis*. Dois violinistas velhinhos batiam o compasso com sapatos pretos bicudos e surrados. Mas a acústica era perfeita e o órgão, vindo da Alemanha no século 18, era um deslumbramento.

Por cartas, eu trocava com amigas de Recife impressões da minha vida quase no campo e sonhos de uma total dedicação à terra. Esse sonho era o delas também. Um dia resolvemos dar o primeiro passo concreto: faríamos um minicurso de agronomia e nos inscrevemos na Semana do Fazendeiro da Universidade de Viçosa, em Minas. Os alunos eram todos fazendeiros de bota e chapéu, e nós, as únicas mulheres. O grupo não era muito promissor: uma francesa, fotógrafa, que hoje em dia é escritora e jornalista do *Le Monde*, uma professora de psicologia, uma professora da Aliança Francesa e eu...

O nosso plano tinha um nome pomposo: Projeto Minerva. Iríamos viver em comunidade na roça, cada uma trabalhando na sua especialidade. Veronique escolheu o curso hortas e pomares. Ana, bovinocultura. Mas, depois de ter provocado uma comoção ao se levantar durante uma aula para perguntar "quantos filhotes a vaca produzia de cada vez", ela resolveu se transferir para a Piscicultura. Nadja fez apicultura, e foi fundo, conseguindo mais tarde ganhar a vida com a venda de mel e geleia real. E eu fiz bovinocultura, o que tornou-se a minha profissão.

Numa carta, de Recife, Veronique descreve o efeito do curso sobre o grupo Minerva: "*Noyées dans notre nostalgie* – das vaquinhas holandesas por cruza" etc... "*nous avons tenté de retrouver ici, la fertilité de la terre, le bien-être et l'air pur, mais sans y parvenir. Nous avons donc résolu, plus que jamais de partir à la campagne (l'exode). Nous réfléchissons sérieusement au comment de l'histoire, le principal restant de prendre ses rêves pour des réalités. Retourner à la terre va plus loin que le simple fait d'aimer la campagne et les bêtes. C'est certainement s'accepter, reprendre sa place au sein du monde avec toute l'humilité et la simplicité nécessaires*". "Afogadas na nossa nostalgia das vaquinhas holandesas por cruza etc... tentamos reencontrar aqui a fertilidade da terra, o bem-estar e o ar puro, mas sem conseguir. Estamos, portanto, mais do que nunca resolvidas a partir para o campo (o êxodo). Estamos pensando seriamente na efetivação desse plano, sendo que o fator principal é crer nos próprios sonhos como sendo realidade. Voltar à terra vai mais longe do que o simples fato de se gostar do campo e dos bichos. Certamente é se aceitar, e retomar o seu lugar no seio do mundo com toda a humildade e simplicidade necessárias."

Minerva era um projeto de vida muito sério, e eu passei o ano seguinte procurando o lugar certo para viabilizá-lo.

Tanto Vivien como Vanessa tinham vivido um tempo no Guarujá, com o pai, e chegou a vez de Tommy fazer o mesmo. Relutei bastante, porque achei que um adolescente dado a crises de asma seria mais vulnerável à tuberculose mais ou menos crônica que afligia o pai. Na realidade, eu estava errada. Meu filho, depois de alguns anos mergulhado por horas a fio no mar, fazendo surfe, tornou-se um homem extremamente saudável de 1,96 m, e o pai, Tom Payne, faleceu aos 82 anos, em 1995.

Vivien embarcou para a Inglaterra, em 1975, com cartas de apresentação para o embaixador brasileiro, Roberto Campos, e a garantia de hospedagem na casa do Brasil. Deu tudo errado. De mala na mão, num dos dias mais frios de Londres, ela tentou, num telefone público, explicar a situação para um rapaz inglês que ela conhecera rapidamente na loja do pai. Ele veio buscá-la num carro decrépito com um cachorro enorme sentado no banco de trás. Esse anjo da guarda levou-a para casa e programou uma festa na qual Vivien conheceu todos seus amigos, inclusive Rosie, com quem foi morar. Novamente eu estava errada. Vivien passou um ano em Londres, sem encontrar um brasileiro sequer, totalmente inserida num grupo de jovens divertidos e obrigada a falar inglês.

Vanessa passou no vestibular para a Escola Federal de Agronomia do Rio de Janeiro, e, de repente, me vi só em casa com dois cachorros e três gatos!

Estava na hora de botar em prática o projeto Minerva.

Eu estava beirando os 50 anos e, logo, a terra não poderia ser muito distante de uma cidade com médico e hospital. Em volta do Rio e de São Paulo, os preços eram proibitivos. E Brasília me havia conquistado com seus espaços abertos e horizontes a perder de vista. Minerva seria no Centro-Oeste!

A terra prometida – "Devaneio"

A Dona Chapéu de Couro quando chegou a Pirenópolis. 1977.

Um vale verde se estendia à minha frente, protegido por morros altos e aberto para o sol poente. Mais embaixo, uma casinha branca com um fiapo de fumaça dava a impressão de aconchego. 1977.

Andei por Olhos D'água e por Unaí, rodando em volta de Brasília. Era quase; mas não bem o que eu queria. Uma tarde, de volta a Petrópolis, tomando chá com uma senhora que parecia ter saído diretamente de um conto de Machado de Assis, conheci um sobrinho seu. Carlos Rombauer começou a falar do Centro-Oeste, e de sua criação de cabras numa fazenda em Pirenópolis. E propôs que eu comprasse um pedaço da sua terra e que criássemos cabras juntos! Sai do chá com o endereço de um amigo seu que me faria conhecer a cidade e sua fazenda: Evandro Engel Ayer. A proposta era louca, mas convidativa, e comecei a ler tudo sobre caprinocultura e a planejar a ida a Pirenópolis.

Nos meus anos de trabalho em cidades grandes, havia sentido na carne os efeitos do *forward stampede*[10]. As palavras-chave eram sempre as mesmas: MAIS – ADIANTE – MAIS DEPRESSA – MAIS LUCRO. E eu definitivamente não fazia mais parte dessa sociedade. Parti portanto de Petrópolis rumo ao Centro-Oeste.

Numa bela tarde de maio, deixei Brasília para trás. Direção Oeste. A estrada belíssima parecia galopar por sobre o dorso de um animal, desvendando, ora à esquerda, ora à direita, vales profundos e férteis. À medida que avançava, mais morros e mais vales. Vinha freando, devagar, numa curva da estrada poeirenta de Corumbá de Goiás, quando, de repente, lá embaixo no vale, a cidadezinha de Pirenópolis. Parei. Fiquei um bom tempo contemplando a serra dos Pireneus à minha frente, totalmente iluminada no mais deslumbrante pôr do sol. Aos poucos, a noite caiu, os diferentes tons de verde foram arroxeando, e os morros perdendo os contornos. A meus pés, as luzes amareladas começaram a piscar no casario, dando-me a impressão de estar entrando num presépio, daqueles italianos bem antigos.

Foi amor à primeira vista!

Procurei Evandro, que não só prometeu ajudar-me a procurar uma terra, como insistiu que eu me hospedasse na sua casa. Entrei, e conheci Catarina, sua mulher, e Peixoto, que se tornou o meu primeiro e melhor amigo pirenopolino. Evandro e Catarina são ele do sul de Minas, ela de São Paulo.

No dia seguinte, bem cedo, saímos Evandro e eu para a serra dos Pireneus conhecer a terra de Carlos Rombauer. A estrada era íngreme, de terra, e por vezes resvalava por precipícios. Eu tinha que fazer um esforço enorme de concentração para não me deixar distrair pela beleza do cenário. A cada curva, à medida que subíamos, os olhos se perdiam mais ao longe. Os morros, antes imponentes, iam perdendo importância, a cidade ia sumindo na névoa da manhã, e só restava imponente a serra dos Pireneus a nossa frente. Maio é o tempo das flores. Ipês deslumbrantes, roxos e amarelos, arbustos cobertos de flores brancas e vermelhas, e flores humildes, rasteiras, de todas as cores.

No meio do nada, de repente, uma porteira azul, e lá embaixo o córrego. Estacionei o carro, atravessamos por cima de tábuas e seguimos a pé por alguns quilômetros pelo cerrado. Evandro foi me mostrando as ruínas da antiga mina de ouro do Abade que, nos meados do século 19, foi destruída pelo povo da Vila de Meya Ponte, atual Pirenópolis. A mina poluía as nascentes do rio das Almas, principal fonte de água potável do vilarejo, e foi, numa noite, simplesmente reduzida a escombros pela população.

Passamos pela belíssima cachoeira do Abade, a mais imponente da região, e chegamos à casa de Carlos Rombauer. Uma pequena construção de pedra bruta com uma bica d'água, algumas cabras, e uma impressão de total desolamento e abandono. Eu ainda estava sob o efeito da decepção quando Evandro gritou, olhando para as minhas pernas: "Tira, tira rápido, tira as calças!" Tive um momento de hesitação, mas diante do seu desespero tirei as calças e fiquei, muito sem graça, de calcinha diante de um perfeito estranho! Enquanto batia com uma varinha nas pernas da calça, Evandro explicou que eu tinha sido atacada por milhares de micuins, e apavorada vi a mancha preta de carrapatos subindo pela calça a uma velocidade inacreditável. Com a varinha ele conseguiu deter o ataque dos bichos, e me livrar do batismo de fogo desta praga do cerrado.

Depois do almoço, saímos para ver outra chácara. Dessa vez, a estrada era ainda pior. Cavada num lajeado de pedra, era montanhismo de carro. Chegados ao topo, parei para respirar. Um vale verde se estendia à minha frente protegido por morros altos e aberto para o sol poente. Mais embaixo, uma casinha branca com um fiapo de fumaça dava uma impressão de aconchego.

As janelas azuis estavam abertas, crianças corriam em volta, havia galinhas, a sombra de mangueiras, e roupa no varal. Parei o motor do carro e ouvi a bica d'água farta refrescando a porta da casa. Antes de conversar com o seu Joviano, eu já depusera as armas. Trinta alqueires goianos, muito mais terra do que eu jamais sonhara, o córrego Vagafogo com cachoeirinhas e lambaris, e uma casa simpática, pelo preço de um apartamento minúsculo em Copacabana? Fechei, sem dúvida, na hora!

Combinamos estar no dia seguinte cedo no cartório. Aí surgiu um problema, o dia seguinte era sábado e o cartório estaria fechado. Fui correndo falar com o dono e expliquei que eu tinha que estar no Rio na segunda. Como fazer? O senhor, simpaticíssimo, me acalmou; ele abriria o cartório só para lavrar a minha escritura.

E, na hora em que, já dona do sítio Devaneio, me despedi com mil agradecimentos, o velhinho preocupado segurou a minha mão e perguntou se eu ia de carro sozinha. Diante da minha afirmativa, ele enumerou os perigos e pondo a mão no meu ombro disse: "Quando chegar lá, mande um telegrama!"

Saí do cartório diretamente para a estrada, e fiz uma viagem feliz, rememorando sensações novas de calor humano. Coisa de quem sai de casa sabendo que vai voltar logo. E a minha casa ficava num vale, tinha janelas azuis e a sombra de mangueiras.

O mês passou rápido, o tempo de preparar a mudança, e avisar as amigas do projeto Minerva.

Foram várias viagens memoráveis de Petrópolis à Pirenópolis.

Vivien e Veronique e Nadja foram na primeira. Tínhamos cobertas, roupa, panelas, pratos e talheres, e inclusive mantimentos para a calculada quinzena até a chegada do caminhão com a mudança. Mas não esperávamos ter que dividir a casa com seu Joviano, sua mulher, seus oito filhos, e um porco que, esquartejado em cima da mesa da cozinha, ocupava todo o espaço. Diante da nossa expressão de total exaustão, eles desocuparam um quarto e nos ofereceram hospitalidade no que, sem a menor dúvida, ainda era a sua casa. Haja vista o cheiro de entranhas de porco que permeava tudo...

Do ponto de vista antropológico, tinha um certo interesse, uma família inteira, dias a fio, matando porcos, picando e fritando a carne para a conserva, enquanto as crianças enchiam quilômetros de tripas para fazer linguiça – interessante, mas de difícil convivência. Finalmente, depois de uma semana estavam prontos para partir. Comprei deles a mesa da cozinha de madeira maciça com seis banquinhos de tampo de couro e algumas galinhas de estimação, e nos despedimos com votos de felicidade.

Voltei para Petrópolis para preparar a segunda viagem. Dessa vez, Vanessa, quatro cachorros, três gatos siameses, e eu, embarcamos no velho TL rumo a Goiás. Outra epopeia!

E, por fim, Vivien organizou o caminhão da mudança que milagrosamente chegou com tudo inteiro, inclusive a novíssima geladeira a querosene.

"Devaneio" era realmente um devaneio, não tinha eletricidade, nem banheiro, e as telhas velhas e encardidas de fuligem não vedavam a chuva.

O mês de julho foi animado. Os que estavam de férias chegaram: Vivien, Vanessa, Tommy, Nadja, Veronique, Maria, e Ciro, de Petrópolis.

Começamos a reforma da casa. Compramos telhas coloniais novas, e contratamos seu Vicente Crente e seu Inácio Barata, que rapidamente acrescentaram dois banheiros, duas varandas e um alpendre na entrada. A caixa-d'água foi ligada diretamente a uma mina cristalina na montanha e a casa ficou limpa, muito simpática, e confortável.

Devaneio era um vale aconchegante cujos limites eram águas vertentes dos morros de ambos os lados, e tinha o córrego Vagafogo descendo límpido pelo meio. A vegetação era de cerrado pobre e o terreno pedregulhento, mas na seca as árvores se cobriam de flores. Tudo, a meu ver, mediterrâneo!

O dia começava cedo. Alguém fazia o café, enquanto ia-se buscar o leite no curral do vizinho, uma caminhada de 3 quilômetros. Esse caminhar era especialmente gostoso nessa hora da manhã, com os dois pastores alemães correndo, um claro, outro negro, no capim brilhante de orvalho. Na mesa, o pão feito em casa, e a manteiga também. Não havia horários, o tempo simplesmente não existia. Sentados à mesa na varanda, ou dentro, se fizesse frio, as refeições duravam o tempo de se discutirem planos para o futuro, ou livros, ou o último Pasquim. Lia-se muito, apaixonadamente, e ideias fluíam.

No dia do meu aniversário de 49 anos, estávamos ocupadíssimas esvaziando caixas e mais caixas de livros, panelas, e roupas, e tentando acomodar tudo. Resolvi simplificar o almoço fazendo um sopão de todos os restos da geladeira. Tudo pronto, vejo apontar na estrada do outro lado do córrego, um carro; mais outro; mais outro... cinco ao todo. Despejei rapidamente os pratos de sopa de volta no caldeirão, e enxugando as mãos fui até a porta ver quem era. Desceram dos carros Peixoto, Evandro, o prefeito, e mais uma porção de gente que vinha me cumprimentar e... almoçar! Fuzilei Nadja com o olhar e pedi que ela fizesse batidas bem fortes... (Ela deixara escapar a notícia.)

Todos se sentaram onde puderam para saborear uma sopa bem mais aguada do que a original, mas movidos a pinga estavam alegres e simpáticos. E de sobremesa comeram a mousse de chocolate que eu havia feito para Tommy. Receber nunca havia sido o meu forte, mas essa ocasião foi inesquecível.

À tarde, Tommy cortava lenha e acendia o fogo para aquecer a água do chuveiro. Um dia sem paciência, jogou álcool, e recebeu uma chama de volta que lhe queimou as sobranceiras. Um susto enorme.

O pôr do sol em Devaneio era muito especial. O janelão de madeira azul da sala dava para o córrego. Era lá embaixo que escurecia primeiro. Depois sumiam as bananeiras. Enquanto, da frente da casa, por muito tempo, ainda se podiam ver os diferentes tons das nuvens, passando do escarlate, ao roxo, e esmaecendo. E, ao fechar as janelas, víamos o sol ainda pegando fogo no topo dos morros. Era a hora de se agasalhar, de acender o lampião, de ouvir música na vitrolinha de pilha. Joan Baez, Moustaki, Barbara, e os clássicos, até que os sons da noite invadissem tudo. Eram sapos, e pássaros estranhos, e o urro do lobo guará que fazia os cachorros tremerem e se esconderem debaixo da cama.

Tommy, que já sabia guiar, pegava o carro depois do jantar e ia até a cidade. Eu sempre recomendava que levasse uma lanterna e deixasse o carro do outro lado do córrego. É que não havia ponte. Só duas toras atravessando o vão, sobre as quais as rodas tinham que se acertar, o que mesmo de dia tornava o acesso à casa complicado. Um dia acordei, e abrindo a janela vi o carro encostadinho na casa. Logo Tommy se explicou. Estava voltando quando o farol iluminou o que lhe pareceu ser um potro correndo à sua frente. Intrigado acelerou, o animal saiu da estrada e ele pôde vê-lo de perto, de perfil. Era um enorme lobo guará! Assustado, não saiu mais do carro nem para abrir as cancelas, abriu-as no tranco, com o carro, atravessou a pinguela e só apeou juntinho da porta. O bicho era muito grande!

No final de julho, os que estavam de férias foram embora, e ficamos Nadja e eu para tocar o projeto Minerva: ela com a horta e as galinhas e eu com o meu sonho de cabras. Voltariam todos dali a alguns meses.

Tivemos tempo então para conhecer melhor a região e tomar pé na cidade. Pirenópolis. Por que Pirenópolis? Pirenópolis, *umbelix mundi*! Mas isso era a opinião só de alguns. A maioria achava mesmo que Pirenópolis era só o umbigo do Brasil. O que não deixa de ser uma realidade geográfica. Situada a duas horas a oeste de Brasília, Pirenópolis consegue ser realmente o centro do Planalto Central, pois a Serra dos Pireneus é o divisor das águas. De uma vertente descem as águas cristalinas que irão se juntar aos largos rios misteriosos da bacia Amazônica, e do outro lado, a pouca distância, brotam águas que, de cachoeira em cachoeira, chegarão a Mar del Plata.

Geograficamente falando, o centro do Brasil.

A cidade, originalmente fundada por aventureiros que buscavam ouro no princípio do século 18, esparrama o seu casario antigo, os seus pomares, os seus muros centenários até a beira do rio. O rio das Almas, que é mais dos vivos que das almas, pois os homens de hoje deixaram de buscar ouro para se preocupar com a pureza da água, conscientes da riqueza que representa cada cachoeira de água cristalina. E são centenas de cachoeiras que formam esse rio das Almas, que é a vida da cidade.

O rio é tradição porque, de certa forma, todos os casos antigos ou começavam ou terminavam no rio. Mas o espantoso é sua força no quotidiano atual, na vida e na mentalidade do povo de Pirenópolis. Os antigos juram que devem sua longevidade aos banhos diários no rio das Almas – viver ali até os 90 anos não é exceção. A meninada, que nem pensa nisso, desce aos bandos para a beira do rio ao entardecer, e, nos fins de semana, moças de biquíni e rapazes bronzeados tomam sol e chope nos barezinhos à beira-rio.

Penso que esse culto do sol, da água, e da montanha, a serra dos Pireneus, é uma característica única desse lugar. Não conheço nenhuma cidade do interior que, tendo as mesmas tradições culturais enraizadas no século 18, os mesmos preconceitos religiosos e machistas, tenha produzido uma comunidade com a cabeça tão sadia, que encare a vida com tamanho senso de humor e alegria.

E por quê? Para mim é um mistério.

Talvez o Centro-Oeste com seus chapadões a perder de vista. Talvez as veredas sombreadas de buritis. Talvez a serra com seus cristais atraindo sabe-se lá que energias ocultas. Talvez o rio com suas cachoeiras. Dizem que quem bebe da água do rio das Almas fica enfeitiçado – não vai mais embora!

O fato é que, feitiço ou não, existe em Pirenópolis uma coisa raríssima hoje em dia: qualidade de vida. Acredito que essa qualidade de vida depende de três fatores: o clima, a localização e a gente.

O clima é ideal. Seco de montanha, de dia faz calor, com uma brisa constante, e à noite dorme-se de cobertor. Duas estações bem definidas: as águas e a seca.

Quando chove, são chuvas torrenciais, e as pessoas se cumprimentam rindo, pensando na fartura das colheitas. Quando é a seca, é tempo de festa. Qualquer pretexto serve a Santa Padroeira, o Divino Espírito Santo, a lua cheia de julho, o aniversário da cidade. E a cidade inteira se mobiliza.

A localização também é ideal: perto de Brasília e de Goiânia, a salvo da paranoia diária da cidade grande, mas não isolada. Desconhecendo a violência urbana, mas não perdida no tempo, simplesmente protegida do tempo.

O seu centro histórico, recentemente transformado em Patrimônio Nacional, ficará inalterado para que as gerações futuras possam admirar: a noção perfeita das proporções, a sobriedade das linhas e das cores, e, além do bom gosto o bom senso com que esses construtores, homens rústicos do século 18, faziam as suas casas. Eu vivo numa delas há anos, e posso dizer que, além do enorme prazer estético que ela me dá, é certamente a casa mais funcional e prática que já tive.

E falar das casas é falar dos muros antigos de pedra e adobe que acompanham os meandros dos becos e das ruas.

E falar dos muros é falar dos quintais de frutas que eles encerram, ou melhor revelam, pois os galhos de imensas mangueiras, cajueiros, e goiabeiras derramam sua sombra e seus frutos para além dos muros, sobre as ruelas.

Mas o fator mais importante dessa qualidade de vida, o mais sutil, o mais difícil de descrever é a gente. Gente que é gente: seres humanos por inteiro.

O que há de especial nessa comunidade?

Penso que os homens são moldados pela paisagem que os envolve. A Serra dos Pireneus, digna, sóbria, envolvente e misteriosa, é certamente responsável por muito mais do que o verdadeiro culto que lhe dedicam. Ela vem moldando esse povo há quase trezentos anos.

Até a década de 1970, não havia estradas e não havia recém-chegados. Eram todos crias da terra cujas raízes eram conhecidas, descendentes deste ou daquele comerciante, ou aventureiro, deste ou daquele escravo. O fato de todos se conhecerem transforma as ruas da cidadezinha em antessalas das casas. Ao entardecer, as pessoas sentam na soleira das portas para conversar com os que passam, ou simplesmente, como diria Saint Exupéry, para ver a árvore crescer.

E esse clima de descontração, de cordialidade, explode na época da seca em festas populares. Os paióis estão abarrotados, o gado gordo, e as festas de rua se sucedem com muitos fogos, banda de música e dança.

A maior é a festa do Divino (Divino Espírito Santo), no Domingo de Pentecostes. Fora todo o ritual religioso, o ponto alto é uma apresentação ao ar livre que revive os combates entre mouros e cristãos na Idade Média, tradição que vem se repetindo anualmente há mais de cem anos. É um espetáculo de pura beleza. Ouro e prata dos bordados, plumas, veludos e cetins. Azul para os doze cavaleiros cristãos, vermelho para os doze cavaleiros mouros. O compasso duro dos cascos dos cavalos na terra vermelha acompanha a cadência da banda. Lanças e sabres brilham ao sol, os cavaleiros evoluindo numa encenação simbólica da luta entre cristãos e mouros. Paralelamente a essa coreografia estilizada e elitista, em que só podem participar vinte e quatro cavaleiros, há a festa dos mascarados, onde os jovens da cidade soltam a imaginação e saem galopando pela cidade fantasiados e mascarados da forma mais surreal possível.

São três dias de Carnaval a cavalo, uma festa tradicionalmente masculina, mas para a qual as mulheres trabalham o ano inteiro.

Delas dependem os bordados das roupas, os chapéus, as plumas, os enfeites e guizos dos cavalos, as flores de papel, as bandeirolas, as máscaras, os enfeites de barro, as comidas típicas da época, os doces e biscoitos.

As mulheres descobriram, hoje em dia, que a arte com que elas enfeitavam os seus homens para a festa tem valor comercial e não são poucas as que sustentam a família com artesanato. Na realidade, essas mulheres com seus fornos de barro, seus teares e rocas, a sua infinita paciência e habilidade manual, tornaram-se responsáveis e guardiãs da memória artística da população. Elas assinam as suas peças e têm consciência do seu valor.

De uns anos para cá, as estradas chegaram e com elas pessoas como eu à procura de uma vida melhor, e turistas de fim de semana que acabaram criando raízes. Desavisados, eles beberam a água do rio das Almas!

Anos, séculos, atrás, eu andara apressada com o Tom no centro de São Paulo. Irritada com a quantidade de gente atravancando a rua, eu explodira: "Quero viver num lugar pequeno onde eu conheça todo o mundo e todos me conheçam". Nisso, um desconhecido me pediu um autógrafo, e Tom, brincando: "Você não precisa sair de São Paulo, todos aqui já te conhecem!"

No meu caso, ao vir para Pirenópolis, eu deixara o caos da cidade grande para trás, procurando a simplicidade, a austeridade da vida no campo. Mas, surpresa, mergulhei de cabeça no *bouillon de culture* mais rico e fascinante com que jamais me deparara. Era o complemento ideal para o meu sonho de sobriedade, uma cultura ancestral na qual poderia humildemente me inserir.

Entusiasmada, toquei o meu projeto para a frente.

Uma vez construído e cercado o galpão, comecei a comprar as cabras. Escolhi a raça anglo-nubiana por ser mais rústica e afeita ao calor, e pretendia fazer queijos. Logo descobri três coisas: que cabras são animais adoráveis, afetuosos, e inteligentes, que a raça anglo-nubiana não é leiteira, produzindo só o necessário para os filhotes, e que cabras necessitam, além da ração balanceada, de sal no cocho. Coisas que eu não sabia!

Descobri também que cabras são refinadíssimas *gourmets*. Não adianta tentá-las com um pasto uniforme e suculento, elas morrerão de tédio. Em Devaneio, elas saíam morro acima, catando uma folhinha aqui, um brotinho ali, uma casca de árvore acolá, e voltavam à tarde, pulando de pedra em pedra, felizes e satisfeitas. Era o *habitat* ideal.

Todas tinham nome e uma coleira com guizo para poderem ser localizadas. Mektub e Queen of Sheba vieram do Rio com pedigree, Goia e Nésia, de

Goianésia, assim como Nubia e Patachu. Ao todo eram doze. Maharani, da raça indiana gemina pari, era a mais bonita e a mais afetuosa. Quando eu as levava para o pasto na beira do Vagafogo e sentava num cupim para tocar flauta, ela ficava junto, murmurando baixinho, quase conversando. Era uma cabra de companhia. Já a Pretinha era infernal, e se especializou em comer a roupa no varal, livros, e revistas francesas.

Um dia, recebemos a visita de um fazendeiro que se tornou meu grande amigo e conselheiro. Joaquim Eliezer chegou, olhou tudo, coçou a cabeça, e disse: "Dona, quando a gente chega a um lugar novo, é bom reparar bem o tipo de chapéu que o povo usa, comprar um igualzinho, e enterrar na cabeça". Intrigada, eu disse: "Por que, seu Joaquim, o senhor não gostou do meu chapéu?" Era justamente um chapéu de couro de que eu gostava muito. "Não, dona, não é isso. E essas cabras... Isso é trem à toa; é friagem. A senhora já viu alguém ter criação disso por aqui? Eu dou um conselho para a senhora: largue mão disso e faça como todo mundo, crie gado!" E foi o que eu fiz.

Mas antes eu ainda ia tentar usar outro chapéu exótico: a criação de búfalos!

Um dia, Vivien chegou com Marcelo anunciando que iam casar. Com um olhar maroto, ele apontou para um caminhão que acabara de frear levantando uma nuvem de poeira: "Aqui está o dote da Vivien!" E, incrédula, vi três búfalos aterrissarem em Devaneio. Era um presente que vinha completo com manual de instruções, um livrinho explicando o manejo de búfalos. Nagô, Yorubá, e Nega Fulô, apesar da aparência ameaçadora e do enorme corpanzil, eram apenas três adolescentes carentes que gostavam de cafuné!

Marcelo, que criava os bichos na fazenda do pai, no sul de Minas, disse que eram de fácil manejo, só precisando de um pastor: um menino de uns 10 anos com uma varinha. E comprovou a mansidão deles montando no lombo de Nagô, que nem saiu do lugar. Persuadida de que, por sua rusticidade, e por gostarem de água, eram perfeitos para Devaneio, iniciei a minha criação de búfalos jafarabadi.

Um trilheiro que vinha da Raizama e ia para a cidade passava perto da casa. Por ele desciam roceiros carregando rapadura e queijos em sacos, ou um feixe de catolé na cabeça. Os três búfalos eram animais sociáveis, que de longe viam a possibilidade de um cafuné. Eles simplesmente abaixavam a cabeça, e saiam urrando em desabalada carreira na direção do carinho. O resultado era desastroso. As pessoas se jogavam por baixo da cerca apavoradas e tinham que ser acudidas com copos de água com açúcar. Enquanto isso, os búfalos carentes se consolavam com as rapaduras esparramadas pelo chão. Prejuízo.

Nagô era meses mais velho, e comandava as estripulias, as meninas iam atrás. Não havia cerca ou porteira que o segurasse. Um dia, curiosos, eles foram até o curral do seu Zico na hora da ordenha. As vacas, ao ver aqueles monstros negros e cabeludos, derrubaram os latões de leite e a cancela do curral, e saíram aos pinotes com os búfalos urrando atrás. Mais prejuízo.

Um dia, descobriram a roça de milho do seu Zico. Muito mais prejuízo.

A salvação veio pelas mãos de Quinzão, vizinho e amigo, que declarou: "Esses bichos não são trem de mulher lidar, isso é coisa pra homem!" E levou os búfalos em troca de três vacas mansas: Champanha, Gemada, e Rendada.

Marcelo ficou sentido, afinal ele tinha escolhido as melhores crias daquele ano. E por falta de um pastor de 10 anos, a possibilidade de eu me tornar a primeira criadora de búfalos da região foi por água abaixo.

Já estava quase na hora de eu achar um chapéu como o do povo daqui e enterrar na cabeça...

Ainda tentaria, por um ano, que o sonho das cabras desse certo. Eram vários os problemas que foram surgindo. Primeiro os cabritinhos, que morriam todos por falta de sal mineral. Problema sanado, dei-me conta também de que a raça anglo-nubiana não era leiteira, mas de carne. O que significa que além de não poder produzir um queijo sequer, eu teria que matar ou vender as crias para o corte. O que a essa altura seria como matar alguém da família...

E, para culminar, elas descobriram a roça de milho do seu Zico, e terminaram o estrago que os búfalos haviam começado. Após ressarcir o prejuízo do meu vizinho, e ainda com as palavras do seu Joaquim ecoando na cabeça, "isso é trem à toa, dona, é friagem", encarei os fatos: não era possível criar cabras soltas na proximidade de roças. Um homem que tinha terras na serra, longe de tudo, me ofereceu três novilhas pelas doze cabras, e eu aceitei.

Fiquei sentida porque, além de o meu projeto ter ido por água abaixo, as cabras tinham personalidade e eram adoráveis. Mas eu teria que ser milionária para bancar todos os prejuízos que elas, sem dúvida, causariam aos vizinhos.

Nos meses seguintes, começaram a chegar as visitas. Um casal de hippies com um bebê, que procurava uma comunidade para se instalar. A visita foi curta porque o bebê urrava dia e noite de fome, enquanto os pais meditavam...

Um casal chegou do norte da Escócia, fugindo do frio. O rapaz roçava o pasto no sol de meio-dia, cabeça descoberta, bochechas pegando fogo. Quando eu o avisava sobre os perigos da insolação, respondia que tinha vindo para o Brasil para ficar no sol. A mulher passou dois meses trancada no quarto. Minto, saiu um dia. Muito branca, muito loura, abraçou-se chorando com uma caninana de 2 metros que o seu Vicente, pedreiro, acabara de matar no galinheiro. No final, depois de muitos desacertos culturais, foram embora, ela para uma polpuda herança no Canadá, e ele para um mosteiro.

Um dia chegou Marc. Recém-saído da melhor escola de engenharia da França, ganhara dos pais a viagem à América do Sul. Hóspede de Vivien e Marcelo, queria trabalhar numa fazenda. Mas o sul de Minas era muito organizado, ele queria algo como o faroeste, e veio parar em Devaneio. Depois de dias a cavalo explorando a região, declarou-se pronto para trabalhar: tinha por hobby a marcenaria. Nadja, que sonhava em criar coelhos, rapidamente desenhou as gaiolas de que precisava, e ele com a maior boa vontade pôs mãos à obra. O resultado foi uma supercoelheira de dois andares, toda cavilhada, sem um prego, e uma grande amizade. Marc deixou saudade quando seguiu viagem.

Uma manhã chegou um carro. Era o meu amigo Peixoto, acompanhado de um homem alto, de terno preto e malinha preta. Apreensiva, calculei que imposto eu teria deixado de pagar... Giorgio se apresentou com uma mesura e forte sotaque italiano. Vinha da parte de uma fazenda orgânica com a qual eu me correspondia sobre receitas de compostos, húmus, e minhocários. Declarou que era muito forte e saudável e que vinha ajudar no trabalho braçal. E, com isso, Peixoto virou as costas e foi embora.

Depois de duas noites em claro, Nadja e eu resolvemos ir direto ao assunto: "O senhor... sempre canta à noite?" Abrindo um largo sorriso, Giorgio coçou a cabeça, e triunfante: "Gregoriano!... No?" Concordamos que, gregoriano ou não, ele iria dormir num quarto de despejo longe da casa... E que, na roça, as paredes de adobe dos quartos não iam até o teto, e o gregoriano em tons de barítono era de rachar parede!

Aos poucos, ficamos sabendo quem era e a que vinha o Sr. Giorgio. Ex-padre (estava explicado o canto gregoriano!), ele fora trabalhar na tal fazenda orgânica e inteirou-se das cartas que mandávamos falando dos problemas agrícolas que enfrentávamos em Devaneio. Mas, além disso, o Sr. Giorgio tinha um plano: casar-se. E apresentou-se a Nadja como o partido ideal!!! Tinha "imóveis em São Paulo e uma pequena poupança", explicava, esperançoso. De uma ingenuidade sem limites, custou a entender que Nadja, embora muito honrada, declinava o convite. Diante da insistência, tivemos que pedir que ele se retirasse.

Na realidade, chegávamos à conclusão de que formar uma comunidade era praticamente impossível, e o projeto Minerva, a mola propulsora que nos trouxera ao Centro-Oeste, parecia ser, à medida que o tempo passava, simplesmente um sonho. Mas, comunidade ou não, a vida em Devaneio continuava a pleno vapor!

Nas férias, os meninos voltaram. Tommy passou uma semana na fazenda do Quinzão aprendendo a tirar leite e dispensamos as idas matinais ao vizinho.

Apartávamos os bezerros à tarde, e de manhã Champanha e Gemada já estavam nos esperando no curral. A primeira providência era uma música clássica, suave, para criar um clima favorável. Em seguida, Tommy e eu passávamos o laço no chifre, amarrando as vacas no toco de aroeira no meio do curral. De toalha e bacia com água morna na mão lavávamos e enxugávamos os úberes, enquanto as vacas nos olhavam de orelha em pé, cheias de dúvidas. Esse tipo de higiene nunca fizera parte do seu dia a dia... Champanha era uma se-nho-ra gir, amarela de cor e temperamento. De chifres enormes e mal-humorada, não gostava de frescuras e de mudanças na rotina. Já Gemada, mais acomodada, não se importava com a falta de experiência dos dois peões.

Um dia, apesar de avisado de que era "brava", Marcelo se propôs ordenhar Champanha. Quase morreu de rir quando me viu colocar o laço e sair puxando a vaca para junto do toco, esta me seguindo como um cachorrinho. "Ela é que é brava!" dizia, às gargalhadas... e, confiante, começou a tirar o leite. Champanha não demorou a sentir que, apesar da música de fundo, algo não estava certo, olhou bem para Marcelo, deu um pinote e chutou o balde. Nesse dia, o leite não deu para o gasto...

Eu fizera o curso de bovinocultura em Viçosa, e a cada dia me sentia mais entrosada com Champanha, Gemada, Rendada, e as novilhas. Nadja escolhera o curso de apicultura, instalara três caixas no pasto, e só lia e falava de abelhas: "as meninas". Logo correu a notícia que em Devaneio a mulher "mexia com oropa", e quando um enxame se instalava num lugar inadequado, chamavam Nadja. Prevenida, ela tinha várias roupas brancas e véus, e convocava quem estivesse por perto. Nesse dia, Amália se prontificou. Eu fui guiando, e Tommy carregando e descarregando caixas, fumegadores, escada. O enxame tinha-se instalado numa pequena árvore bem em frente ao banco na hora de maior movimento. Nadja e Amália chegaram como duas astronautas brancas, enquanto o povo correu para dentro das lojas e o comércio fechou. Nadja subiu na escada com uma faca na mão, enquanto Amália, embaixo, segurava uma caixa aberta na qual o enxame deveria cair. Deveria, porque não caiu... De dentro do banco, Tommy e eu vimos, horrorizados, o enxame cair inteiro em cima de Amália, que de branca ficou preta de abelhas. Muito calma, Nadja foi raspando com a faca as abelhas e jogando-as na caixa. No final deu tudo certo, as abelhas instaladas no apiário em Devaneio, e Nadja com fama de heroína, mas quem levou as picadas foi Amália.

De outra feita, foi o seu Ico, sacristão da Matriz, que pediu socorro. Havia um enxame na torre que atacava cada vez que o coro começava a cantar. Era um verdadeiro pandemônio durante as celebrações. Havia urgência porque ia haver um casamento, e seu Ico queria garantir que a cerimônia se desenrolasse em paz. Subimos por dentro até o topo da torre, onde três lances de escada de pintor haviam sido colocados. Nadja ficou na parte mais alta, junto às "meninas". Amália no patamar do meio e eu embaixo. A operação era complicada, porque as abelhas não estavam para brincadeira e porque, empoleiradas em escadas bambas, qualquer desequilíbrio seria perigoso. Trabalhávamos com cuidado, passando o fumegador (quentíssimo), os baldes com favos, as ferramentas, de uma para a outra, em silêncio para não irritar as "meninas". O seu Ico, aflitíssimo, passando só a cabeça (eu sou alérgico a abelhas!), e avisando que estava na hora do casamento... que a noiva estava chegando... que o coro... Nisso o coro explode, o que para as abelhas era um canto guerreiro. Passaram por nós com um ronco ameaçador e desceram para atacar os inimigos de sempre. Empoleiradas no alto da torre, ouvimos os gritos e vimos a noiva correndo ladeira acima com os sapatos na mão. E voando atrás do véu branco uma nuvem preta de abelhas... A título de consolo, demos o mel para seu Ico e batemos em retirada.

Havia as visitas que não estavam interessadas em fazer parte de nenhuma comunidade, mas que vinham nos ver. Era uma alegria! Tuni e Wladimir Murtinho, que chegaram com caixas de livros, enquanto eu amassava pão na mesa da cozinha. "Deixe-me misturar o meu suor ao seu!" anunciou Wladi, e pôs mãos à obra... Carmen e Felix de Almeida, que se tornaram amigos queridíssimos. Myriam Martins, mãe de Amália, veio com uma caixa de *pocket books*[11] dos melhores autores, e eventualmente se mudaria para Pirenópolis. Uma mãe que também se mudou para Pirenópolis, Don'Ana, mãe de Nadja, veio de Olinda para uma casa muito gostosa na avenida J.K.

Havia visitas de amigos locais, como Carlos Rombauer, da fazenda do Abade, que apareceu um dia querendo conversar sobre cabras e búfalos. Memorável! Logo ao descer do carro, ele se apaixonou por Roque e Brisa, os filhotes de cães fila da Vanessa. Sentado na cozinha e diante de uma caneca de café, ele explicou que uma das lembranças mais fortes de infância tinha sido o amor que ele tivera por seu cachorro: "O fila mais lindo do mundo!" Brincando, eu disse que provava que o fila mais lindo do mundo tinha sido da minha criação em São Paulo, e fui buscar a foto no baú. Carlos segurou a foto estarrecido e disse: "Mas é o Ayar!!" Eu confirmei intrigada: "Sim, é o Ayar, mas como você sabe? Eu o vendi há anos para dona Laura Coachman". Carlos sorriu: "Laura Coachman era minha tia e me deu o Ayar quando eu

---

11 – *livros de bolso*

era criança, em São Paulo. Nós dois estamos certos: o Ayar foi o fila mais lindo do mundo!" Coincidências...

Esquecendo as cabras e os búfalos, ele se ofereceu para me levar a Anápolis naquela tarde, a cidade onde, segundo ele: "se devia fazer compras, porque há de tudo e mais barato". A tarde estava linda, ensolarada, e eu encantada com a paisagem, quando Carlos apontou e disse: "Aqui é a entrada para a chácara da atriz americana Janet Gaynor". Olhei para a porteira que dava para uma alameda sombreada, e de estalo voltei vinte e cinco anos no tempo. A caminhonete de Joan Lowell entrara por aquele portão, enquanto ela explicava que a chácara era de Janet Gaynor, mas que ela estava nos Estados Unidos, e iríamos almoçar com Mary Martin, atriz da Broadway, e seu marido, que também tinham comprado terras na região. A casa era moderna e hollywoodiana, de linhas retas e pé-direito altíssimo. Notei que as paredes estavam manchadas, de alto a baixo, com longos escorridos pretos como nanquim. Mary Martin explicou que o arquiteto americano tinha planejado um telhado de laje, numa época em que, em Goiás, os telhados eram de telha colonial, moldadas nas coxas. Nas águas, não deu outra, chovia mais dentro que fora. O arquiteto americano mandou, por carta, que impermeabilizasse a laje com asfalto, e assim foi feito. Aí veio a seca; e o sol escaldante derreteu o piche, que desceu borrando as paredes. Tom e eu tivemos a maior dificuldade para não cair na gargalhada... Depois do almoço, continuamos o caminho, na direção da estrada que fora construída por dona Joana e o capitão. Foi então que Joan nos mostrou uma pequena cachoeira numa terra entre montanhas, em que eu tive aquele insight premonitório tão forte: "Aqui é o meu lugar!".

Virei-me para Carlos Rombauer e disse: "Há vinte e cinco anos, eu disse que aqui era o meu lugar. Mas eu chegara ao vale mágico entre montanhas vindo de Anápolis, da chácara de Joan e do capitão. Hoje, sei que as montanhas são a serra dos Pireneus, e que, sem me dar conta, eu cheguei exatamente aonde eu tinha prometido vir para ficar. Aqui é o meu lugar!".

Há também os amigos que generosamente nos dão a mão na hora em que precisamos. Como Parisi, que me ensinou uma receita de queijos do avô dele do norte da Itália. Anos depois, consegui sair de uma "crise financeira" fazendo esses queijos deliciosos.

A minha curiosidade pelo passado de Pirenópolis me levou um dia a uma casa na rua Direita. A viúva do escritor Jarbas Jayme me fez entrar e explicou que o livro sobre a história da cidade estava esgotado, mas que ela ainda tinha, de autoria do marido, os cinco volumes da genealogia das famílias pirenopolinas. Com isso, ela tirou de um armário os cinco grossíssimos tomos em questão. Desapontada, folheei um deles ao acaso, enquanto explicava que, na realidade, recém-chegada, eu não conhecia a maioria das pessoas ali mencionadas. Qual não foi a minha surpresa ao ver no capítulo referente à família Fleuri, da qual nunca tinha ouvido falar, uma carta descrevendo a fazenda Pocinho, do pai do meu tataravô. Era uma prima-irmã do meu bisavô Tonico Lage, filha de um Fleuri de Pirenópolis, que em meados do século 18 falava dos seus tios cariocas Lage e Faro, e narrava uma visita que fizera, ainda criança, à fazenda do seu avô materno, no estado do Rio.

A simpática senhora em pé ao meu lado não deve ter entendido a emoção com que eu li a tal carta, nem a rapidez com que mudei de ideia, comprando os cinco volumes que incluíam a genealogia não só de perfeitos estranhos, mas da minha família. São coincidências misteriosas. Como, diante de cinco volumes que não me interessavam, eu abri este em particular? Por que num livro de quinhentas páginas justamente esta? *Serendipity*!

Uma vez em Devaneio, livros abertos sob o lampião de gás na sala, pesquisei e comparei datas. Cheguei à conclusão, olhando emocionada para a foto do bisavô Tonico, de que ele, menino, teria certamente participado junto com os primos e tios dessa reunião de família, dessa visita importante de despedida, pois sua avó Blandina iria falecer dois meses depois.

O fato de antepassados meus estarem lado a lado, naquele livro, com os antigos da terra, era mais uma confirmação de que não fora por acaso que eu viera parar em Pirenópolis. Havia uma afinidade, mesmo.

Às vezes, uma simples frase pode mudar a vida de muitas pessoas. Foi na inauguração da Chácara Noemia que conhecemos Zezé. O Dr. Wilson Pompeu de Pina, um dos patriarcas da cidade e dono da festa, havia-nos convidado. Cirley Motta chegou e nos apresentou ao rapaz alto, magro e moreno, dizendo que estavam indo acampar no Araguaia com amigos de Goiânia. Insistiu para que nos juntássemos ao grupo, que incluía mulheres e crianças, o que não era comum na época. Vanessa disse que gostaria, mas que não tinha barraca, e Zezé sorriu calmo e disse: "Na minha barraca cabem dois".

Com essa frase simples, Zezé entrou para a família. Não era uma frase de efeito, mas mudou a vida de todos. Vanessa foi para o Araguaia, e meses depois nasceu Tiago.

Como eu vinha fazendo para equilibrar as finanças, atendi a mais um chamado de Picavet para ciceronear um grupo de franceses. Eram os representantes mais bem-sucedidos daquele ano, que haviam ganhado, da Peugeot, uma viagem a Salvador. Foram várias idas e vindas de avião e de ônibus. Sentada ora ao lado de um, ora de outro francês, em vez de falar da Bahia e das praias pelas quais passávamos, eu só me lembrava do Centro-Oeste. Eu descrevia a serra dos Pireneus, o rio claro que atravessa a cidade, os becos sombreados de mangueiras, o povo alegre a cavalo "correndo Cavalhadas", enfim, Pirenópolis. De volta ao Rio, Picavet reuniu como de costume o grupo para uma avaliação da viagem. Qual não foi a sua surpresa quando a maioria disse não estar satisfeita com a escolha de Salvador, pois teriam preferido visitar Pirenópolis!... Foi o fim da minha carreira de guia de turismo.

Nesse mês de agosto de 1978, recebi a notícia de que minha mãe estava com câncer. A carta dizia que ela não sabia, mas que estava desenganada. Vivien, minha tia, acrescentava que se eu fosse para a Inglaterra, minha mãe certamente deduziria o pior. Foi uma escolha difícil, mas resolvi que o mais importante seria preservar até o fim a sua paz de espírito, e passei a escrever com mais frequência cartas alegres e animadoras.

Meu pai falecera em 1969, quando eu estava em Olinda, e minha mãe, em fevereiro de 1979. Apesar de termos convivido pouco, ela britânica e eu nem um pouco, tivemos através dos anos uma correspondência intensa. Guardei as cartas divertidas, bem escritas, desde as primeiras endereçadas ao Colégio Sion; uma "para aguardar a chegada de Eliane" no St. Christopher's Training College, outras para a Praia do Tombo, alegres a princípio, e preocupadas à medida que o relacionamento com Tom se deteriorava. Cartas de uma vida. Até as últimas, de letra tremida, cansada. Selos e carimbos os mais diversos; ela perambulando pelo mundo atrás do marido diplomata inglês. Bucareste, Atenas, Washington, Paris, Rio e, por fim Berna, ela como embaixatriz e *lady*.

A morte de minha mãe teve um impacto enorme em minha vida, não só pelo lado emocional, pois que eu vivera os últimos seis meses com a constante e imutável sensação: ela está morrendo. Não havia nada a fazer. Foram quarenta anos de cartas semanais. Um diálogo mais intenso e elaborado que o da maioria das pessoas que vivem sob o mesmo teto. Mas "de repente" não tinha mais ninguém do outro lado...

Havia também o lado prático das decisões. Eu herdara uma casa na Inglaterra e uma boa renda mensal. Mas viver lá? Nunca. Afinal eu bebera a água do rio das Almas.

Resolvida, vendi a herança e procurei uma fazenda para comprar. Pouco prática, eu andava atrás de um pôr do sol cinematográfico, de uma bica d'água farta, de uma cachoeira... Preocupado, Marcelo veio de Minas para me ajudar.

"Nada de Devaneio, dizia, agora é achar a fazenda Pé no Chão! Cachoeira? A gente vai na do vizinho!".

Começava uma nova etapa na minha vida, que finalizava os deliciosos dois anos e pouco em Devaneio. Apesar dos muitos fracassos... As cabras não haviam dado certo, nem os búfalos, nem os coelhos. As árvores frutíferas não tinham vingado porque o solo era paupérrimo. Mas a vivência havia sido riquíssima. A relação com a natureza muito intensa. Aprendi a me entender com o fogão a lenha, o machado e a foice; a pegar cavalo no pasto e a matar cobra. E o dia em que acabou a gasolina no carro, fui à cidade a cavalo, entrei a cavalo na fila do posto, e voltei com o bujão na cabeça do arreio. Muitas coisas eram resolvidas a cavalo, no lombo do Sereno. Era um cavalo grande e forte, branco queimado, sereno de nome e de alma. Quinzão, ao vendê-lo, me avisou: "A senhora não está comprando um cavalo qualquer, o Sereno "correu" Cavalhada na praça dos Três Poderes!". No ano anterior, o Sereno havia participado com o Quinzão do espetáculo em Brasília. Eram longos passeios de descoberta da região em seu lombo, que não raro acabavam de noitinha, a lua já alta.

Morando a 5 quilômetros de distância, havia também a oportunidade de participar da vida da cidade.

Houve a peça de teatro "As guerras do Alecrim e da Manjerona", de autor português do século 18. Ao comprar a entrada, ganhava-se um raminho de alecrim e outro de manjerona, e um livro, Comédias, com peças de teatro escritas por Sebastião Pompeu de Pina Jr., de Pirenópolis. A peça foi apresentada no palco do antigo cinema. Haviam enrolado ramos de alecrim e de manjerona nas colunas de madeira que sustentam o balcão, e o perfume era delicioso. A sala estava cheia, todos se conheciam, e como os atores estavam atrasados, tivemos direito, de improviso, a um concerto de violinos, violões e flautas, e o povo cantando!

E o que não falta são músicos e compositores na cidade. Desde sempre. Compositores pirenopolinos criaram, no século 19, um repertório precioso de música sacra. Missas e hinos em latim, que são cantados até hoje em ocasiões especiais.

Tivemos a oportunidade de conhecer a Festa do Morro. Subimos a serra no plenilúnio de julho, o mês de maior frio. A única ocasião no ano em que a lua cheia nasce exatamente na hora em que o sol se põe. Um espetáculo deslumbrante que o povo todo sobe em procissão, a pé, ou de carro, para ver. A cidade fica vazia, famílias inteiras, jovens e velhos, ricos e remediados, acampam no sopé do morro. Lá no topo o povo enfrenta o último trecho íngreme, praticamente de montanhismo, até uma capelinha com um terraço em volta. A vista ao cair da tarde é fantástica, a 1400 metros de altitude tem-se a impressão de infinito. Rezada a missa, tocam o sino, e, em silêncio, todos voltados para o leste, esperam a hora mágica da aparição da lua. É um momento de reflexão. Os velhos acomodados nas escadas lembram das vezes, inúmeras desde criança, em que vinham com os pais, para uma celebração religiosa e contemplativa. Os jovens encarapitados nas rochas escarpadas, sentem que fazem parte de um ritual iniciático de pura beleza e mistério, daqueles encenados ano após ano desde os primórdios da humanidade. E estão certos, o momento tem um impacto religioso, no sentido mais amplo da palavra, de *religare* no latim, reunir. Em silêncio, reverentes, todos contemplam juntos o espetáculo grandioso da natureza. O que importa é a energia que passa de pai para filho e para neto naquele momento de emoção intensa, de alumbramento. Voltamos para a casa em estado de graça!

Fazenda Raizama

Não há coisa mais linda do que uma terra pronta para o plantio. O arado passou, deixando torrões revirados. A grade de discos vem e esfarela. A terra fica fresca e macia, os pés descalços afundam num prazer quase que sensual. 1980.

Os primeiros bezerros começaram a nascer. Saudáveis, o pelo brilhante e olhos negros amendoados cheios de curiosidade. 1979.

Optei pela raça Gir: rústica, mansa e leiteira. A relação era afetiva com aqueles animais pesadões, doces, e que tinham o olhar mais triste do mundo. O gado no curral me dava um enorme prazer estético. 1980.

Yolanda e Eliane Lage, uma despedida cheia de amor, passando uma esponja sobre todos os desentendimentos de uma amizade de cinquenta anos.

Carpinteiro construindo um paiol, um barracão lajeado para a ordenha e reformando o curral, o peão comentando: "Se soltar, a dona faz uma corrutela!"

As vacas, de raça indiana, tinham aquela passividade atávica e pareciam filosofar, enquanto ruminavam.

Um dia, entrando na padaria, encontrei com seu João Branco, que me convidou a sentar-me à mesa para um café. Com um ar tristonho, ele disse: "Dona Eliane, a senhora está judiando de mim". Espantada, continuei ouvindo: "A senhora já viu tanta fazenda e não veio ver a minha. Estou vendendo baratinho". Combinamos que iríamos no dia seguinte. Chegamos cedo na Raizama, os cavalos já estavam arreados, e seu João, Vanessa e eu saímos percorrendo a fazenda. Volta e meia, seu João se virava no arreio e, os olhos azuis brilhando de malícia, repetia: "Não adianta, a senhora não vai gostar..." Finalmente eu atinei que ele estava louco para eu perguntar por quê...

"Estou gostando muito, seu João, por que diz isso?"

"Porque aqui não tem nenhuma pedra, dona Eliane, a senhora não vai gostar..." ele se referia a Devaneio, que era pura pedra!

Realmente a Raizama era uma fazenda séria, de trabalho. Não havia cachoeiras, nem vales a perder de vista, nem riachos claros, nem pedras... A terra era fértil e macia, e, conforme o próprio nome, era uma planície ao pé da serra. A curralada bem dividida, o tronco arrumado, tudo encostadinho na casa. Seu João certamente acreditava nos poderes mágicos do olho do dono. Do lado da cozinha, a bica de aroeira cavada despejava do alto um mundão de água, e na frente da casa um buritizal murmurando no vento.

A casa, um amontoado de pequenos cubículos, não tinha charme.

Marcelo veio de Minas e aprovou, e eu passei de "dona Chapéu de Couro" a "dona Eliane da Raizama".

Em Devaneio, tratava-se de um aprendizado de, pela primeira vez, ter que lidar com a natureza bruta, com o lobo guará uivando à noite e os carrapatos atacando de dia, com a solidão da serra e com tarefas pesadas, mas com muito tempo para ler, escrever, e pensar. Na Raizama, o desafio era outro. Eu me deparava com oitenta alqueires de terra fértil que precisavam ser organizados, repartidos, semeados, para que diferentes lotes de gado pudessem pastar, chegar até a água, se locomover de forma prática. Foi uma época de euforia. Mas de pouco ou nenhum tempo para ler, escrever, e pensar. Eu era dona do que para mim era uma área imensa, e tinha pela frente a tarefa de torná-la produtiva. Com um trator de esteira desmatando, eu amanhecia no cerrado, explicando ao tratorista que só devia derrubar arbustos, deixando de pé todas as madeiras de lei e fruteiras do cerrado. Depois, com o mesmo trator de esteira, fiz várias represas, para servirem de aguadas e divisões de pasto. Foram quilômetros de cercas, de estradas, de canos d'água. Seguindo os conselhos do Marcelo, comprei uma picape Willys com marcha reduzida, para enfrentar qualquer estrada, ou a falta de uma; e um trator com todos os implementos. O vendedor ficou espantado porque pedi que me desse uma aula de como dirigir o MF 265 ali mesmo, na rua em frente à loja. Mulheres podiam até comprar um trator, mas dirigi-lo...

Reformei a casa, derrubando praticamente todas as paredes de adobe, até que sobraram dois quartos, uma boa sala e um banheiro. A cozinha ficou grande, construída ao redor de um enorme fogão a lenha, que aquecia não só a água, como, à noite, a casa inteira. Arrematei, dando a volta com um largo terraço de esteios de aroeira com ganchos para redes. As portas eram azuis, "de cocheira", e as janelas de tramela. Ao entardecer, os últimos raios de sol tingiam de rosa as telhas coloniais, e os quartos sem forro e as paredes caiadas refletiam tons aconchegantes. Era uma casa gostosa, à qual os meus móveis rústicos de Minas se adaptaram bem, e a foto do bisavô Tonico foi para o lugar de honra.

A atividade era intensa. Havia a equipe do pedreiro reformando a minha casa, e fazendo, na outra ponta da fazenda, uma casa para Vanessa e Zezé. Carpinteiros construindo um paiol, um barracão lajeado para a ordenha, e reformando o curral. Caminhões despejando no terraço toneladas de adubo, calcário e sementes, que o tratorista levava para espalhar no campo. Um vai e vem ininterrupto, cansativo, mas com gosto de realização, de trabalho bem-feito. O peão comentando: "Se soltar, a dona faz uma corrutela..."

Não há coisa mais linda do que uma terra pronta para o plantio. O arado passa, deixando torrões revirados. A grade de discos vem, passa e esfarela. A terra fica com uma tonalidade escura, a textura fina. Fresca e macia, os pés descalços afundam num prazer quase que sensual.

Na terra adubada, o capim brotou bem, logo às primeiras chuvas, o que criou a próxima etapa: a compra do gado. Optei pela raça gir, rústica, mansa e leiteira. O gado no curral me dava um enorme prazer estético. As vacas eram grandes, pesadonas, com longas orelhas penduradas e o olhar mais triste e doce do mundo. De raça indiana, tinham aquela passividade atávica e pareciam filosofar, enquanto ruminavam. Eu consegui, dos vários peões que se sucederam, que respeitassem o ritmo e a índole delas, e, em troca, elas se mostravam dóceis e de fácil manejo.

A fazenda era dividida ao meio por uma estradinha de terra que tinha o pomposo nome de BR 070. Apesar de torcer pelo desenvolvimento do município, eu torcia mesmo para que nunca lembrassem de asfaltá-la. De um lado havia a serra com as várias nascentes e pastos de jaraguá nativo que desciam ondeando. Entremeados de aroeiras, os capões de mato abrigavam onças que atacavam os potros, e macacos que, em bandos, atacavam a roça de milho. A casa ficava no pé da serra.

O outro lado da estrada era plano com um córrego atravessando-o de fora a fora, e uma vegetação totalmente diferente. Havia árvores frondosas, vinháticos, pequizeiros, e flor roxa, mas nenhum pasto nativo. Foi todo formado de brachiaria.

Analisando a topografia da fazenda Raizama, eu me dei conta de que estava diante de um modelo de equilíbrio que não era só visual. Para a saúde do gado de leite também era perfeito. De dia, ficavam na parte plana, na brachiaria. À tarde, eram recolhidas ao curral onde eram apartados os bezerros, e passavam a noite pastando o capim nativo, na serra. O equilíbrio!

Quando chegou a hora de inventar uma marca para o gado, decidi que o Yin e o Yang seriam o símbolo perfeito. O equilíbrio!

Os primeiros bezerros começaram a nascer. Saudáveis, de pelo brilhante, e olhos negros, amendoados, cheios de curiosidade. Passavam a primeira semana no bezerreiro, dormindo, enquanto as mães, no pasto adjacente, vinham a toda hora cheirá-los e lambê-los no vão das tábuas. Eu também, pendurada na cerca do curral, não me cansava de vê-los. No primeiro dia em que iam ao pasto com a vaca, saíam aos pinotes, as pernas muito compridas e bambas ainda. E davam corridinhas, como que espantados com a proeza.

Essa foi uma época de muitas dúvidas, e sempre que eu encontrava com o meu amigo Joaquim Eliezer na estrada, tinha uma para esclarecer. O bezerro estava com isso, a vaca com aquilo, qual seria o melhor remédio... Um dia em que pela enésima vez eu fizera sinal, e ele descera do carro, com a maior paciência para me atender, pedi desculpas. Calmo, ele me respondeu: "O que que é isso, dona, *nóis* tudo é um só!"

Essa frase da sabedoria popular me tocou fundo.

Nessa época, conheci pessoas especiais. Não que tivessem feito algo de extraordinário, mas pela maneira muito especial com que encaravam a vida.

Dona Benta morava no Carmo e era curandeira. Sabia o segredo de todas as ervas e raízes e as receitas de todas as quitandas. Descobri esses dons no dia em que fui à sua casa comprar biscoitos e por acaso disse que estava com dor de garganta. Ela disse: "Venha, vou lhe mostrar o que fazer." E saiu curvada porta afora, seguida de vários cães. Andamos a passos rápidos por uns dois quilômetros até chegar a um enorme pé de sucupira. O chão estava coberto de favas, que ela se pôs a catar, enquanto explicava como fazer o remédio. Ao me despedir, agradeci, e perguntei quanto lhe devia. Ela me olhou espantada: "Uai, dona, Deus deu, e eu vou cobrar?" Dona Benta era casada com seu Patrocínio, que saía, magrinho, a camisa branca impecável, vendendo as quitandas que sua mulher fazia. Eu o cumprimentava ao encontrá-lo: "Prazer em vê-lo, seu Patrocínio." E ele, tirava o chapéu com uma mesura, e invariavelmente respondia: "No entanto eu digo, dona".

O linguajar era um misto de termos arcaicos e de um certo preciosismo, e na roça era puro Guimarães Rosa.

O seu Simeão era um velhinho admirável. Andava todos os dias os 5 quilômetros da sua casa até Devaneio, uma subida de tirar o fôlego de triatleta, e chegava pontualmente às 7 da manhã, com a capanga de matula no ombro. Era um goiano "da antiga", da ponta da cabeça branca, coroada com um chapéu de broto de buriti, até a sola dos pés enfiados em alpargatas de tira de couro. Ele era um mestre com o machado. Lapidava grossas toras de madeira com esmero e transformava-as em vigas retas de ângulos impecáveis. Quando mudei para a Raizama e reformei o telhado, ia buscá-lo todos os dias cedo, na cidade, e levá-lo de volta à tarde. Eram 60 quilômetros que eu fazia com prazer. Um dia um dos pedreiros, um mineiro, soltou uma piada olhando para o seu Simeão: "Isto aqui mais parece um asilo de velhos", e pegando o machado disse: "vou lhe mostrar como se trabalha". À tardinha, no carro, seu Simeão disse que não queria me causar problemas e que não carecia buscá-lo no dia seguinte pra labutar, porque minha vida já estava muito "escarreirada" mesmo (corrida). E olhando pela janela continuou baixinho como se tivesse chegado a uma conclusão: "É, dona, o mineiro é encurnicado (de maus bofes), mas é que eu também sou meio inzoneiro (lerdo)".

O mineiro voltou para a terra dele naquele mesmo dia, e seu Simeão terminou de aparelhar as toras de aroeira.

Os peões eram uma raça à parte, aprendi muito com eles, e eles comigo. Eles tinham a experiência, e eu lia tudo o que me caía nas mãos sobre gado. Eles acreditavam que uma gota de querosene na cabeça do bezerro prevenia de qualquer doença, e eu acreditava em assepsia e vacinas. Mundos diferentes!

Dedinho tinha 15 anos e pequenos apêndices nos dedos mindinhos que lhe impuseram o apelido. Machista, devia estar bem desesperado quando aceitou trabalhar para uma mulher. Mas tinha um senso de humor a toda prova e topou. Apesar da pouca idade, Dedinho era um ótimo peão, e eu o valorizava dando-lhe responsabilidades e um ordenado de adulto. Haviam-me prevenido que ele era um mau elemento, e ele próprio declarava: "Não adianta, dona, eu não presto!", e ria. Eu rebatia dizendo que tinha total confiança nele, e não dava trela. Mas ele parecia se orgulhar da má fama. Um dia, ouvi tiros do lado da sua casa. Dedinho havia comprado uma arma e feliz disparava para o ar. Expliquei que um homem de bem não precisava andar armado. De nada adiantou. Eu nunca o tinha visto de semblante fechado: "Não adianta, dona, eu não presto, vou embora". E foi. Anos depois soube que logo se tinha metido em encrencas e sumido nesse mundão de Deus. Mas Dedinho era bom menino e um ótimo companheiro de trabalho. Senti falta dele.

Seu Celino, dona Basília, e Valdeir, de 9 anos, chegaram em seguida. O menino me surpreendeu ao parar maravilhado diante da estante de livros na entrada: "A senhora leu tudo isso?!!" Dona Basília então me explicou que por causa do ofício de peão, sempre morando em lugares distantes, Valdeir nunca havia pisado numa escola, mas que ensinado por ela, em recortes de jornal, ele lia e muito bem. Animada, eu lhe prometi que poderia ler todos os livros da estante, levando-os de um em um. Valdeir saiu feliz com *As reinações de Narizinho* debaixo do braço. Dali a uns dias, ele me entregou o livro, e antes que eu pudesse duvidar, se pôs, encantado, a me contar a história. Ao longo dos meses, ele devorou a obra de Monteiro Lobato inteira. Dona Basília era uma mulher extraordinária, do clã dos Flor Gomes. Mudaram-se depois para a cidade, para perto de uma escola, e ela sustentou a família fazendo artesanato de barro. Valdeir, adulto, especializou-se em consertos de computadores, sempre sonhando com uma faculdade. Ele não levava mesmo jeito para peão.

Pedro era miúdo, cara de índio, e tinha músculos de aço. Um dia me pediu para buscar a parteira porque a mulher dele estava "na hora". E recusou a possibilidade de ir para o hospital porque a mulher só tinha filho com "aquela dona". Qual não foi a minha surpresa ao constatar que "aquela dona" era, além de idosa, paralítica. Magrinha, morena, e com um sorriso cheio de rugas, ela entrou e saiu do carro carregada, e foi festejada como uma avó chegando de viagem. Sentaram-na na beira da cama, e ela imediatamente começou a tomar todas as providências, inclusive acalmando a mulher, com a autoridade de quem sabe o que faz. Ela agradeceu qualquer ajuda porque tinha o costume de ficar com a parturiente durante três dias, cozinhando e lavando toda a roupa.

Tudo isso de cadeira de rodas! O menino nasceu forte e moreninho como o pai, que declarou feliz que se chamaria Penha! Diante da minha expressão de horror, acrescentou, para ilustrar a minha ignorância: "Hoje é dia de Nossa Senhora da Penha!"

Tive a maior dificuldade para convencê-lo de que Penha, no caso, era penhasco, rochedo, pedra, e por que não chamá-lo Pedro, como o pai? Saí aliviada por ter provado que Nossa Senhora se sentiria igualmente homenageada!

Vivendo na roça, fazíamos o possível para ser autossuficientes, e diminuir ao máximo as idas à cidade. Um dos problemas era a carne, e descobri que os vizinhos tinham uma carne de porco deliciosa, temperada, frita, e guardada na própria gordura do porco, em latas de vinte quilos. Passamos a criar porcos.

Chegada a hora de fazer a tal "carne de gordura", fui cedo à cidade buscar o especialista no assunto. O homem era forte, atarracado e peludo, e entrou no carro com uma porção de facas na mão. Ele me lembrou um homem pré-histórico, algo primitivo e bestial. Guiei constrangida, tentando não olhar para o lado. De repente, ele quebrou o silêncio e disse: "Hoje é lua cheia". Eu só consegui dizer: "E?" Mas ele continuou animado: "Hoje vou dormir na serra!" Interessada, perguntei: "Onde?" Sorrindo, ele disse: "Lá pelas locas!" Imaginando a solidão no meio dos rochedos, quis saber: "Sozinho?" Aí ele deu a resposta, que virou todos os meus preconceitos de pernas para o ar: "Não, dona, eu e Deus!" De baixo daquela aparência grotesca havia um poeta!

Um dia, Vanessa sentiu que estava na hora de a criança nascer. Em Anápolis, o médico confirmou que estava quase, e instalou-a num apartamento do hospital Evangélico. Quase, mas nem tanto. Ficamos, ela e eu, esperando por mais de uma semana... Para acalmar a ansiedade de Vanessa, que queria voltar para a casa, comprei uma pequena televisão movida a energia e a bateria de carro, e assistimos às Olimpíadas de 1980. Quando finalmente chegou a hora, pedi para ficar na sala de parto. Eu massageava os ombros e a nuca de Vanessa e sentia que fazia tanta força quanto ela durante as contrações. Quando Tiago nasceu estávamos ambas exaustas física e emocionalmente. Moreno, cabelos negros e olhos amendoados, parecia um indiozinho boliviano.

Vivien, Marcelo e Tommy chegaram no dia seguinte para festejar!

Vanessa, Zezé e Tiago ficaram no quarto de hóspedes ao lado da bica d'água, enquanto fazíamos acréscimos à casa deles. Um dia, eu estava conversando com seu Lindolfo, vizinho, quando Vanessa chegou calma, com Tiago nos braços, e disse que havia uma cobra no bojo da máquina de costura. Foi aquele corre-corre, e seu Lindolfo matou uma caninana de mais de metro. Diz o povo que a caninana é atraída pelo cheiro do leite da mulher e que há inúmeros casos que o confirmam. Passado o nosso susto, Vanessa contou que estava dando de mamar quando viu a cobra descer do telhado para dentro do quarto. "E aí?", perguntei.

"Aí, acabei de dar de mamar, e vim avisar vocês". Vanessa tinha herdado a fleuma inglesa...

Depois da reforma, a casa deles ficou muito simpática. Uma sala enorme com um madeirame colossal e pé-direito bem alto, que incluía a cozinha. Dois quartos, e um banheiro grande com box, e banheira para o Tiago. O sistema de água foi resolvido de forma interessante pelo Zeli, um amigo e dono de uma inventividade fora do comum. Não havia luz elétrica, nem queda-d'água suficiente para elevá-la até o reservatório. Mas havia junto à casa uma bica d'água. Zeli instalou nela uma roda d'água, que ao girar acionava uma bomba que puxava a água do poço e jogava-a no reservatório. Simples e prático, assim era Zeli!

O trator revelou-se muito útil. O peão ajudava a acoplar os implementos, e eu passava o dia arando, gradeando, espalhando fosfato e sementes. Preparando roças de feijão, arroz, e milho, e roçando os pastos. O milho era plantado à mão. Um ia na frente, abrindo os buracos. O outro seguindo, jogava três grãos e tampava com o pé. Vanessa, Zezé, Nadja, e até seu Lindolfo se revezando.

Nadja se mudara para a casa nova da mãe, na cidade, mas vinha sempre na sua Variant, para cuidar das caixas de abelhas e ajudar quando necessário.

Eram dias gloriosos, de chegar à tardinha coberta de poeira vermelha para um bom banho e uma sopa. A caminhonete, encostada à casa e com o capô aberto, fornecia carga para a televisãozinha. Era a hora de, sentada no sofá com os cachorros no chão e o gato no colo, assistir ao noticiário e à novela.

A casa na Raizama era cercada de água por todos os lados. Praticamente uma ilha. Havia a bica d'água, dois córregos, o buritizal, e o brejo de lírios-brancos. Era o paraíso dos sapos, das cigarras, dos pássaros noturnos, e dos vaga-lumes. A sinfonia começava à tardinha e ia pela noite adentro. Eu ia para a cama com o lampião e um livro, e nunca senti solidão. Eu era um, entre milhares de seres. Impossível me sentir só!

A casa era colada no curral, e do meu quarto, de madrugada, eu ouvia cada bufada das vacas. Os jatos de leite no balde eram acompanhados de comentários *sottovoce*, um diálogo entre o peão e a vaca, não raro interrompidos por um desentendimento... e um rugido: "Vaca fia da Puuuu...u...ta".

As novilhas foram parindo, os bezerros nascendo, todos com suas fichas de identidade, netos e netas das primeiras vacas. Até completar trezentas cabeças, como dizem aqui, "entre mamando e caducando".

Alguns meses depois do nascimento de Tiago, comprei mais um pedaço de terra, uma extensão da Raizama. Um descampado de terra macia no pé do Morro do Pedro, com o pomar de jabuticabeiras mais antigo da região.

E recomeçou o trabalho. Desmatar deixando as árvores maiores. Arar, adubar, plantar capim, e mais 9 quilômetros de cerca de arame liso. Essa parte da fazenda ficou sendo chamada Retiro.

Foi a última compra feita com as libras esterlinas da herança.

Às vezes, pergunto-me por que a obsessão pela terra. Yolanda, com quem, ao longo dos anos, sempre me correspondia, ficava muito zangada com essa minha teimosia, talvez porque se sentisse em parte responsável. Na realidade, tudo começara no Empyreo. Após uma briga mais séria, um ano e pouco antes da minha opção definitiva por Goiás, escrevi-lhe a seguinte carta:

Petrópolis, 18/10/1975

Querida Tia Yolanda
Vou começar esta carta citando palavras de um amigo meu:
"Sei somente que sou, e que existo, e que é algo como se estivesse sendo conduzido. Existo sobre a base de algo que não conheço. Apesar de toda a insegurança, sinto uma solidez nesta base e uma continuidade em meu ser."
É sobre essa "continuidade em meu ser" que eu gostaria de te falar sobre aquela velha teimosia que tanto te irrita.
Por "continuidade" quero dizer o seguinte: há quase cinquenta anos passei minha infância praticamente só numa ilha. Depois, na fase do colégio interno, passava minha férias no Empyreo ou solta na natureza no Retiro. Logo que casamos, a nossa primeira compra foi um jipe e um sítio. Foram anos felicíssimos longe de tudo e de todos. Depois fomos morar numa praia deserta: só havia gente nos fins de semana. Eu curtia o sol, o mar, e as crianças que cresciam fortes e sadias. Tudo isso acabou há dez anos.
Começou uma nova fase de grandes preocupações e sofrimentos aliados a todo um trabalho de solidão e de amadurecimento interior. Tive o apoio de grandes amizades, poucas e fortes. Como a sua.
Agora, dez anos depois, os filhos praticamente criados, você me pergunta qual o trabalho que eu mais gostaria de fazer. Aí, seguindo a continuidade do que eu fui, e do que sou, respondi: trabalhar a terra, viver no campo,
Minha intenção nunca foi ficar rica. Se fosse, minhas opções e atitudes no casamento, no cinema, e em relação a heranças, seriam outras.

A maioria das pessoas deve julgar as minhas opções e atitudes de uma burrice total. Não discuto.

Eu só gostaria que você soubesse, porque é importante demais para mim, e que compreendesse que eu tenho que seguir o meu caminho com coerência. Há uma continuidade em meu ser que me é vital e dá sentido à minha vida, mesmo se não faz sentido para o resto do mundo.

Perdoe a minha burrice e a minha teimosia porque eu gosto muito de você.

Dois anos antes de morrer, Yolanda me escreveu da Califórnia, onde tentava um tratamento para o câncer.

Palo Alto, 23 17/1981
Minha querida mesmo,
Com muito atraso respondo a sua carta cheia de boas notícias. Que vida maravilhosa. Estamos tão juntinhas. Eu, no passado em que vivemos juntas no nosso Empyreo, você, agora nessa terra virgem, fértil, e bem escolhida. Parabéns pela valorização! O paralelo das nossas vidas e das nossas fazendas me fizeram vir às lágrimas... mas de felicidade. Você está certa agora. Ponha bastante gado, é menos arriscado, dá menos trabalho e é o que você adora. Estou te vendo a cavalo recolhendo o gado na fazenda. Tenho tantas saudades daquele tempo!

Yolanda aí passa a descrever o apartamento onde mora e o tratamento moderníssimo que faz para se recuperar:

Há vinte e seis anos, o professor Hopkins descobriu a cura do meu caso. Graças a ele estou certa da minha cura, com a ajuda de Deus. Vou ficando; só volto com a cura completa.
Me escreva contando mais coisas; sua carta me dá saudades gostosas e me sinto perto de você. Eliane, eu te adoro. 1000 beijos!
Yolanda.

A cura completa não aconteceu, e Yolanda não voltou. Essa carta foi a última. Uma despedida cheia de amor, passando uma esponja sobre todos os desentendimentos de uma amizade de cinquenta e tantos anos. Depois de tantas brigas, ela finalmente assumia "o paralelo de nossas vidas e das nossas fazendas"... Assumia o papel preponderante que tivera em minhas opções.

Voltava a ser a tia Yolanda da minha infância no Empyreo, que se orgulhava das minhas proezas a cavalo.

Vinte anos depois, eu li emocionada, na biografia: *Yolanda*, de Antônio Bivar, o relato de seus últimos meses. O silêncio estava explicado.

Com o fim das remessas de libras esterlinas, passamos a viver inteiramente da venda do leite, a renda mensal; e da venda de bezerros machos, uma renda ocasional. Quando o preço do leite baixava, porque o governo resolvia importá-lo da Argentina, eu recorria à receita do avô do Parisi: o queijo curado delicioso. Havia o pequeno quarto de queijos hermeticamente vedado contra insetos, e equipado com prensas, azeites, e temperos, o necessário para fornecer a um bom restaurante de Brasília, ocasião de rever amigos. Carmen e Felix exclamavam: "Vamos celebrar com um Grão-Duque"! E lá íamos nós noite adentro.

Em 1983, tive a primeira de várias crises sérias de coluna.

De repente, tudo estava fora de alcance. Não podia andar a cavalo, nem de caminhonete, trator nem pensar... Passei temporadas no Rio fazendo fisioterapia e recusando operações. Mas nunca voltei à mesma forma física.

Marcelo é que achou a solução: Vender o gado e alugar a fazenda.

Em 1986, vendi o gado todo e aluguei a fazenda por cinco anos.

Foi uma decisão difícil, mas não tive escolha. E a certeza: eu volto! Um dia, subindo a ladeira do Rosário passei na frente do Teatro e encontrei Susan. Feliz, balançava uma chave na mão: "Finalmente posso vender minha casa, e voltar para os Estados Unidos!" Eu que não conseguia resolver o que fazer com o dinheiro da venda do gado, pedi para ver essa casa, a cem metros de onde estávamos. Entrei, anoitecia, mas ainda deu para ver que o pé-direito era muito alto, a vista da serra, linda, por cima dos telhados e que o perfume de um jasmim invadia tudo. Assustei Susan dizendo: "Eu pago à vista, amanhã cedo no cartório".

A casa tinha mais de cem anos e ficava na rua Nova, 7, no centro histórico. Era na realidade meia casa, considerando-se os moldes arquitetônicos da época: estreita, só com duas janelas e uma porta de frente para a rua. Mas, uma vez atravessada a soleira, ela surpreendia com um correr de ambientes bem proporcionados e amplos, que se fundiam num quintal de 50 metros de fundo. Descobri, morando nela, que o que me pareceu a princípio um exagero de janelas, eram um milagre de bom senso: todas voltadas para o sol nascente e para a brisa fresca do quintal. As paredes reforçadas, de adobe, e o chão de pedra, garantiam além de uma temperatura estável, uma acústica perfeita para os concertos de Mozart. No quintal, havia a sombra de uma imensa mangueira, de uma jabuticabeira centenária, e do coqueiro mais alto da cidade.

Nos meses seguintes, eu me concentrei na reforma da casa tentando conservar da melhor maneira possível todas as características de uma casa histórica de Pirenópolis.

Nessa época, fiz várias viagens à Europa e a Nova York, a convite de Marcelo e de sua mãe. Foram como que intervalos de vida. Momentos perfeitos de deslumbramento: diante de um quadro; ou de uma Sainte Chapelle de vitrais em chamas, sem saber se por efeito do pôr do sol, ou do concerto de flauta de Jean Pierre Rampal. Ou dias inesquecíveis, como o que passei no museu do Cloisters de Nova York, mergulhada no fascínio da Idade Média, ou andando no Bois de Boulogne no rastro de trilhas de infância. Momentos perfeitos que ficaram vivos na memória.

Mas a volta a Pirenópolis, aquele primeiro olhar de reconhecimento para o lado da Serra, era sempre profundamente emocionante.

O meu entrosamento com a cidade culminou com um evento que me marcou profundamente. A Câmara de vereadores se reuniu e me elegeram Cidadã Honorária. Eu havia eleito Pirenópolis como a minha cidade, e os cidadãos me haviam aceitado. Isso foi importantíssimo para mim.

Vanessa comprou uma casa no Carmo, mudou-se para a cidade, e teve o Naruh, um bebê louro e bochechudo. Eu convidei Tiago para morar comigo na casa 7, que era bem mais perto da escola, e formamos durante anos uma ótima parceria. Nós nos inscrevemos nas aulas de flauta doce de Alexandre de Pina e em pouco tempo Tiago estava batendo o compasso com o pé e passando à frente de todos aqueles meus anos de piano... Ele foi, desde pequeno, uma companhia estimulante, sempre queria saber mais, e eu tinha que acompanhar.

No final dos cinco anos de aluguel, recebi a fazenda de volta, totalmente vazia: eu não tinha uma única cabeça de gado! Aluguei pastos a vizinhos e lhes propus pegar gado à meia. Eles me entregavam lotes de cinquenta novilhas para o prazo de duas parições: e dividíamos os bezerros. Tive dois amigos como sócios, e dos melhores. Daniel (Peão) e Luiz Armando confiaram na minha capacidade e me entregaram as suas novilhas. Dali a uns meses começaram as partilhas, e a minha marca nas bezerras!

O gado tem essa capacidade milagrosa. O bezerro nasce, a vaca lambe, cuida, e dali a seis meses ele é desmamado, e ela já está se aprontando para ter outro. Criar gado, ao contrário de engordar para o corte, é uma profissão alegre, cheia de surpresas. O alvo não é a morte, mas a vida. Mais e mais vida, e muita ternura. Ao anoitecer, os bezerros berravam no bezerreiro e as vacas respondiam baixinho. Era a melhor profissão do mundo!

Os bezerros foram crescendo e Tiago também, até o dia em que anunciou que queria fazer o segundo grau numa escola técnica de agronomia. E, sem que ninguém desse palpite escolheu, e foi para a Fundação Nishimura, de japoneses, no estado de São Paulo. Mais um da família a optar pelo campo!

As finanças não iam bem. O governo interferia no preço do leite, importando da Argentina. Era politicamente correto estabilizar o leite das crianças. Era o que se comentava. Mas as vacinas, os remédios, o sal e o salário do peão acompanhavam a inflação galopante... A Nestlé local fechou, não recebia mais o leite. As fabriquetas de queijo ainda recebiam, mas nem sempre pagavam. E o leiteiro que passava todos os dias nas fazendas recolhendo os latões, e que ganhava uma porcentagem, anunciou que não estava mais dando nem para trocar os pneus da caminhonete. E não apareceu mais.

E eu que vinha me especializando em gado leiteiro, e através de touros bons melhorando o plantel, me vi afundada no pior negócio do mundo. Ainda tentei durante meses carregar o latão de leite no fusca, até a cidade. Mas Tommy me provou que na realidade a gasolina custava mais do que eu receberia pelo leite...

Os vizinhos todos estavam vendendo o gado leiteiro, e comprando gado de corte. Nos pastos de beira de estrada, só se via gado branco, nelore. E eu voltava para casa e olhava desanimada para as minhas vacas gir, de enormes úberes cheios de leite que ninguém queria. Pela primeira vez me senti sem saída.

Novamente, a solução veio de Minas: Vivien, Marcelo, e Tommy me propuseram vender o gado, alugar os pastos, e me mudar para Minas. "Você já trabalhou bastante, agora é hora de descansar e cuidar da saúde." E Marcelo acrescentou: "Eu faço uma casa para você no lugar que você escolher, aqui na fazenda!"

A ideia de me aposentar não me pareceu de todo má. Afinal eu já estava beirando os 69 anos e estava cansada da lida no campo. Tommy e Vivien vieram me ajudar a encaixotar livros, discos, e roupas. Vanessa, que estava morando no Retiro com o Naruh, ficou encarregada de alugar os pastos. E a casa na cidade ficou alugada a uma amiga.

Mas a parte mais difícil foi devolver o gado dos meus amigos e vender o que era meu.

Eu me despedi da Raizama numa manhã de Reis de 1997.

Adeus, Raizama – Idas e vindas

Era gostoso escrever na casinha cor-de-rosa à beira do lago.
As cores refletidas na água mudavam a toda hora.
Chamei a casinha cor-de-rosa "Solombra" e, inspirada,
mergulhei nas minhas memórias. 1997.

Vista Panorâmica da cidade de Areado, onde Tom está sepultado.

Eu morava na fazenda da Ilha e recriava a minha infância na Ilha.

Tommy me trouxe um computador: "Isso é para você escrever e parar de pensar em comprar bezerros para por no seu quintal!"

É uma região linda, de morros ondulantes plantados de cana e café.

Em Minas, ofereceram-me várias casas. Eu escolhi uma perto da casa de Vivien e Marcelo, na beira da represa de Furnas. A Fazenda da Ilha, que Marcelo herdara do pai, no município de Alfenas, tinha originalmente um rio passando no fundo do vale. Mas com a criação da barragem e o fechamento das comportas a quilômetros de distância, a água foi subindo até formar um imenso lago na frente da casa da fazenda: a casa de Vivien e Marcelo, e dos netos Ana e André. É uma região linda, de morros ondulantes plantados de cana e café, e o que a fazenda perdeu em área de terras férteis de baixada, ganhou em beleza com o imenso espelho d'água.

Pela primeira vez na vida, eu me senti totalmente amparada. Vivien se preocupou em me inscrever num plano de saúde, levar-me a médicos e planejar refeições, faxineira etc... Não havia mais contas a pagar. Eu vivia num limbo, e a única coisa que me cobravam é que eu sentasse e escrevesse minha memórias. Vanessa dava por telefone notícias de Pirenópolis. E Tommy um dia apareceu com um computador e disse: "Isto é para você escrever, e parar de pensar em comprar bezerros para pôr no seu quintal!" Foi o que eu fiz.

Era gostoso escrever na casinha cor-de-rosa à beira do lago. As cores refletidas na água mudavam a toda hora, e nuvens passavam varrendo a superfície e criando ondas. De manhã cedo a neblina era cerrada, e, às vezes, um pescador, em pé na sua piroga, emergia nebuloso como um fantasma andando sobre a água. Havia tempestades, a cana dançando no vento, os eucaliptos rangendo, e a placidez do espelho d'água transformada em ondas negras encrespadas. Chamei a casinha rosa de Solombra e, inspirada, mergulhei nas minhas memórias. Eu morava na Fazenda da Ilha e recriava a minha infância na ilha.

Uma amiga que veio me visitar, escreveu:

*"E daquela ilha antiga
De um lugar que nem é mais
Parece ter vindo com a brisa,
Um som de vozes ancestrais.*

*Uma casa que é barco,
Um jardim que é imenso pasto,
Uma represa que é mar.*

*Aqui o passado tem futuro.
Aqui é o melhor lugar."*

O reencontro com os filhos e a convivência com os netos, que eu mal conhecia, foram muito bons. Ana e André, adolescentes, com os quais passei a almoçar todos os dias. Tommy Jr., que vinha com os pais nos fins de semana, e Júlia, que nasceu em seguida. Conhecê-los melhor foi muito importante, afinal era para eles, Tiago e Naruh, que eu tinha me proposto escrever.

Cheguei a acreditar que estava na hora de me entregar a esse *dolce far niente*[12], a essa sensação de segurança e carinho com que me envolviam. Mas Vanessa me mandava pedidos de socorro. Ela não conseguia alugar os pastos e havia contas a pagar e impostos acumulando. Até que um dia, ela me anunciou que um comprador havia-se apresentado. Tive que decidir entre voltar a assumir a fazenda ou vender. Não tive coragem de começar do zero de novo e vendi a fazenda. Comprar terra é a melhor sensação do mundo e vender é certamente a pior. Foi uma ida relâmpago a Pirenópolis, na realidade ao cartório. Reparti com os filhos o que recebi, e a parte da Vanessa foi o Retiro, onde ela já morava.

Acredito que herança recebe-se dos pais e então passa-se para os filhos, se possível aumentada. Foi o que eu fiz.

Na época, pensei nunca mais voltar a morar em Pirenópolis, estava cortando as amarras, e pendurei uma placa de "vende-se" na minha casa 7.

Comprei uma casa na cidade de Alfenas, para ser mais independente, e, contraditoriamente, mais próxima da filha e dos netos, que estudavam e

---

12 – *doce ócio*

passavam o dia na cidade. Eles passaram a almoçar todos os dias comigo e foi uma mudança gostosa, divertida.

Mas, com jovens, o tempo parece passar mais rápido, e, quando se trata de netos, mais rápido ainda. Logo os adolescentes passaram no vestibular e se inscreveram em faculdades no Rio de Janeiro. E Vivien iria junto.

De volta a Pirenópolis

A casa de Pirenópolis tinha mais de cem anos, e as paredes de adobe e o chão de pedra garantiam, além de uma temperatura estável, uma acústica perfeita para os concertos de Mozart.

Foto de José Percival Afonso

O Seu Simeão era uma "Goiano da antiga", da ponta da cabeça branca coroada com um chapéu de broto de buriti, até a sola dos pés enfiados em alpargatas de couro. Um homem de fibra. 1980.

Tiago, neto meio filho, cresceu na Raizama.

Chegaram as férias, e Vivien resolveu levar Ana e André para conhecer o Jalapão, uma região de dunas no Tocantins. Passariam por Brasília e reveriam Pirenópolis. Então me encontrei com eles e fomos juntos ver a minha casa 7, com a placa de "vende-se". Entramos, ela estava vazia e escura. Abri as janelonas, a começar pelas que davam para a rua, e continuei avançando para o fundo, como que acordando a casa. O jardim estava lindo. Quando voltei encontrei com Ana, que vinha sacudindo a placa: "Vó, joga isso fora, você não vai vender esta casa, eu não deixo!" Vivien e André também fizeram coro e eu, feliz, capitulei.

Quando Marcelo chegou para continuar a viagem com a família, já tínhamos combinado a reforma necessária, e eu já tinha resolvido voltar a viver ali.

Em dois meses, eu já estava de volta à minha velha casa com os meus livros, discos, móveis, e cachorros.

Frances Mayes escreve:

"Para mim a 'casa', inserida na sua paisagem, sempre foi a imagem subliminar da terra.

Bachelard me fez entender que as casas que nos afetam mais profundamente nos levam de volta à "primeira" casa. A meu ver, no entanto, não é somente à primeira casa, mas à primeira consciência do *self*. Os sulistas americanos têm um gene, ainda não identificado nos espirais do DNA, que faz com que acreditem que o lugar é o destino. Onde você está é quem você é.

Quanto mais profundamente o lugar nos afeta, mais a nossa identidade lhe está interligada. Nunca é por acaso; a escolha do lugar é a opção por algo que você deseja intensamente.

Aquela pura explosão de prazer, a repentina sensação de alegria completa, descobrir o choque elétrico do lugar exterior que corresponde ao interior – é isto!"

Depois de passar cinco anos fora, eu redescobria que "lugar é destino"; e que Pirenópolis era definitivamente "o lugar que mais profundamente me afetava".

Meio século depois de eu declarar ao Tom, na rua mais movimentada de São Paulo, que eu queria morar numa cidade pequena onde eu conhecesse todo mundo e que todo mundo me conhecesse, eu descobria por quê.

Pirenópolis é uma cidade pequena e todo o mundo se conhece. O cumprimento ao se encontrarem na rua não é "bom dia!" ou "boa tarde".

Você nunca solta um "bom dia" indiscriminadamente, ao vento. O anonimato não existe. O cumprimento é pessoal, e tem nome: "Ei, Eliane, *bão*?!", "Oi, Jorge, tudo bem, obrigada". Isso faz parte da importância do encontro, de olhar a pessoa e saber quem é.

Esse lado pessoal me foi revelado aos poucos, ao longo de encontros que me emocionaram. Como o do motorista da caçamba do lixo que se pendurou da boleia rindo e gritou: "Ei, dona Eliane, e aí? A senhora foi beber a água do rio das Almas... teve que voltar!"

Ou o velhinho que ficou sacudindo a minha mão, dizendo: "Faz um bem encontrar com a senhora, sempre alegre, feliz!" Ao qual respondi: "Feliz por estar aqui!"

E um que caminhando na rua ao meu lado, declarou, enfático: "A senhora é nossa! A senhora pode passear pros lados de São Paulo, do Rio, e até do México. Mas o lugar é aqui! Afinal, *nóis* costumou, *nóis proximou*... O lugar é aqui!" Eu só tive que concordar.

E outro, que meio tímido me declarou: "A senhora é nossa. Não pode ir embora. Tem que ficar aqui mais *nóis*, viver aqui mais *nóis*, até... até..." e, tomando coragem: "até morrer mais *nóis*!"

Respondi baixinho: "Se Deus quiser".

Sinto muita falta de amigos que se foram nesses cinco anos, Joaquim Eliezer, seu Tovinho, Peão, seu Simeão. Amigos que me ajudaram a me inserir nesta comunidade, sem que eu nada pudesse fazer senão agradecer. E Peixoto e Fernando, que continuam até hoje sendo anjos da guarda.

Andando pelo varandão da casa centenária, eu, beirando os 77 anos, me pergunto a que devo esse privilégio. O chão da minha casa é de pedra bruta. Sinto sob os pés, além do frescor imediato que me invade, os sulcos, os meandros, a linguagem única de cada pedra. Como uma laje da beira-rio (ou será Lage?), que traz a superfície corroída pela água e pelo vento; que traz entranhada a passagem dos séculos, trago em mim, além da superfície de contornos óbvios, reconhecíveis, trago n'alma as pegadas de homens e mulheres que me precederam, caminharam por outros séculos e me cravaram sulcos profundos, como os que lembram as pedras, o vento e a água passadas.

Algumas marcas eu reconheço: de Tonico Lage, o bisavô poeta das ilhas e dos pássaros; de sua irmã Clarisse Índio do Brasil, que enfrentou a maldição do pai para casar-se, e que declarou, em 1893, que a família Lage não era digna de gerar mulheres; de Elisabeth, minha avó francesa que enviuvou e soube dar a volta por cima de maneira brilhante; de tia Yolanda, que me ensinou o valor de um sonho que se concretizou cinquenta anos depois em Goiás; e de Tom, que me ensinou a olhar e ver que em tudo há nuances de beleza e infinitas possibilidades de alumbramento.

Naturalmente a trama é mais complexa, há os encontros que duram anos, e há os de meses e dias. Todos marcam e são preciosos.

Tentei reviver esses encontros para que filhos, netos, e bisnetos pudessem entender suas origens, o barro ancestral de que fomos moldados.

Genealogia

Antonio Martins Lage e Felicité Clarisse de Labourdonnay, pais de **António Martins Lage**.

Joaquim de Mattos Costa e Emiliana Cândida de Faro, pais de Maria Madalena, **Ana Rita**, Isabel Augusta Emerenciana Cândida e João.

António Martins Lage (1825-1900) e Ana Rita Faro de Mattos Costa (1830-1892) tiveram os seguintes filhos: **Antônio**, Alfredo, Roberto, Ana Rita, Clarisse, Américo, Alexandre e Maria Luiza.

António Martins Lage, conhecido como Tonico Lage (1847-1913) e Cecilia Braconnot (1861-1923) tiveram os seguintes filhos: António Martins Lage Filho, Renaud Lage, Henrique Lage (casado com Gabriela Bezanzoni), **Jorge Lage** e Frederico Lage.

Jorge Lage (1882-1918) e Elisabeth Pérrain (1882-1957) tiveram os seguintes filhos: Henrique Victor Lage, **Jorge Ivan Lage** e André Lage.

Jorge Ivan Lage (1907-1969) e Margareth Hodge (1908-1979) tiveram: **Eliane Margaret Elizabet Lage**.

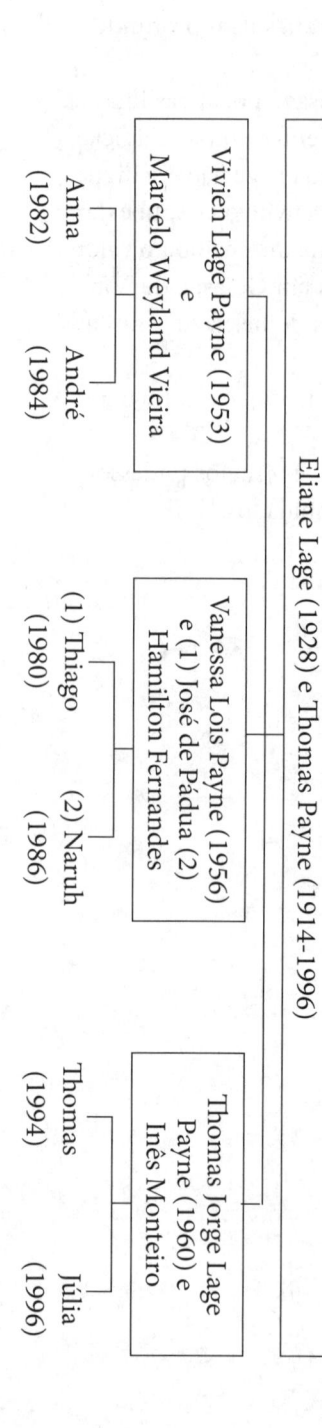

Eliane Lage (1928) e Thomas Payne (1914-1996)

Vivien Lage Payne (1953) e Marcelo Weyland Vieira

- Anna (1982)
- André (1984)

Vanessa Lois Payne (1956) e (1) José de Pádua (2) Hamilton Fernandes

- (1) Thiago (1980)
- (2) Naruh (1986)

Thomas Jorge Lage Payne (1960) e Inês Monteiro

- Thomas (1994)
- Júlia (1996)

Foto de Ana Maria Tayne Vieira

"Quelle souveraineté dans le calme Qui contient de tels bruits, de telles forces en mouvement! Et quand on pense que s'y ajoute la présence de la mer pourtant lointaine et qu'elle y résonne comme le son le plus intime d'une harmonie préhistorique, alors on ne peut que vous souhaiter de vous abandonner avec foi et patience à l'action de cette solitude magnifique. Rien ne pourra plus en priver votre vie. Elle agira en silence d'une manière continue et efficace comme une force inconnue sur tout ce que vous vivrez et ferez, comme fait en nous le sang de nos ancêtres qui forme avec le nôtre cette chose sans équivalance qui d'ailleurs ne se répétera pas, que nous représentons à chaque tournant de notre vie".

"Lettres à un jeune poète" (lettre X) par Rainer Maria Rilke.

"Que majestade na calma que contém tais ecos, tais forças em movimento! E quando penso que, ainda que distante, a esta calma se acrescenta a presença do mar, que nela ressoa como o som mais secreto de uma harmonia pré-histórica, apenas posso desejar-lhe que se abandone, com fé e paciência, ao influxo dessa magnífica solidão de que nada poderá já privar a sua existência. De uma forma eficaz e contínua, essa solidão agirá como uma força inusitada sobre tudo o que viver e fizer, tal como sucede com o sangue dos nossos ancestrais, que forma com o nosso essa coisa sem similitude que é representada por nós em cada fase da nossa vida e que, aliás, jamais se repetirá."
Cartas a um jovem poeta. (Carta X) Rainer Maria Rilke. Tradução de Geir Campos e Fernando Jorge

POSFÁCIO

A coisa mais linda é ser criado por alguém que te ama e te quer ver livre. Imagine que sorte nascer em uma casa onde circulam não só Eliane Lage, essa mulher incrível (pela qual eu sei que você está apaixonado ou apaixonada), mas também seus filhos, criados para serem livres. Olha...era demais!

No começo eu achava que a vida era assim. Só depois, quando comecei a frequentar outras casas foi que comecei a ver famílias com relações cheias de proibições, hierarquias rígidas, regras e punições. Achei aquilo tão estranho. Mas os estranhos éramos nós.

Minha mãe era a mãe mais moderna que eu já tinha ouvido falar. Sempre de jeans, criava cavalos, dirigia escutando Rolling Stones e a sua risada preenchia as longas noites de whisky com os amigos. Diferente dos meus amigos, eu não tinha como reclamar que minha mãe era careta (na verdade acho que eu era mais careta que ela). Já minha Vó nunca chegou perto de satisfazer a fantasia de uma senhora fofinha. Nada disso: ela era linda, forte e cuidava de uma fazenda de gado sozinha no meio de Goiás. Nunca fritou um ovo sequer para mim. Como criança, era superdifícil entender como a minha Vó era aquela gata beijando o Mário Sérgio no pôster de Caiçara e agora era fazendeira no Centro-Oeste. Pareciam duas mulheres diferentes. E talvez fossem.

As histórias que você leu neste livro, eu escutei desde sempre enquanto a gente caminhava por aí ou, mais tarde, quando tomava um vinho com ela. Quando conta um causo, minha Vó encarna ao mesmo tempo a narradora, a atriz e o público, que se emociona e morre de rir com tantos acontecimentos absurdos e terrivelmente reais. Essa capacidade de rir de si mesmo e projetar imagens nas retinas alheias é o que nos faz humanos.

Nunca faltava assunto: sempre falando de um livro que estava devorando, de um programa novo (sobre livros) na TV ou de um filme que queria ver. Dava para ver que a cabeça dela fervilhava com mil mundos imaginários. Aos poucos, ela foi me mostrando que a fantasia era uma inteligência: ela nos dá o poder de viver mais de uma vida ao mesmo tempo. Mas também me fez entender que às vezes a gente tem que mudar tudo para continuar vivo.

Eliane me ensinou, através do seu jeito de ser e de suas histórias, que eu poderia ser exatamente quem eu quisesse, que nunca deveria deixar de fazer algo pelo medo do que poderiam pensar. Jamais! Muito antes que inventassem o feminismo, lá estava ela: quebrando convenções, vestindo a primeira calça jeans do Brasil, viajando sozinha até Brasília. Ter bons modos era o centro da vida das meninas na época dela. Ela era o contrário dessas moças: destemida, forte e livre. Ela sempre soube que se fosse se preocupar em agradar os outros, sua vida seria chatíssima.

A vida é muito mais. É arriscar, mudar, tentar, errar, voltar, aprender, surpreender, experimentar, conquistar, perder, plantar, colher, cuidar, amar, desamar e, quem sabe... ser feliz. (E quando a gente se preocupa mais em fazer do que ser feliz, a gente vive feliz sem se dar conta.)

Muitas vezes eu vejo pessoas procurando vidas excitantes e cheias de propósito, mas estão buscando fora algo que está dentro. Uma vez ela disse: "*a felicidade é uma questão de sensibilidade*"... E acho que ela está corretíssima. Ela sempre encontrou sentido na sua vida, justamente porque estava aberta para o pequeno e para o sutil.

Tomara que você, depois de ler esse livro, se sinta mais livre para tentar viver uma vida como você quer e não como os outros querem. Mesmo que de pouquinho em pouquinho. Foi isso que ela inspirou sempre em mim e espero que inspire em você também.

André Lage